KB248194

고득점 합격의 지름길
수학

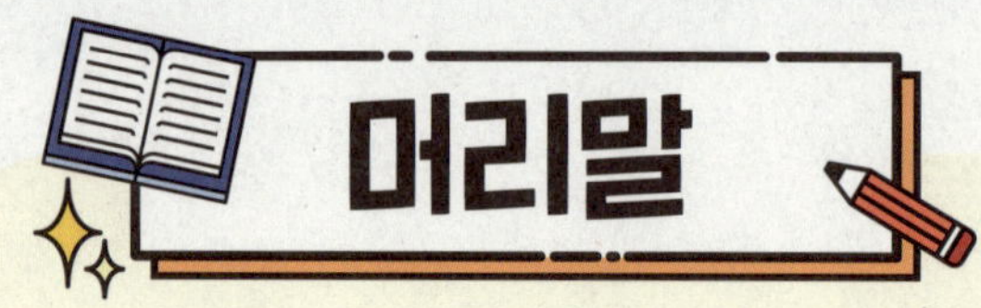

머리말

    과일나무가 한여름의 뜨거운 더위와 가을의 세찬 바람을 견디어 귀한 열매를 맺듯 중졸검정의 귀한 열매를 위해 오늘도 열심히 공부하는 수험생 여러분! 곧 더위와 태풍을 견디고 합격의 탐스러운 열매가 맺힐 것입니다.

    수학 과목 특성상 많은 학생 및 수험생들이 수학을 어려워합니다. 그 이유는 이전에 배운 개념과 내용이 숙달되지 않으면 그 다음 단원으로의 학습이 어렵기 때문입니다. 하지만 이전의 개념과 내용이 잘 숙달되어 있다면 어떨까요? 다음의 새로운 내용을 쉽고 빠르게 학습할 수 있을 것입니다.

    특히, 대부분의 중학교 수학 교재는 학년별로 구성되어 있어 연계성을 가진 개념들을 한꺼번에 학습하기 어렵습니다. 이에 정훈사에서는 중학교 수학을 영역별로 재구성하여 쉽고 빠르게 학습할 수 있도록 하였습니다. 체계적으로 구성되어 있는 중졸 검정고시 교재로 하나하나 익혀가며 학습하다 보면 어느새 중졸검정의 합격 열매가 맺혀있을 것입니다.

    이 책의 특장점은 다음과 같습니다.

첫째, 2021년부터 적용되는 '2015 개정교육과정'을 반영하고, 교과 내용을 빈틈없이 분석하여 구성한 최신간입니다.

둘째, 학년별, 단원별 구성이 아닌 영역별로 구성하여 개념학습의 흐름이 끊기지 않도록 하였습니다.

셋째, 학습한 내용을 바로 확인하도록 문제를 풀 수 있도록 하였고, 각 Chapter별로 실전 예상문제와 상세한 해설을 담았습니다.

넷째, 각 영역별의 마지막에 단원 마무리 문제를 제시하였고, 최근 5년간 출제된 기출문제를 분석하여 자주 출제되는 문제의 유형 파악과 함께 각 문제에 따른 자세한 해설을 수록하였습니다.

    좋은 거름과 농부의 땀이 풍성한 열매의 결실을 거두듯이 좋은 교재와 강사의 노력은 수험생 여러분들에게 합격의 열매를 맺게 해 드릴 수 있을 것입니다.

－ 편저자 일동

1 시험 과목 및 합격 결정

시험 과목 (6과목)	필수	국어, 수학, 영어, 사회, 과학(5과목)
	선택	도덕, 기술·가정, 체육, 음악, 미술 과목 중 1과목
배점 및 문항	문항 수	과목별 25문항(단, 수학 20문항)
	배점	문항당 4점(단, 수학 5점)
합격 결정	고시합격	각 과목을 100점 만점으로 하여 평균 60점(소수점 셋째 자리에서 절사) 이상을 취득한 자를 합격자로 결정(단, 평균이 60점 이상이라 하더라도 결시과목이 있을 경우에는 불합격 처리)
	과목합격	고시성적 60점 이상인 과목에 대하여는 과목합격을 인정하고, 원에 의하여 차회 이후의 고시에 있어서 당해 과목의 고시를 면제하며, 그 면제되는 과목의 성적은 이를 고시성적에 합산함 ※ 과목합격자에게는 신청에 의하여 과목합격증명서 교부

2 응시 자격

① 초등학교 졸업자 및 이와 동등 이상의 학력이 있는 자
② 3년제 고등공민학교 졸업자 및 졸업예정자
③ 초·중등교육법 시행령 제29조의 규정에 의하여 학적이 정원외로 관리되는 자
④ 중학교에 준하는 각종 학교의 졸업자 또는 졸업예정자
⑤ 보호소년 등의 처우에 관한 법률 시행령 제69조 제2호에 해당하는 자

※ 졸업예정자라 함은 최종 학년에 재학 중인 자를 말함

┤ 응시자격 제한 ├

1. 중학교 또는 초·중등교육법시행령 제97조 제1항 제2호의 학교를 졸업한 자 또는 재학 중인 자
   ※ 응시자격은 시험시행일까지 유지하여야 함(공고일 현재 재학 중이 아닌 자여서 적법하게 응시원서를 접수하였다 하더라도, 그 이후 시험일까지 편입학 등으로 재학생의 신분을 획득한 경우에는 응시자격을 박탈함)
2. 공고일 이후 초등학교 졸업자
3. 응시원서 접수마감 익일 이후 제1의 학교에 재학 중 학적이 정원외로 관리되는 자
4. 공고일 기준으로 고시에 관하여 부정행위를 한 자로서 처분일로부터 응시자격 제한 기간이 경과되지 아니한 자

3 **제출서류(현장접수)**

① 응시원서(소정서식) 1부[접수처에서 교부]

② 동일한 사진(탈모 상반신 3.5cm×4.5cm, 3개월 이내 촬영) 2매

③ 본인의 해당 최종학력증명서 1부

- 졸업(졸업예정)증명서(소정서식)

  ※ 상급학교 진학여부가 표시된 검정고시용에 한함, 졸업 후 배정받은 상급학교에 진학하지 아니한 자는
     미진학사실확인서 추가 제출

- 중학교 재학 중 중퇴자는 제적증명서
- 초등학교 및 중학교 의무교육 대상자 중 정원외 관리대상자는 정원외 관리증명서
- 초등학교 및 중학교 의무교육 대상자 중 면제자는 면제증명서(소정서식)
- 초졸검정고시 합격자는 합격증서 사본(원본지참) 또는 합격증명서
- 평생교육법 제40조에 따른 학력인정 대상자는 학력인정서
- 초 · 중등교육법 시행령 제96조 제1항 제2호 및 제97조 제1항 제3호에 따른 학력인
  정 대상자는 학력인정증명서
- 합격과목의 시험 면제를 원하는 자는 과목합격증명서 또는 성적증명서

  ※ 과목합격자가 응시하는 경우, 학력이 직전 응시원서에 기재된 것과 같은 때에는 과목합격증명서의 제
     출로써 본인의 해당 최종학력증명서를 갈음함

- 3년제 고등공민학교, 중 · 고등학교에 준하는 각종학교의 졸업(예정)자는 졸업(예정)
  증명서
- 3년제 기술학교, 고등기술학교 졸업(예정)자, 3년제 직업훈련원의 수료자는 직전학
  교 졸업증명서

④ **신분증** : 주민등록증, 외국인등록증, 운전면허증, 대한민국 여권, 청소년증 중 하나

※ 온라인 접수 : 사진 1매, 본인의 해당 최종학력증명서 1부(현장접수와 동일)

시험에 관한 자세한 사항은 한국교육과정평가원 홈페이지(http://www.kice.re.kr)
또는 ARS(043-931-0603) 및 각 시 · 도 교육청 홈페이지에서 확인하시기 바랍니다.

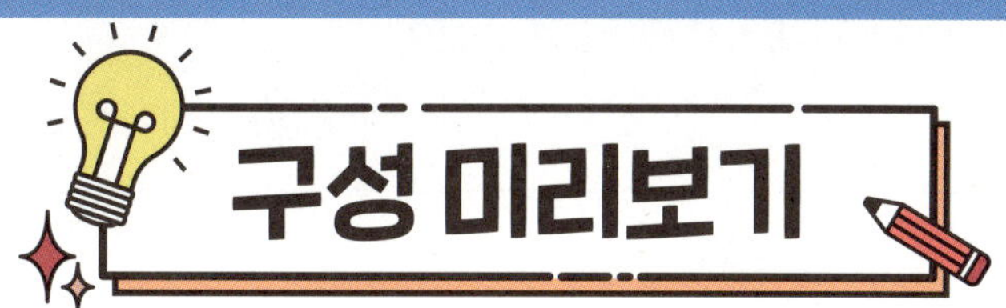

학습 point⁺

수와 연산에서는 전체적으로 수 체계를 학습하기 위한 내용을 다룹니다. 정수부터 유리수, 무리수 및 이를 모두 포함한 실수가 어떻게 구성되어 있는지, 이러한 수들이 포함된 식은 어떻게 계산하는지에 대해 공부하게 됩니다. 무리수를 포함한 식의 계산의 경우는 근호 안의 수의 범위에 따라 부호가 달라야 합니다.

학습 point⁺

Part 별 학습 point를 분석하여 좀 더 쉽고 효율적으로 학습할 수 있는 방법을 제시하였습니다.

기초학습

다양한 문제풀이에 필요한 지식의 기초를 쌓을 수 있도록 하였습니다.

기초학습

있을 수 있는 대각선의 개수

자기 자신과 이웃하는 2개의 꼭짓점에는 대각선을 그을 수 없다. 개수 n에서 3개를 제외하면 n각형의 한 꼭짓점에서 그을 수 있는 대각선의 개수는 $n-3$이다.

• n각형의 대각선의 개수

모든 꼭짓점에서 그을 수 있는 대각선의 개수는 $n\times(n-3)$이다. 이때, 두 꼭짓점의 대각선은 서로 같으므로 n각형의 대각선의 개수는 $\dfrac{n(n-3)}{2}$이다.

바로 바로 CHECK

핵심 내용을 얼마나 정확히 이해하였는지 스스로 점검해 보며 실력을 확인하는 시간을 가져 보세요.

바로 바로 CHECK√

다음 오각형에 하시오.

있을 수 있는

(2) 오각형 개수를 구하여라.

(1) $5-3=2$(개)

(2) $\dfrac{5(5-3)}{2} = \dfrac{5\times2}{2} = 5$(개)

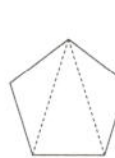

(3) 삼각형의 작도 조건
① 세 변의 길이가 주어질 때
기와 그 사이에 끼인각의 크기가 주어질 때
양 끝 각의 크기가 주어질 때

형이 하나로 정해지지 않는 경우

주어졌을 때, 가장 긴 변의 길이가 나머지 두 변의 길이의 합보다 크거나

의 그 사이에 끼인각이 아닌 다른 한 각의 크기가 주어질 때

길이와 양 끝 각의 크기가 주어질 때 양 끝 각의 크기의 합이 180°보다 클 때
③ 한 변의 길이와 두 각의 크기가 주어질 때 ⇒ 3개의 삼각형이 그려진다.
④ 세 각의 크기가 주어질 때 ⇒ 모양이 같고 크기가 다른 삼각형이 무수히 그려진다.

심화학습

① 세 변

바로 바로 CHECK√

세변의 길이가 다음과 같이 주어졌을 때 삼각형을 작도할 수 없는 것은?

① 2, 3, 5 ② 7, 9, 15
③ 6, 7, 8 ④ 5, 5, 5

① $2+3=5$
② $7+9>15$
③ $6|7>0$
④ $5+5>5$

답 ①

심화학습

이론에 대해 더 심층적으로 학습하여 내용을 더 깊게 이해할 수 있도록 하였습니다.

(3) 소인수분해 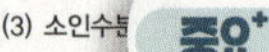

① 소인수: ... 수인 인수를 그 수의 소인수라고 한다.

　잠깐! 수에서 인수는 약수와 같은 뜻으로 쓰인다.

　예 6의 약수는 1, 2, 3, 6이므로 이들은 모두 6의 인수이고, 이 중에서 소수인 2, 3은 6의 소인수이다.

② 소인수분해 : 어떤 자연수를 소인수들만의 곱으로 나타내는 것

　예 1보다 큰 자연수를 소인수분해한 결과는 소인수들의 곱의 순서를 생각하지 않으면 오직 한 가지뿐이다. $20 = 2 \times 2 \times 5 = 2^2 \times 5$

③ 소인수분해하는 방법

　㉠ 나누어떨어지는 소수로 나눈다.

　㉡ 몫이 소수가 될 때까지 나눈다.

　㉢ 나눈 소수들과 마지막 몫을 곱셈 기호 ×로 연결한다. 이때 소인수분해한 결과는 보통 작은 소인수부터 차례대로 쓰고, 같은 소인수의 곱은 거듭제곱으로 나타낸다.

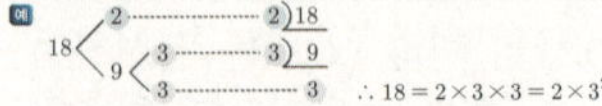

$$\therefore 18 = 2 \times 3 \times 3 = 2 \times 3^2$$

중요

기출문제를 바탕으로 교과 내용을 분석하여 자주 출제된 부분에는 중요 표시를 하였습니다.

실전예상문제

실제 출제된 기출문제와 적중률이 높은 예상문제를 통해 실력을 점검해 보세요.

정답 및 해설

'왜 정답이 아닌지' 상세하게 설명한 해설을 통해 이론 학습에서 놓친 부분을 한 번 더 살펴보세요.

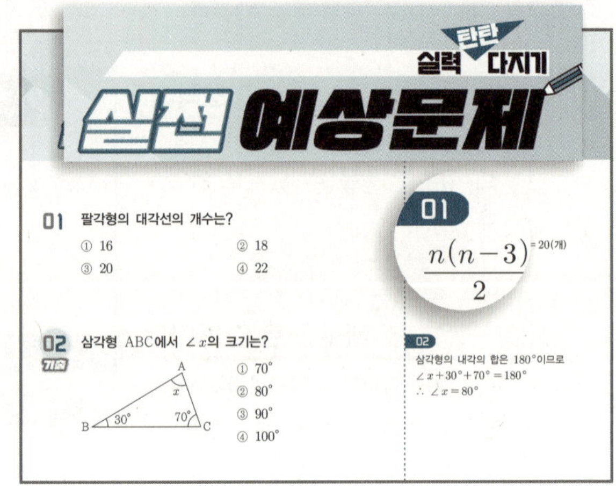

단원마무리문제

각 Part별로 구성된 마무리 문제로 연계학습이 완성될 수 있도록 하였습니다.

차 례

PART I

수와 연산

학습 point⁺

　　수와 연산에서는 전체적으로 수 체계를 학습하기 위한 내용을 다룹니다. 정수부터 유리수, 무리수 및 이를 모두 포함한 실수는 어떻게 구성되어 있는지, 이러한 수들이 포함된 식은 어떻게 계산하는지에 대해 공부하게 됩니다. 특히, 무리수를 포함한 식의 계산의 경우는 근호 안의 수의 범위에 따라 부호가 달라질 수 있으므로 주의해야 합니다.

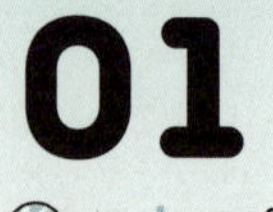

01 소인수분해

1 소인수분해

(1) 거듭제곱 : 같은 수나 문자를 여러 번 곱한 것을 간단히 나타낸 것

① 밑 : 거듭제곱에서 여러 번 곱한 수나 문자

② 지수 : 거듭제곱에서 같은 수나 문자를 곱한 횟수

예 $2 \times 2 \times 3 \times 3 \times 3 = 2^2 \times 3^3$

$$2^{3} \quad \leftarrow 지수$$
$$\;\leftarrow 밑$$

바로 바로 CHECK√

다음 중 거듭제곱으로 바르게 나타낸 것은?

① $2 \times 2 \times 2 \times 2 = 4^2$

② $4 \times 4 \times 4 \times 4 = 4^2$

③ $2 \times 2 \times 3 \times 3 \times 3 \times 3 = 2^3 \times 3^4$

④ $3 \times 3 \times 3 \times 3 = 3^4$

① 2^4

② 4^4

③ $2^2 \times 3^4$

답 ④

---

(2) 소수와 합성수

① 소수 : 1보다 큰 자연수 중에서 1과 자기 자신만을 약수로 가지는 수

→ 약수의 개수가 2개뿐인 수

예 2, 3, 5, 7, 11, 13, …

② 합성수 : 1과 자기 자신 이외의 다른 수를 약수로 가지는 수 → 약수의 개수가 3개 이상인 수

예 4, 6, 8, 9, 10, 12, …

잠깐! 1은 소수도 합성수도 아니다.

(3) 소인수분해 중요⁺

① 소인수 : 어떤 수의 소수인 인수를 그 수의 소인수라고 한다.

> 잠깐! 수에서 인수는 약수와 같은 뜻으로 쓰인다.

> 예 6의 약수는 1, 2, 3, 6이므로 이들은 모두 6의 인수이고, 이 중에서 소수인 2, 3은 6의 소인수이다.

② 소인수분해 : 어떤 자연수를 소인수들만의 곱으로 나타내는 것

> 예 1보다 큰 자연수를 소인수분해한 결과는 소인수들의 곱의 순서를 생각하지 않으면 오직 한 가지 뿐이다. $20 = 2 \times 2 \times 5 = 2^2 \times 5$

③ 소인수분해하는 방법

  ㉠ 나누어떨어지는 소수로 나눈다.

  ㉡ 몫이 소수가 될 때까지 나눈다.

  ㉢ 나눈 소수들과 마지막 몫을 곱셈 기호 ×로 연결한다. 이때 소인수분해한 결과는 보통 작은 소인수부터 차례대로 쓰고, 같은 소인수의 곱은 거듭제곱으로 나타낸다.

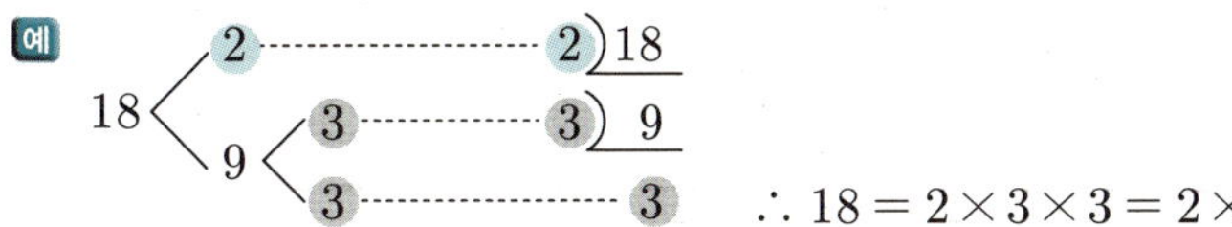

$$18 \begin{cases} 2 \\ 9 \begin{cases} 3 \\ 3 \end{cases} \end{cases} \qquad \begin{array}{r} 2\,)\,18 \\ 3\,)\,9 \\ \hline 3 \end{array} \qquad \therefore\ 18 = 2 \times 3 \times 3 = 2 \times 3^2$$

바로 바로 CHECK√

다음 수를 소인수분해하여라.

(1) 24 　　　　　(2) 84

$$
\begin{array}{r} (1) \quad 2\,)\,24 \\ 2\,)\,12 \\ 2\,)\,6 \\ \hline 3 \end{array}
$$

$$\therefore\ 24 = 2 \times 2 \times 2 \times 3 = 2^3 \times 3$$

$$
\begin{array}{r} (2) \quad 2\,)\,84 \\ 2\,)\,42 \\ 3\,)\,21 \\ \hline 7 \end{array}
$$

$$\therefore\ 84 = 2 \times 2 \times 3 \times 7 = 2^2 \times 3 \times 7$$

(4) 소인수분해를 이용하여 약수 구하기

자연수 A가 $A = a^m \times b^n$(a, b는 서로 다른 소수, m, n은 자연수)으로 소인수분해될 때,

① A의 약수 : (a^m의 약수)×(b^n의 약수)

② A의 약수의 개수 : $(m+1) \times (n+1)$

2 최대공약수와 최소공배수

(1) 최대공약수

① **공약수** : 두 개 이상의 자연수의 공통인 약수

② **최대공약수** : 공약수 중에서 가장 큰 수

> **잠깐!** 두 개 이상의 자연수의 공약수는 그 수들의 최대공약수의 약수이다.

③ **서로소** : 최대공약수가 1인 두 자연수

④ **최대공약수 구하기**

㉠ 소인수분해를 이용하는 방법

각 수를 소인수분해하여 공통인 소인수를 찾아 모두 곱한다.

> **예**
> $$\begin{array}{l} 12 = 2 \times 2 \times 3 \\ 30 = 2 \times \quad\;\; 3 \times 5 \\ \hline \quad\;\; 2 \times \quad\;\; 3 \quad\;\; = 6 \end{array}$$
> 따라서 12와 30의 최대공약수는 $2 \times 3 = 6$이다.

㉡ 공통인 소인수로 나눗셈하는 방법

각 수를 공통인 소인수로 나눈 후 이 소인수들을 모두 곱한다.

> **예**
> $$\begin{array}{r} 2\,)\;\overline{12\quad 30} \\ 3\,)\;\overline{6\quad 15} \\ 2\quad\;\, 5 \end{array}$$
> 따라서 12와 30의 최대공약수는 $2 \times 3 = 6$이다.

바로 바로 CHECK√

다음 두 수의 최대공약수를 구하여라.

(1) 8, 12

(2) 24, 36

(1)
$$\begin{array}{r} 2\,)\underline{\ 8\quad 12\ } \\ 2\,)\underline{\ 4\quad 6\ } \\ 2\quad 3 \end{array}$$
$\therefore 2 \times 2 = 4$

(2)
$$\begin{array}{r} 2\,)\underline{\ 24\quad 36\ } \\ 2\,)\underline{\ 12\quad 18\ } \\ 3\,)\underline{\ 6\quad 9\ } \\ 2\quad 3 \end{array}$$
$\therefore 2 \times 2 \times 3 = 12$

(2) 최소공배수

① **공배수** : 두 개 이상의 자연수의 공통인 배수

② **최소공배수** : 공배수 중에서 가장 작은 수

> **잠깐!** 두 개 이상의 자연수의 공배수는 그 수들의 최소공배수의 배수이다.

③ **최소공배수 구하기**

㉠ 소인수분해를 이용하는 방법

각 수를 소인수분해하여 공통인 소인수와 공통이 아닌 수들을 모두 곱하여 구한다.

예
$$30 = 2 \times 3 \times 5$$
$$42 = 2 \times 3 \times \qquad 7$$
$$2 \times 3 \times 5 \times 7 = 210$$

따라서 30과 42의 최소공배수는 $2 \times 3 \times 5 \times 7 = 210$이다.

㉡ 공통인 소인수로 나눗셈하는 방법

각 수를 공통인 소인수로 나눈 후 이 소인수와 마지막 몫을 곱하여 구한다.

예
$$\begin{array}{r} 2\,)\underline{\ 30\quad 42\ } \\ 3\,)\underline{\ 15\quad 21\ } \\ 5\quad 7 \end{array}$$

따라서 30과 42의 최소공배수는 $2 \times 3 \times 5 \times 7 = 210$이다.

> **잠깐!** 세 개 이상의 자연수의 최소공배수도 두 수의 최소공배수를 구하는 것처럼 구하면 된다. 단, 세 개 이상의 수에서 공통인 소인수로 나눗셈하는 방법을 이용하여 최소공배수를 구할 때, 두 개 이상의 수에 공통인 소인수기 있으면 각각의 수를 니누고, 나누이지지 않는 수는 그대로 내려쓴다.

바로 바로 CHECK√

01 소인수분해를 이용하여 다음 수들의 최소공배수를 구하여라.

(1) 2×3, $2^2 \times 3 \times 5$

(2) 3×5, $2^2 \times 3 \times 7$, $2 \times 5 \times 7$

02 나눗셈을 이용하여 다음 수들의 최소공배수를 구하여라.

(1) 42, 54

(2) 10, 16, 28

01 (1) $2^2 \times 3 \times 5 = 60$

(2) $2^2 \times 3 \times 5 \times 7 = 420$

02 (1)
$$
\begin{array}{r|rr}
2 & 42 & 54 \\
3 & 21 & 27 \\
\hline
& 7 & 9
\end{array}
$$
$\therefore\ 2 \times 3 \times 7 \times 9 = 378$

(2)
$$
\begin{array}{r|rrr}
2 & 10 & 16 & 28 \\
2 & 5 & 8 & 14 \\
\hline
& 5 & 4 & 7
\end{array}
$$
$\therefore\ 2 \times 2 \times 4 \times 5 \times 7 = 560$

(3) 최대공약수와 최소공배수의 관계

두 자연수 A, B의 최대공약수가 G이고 최소공배수가 L일 때,

$A = a \times G$, $B = b \times G$(a, b는 서로소)

라 하면 다음이 성립한다.

① $L = a \times b \times G$

② $A \times B = G \times L$

01 다음 중 4^3을 나타낸 식은?

① 4×3 ② $4+4+4$

③ $4 \times 4 \times 4$ ④ $3 \times 3 \times 3 \times 3$

02 기출 $2 \times 2 \times 2 \times 3 \times 3 \times 5$를 거듭제곱으로 옳게 나타낸 것은?

① $2^2 \times 3^2 \times 5$ ② $2^2 \times 3^3 \times 5$

③ $2^3 \times 3^2 \times 5$ ④ $2^3 \times 3^3 \times 5$

03 $3 \times 3 \times 5 \times 7$을 거듭제곱으로 바르게 나타낸 것은?

① $3^2 \times 5 \times 7$ ② $3^2 \times 5^2 \times 7$

③ $3^2 \times 5^2 \times 7^2$ ④ $3 \times 5 \times 7$

04 다음 중 거듭제곱의 표현이 옳은 것은?

① $4 \times 4 \times 4 = 3^4$

② $5 \times 5 \times 5 = 5 \times 3$

③ $b \times b = 2b$

④ $a \times a \times a \times b \times b = a^3 \times b^2$

01

$4^3 = 4 \times 4 \times 4$

02

$2 \times 2 \times 2 \times 3 \times 3 \times 5 = 2^3 \times 3^2 \times 5$

03

$3 \times 3 \times 5 \times 7 = 3^2 \times 5 \times 7$

04

① $4 \times 4 \times 4 = 4^3$

② $5 \times 5 \times 5 = 5^3$

③ $b \times b = b^2$

A N S W E R

01. ③   02. ③   03. ①   04. ④

05 다음 중 소수가 <u>아닌</u> 것은?

① 2 　　　　　　② 3
③ 5 　　　　　　④ 9

06 기출 12를 소인수분해하면 $2^2 \times a$이다. a의 값은?

① 1 　　　　　　② 2
③ 3 　　　　　　④ 4

07 기출 45를 소인수분해하면?

① 3×5 　　　　② 3×7
③ $2^2 \times 5$ 　　　　④ $3^2 \times 5$

08 기출 36을 소인수분해하면 $2^a \times 3^b$이다. 이때, $a+b$의 값은?

① 2 　　　　　　② 3
③ 4 　　　　　　④ 5

09 어떤 자연수를 소인수분해한 결과가 $2^3 \times 5^3$이 되었다. 이 자연수의 약수의 개수는 몇 개인가?

① 10개 　　　　② 12개
③ 14개 　　　　④ 16개

05

9의 약수는 1, 3, 9이다.

06

12를 소인수분해하면
$12 = 2 \times 2 \times 3 = 2^2 \times 3$
따라서 $a = 3$

07

$45 = 3 \times 15 = 3 \times 3 \times 5$
　　$= 3^2 \times 5$

08

$36 = 2^2 \times 3^2 = 2^a \times 3^b$
$a = 2,\ b = 2$
$\therefore\ a + b = 4$

09

$(3+1) \times (3+1) = 16(개)$

ANSWER
05. ④　06. ③　07. ④　08. ③　09. ④

10 90을 소인수분해하는 과정을 나타낸 것이다. 소인수분해한 결과로 옳은 것은?

$$
\begin{array}{r}
2 \,)\,90 \\
\,)\,45 \\
\,)\,15 \\
\hline
5
\end{array}
$$

① 2×45
② $2 \times 9 \times 5$
③ $2 \times 3 \times 15$
④ $2 \times 3^2 \times 5$

10

빈칸에 차례로 들어갈 수는 3, 3이므로 90을 소인수분해하면 $90 = 2 \times 3^2 \times 5$ 이다.

---

11 기출 $24 = 2^3 \times 3$일 때, 24의 약수가 <u>아닌</u> 것은?

① 2^2
② 2×3
③ 2×3^2
④ $2^3 \times 3$

11

$\dfrac{2^3 \times 3}{2 \times 3^2} = \dfrac{2^2}{3}$ 이므로 24의 약수가 아니다.

---

12 다음 중 $3^2 \times 5 \times 7$의 약수가 <u>아닌</u> 것은?

① 7
② 6
③ 15
④ $3^2 \times 7$

12

② $6 = 2 \times 3$에서 2는 $3^2 \times 5 \times 7$의 소인수가 아니므로, 6은 약수가 아니다.

---

13 24, 60, 84의 공약수의 개수는?

① 3개
② 6개
③ 8개
④ 10개

13

공약수는 최대공약수의 약수이다. 24, 60, 84의 최대공약수는 12이므로, 공약수의 개수는 12의 약수의 개수인 6개이다.

ANSWER
10. ④ **11.** ③ **12.** ② **13.** ②

14 다음 수들의 최대공약수를 구하여라.

(1) 30, 48

(2) 50, 100, 125

14

(1)
$$\begin{array}{r} 2\,)\ \underline{30\quad 48} \\ 3\,)\ \underline{15\quad 24} \\ 5\quad 8 \end{array}$$
$\therefore\ 2\times3=6$

(2)
$$\begin{array}{r} 5\,)\ \underline{50\quad 100\quad 125} \\ 5\,)\ \underline{10\quad 20\quad 25} \\ 2\quad 4\quad 5 \end{array}$$
$\therefore\ 5\times5=25$

15 다음 수들의 최소공배수를 구하여라.

(1) 12, 30

(2) 18, 24, 60

15

(1)
$$\begin{array}{r} 2\,)\ \underline{12\quad 30} \\ 3\,)\ \underline{6\quad 15} \\ 2\quad 5 \end{array}$$
$\therefore\ 2\times2\times3\times5=60$

(2)
$$\begin{array}{r} 2\,)\ \underline{18\quad 24\quad 60} \\ 3\,)\ \underline{9\quad 12\quad 30} \\ 2\,)\ \underline{3\quad 4\quad 10} \\ 3\quad 2\quad 5 \end{array}$$
$\therefore\ 2\times2\times2\times3\times3\times5=360$

16 두 수 2×3^3, $2\times3^2\times5$의 최대공약수와 최소공배수를 차례로 구하면?

① $2\times3,\ 2\times3\times5$

② $2\times3,\ 2\times3^2\times5$

③ $2\times3^2,\ 2\times3^3\times5$

④ $2\times3^2,\ 2\times3^2\times5$

16

최대공약수 : 2×3^2

최소공배수 : $2\times3^3\times5$

ANSWER

14. (1) 6　(2) 25　15. (1) 60　(2) 360
16. ③

02 정수와 유리수

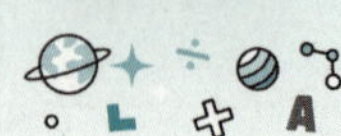

01 정수와 유리수

1 부호를 가지는 수

서로 반대되는 성질을 가지는 수량에 대하여 그 기준점을 0으로 정할 때에 한쪽 수량에 양의 부호 +(플러스)를 사용하여 나타내면, 다른 쪽 수량에 음의 부호 −(마이너스)를 써서 나타낼 수 있다.

예 · 영상 25℃ : +25℃, 영하 10℃ : −10℃
· 지상 10m : +10m, 지하 50m : −50m

2 정 수 중요⁺

(1) 정 수

양의 정수, 0, 음의 정수를 통틀어 정수라고 한다.

① 양의 정수(자연수) : 자연수에 양의 부호(+)를 붙인 수

② 0(영)

③ 음의 정수 : 자연수에 음의 부호(−)를 붙인 수

바로 바로 CHECK✓

다음 수 중에서 양의 정수와 음의 정수를 각각 찾아라.

$$-5, \ 0, \ +3, \ 7, \ -6$$

· 양의 정수 : +3, 7 ← +부호는 생략할 수 있다.

· 음의 정수 : −5, −6

---

(2) 수직선

직선에 기준이 되는 점 O를 잡아 수 0을 대응시키고, 양의 정수를 오른쪽에, 음의 정수를 왼쪽에 대응시켜서 만든 직선을 수직선이라고 한다.

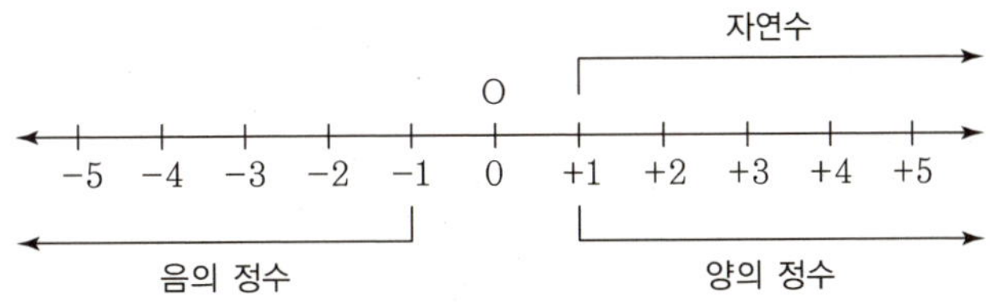

3 유리수

(1) 유리수

① 양의 유리수(양수) : 분자, 분모가 자연수인 분수에 양의 부호(+)를 붙인 수

② 음의 유리수(음수) : 분자, 분모가 자연수인 분수에 음의 부호(−)를 붙인 수

③ 양의 유리수, 0, 음의 유리수를 통틀어 유리수라고 한다.

(2) 유리수의 분류

$$
\text{유리수}
\begin{cases}
\text{정수}
\begin{cases}
\text{양의 정수(자연수)} : +1, +2, +3, \cdots \\
0(\text{영}) \\
\text{음의 정수} : -1, -2, -3, \cdots
\end{cases} \\
\text{정수가 아닌 유리수} : -\dfrac{1}{2},\ \dfrac{1}{3},\ 0.3,\ \cdots
\end{cases}
$$

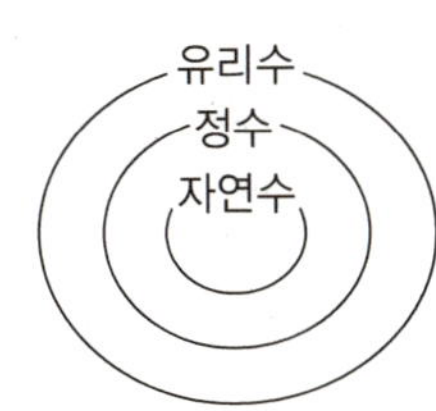

다음 수 중에서 정수가 <u>아닌</u> 유리수는?

① 0

② −2

③ $+\dfrac{1}{3}$

④ $-\dfrac{8}{4}$

④ $-\dfrac{8}{4} = -2$

답 ③

4 수의 대소 관계

(1) 절댓값

수직선 위에서 어떤 수를 나타내는 점과 원점 사이의 거리를 그 정수의 절댓값이라 하고, 기호로 $|\ |$와 같이 나타낸다.

예 • -4의 절댓값은 $|-4|=4$, $+4$의 절댓값은 $|+4|=4$

• $-\dfrac{1}{2}$의 절댓값은 $\left|-\dfrac{1}{2}\right|=\dfrac{1}{2}$, $+\dfrac{1}{2}$의 절댓값은 $\left|+\dfrac{1}{2}\right|=\dfrac{1}{2}$

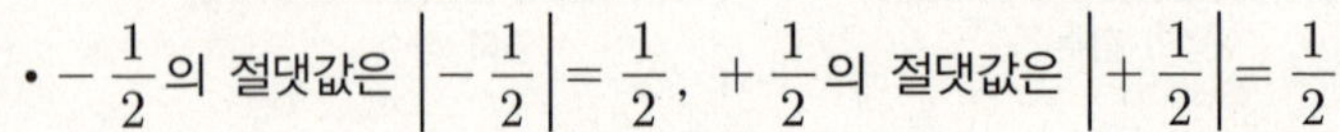

(2) 수의 대소 관계 중요⁺

① 양수는 0보다 크고, 음수는 0보다 작다.

② 양수는 음수보다 크다.

③ 양수끼리는 절댓값이 큰 수가 더 크다.

④ 음수끼리는 절댓값이 큰 수가 더 작다.

바로 바로 CHECK√

01 다음 두 수의 대소 관계를 나타내어라.

(1) $-4 \ \square \ -2$ (2) $0 \ \square \ -9$

(3) $\dfrac{1}{4} \ \square \ \dfrac{1}{5}$ (4) $-6 \ \square \ -8$

02 다음 두 수의 대소 관계를 나타내어라.

(1) $-\dfrac{1}{4} \ \square \ +\dfrac{1}{5}$

(2) $+\dfrac{4}{5} \ \square \ +0.6$

(3) $-\dfrac{1}{2} \ \square \ -\dfrac{1}{3}$

01 (1) $<$ (2) $>$
   (3) $>$ (4) $>$

02 (1) $-\dfrac{1}{4} < +\dfrac{1}{5}$

(2) $\left|+\dfrac{4}{5}\right|=\dfrac{4}{5}$,

$|+0.6|=0.6=\dfrac{6}{10}=\dfrac{3}{5}$이므로

$+\dfrac{4}{5} > +0.6$

(3) $\left|-\dfrac{1}{2}\right|=\dfrac{1}{2}$, $\left|-\dfrac{1}{3}\right|=\dfrac{1}{3}$
이므로

$-\dfrac{1}{2} < -\dfrac{1}{3}$

03 다음을 수직선 위에 나타낼 때, 가장 작은 수는?

① $+3$

② -2.5

③ -2

④ $\dfrac{2}{3}$

03 수직선 위에서 가장 왼쪽에 있는 수가 가장 작은 수이다.

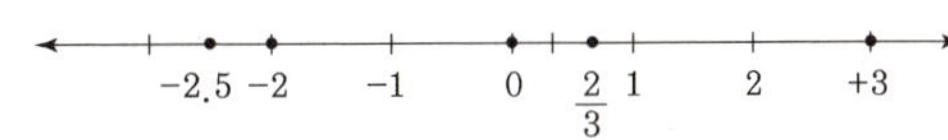

따라서 가장 작은 수는 -2.5 이다.

답 ②

(3) 부등호의 사용

① $x \geq a$: x는 a보다 크거나 같다.(이상, 작지 않다)

② $x \leq a$: x는 a보다 작거나 같다.(이하, 크지 않다)

③ $x > a$: x는 a보다 크다.(초과)

④ $x < a$: x는 a보다 작다.(미만)

바로 바로 CHECK√

$-5 < x \leq 4$를 만족하는 정수 x의 개수는?

① 6개

② 7개

③ 8개

④ 9개

$-4, -3, -2, -1, 0, 1, 2, 3, 4$
$\Rightarrow$ 9개

답 ④

02 정수와 유리수의 계산

1 유리수의 덧셈 중요⁺

(1) 유리수의 덧셈

① 부호가 같은 경우 : 두 수의 절댓값의 합에 공통인 부호를 붙인다.

② 부호가 다른 경우 : 두 수의 절댓값의 차에 절댓값이 큰 수의 부호를 붙인다.

③ 절댓값이 같고 부호가 다른 두 수의 합은 0이고, 어떤 수와 0과의 합은 그 수 자신이다.

(2) 수직선을 이용한 유리수의 덧셈

수직선 위의 한 점에서 오른쪽으로 이동하는 것을 양수로, 왼쪽으로 이동하는 것을 음수로 나타내어 두 수의 덧셈을 계산한다.

(3) 덧셈에 대한 연산법칙

세 수 a, b, c에 대하여

① 교환법칙 : $a+b=b+a$

② 결합법칙 : $(a+b)+c=a+(b+c)$

> **예** $(+7)+(-11)+(-7)$
> $=(-11)+(+7)+(-7)$ ⎤ 교환법칙
> $=(-11)+\{(+7)+(-7)\}$ ⎦ 결합법칙
> $=(-11)+0=-11$

바로 바로 CHECK√

01 다음을 계산하여라.

(1) $(+6)+(+5)$

(2) $(-9)+(+13)$

(3) $(-5)+(-6)+(+5)$

(4) $(+7)+(-11)+(+2)$

01 (1) $(+6)+(+5)=+(6+5)=+11$
(2) $(-9)+(+13)=+(13-9)=+4$
(3) $(-5)+(-6)+(+5)$
$=(-5)+(+5)+(-6)$
$=\{(-5)+(+5)\}+(-6)$
$=0+(-6)=-6$
(4) $(+7)+(-11)+(+2)$
$=(+7)+(+2)+(-11)$
$=\{(+7)+(+2)\}+(-11)$
$=(+9)+(-11)=-2$

02 다음을 계산하여라.

(1) $\left(+\dfrac{2}{7}\right)+\left(-\dfrac{3}{2}\right)$

(2) $\left(+\dfrac{3}{5}\right)+\left(-\dfrac{1}{7}\right)+\left(+\dfrac{2}{5}\right)$

02 (1) $\left(+\dfrac{2}{7}\right)+\left(-\dfrac{3}{2}\right)=\left(+\dfrac{4}{14}\right)+\left(-\dfrac{21}{14}\right)$
$=-\left(\dfrac{21}{14}-\dfrac{4}{14}\right)=-\dfrac{17}{14}$
(2) $\left(+\dfrac{3}{5}\right)+\left(-\dfrac{1}{7}\right)+\left(+\dfrac{2}{5}\right)=\left(+\dfrac{3}{5}\right)+\left(+\dfrac{2}{5}\right)+\left(-\dfrac{1}{7}\right)$
$=\left\{\left(+\dfrac{3}{5}\right)+\left(+\dfrac{2}{5}\right)\right\}+\left(-\dfrac{1}{7}\right)=\left(+\dfrac{5}{5}\right)+\left(-\dfrac{1}{7}\right)$
$=+\left(1-\dfrac{1}{7}\right)=+\left(\dfrac{7}{7}-\dfrac{1}{7}\right)=\dfrac{6}{7}$

---

2 유리수의 뺄셈

(1) 유리수의 뺄셈 중요⁺

두 수의 뺄셈은 빼는 수의 부호를 바꾸어 덧셈으로 고쳐서 계산한다.

잠깐! 뺄셈에서는 교환법칙과 결합법칙이 성립하지 않는다.

예 $(+3)-(+6)=(+3)+(-6)=-3$

바로 바로 CHECK√

01 다음을 계산하여라.

(1) $(+13)-(+4)$

(2) $(-3)-(-9)$

02 다음을 계산하여라.

(1) $\left(-\dfrac{3}{4}\right)-\left(+\dfrac{4}{3}\right)$

(2) $\left(-\dfrac{3}{4}\right)-\left(-\dfrac{2}{7}\right)$

---

01 (1) $(+13)-(+4)=(+13)+(-4)=+9$
(2) $(-3)-(-9)=(-3)+(+9)=+6$

02 (1) $\left(-\dfrac{3}{4}\right)-\left(+\dfrac{4}{3}\right)=\left(-\dfrac{9}{12}\right)+\left(-\dfrac{16}{12}\right)$
$=-\left(\dfrac{9}{12}+\dfrac{16}{12}\right)=-\dfrac{25}{12}$

(2) $\left(-\dfrac{3}{4}\right)-\left(-\dfrac{2}{7}\right)=\left(-\dfrac{21}{28}\right)-\left(-\dfrac{8}{28}\right)$
$=\left(-\dfrac{21}{28}\right)+\left(+\dfrac{8}{28}\right)=-\left(\dfrac{21}{28}-\dfrac{8}{28}\right)$
$=-\dfrac{13}{28}$

---

(2) 유리수의 덧셈과 뺄셈의 혼합 계산

① 괄호가 없는 식은 괄호가 있는 식으로 고친다.

② 뺄셈을 덧셈으로 바꾼 후 계산한다.

③ 덧셈에 대한 교환법칙과 결합법칙을 이용하여 계산한다.

예

$5-2-6$
$=3-6$
$=-3$

$5-2-6=(+5)-(+2)-(+6)$
$=(+5)+(-2)+(-6)$
$=(+5)+\{(-2)+(-6)\}$
$=(+5)+(-8)$
$=-3$

바로 바로 CHECK√

01 다음을 계산하여라.

(1) $-7-6+5$

(2) $-10-9-12$

$$01 \ (1) \ -7-6+5 = (-7)-(+6)+(+5)$$
$$= (-7)+(-6)+(+5)$$
$$= \{(-7)+(-6)\}+(+5)$$
$$= (-13)+(+5) = -8$$

$$(2) \ -10-9-12 = (-10)-(+9)-(+12)$$
$$= (-10)+(-9)+(-12)$$
$$= \{(-10)+(-9)\}+(-12)$$
$$= (-19)+(-12) = -31$$

02 다음을 계산하여라.

(1) $\left(+\dfrac{3}{4}\right)-\left(+\dfrac{2}{3}\right)-\left(-\dfrac{1}{4}\right)$

(2) $\dfrac{1}{4}-\dfrac{4}{3}+\dfrac{1}{2}-\dfrac{2}{3}$

$$02 \ (1) \ \left(+\frac{3}{4}\right)-\left(+\frac{2}{3}\right)-\left(-\frac{1}{4}\right)$$
$$= \left(+\frac{3}{4}\right)+\left(+\frac{1}{4}\right)+\left(-\frac{2}{3}\right)$$
$$= (+1)+\left(-\frac{2}{3}\right)$$
$$= \left(+\frac{3}{3}\right)+\left(-\frac{2}{3}\right) = \frac{1}{3}$$

$$(2) \ \frac{1}{4}-\frac{4}{3}+\frac{1}{2}-\frac{2}{3}$$
$$= \frac{1}{4}+\left(-\frac{4}{3}\right)+\frac{1}{2}+\left(-\frac{2}{3}\right)$$
$$= \left(\frac{1}{4}+\frac{1}{2}\right)+\left\{\left(-\frac{4}{3}\right)+\left(-\frac{2}{3}\right)\right\}$$
$$= \frac{3}{4}+(-2) = \frac{3}{4}+\left(-\frac{8}{4}\right) = -\frac{5}{4}$$

3 유리수의 곱셈 중요⁺

(1) 유리수의 곱셈

① 부호가 같은 경우 : 두 수의 각 절댓값의 곱에 양의 부호(+)를 붙인다.

② 부호가 다른 경우 : 두 수의 각 절댓값의 곱에 음의 부호(−)를 붙인다.

③ 어떤 수와 0과의 곱은 항상 0이다.

(2) 곱셈의 계산법칙

세 수 a, b, c에 대하여

① 교환법칙 : $a \times b = b \times a$

② 결합법칙 : $(a \times b) \times c = a \times (b \times c)$

> **예** $(+3) \times (-6) \times (+4)$
> $= (-6) \times (+3) \times (+4)$] 교환법칙
> $= (-6) \times \{(+3) \times (+4)\}$] 결합법칙
> $= (-6) \times (+12)$
> $= -72$

③ 분배법칙 : $a \times (b+c) = a \times b + a \times c$, $\quad (a+b) \times c = a \times c + b \times c$

> **예**
> | $2 \times (-9) + 2 \times 16$ | $(-4) \times \{2 + (-6)\}$ |
> |---|---|
> | $= 2 \times (-9 + 16)$ | $= (-4) \times 2 + (-4) \times (-6)$ |
> | $= 2 \times 7 = 14$ | $= (-8) + 24 = 16$ |

(3) 세 개 이상의 수의 곱셈

① 먼저 부호를 결정한다. → 이때, 곱의 부호는 음수가 짝수 개이면 +, 홀수 개이면 − 이다.

② 각 수의 절댓값의 곱에 ①에서 결정된 부호를 붙인다.

(4) $(-a)^n$, $\left(-\dfrac{b}{a}\right)^n$의 거듭제곱

① n이 짝수일 때, $(-a)^n = a^n$, $\left(-\dfrac{b}{a}\right)^n = \dfrac{b^n}{a^n}$

② n이 홀수일 때, $(-a)^n = -a^n$, $\left(-\dfrac{b}{a}\right)^n = -\dfrac{b^n}{a^n}$

> **예** $\left(-\dfrac{3}{2}\right)^3 = -\dfrac{3^3}{2^3} = -\dfrac{27}{8}$

잠깐! $-2^2 = -2 \times 2 = -4$, $(-2)^2 = (-2) \times (-2) = 4$이다.

바로 바로 CHECK√

01 다음을 계산하여라.

(1) $(+4) \times (+7)$

(2) $(-4) \times (+6)$

(3) $(+4) \times (-6) \times (+3)$

(4) $(-2) \times (+4) \times (-5)$

(5) $(-3) \times (+2) \times (+4) \times (-2)$

(6) $(-2)^2 \times (-5)$

(7) $3 \times (-31 + 6)$

(8) $(-6) \times 11 + (-6) \times (-3)$

01 (1) $(+4) \times (+7) = +(4 \times 7) = 28$

(2) $(-4) \times (+6) = -(4 \times 6) = -24$

(3) $(+4) \times (-6) \times (+3)$
$= (+4) \times (+3) \times (-6)$
$= \{(+4) \times (+3)\} \times (-6)$
$= 12 \times (-6) = -72$

(4) $(-2) \times (+4) \times (-5)$
$= +(2 \times 4 \times 5) = 40$

(5) $(-3) \times (+2) \times (+4) \times (-2)$
$= +(3 \times 2 \times 4 \times 2) = 48$

(6) $(-2)^2 \times (-5)$
$= (-2) \times (-2) \times (-5)$
$= -(2 \times 2 \times 5) = -20$

(7) $3 \times (-31 + 6) = 3 \times (-25) = -75$

(8) $(-6) \times 11 + (-6) \times (-3)$
$= (-6) \times \{11 + (-3)\}$
$= (-6) \times 8 = -48$

02 다음을 계산하여라.

(1) $\left(+\dfrac{3}{4}\right) \times \left(-\dfrac{7}{8}\right)$

(2) $12 \times \left(\dfrac{1}{2} + \dfrac{1}{3}\right)$

(3) $(-18) \times \left(-\dfrac{1}{6}\right) \times \left(+\dfrac{3}{4}\right) \times \left(-\dfrac{2}{7}\right)$

02 (1) $\left(+\dfrac{3}{4}\right) \times \left(-\dfrac{7}{8}\right)$
$= -\left(\dfrac{3}{4} \times \dfrac{7}{8}\right) = -\dfrac{21}{32}$

(2) $12 \times \left(\dfrac{1}{2} + \dfrac{1}{3}\right)$
$= 12 \times \dfrac{1}{2} + 12 \times \dfrac{1}{3}$
$= 6 + 4 = 10$

(3) $(-18) \times \left(-\dfrac{1}{6}\right) \times \left(+\dfrac{3}{4}\right) \times \left(-\dfrac{2}{7}\right)$
$= -\left(18 \times \dfrac{1}{6} \times \dfrac{3}{4} \times \dfrac{2}{7}\right) = -\dfrac{9}{14}$

4 유리수의 나눗셈

(1) 유리수의 나눗셈

① 부호가 같은 경우 : 두 수의 각 절댓값의 나눗셈의 몫에 양의 부호(+)를 붙인다.

② 부호가 다른 경우 : 두 수의 각 절댓값의 나눗셈의 몫에 음의 부호(−)를 붙인다.

③ 0을 0이 아닌 수로 나눈 몫은 0이다.

(2) 역수를 이용한 유리수의 나눗셈

① 역수 : 두 수의 곱이 1이 될 때, 한 수를 다른 수의 역수라고 한다.

② 나누는 수를 역수로 바꾸어 곱하여 계산한다.

> 잠깐! 0의 역수는 없으므로 0으로 나누는 것은 생각하지 않는다.

(3) 유리수의 곱셈과 나눗셈의 혼합 계산

① 나눗셈은 역수를 이용하여 곱셈으로 고쳐서 계산한다.

② 부호를 정해 놓고 순서대로 계산한다.

→ 이때, 곱의 부호는 음수가 짝수 개이면 +, 홀수 개이면 −이다.

(4) 유리수의 덧셈, 뺄셈, 곱셈, 나눗셈의 혼합 계산 순서

① 거듭제곱이 있으면 먼저 계산한다.

② 괄호가 있으면 소괄호, 중괄호, 대괄호 순으로 괄호 안의 식을 계산한다.

③ 곱셈과 나눗셈을 앞에서부터 계산한다.

④ 덧셈과 뺄셈을 앞에서부터 계산한다.

01 다음을 계산하여라.

(1) $(+36) \div (+4)$

(2) $(+18) \div (-6)$

(3) $(-48) \div (-12)$

(4) $(-10) \div 2 \times (-4)$

(5) $(+64) \div (-8) \times (-3)$

(6) $(-3) \times (-6) \div (-9)$

(7) $(-5)^3 \times 2 - 60 \div (-2)$

(8) $3 - 24 \div (-2)^2$

02 다음을 계산하여라.

(1) $\left(+\dfrac{4}{7}\right) \div \left(+\dfrac{4}{21}\right)$

(2) $\left(-\dfrac{5}{8}\right) \div \left(-\dfrac{10}{11}\right)$

(3) $\left(-\dfrac{4}{3}\right) \div \left(-\dfrac{2}{3}\right) \times \dfrac{5}{9}$

(4) $\left\{\left(-\dfrac{5}{4}\right) + \dfrac{3}{8}\right\} \div \dfrac{7}{16}$

---

01 (1) $(+36) \div (+4) = +(36 \div 4) = 9$

(2) $(+18) \div (-6) = -(18 \div 6) = -3$

(3) $(-48) \div (-12) = +(48 \div 12) = 4$

(4) $(-10) \div 2 \times (-4) = +(10 \div 2 \times 4)$
$= +(5 \times 4) = 20$

(5) $(+64) \div (-8) \times (-3)$
$= +(64 \div 8 \times 3) = +(8 \times 3) = 24$

(6) $(-3) \times (-6) \div (-9) = -(3 \times 6 \div 9)$
$= -(18 \div 9) = -2$

(7) $(-5)^3 \times 2 - 60 \div (-2)$
$= (-125) \times 2 - 60 \div (-2)$
$= (-250) - (-30)$
$= (-250) + 30 = -220$

(8) $3 - 24 \div (-2)^2 = 3 - 24 \div 4$
$= 3 - 6 = -3$

02 (1) $\left(+\dfrac{4}{7}\right) \div \left(+\dfrac{4}{21}\right) = \left(+\dfrac{4}{7}\right) \times \left(+\dfrac{21}{4}\right)$
$= +\left(\dfrac{4}{7} \times \dfrac{21}{4}\right) = 3$

(2) $\left(-\dfrac{5}{8}\right) \div \left(-\dfrac{10}{11}\right) = \left(-\dfrac{5}{8}\right) \times \left(-\dfrac{11}{10}\right)$
$= +\left(\dfrac{5}{8} \times \dfrac{11}{10}\right) = \dfrac{11}{16}$

(3) $\left(-\dfrac{4}{3}\right) \div \left(-\dfrac{2}{3}\right) \times \dfrac{5}{9}$
$= \left(-\dfrac{4}{3}\right) \times \left(-\dfrac{3}{2}\right) \times \dfrac{5}{9}$
$= +\left(\dfrac{4}{3} \times \dfrac{3}{2} \times \dfrac{5}{9}\right) = \dfrac{10}{9}$

(4) $\left\{\left(-\dfrac{5}{4}\right) + \dfrac{3}{8}\right\} \div \dfrac{7}{16}$
$= \left\{\left(-\dfrac{10}{8}\right) + \dfrac{3}{8}\right\} \div \dfrac{7}{16}$
$= \left(-\dfrac{7}{8}\right) \times \dfrac{16}{7} = -\left(\dfrac{7}{8} \times \dfrac{16}{7}\right) = -2$

01 기출

<보기>에서 정수는 모두 몇 개인가?

> **보기**
> $$-\frac{3}{5}, \quad 0, \quad +1.2, \quad 5, \quad -7, \quad \frac{1}{4}$$

① 2개 ② 3개
③ 4개 ④ 5개

02 기출

다음 중 절댓값이 가장 큰 수는?

① -5 ② -1
③ 3 ④ 7

03 기출

두 수의 대소 관계가 옳은 것은?

① $2 > 3$ ② $-2 < 0$
③ $-3 > -2$ ④ $-3 > 2$

04 기출

수의 대소 관계가 옳은 것은?

① $0 < -1$ ② $\dfrac{2}{3} > 2$

③ $-3 < -2$ ④ $-\dfrac{4}{3} > -1$

01

정수는 0, 5, -7의 3개이다.

02

① $|-5| = 5$
② $|-1| = 1$

03

① 양의 정수는 절댓값이 클수록 더 크
므로
$2 < 3$
③ 음의 정수는 절댓값이 클수록 더 작
으므로
$-3 < -2$
④ 양의 정수는 음의 정수보다 크므로
$-3 < 2$

04

① 0은 음수보다 크므로 $0 > -1$
② 양수는 절댓값이 클수록 더 크므로
$\dfrac{2}{3} < 2$
④ 음수는 절댓값이 클수록 더 작으므로
$-\dfrac{4}{3} < -1$

A N S W E R
01. ② 02. ④ 03. ② 04. ③

05 **기출** 다음 수를 작은 수부터 순서대로 나열할 때, 세 번째 수는?

$$-3, \quad 1, \quad -6, \quad 5, \quad 2$$

① -3 ② 1

③ 5 ④ 2

06 'a는 -1보다 크거나 같고 4보다 작다.'를 부등호를 사용하여 나타내면?

① $-1 < a < 4$ ② $-1 < a \leq 4$

③ $-1 \leq a < 4$ ④ $-1 \leq a \leq 4$

07 **기출** 〈보기〉에서 가장 작은 수와 가장 큰 수의 합은?

보기
$$-4, \quad 3, \quad 0, \quad 6, \quad -2$$

① -2 ② 0

③ 2 ④ 4

08 $-\dfrac{13}{3}$과 $\dfrac{7}{2}$ 사이에 있는 정수의 개수는?

① 7개 ② 8개

③ 9개 ④ 10개

05

주어진 수들을 작은 순서대로 나열하면 $-6, \ -3, \ 1, \ 2, \ 5$이다.

07

주어진 수 중에서 가장 큰 수는 6, 가장 작은 수는 -4이므로 두 수의 합은 $6 + (-4) = +(6-4) = +2$

08

$-\dfrac{13}{3} = -4.333\cdots$, $\dfrac{7}{2} = 3.5$이므로

두 수 $-\dfrac{13}{3}$과 $\dfrac{7}{2}$ 사이에 있는 정수 중 가장 작은 수는 $-\dfrac{12}{3} = -4$, 가장 큰 수는 $\dfrac{6}{2} = 3$이다.

따라서 $-\dfrac{13}{3}$과 $\dfrac{7}{2}$ 사이에 있는 정수는 $-4, \ -3, \ -2, \ -1, \ 0, \ 1, \ 2, \ 3$의 8개이다.

ANSWER

05. ② 06. ③ 07. ③ 08. ②

09 다음 중 계산이 바르게 된 것은?

① $4+(-7)=-3$　　② $(-5)+(+8)=-13$

③ $(-3)+2=-5$　　④ $(+7)+(-6)=+13$

09
② $(-5)+(+8)=+3$
③ $(-3)+2=-1$
④ $(+7)+(-6)=+1$

10 $(+7)+(-5)$를 계산하면?

① -2　　② -1

③ $+1$　　④ $+2$

10
$(+7)+(-5)=+(7-5)=+2$

11 -5보다 2만큼 작은 수는?

기출

① -1　　② -3

③ -7　　④ -9

11
$-5-2=(-5)+(-2)=-7$

12 $\left(-\dfrac{2}{7}\right)-\left(+\dfrac{2}{5}\right)$의 값은?

① $-\dfrac{24}{35}$　　② $-\dfrac{17}{35}$

③ $-\dfrac{12}{35}$　　④ $-\dfrac{4}{35}$

12
$$\left(-\frac{2}{7}\right)-\left(+\frac{2}{5}\right)$$
$$=\left(-\frac{2}{7}\right)+\left(-\frac{2}{5}\right)$$
$$=\left(-\frac{10}{35}\right)+\left(-\frac{14}{35}\right)$$
$$=-\frac{24}{35}$$

13 $(-4)-(-7)+2$의 값은?

① -9　　② 5

③ 9　　④ 13

13
$$(-4)-(-7)+2$$
$$=(-4)+(+7)+2=5$$

ANSWER
09. ①　**10.** ④　**11.** ③　**12.** ①　**13.** ②

14 $(-3)\times(-5)$의 값은?

기출
① -15 　　　② -8
③ 8　　　④ 15

14

$$(-3)\times(-5)=+(3\times5)=15$$

15 $\left(-\dfrac{1}{3}\right)\times\left(+\dfrac{3}{4}\right)\times3$의 값은?

① $-\dfrac{3}{4}$ 　　　② $-\dfrac{1}{4}$
③ $\dfrac{1}{4}$　　　④ $\dfrac{3}{4}$

15

$$\left(-\frac{1}{3}\right)\times\left(+\frac{3}{4}\right)\times3$$
$$=\left(-\frac{1}{3}\right)\times3\times\left(+\frac{3}{4}\right)$$
$$=\left\{\left(-\frac{1}{3}\right)\times3\right\}\times\left(+\frac{3}{4}\right)$$
$$=(-1)\times\left(+\frac{3}{4}\right)=-\frac{3}{4}$$

16 다음 중 두 수가 서로 역수인 것은?

① $-3,\ 3$ 　　　② $\dfrac{3}{7},\ \dfrac{3}{7}$
③ $\dfrac{1}{4},\ 4$　　　④ $0,\ 1$

16

두 수의 곱이 1이 될 때, 한 수를 다른 수의 역수라고 한다.

③ $\dfrac{1}{4}\times4=1$

17 다음 □ 안에 들어갈 알맞은 수는?

$$\left(-\frac{16}{9}\right)\div\left(-\frac{\square}{3}\right)=\frac{4}{3}$$

① 4　　　② 5
③ 7　　　④ 8

17

$$\left(-\frac{16}{9}\right)\div\left(-\frac{\square}{3}\right)=\frac{4}{3}$$
$$\Rightarrow\left(-\frac{16}{9}\right)\times\left(-\frac{3}{\square}\right)=\frac{4}{3}$$
$$\Rightarrow+\left(\frac{16}{9}\times\frac{3}{\square}\right)=\frac{4}{3}$$
$$\therefore\ \square=4$$

ANSWER

14. ④　**15.** ①　**16.** ③　**17.** ①

18 다음을 계산하여라.

(1) $(-7) \times (+6) \div (-3)$

(2) $(-24) \div (-4) \div (-3)$

(3) $8 \div (-2) - 9 \times 6$

(4) $(-4)^3 \div \{2 + (-10)\}$

19 $\left(-\dfrac{2}{9}\right) \times \left(-\dfrac{3}{5}\right) \div \left(-\dfrac{4}{9}\right)$의 값은?

① $-\dfrac{3}{20}$ ② $-\dfrac{3}{10}$

③ $+\dfrac{3}{20}$ ④ $+\dfrac{3}{10}$

20 다음 중 가장 나중에 계산해야 하는 것은?

$$\left\{(-1) + \left(6 - 3 \div \dfrac{1}{2}\right)\right\} \times \left(-\dfrac{1}{3}\right)$$

① ② ③   ④

18

(1) $(-7) \times (+6) \div (-3)$
$= (-42) \div (-3) = 14$

(2) $(-24) \div (-4) \div (-3)$
$= (+6) \div (-3) = -2$

(3) $8 \div (-2) - 9 \times 6$
$= (-4) - 54$
$= (-4) + (-54) = -58$

(4) $(-4)^3 \div \{2 + (-10)\}$
$= (-64) \div \{2 + (-10)\}$
$= (-64) \div (-8) = 8$

19

$\left(-\dfrac{2}{9}\right) \times \left(-\dfrac{3}{5}\right) \div \left(-\dfrac{4}{9}\right)$

$= \left(-\dfrac{2}{9}\right) \times \left(-\dfrac{3}{5}\right) \times \left(-\dfrac{9}{4}\right)$

$= -\left(\dfrac{2}{9} \times \dfrac{3}{5} \times \dfrac{9}{4}\right) = -\dfrac{3}{10}$

20

$\left\{(-1) + \left(6 - 3 \div \dfrac{1}{2}\right)\right\} \times \left(-\dfrac{1}{3}\right)$ ③

$= \{(-1) + (6 - 6)\} \times \left(-\dfrac{1}{3}\right)$ ②

$= \{(-1) + 0\} \times \left(-\dfrac{1}{3}\right)$ ①

$= (-1) \times \left(-\dfrac{1}{3}\right)$ ④

$= \dfrac{1}{3}$

A N S W E R

18. (1) 14 (2) -2 (3) -58 (4) 8
19. ② **20.** ④

03 유리수와 순환소수

1 유리수와 소수

(1) 유한소수와 무한소수

① 유한소수 : 소수점 아래의 0이 아닌 숫자가 유한개인 소수　예 0.15, 1.875

② 무한소수 : 소수점 아래의 0이 아닌 숫자가 무한히 많은 소수　예 0.22⋯, 0.242424⋯

 **CHECK√**

다음 분수를 소수로 나타내고, 유한소수와 무한소수로 구분하여라.

(1) $\dfrac{1}{5}$

(2) $\dfrac{4}{9}$

(3) $\dfrac{3}{8}$

(4) $\dfrac{7}{20}$

(5) $\dfrac{5}{12}$

(6) $\dfrac{9}{25}$

(7) $\dfrac{12}{16}$

(8) $\dfrac{2}{7}$

(1) $\dfrac{1}{5} = 0.2$

(2) $\dfrac{4}{9} = 0.444\cdots$

(3) $\dfrac{3}{8} = 0.375$

(4) $\dfrac{7}{20} = 0.35$

(5) $\dfrac{5}{12} = 0.4166\cdots$

(6) $\dfrac{9}{25} = 0.36$

(7) $\dfrac{12}{16} = \dfrac{3}{4} = 0.75$

(8) $\dfrac{2}{7} = 0.2857\cdots$

∴ • 유한소수 : (1), (3), (4), (6), (7)

　 • 무한소수 : (2), (5), (8)

---

(2) 유한소수로 나타낼 수 있는 분수

분수를 기약분수로 나타내었을 때, 분모의 소인수가 2나 5뿐인 분수는 분모와 분자에 적당한 수를 곱하여 분모를 10의 거듭제곱인 꼴로 고쳐 유한소수로 나타낼 수 있다.

예 $\dfrac{3}{20} = \dfrac{3}{2^2 \times 5} = \dfrac{3 \times 5}{2^2 \times 5 \times 5} = \dfrac{15}{100} = 0.15$

바로 바로 CHECK√

다음 유리수 중에서 유한소수로 나타낼 수 있는 것을 모두 찾아라.

$$\dfrac{9}{25}, \quad \dfrac{5}{2^2 \times 3 \times 5}, \quad \dfrac{2}{3^2 \times 5}, \quad \dfrac{3}{2^2 \times 5}, \quad \dfrac{3^2}{2^3 \times 5}$$

$\dfrac{9}{25}, \quad \dfrac{3}{2^2 \times 5}, \quad \dfrac{3^2}{2^3 \times 5}$

---

2 유리수와 순환소수

(1) 순환소수 중요⁺

① 순환소수 : 무한소수 중에서 소수점 아래의 어떤 자리에서부터 일정한 숫자의 배열이 한없이 되풀이되는 소수

② 순환마디 : 순환소수에서 한없이 되풀이되는 숫자의 한 부분

③ 순환소수의 표현 : 순환마디 양 끝의 숫자 위에 점을 찍어 나타낸다.

예 $0.424242\cdots$ • 순환마디 : 42 • $0.\dot{4}\dot{2}$로 표시

바로 바로 CHECK√

다음 순환소수의 순환마디를 말하고, 점을 찍어 간단히 나타내어라.

(1) $2.33333\cdots$ (2) $4.292929\cdots$

(3) $0.347347347\cdots$ (4) $8.65313131\cdots$

(1) 순환마디 : 3, $2.\dot{3}$
(2) 순환마디 : 29, $4.\dot{2}\dot{9}$
(3) 순환마디 : 347, $0.\dot{3}4\dot{7}$
(4) 순환마디 : 31, $8.65\dot{3}\dot{1}$

(2) 순환소수로 나타낼 수 있는 분수

분수를 기약분수로 나타내었을 때, 분모가 2와 5 이외의 소인수를 가지면 그 분수는 순환소수로 나타낼 수 있다.

예 $\dfrac{4}{15} = \dfrac{4}{3 \times 5}$ → 분모의 소인수 중에 2와 5 이외의 소인수 3이 있으므로 순환소수로 나타낼 수 있다.

(3) 순환소수를 분수로 나타내는 방법

① 순환소수를 x라 하고, 그 양변에 적당한 10의 거듭제곱을 곱하여 소수 부분을 같게 만든다.

② 소수 부분이 같은 두 수의 차를 이용하여 순환소수를 분수로 나타낸다.

예 $x = 0.\dot{5}$라고 하면 $x = 0.555\cdots$ … ㉠
㉠의 양변에 10을 곱하면 $10x = 5.555\cdots$ … ㉡
㉡ $-$ ㉠을 하면

$$
\begin{array}{r}
10x = 5.555\cdots \\
-)\ \ \ x = 0.555\cdots \\
\hline
9x = 5
\end{array}
$$

$\therefore x = \dfrac{5}{9}$

잠깐! $0.\dot{a} = \dfrac{a}{9}$, $0.\dot{a}\dot{b} = \dfrac{ab}{99}$, $0.a\dot{b} = \dfrac{ab - a}{90}$, $0.a\dot{b}\dot{c} = \dfrac{abc - a}{990}$

바로 바로 CHECK√

다음 순환소수를 분수로 나타내어라.

(1) $0.\dot{2}\dot{4}$

(2) $0.0\dot{3}\dot{5}$

(1) $x = 0.\dot{2}\dot{4}$라고 하면 $x = 0.242424\cdots$ … ㉠
㉠의 양변에 100을 곱하면 $100x = 24.242424\cdots$ … ㉡
㉡ $-$ ㉠을 하면

$$
\begin{array}{r}
100x = 24.242424\cdots \\
-)\ \ \ \ x = 0.242424\cdots \\
\hline
99x = 24
\end{array}
$$

$\therefore x = \dfrac{24}{99} = \dfrac{8}{33}$

(2) $x = 0.0\dot{3}\dot{5}$라고 하면 $x = 0.035035035\cdots$ … ㉠
㉠의 양변에 1000을 곱하면 $1000x = 35.035035035\cdots$ … ㉡
㉡ $-$ ㉠을 하면

$$
\begin{array}{r}
1000x = 35.035035035\cdots \\
-)\ \ \ \ \ x = 0.035035035\cdots \\
\hline
999x = 35
\end{array}
$$

$\therefore x = \dfrac{35}{999}$

(3) $0.6\dot{4}$

(3) $x = 0.6\dot{4}$라고 하면 $x = 0.6444\cdots$ ⋯ ㉠
㉠의 양변에 10을 곱하면 $10x = 6.444\cdots$ ⋯ ㉡
㉠의 양변에 100을 곱하면 $100x = 64.444\cdots$ ⋯ ㉢
㉢ $-$ ㉡을 하면

$$
\begin{array}{r}
100x = 64.444\cdots \\
-\,)\ \ 10x = \ \ 6.444\cdots \\
\hline
90x = 58
\end{array}
$$

$$\therefore\ x = \frac{58}{90} = \frac{29}{45}$$

기초학습 소수의 분류

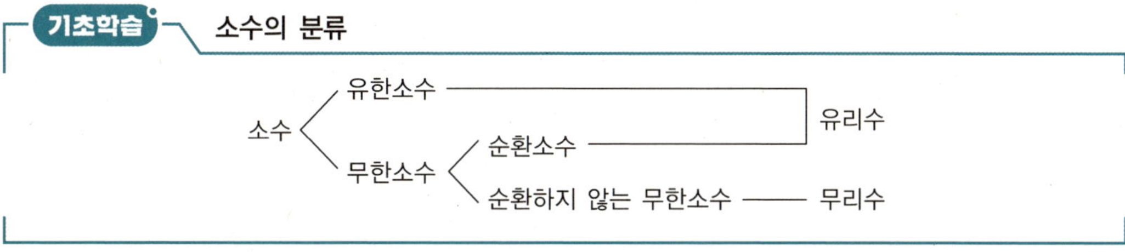

01

다음 분수 중 유한소수로 나타낼 수 있는 것은?

① $\dfrac{1}{3}$ ② $\dfrac{1}{5}$

③ $\dfrac{1}{7}$ ④ $\dfrac{1}{9}$

01

분모의 소인수가 2나 5뿐일 때 그 수는 유한소수가 된다.

02

다음 중 무한소수인 것은?

① $\dfrac{1}{2}$ ② $\dfrac{3}{10}$

③ $\dfrac{1}{2^3 \times 3}$ ④ $\dfrac{3}{3 \times 5}$

02

무한소수 : 분모에 2와 5 이외의 수가 있는 수

④ $\dfrac{3}{3 \times 5} = \dfrac{1}{5} = 0.2$(유한소수)

03

순환소수 $0.3181818\cdots$ 에서 순환마디는?

① 18 ② 31

③ 318 ④ 3181

03

$0.3\underline{18}\ \underline{18}\ \underline{18}\cdots = 0.3\dot{1}\dot{8}$
순환마디는 18이다.

04

분수 $\dfrac{314}{999}$ 를 순환소수로 나타내었을 때, 이 순환소수의 순환마디는?

① 3 ② 31

③ 314 ④ 3143

04

$\dfrac{314}{999} = 0.\underline{314}\underline{314}\underline{314}\cdots$ 이므로
순환마디는 314이다.

ANSWER

01. ② 02. ③ 03. ① 04. ③

05
기출

분수 $\dfrac{1}{2\times a}$ 이 순환소수일 때, a로 알맞은 것은?

① 2 ② 3

③ 4 ④ 5

06

다음은 순환소수 $0.3\dot{2}$를 분수로 나타내는 과정이다. a, b의 값을 바르게 구하면?

> $x = 0.3\dot{2} = 0.3222\cdots \cdots$ ㉠
> ㉠의 양변에 각각 $\boxed{a}$, 100을 곱하면,
> $\boxed{a}\,x = 3.222\cdots$ ㉡
> $100x = 32.222\cdots$ ㉢
> ㉢에서 ㉡을 빼면 $\boxed{b}\,x = 29$ ∴ $x = \dfrac{29}{\boxed{b}}$

① $a=10$, $b=90$ ② $a=10$, $b=99$

③ $a=100$, $b=90$ ④ $a=100$, $b=99$

05

② $\dfrac{1}{2\times 3} = \dfrac{1}{6} = 0.1666\cdots = 0.1\dot{6}$

① $\dfrac{1}{2\times 2} = \dfrac{1}{4} = 0.25$

③ $\dfrac{1}{2\times 4} = \dfrac{1}{8} = 0.125$

④ $\dfrac{1}{2\times 5} = \dfrac{1}{10} = 0.1$

06

순환마디가 2이고, 3은 순환마디가 아니므로 소수 부분에 2만 남도록 양변에 10의 거듭제곱을 곱한다.

04 실수와 그 연산

01 제곱근과 실수

1 제곱근의 뜻과 성질

(1) 제곱근

어떤 수 x를 제곱하여 a가 될 때, 즉 $x^2 = a$일 때 x를 a의 제곱근이라고 한다.

(2) 양수 a의 제곱근　중요⁺

양의 제곱근은 $\sqrt{a}$, 음의 제곱근은 $-\sqrt{a}$이고, $\sqrt{a}$와 $-\sqrt{a}$를 한꺼번에 $\pm\sqrt{a}$로 나타내기도 한다. 이때, 기호 $\sqrt{}$는 루트(root)라고 읽는다.

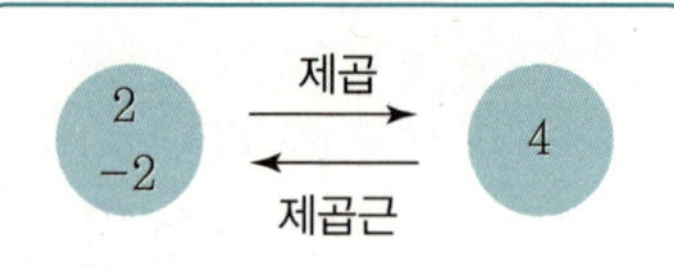

바로 바로 CHECK√

01 다음 수의 제곱근을 구하여라.

(1) 1　　　　　　　　(2) 16

(3) 0.49　　　　　　　(4) $\dfrac{1}{25}$

01 (1) ± 1　　　(2) ± 4

(3) ± 0.7　　　(4) $\pm\dfrac{1}{5}$

02 다음 수를 근호를 사용하지 않고 나타내어라.

(1) $\sqrt{36}$　　(2) $-\sqrt{400}$　　(3) $\sqrt{\dfrac{25}{49}}$

02 (1) 6　　(2) -20　　(3) $\dfrac{5}{7}$

(3) 제곱근의 성질 중요$^+$

$a > 0$일 때,

① $(\sqrt{a})^2 = a, \ (-\sqrt{a})^2 = a$ ② $\sqrt{a^2} = a, \ \sqrt{(-a)^2} = a$

바로 바로 CHECK√

01 다음 값을 구하여라.

  (1) $(\sqrt{3})^2$ (2) $(-\sqrt{6})^2$

  (3) $\sqrt{(-16)^2}$ (4) $-\sqrt{(-9)^2}$

01 (1) 3   (2) 6
     (3) 16   (4) -9

02 다음을 계산하여라.

  (1) $(-\sqrt{10})^2 - (\sqrt{5})^2$ (2) $\sqrt{25} + \sqrt{(-8)^2}$

  (3) $\sqrt{7^2} - (-\sqrt{4})^2$ (4) $(-\sqrt{17})^2 - \sqrt{(-17)^2}$

02 (1) $10 - 5 = 5$
     (2) $5 + 8 = 13$
     (3) $7 - 4 = 3$
     (4) $17 - 17 = 0$

---

(4) 제곱근의 대소 관계

$a > 0, \ b > 0$일 때,

① $a < b$이면 $\sqrt{a} < \sqrt{b}$

② $\sqrt{a} < \sqrt{b}$이면 $a < b$

잠깐! $a > 0, \ b > 0$일 때, $a < b$이면 $-\sqrt{a} > -\sqrt{b}$ 이다.

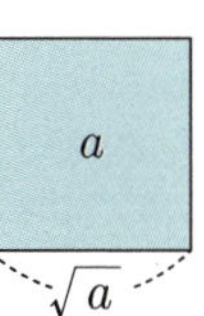

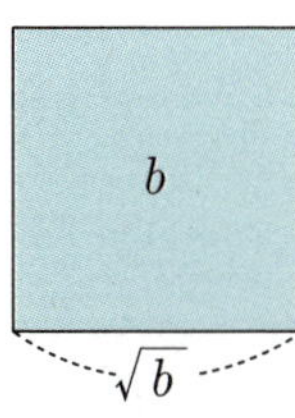

바로 바로 CHECK√

다음 두 수의 대소를 비교하여라.

  (1) $\sqrt{5}, \ \sqrt{7}$ (2) $\sqrt{\dfrac{1}{3}}, \ \sqrt{\dfrac{1}{5}}$

  (3) $4, \ \sqrt{12}$ (4) $-5, \ -\sqrt{24}$

(1) $5 < 7$이므로 $\sqrt{5} < \sqrt{7}$

(2) $\dfrac{1}{3} > \dfrac{1}{5}$이므로 $\sqrt{\dfrac{1}{3}} > \sqrt{\dfrac{1}{5}}$

(3) $4 = \sqrt{16}$ 이고 $16 > 12$이므로 $4 > \sqrt{12}$

(4) $5 = \sqrt{25}$ 이고 $25 > 24$이므로 $\sqrt{25} > \sqrt{24}$
따라서 $-\sqrt{25} < -\sqrt{24} \Rightarrow -5 < -\sqrt{24}$

2 무리수와 실수

(1) 무리수 : 유리수가 아닌 수로 순환하지 않는 무한소수

(2) 실 수

① 실수 : 유리수와 무리수를 통틀어 실수라고 한다.

② 실수의 분류

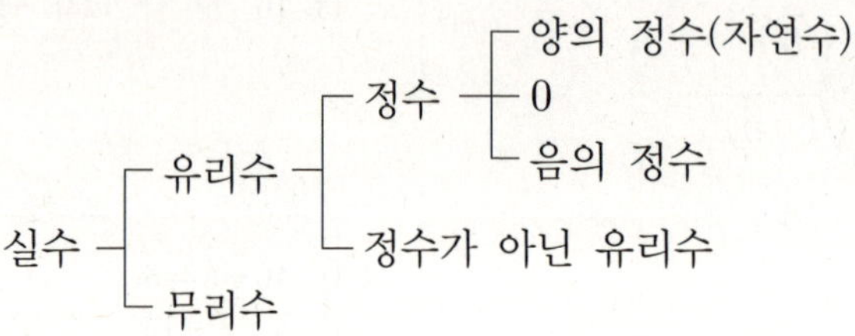

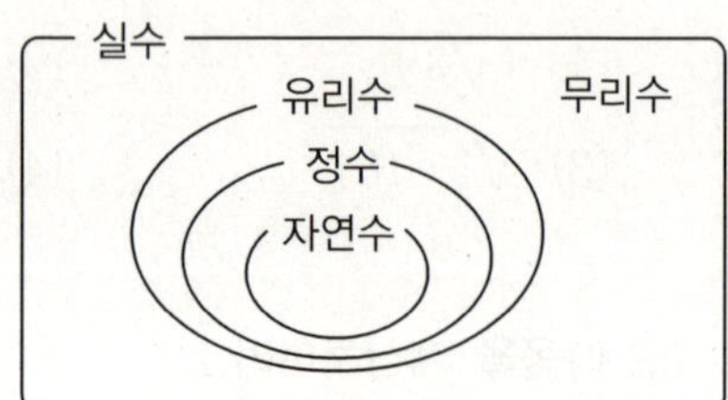

(3) 실수의 대소 관계

a, b가 실수일 때,

① $a-b>0$이면 $a>b$

② $a-b=0$이면 $a=b$

③ $a-b<0$이면 $a<b$

바로 바로 CHECK√

다음 두 실수의 대소를 비교하여라.

(1) $\sqrt{14}-1$, 3

(2) $\sqrt{5}+\sqrt{3}$, $\sqrt{3}+2$

(1) $\left(\sqrt{14}-1\right)-3=\sqrt{14}-4$
$\qquad =\sqrt{14}-\sqrt{16}<0$
이므로 $\sqrt{14}-1<3$

(2) $\left(\sqrt{5}+\sqrt{3}\right)-\left(\sqrt{3}+2\right)$
$\qquad =\sqrt{5}-2=\sqrt{5}-\sqrt{4}>0$
이므로 $\sqrt{5}+\sqrt{3}>\sqrt{3}+2$

---

02 근호를 포함한 식의 계산

1 제곱근의 곱셈과 나눗셈

(1) 제곱근의 곱셈 중요+

$a > 0$, $b > 0$이고 m, n이 유리수일 때,

① 제곱근의 곱셈

  ㉠ $\sqrt{a} \times \sqrt{b} = \sqrt{ab}$

  ㉡ $m\sqrt{a} \times n\sqrt{b} = mn\sqrt{ab}$

② 근호가 있는 식의 변형 : $\sqrt{a^2 b} = a\sqrt{b}$

  잠깐! $11^2 = 121$, $12^2 = 144$, $13^2 = 169$, $14^2 = 196$, $15^2 = 225$
  $16^2 = 256$, $17^2 = 289$, $18^2 = 324$, $19^2 = 361$, $20^2 = 400$

바로 바로 CHECK√

01 다음을 간단히 하여라.

(1) $\sqrt{3} \times \sqrt{7}$

(2) $\sqrt{5} \times \sqrt{6}$

(3) $\sqrt{\dfrac{10}{7}} \times \sqrt{\dfrac{7}{5}}$

(4) $\sqrt{\dfrac{25}{9}} \times \sqrt{\dfrac{18}{5}}$

02 다음 수를 $a\sqrt{b}$의 꼴로 나타내어라.

(1) $\sqrt{28}$

(2) $-\sqrt{75}$

03 다음 수를 $\sqrt{a}$의 꼴로 나타내어라.

(1) $5\sqrt{6}$

(2) $2\sqrt{11}$

01 (1) $\sqrt{3} \times \sqrt{7} = \sqrt{3 \times 7} = \sqrt{21}$

(2) $\sqrt{5} \times \sqrt{6} = \sqrt{5 \times 6} = \sqrt{30}$

(3) $\sqrt{\dfrac{10}{7}} \times \sqrt{\dfrac{7}{5}} = \sqrt{\dfrac{10}{7} \times \dfrac{7}{5}} = \sqrt{2}$

(4) $\sqrt{\dfrac{25}{9}} \times \sqrt{\dfrac{18}{5}} = \sqrt{\dfrac{25}{9} \times \dfrac{18}{5}}$
$= \sqrt{10}$

02 (1) $\sqrt{28} = \sqrt{4 \times 7} = \sqrt{2^2 \times 7} = 2\sqrt{7}$

(2) $-\sqrt{75} = -\sqrt{25 \times 3} = -\sqrt{5^2 \times 3}$
$= -5\sqrt{3}$

03 (1) $5\sqrt{6} = \sqrt{5^2 \times 6} = \sqrt{25 \times 6}$
$= \sqrt{150}$

(2) $2\sqrt{11} = \sqrt{2^2 \times 11} = \sqrt{4 \times 11}$
$= \sqrt{44}$

(2) 제곱근의 나눗셈

$a > 0$, $b > 0$이고 m, n이 유리수일 때,

① 제곱근의 나눗셈

㉠ $\dfrac{\sqrt{b}}{\sqrt{a}} = \sqrt{\dfrac{b}{a}}$

㉡ $m\sqrt{a} \div n\sqrt{b} = m\sqrt{a} \times \dfrac{1}{n\sqrt{b}} = \dfrac{m}{n}\sqrt{\dfrac{a}{b}}$ (단, $n \neq 0$)

② 근호가 있는 식의 변형 : $\sqrt{\dfrac{b}{a^2}} = \dfrac{\sqrt{b}}{a}$

바로 바로 CHECK√

다음을 간단히 하여라.

(1) $\dfrac{\sqrt{56}}{\sqrt{8}}$

(2) $\sqrt{24} \div \sqrt{8}$

(1) $\dfrac{\sqrt{56}}{\sqrt{8}} = \sqrt{\dfrac{56}{8}} = \sqrt{7}$

(2) $\sqrt{24} \div \sqrt{8} = \dfrac{\sqrt{24}}{\sqrt{8}} = \sqrt{\dfrac{24}{8}} = \sqrt{3}$

---

(3) 분모의 유리화

① 분모의 유리화 : 분모에 근호가 있을 때 분모와 분자에 0이 아닌 같은 수를 곱하여 분모를 유리수로 고치는 것

② 분모를 유리화하는 방법 : $a > 0$이고 b, c가 실수일 때,

㉠ $\dfrac{1}{\sqrt{a}} = \dfrac{\sqrt{a}}{\sqrt{a} \times \sqrt{a}} = \dfrac{\sqrt{a}}{a}$

㉡ $\dfrac{b}{\sqrt{a}} = \dfrac{b\sqrt{a}}{\sqrt{a} \times \sqrt{a}} = \dfrac{b\sqrt{a}}{a}$

㉢ $\dfrac{\sqrt{b}}{\sqrt{a}} = \dfrac{\sqrt{b} \times \sqrt{a}}{\sqrt{a} \times \sqrt{a}} = \dfrac{\sqrt{ab}}{a}$ (단, $b > 0$)

㉣ $\dfrac{c}{b\sqrt{a}} = \dfrac{c \times \sqrt{a}}{b\sqrt{a} \times \sqrt{a}} = \dfrac{c\sqrt{a}}{ab}$

바로 바로 CHECK√

01 다음 수의 분모를 유리화하여라.

(1) $\dfrac{\sqrt{2}}{\sqrt{3}}$

(2) $\dfrac{8}{\sqrt{2}}$

(3) $\dfrac{9}{2\sqrt{3}}$

02 다음 식을 간단히 하여라.

(1) $6\sqrt{2}\times 5\sqrt{3}\div 2\sqrt{5}$

(2) $\dfrac{2}{\sqrt{3}}\times\dfrac{\sqrt{5}}{\sqrt{2}}\div\sqrt{10}$

---

01 (1) $\dfrac{\sqrt{2}}{\sqrt{3}}=\dfrac{\sqrt{2}\times\sqrt{3}}{\sqrt{3}\times\sqrt{3}}=\dfrac{\sqrt{6}}{(\sqrt{3})^2}=\dfrac{\sqrt{6}}{3}$

(2) $\dfrac{8}{\sqrt{2}}=\dfrac{8\times\sqrt{2}}{\sqrt{2}\times\sqrt{2}}=\dfrac{8\sqrt{2}}{(\sqrt{2})^2}=\dfrac{8\sqrt{2}}{2}=4\sqrt{2}$

(3) $\dfrac{9}{2\sqrt{3}}=\dfrac{9\times\sqrt{3}}{2\sqrt{3}\times\sqrt{3}}=\dfrac{9\sqrt{3}}{2\times(\sqrt{3})^2}=\dfrac{9\sqrt{3}}{6}$

$\qquad=\dfrac{3\sqrt{3}}{2}$

02 (1) $6\sqrt{2}\times 5\sqrt{3}\div 2\sqrt{5}=\dfrac{6\sqrt{2}\times 5\sqrt{3}}{2\sqrt{5}}=\dfrac{30\sqrt{6}}{2\sqrt{5}}$

$\qquad=\dfrac{15\sqrt{6}}{\sqrt{5}}=\dfrac{15\sqrt{6}\times\sqrt{5}}{\sqrt{5}\times\sqrt{5}}=\dfrac{15\sqrt{30}}{5}=3\sqrt{30}$

(2) $\dfrac{2}{\sqrt{3}}\times\dfrac{\sqrt{5}}{\sqrt{2}}\div\sqrt{10}=\dfrac{2\sqrt{5}}{\sqrt{6}}\times\dfrac{1}{\sqrt{10}}$

$\qquad=\dfrac{2\sqrt{5}}{\sqrt{6}}\times\dfrac{1}{\sqrt{2}\sqrt{5}}=\dfrac{2}{\sqrt{12}}=\dfrac{2}{2\sqrt{3}}=\dfrac{1}{\sqrt{3}}$

$\qquad=\dfrac{\sqrt{3}}{\sqrt{3}\times\sqrt{3}}=\dfrac{\sqrt{3}}{3}$

---

2 제곱근의 덧셈과 뺄셈

(1) 근호를 포함한 식의 덧셈과 뺄셈 중요⁺

① 근호 안의 수가 같은 부분을 하나의 문자로 생각하여 다항식의 동류항과 같이 모아서 계산한다.

l, m, n은 유리수이고, $\sqrt{a}$는 무리수일 때,

㉠ $m\sqrt{a}+n\sqrt{a}=(m+n)\sqrt{a}$

㉡ $m\sqrt{a}-n\sqrt{a}=(m-n)\sqrt{a}$

㉢ $m\sqrt{a}+n\sqrt{a}-l\sqrt{a}=(m+n-l)\sqrt{a}$

$$2a+3a=(2+3)a$$
$$\downarrow\qquad\downarrow\qquad\downarrow$$
$$2\sqrt{2}+3\sqrt{2}=(2+3)\sqrt{2}$$

② 근호 안의 수에 제곱인 인수가 있으면 이것을 근호 밖으로 꺼내어 근호 안을 간단한 수로 바꾼 후 식을 계산한다.

바로 바로 CHECK√

다음 식을 간단히 하여라.

(1) $2\sqrt{2}+5\sqrt{2}$

(2) $8\sqrt{5}-5\sqrt{5}$

(3) $5\sqrt{2}+\sqrt{18}$

(4) $\sqrt{12}+5\sqrt{3}-9\sqrt{3}$

(1) $2\sqrt{2}+5\sqrt{2}=(2+5)\sqrt{2}=7\sqrt{2}$

(2) $8\sqrt{5}-5\sqrt{5}=(8-5)\sqrt{5}=3\sqrt{5}$

(3) $5\sqrt{2}+\sqrt{18}=5\sqrt{2}+\sqrt{3^2\times2}$
$\qquad\qquad=5\sqrt{2}+3\sqrt{2}$
$\qquad\qquad=(5+3)\sqrt{2}=8\sqrt{2}$

(4) $\sqrt{12}+5\sqrt{3}-9\sqrt{3}=\sqrt{2^2\times3}+5\sqrt{3}-9\sqrt{3}$
$\qquad\qquad=2\sqrt{3}+5\sqrt{3}-9\sqrt{3}$
$\qquad\qquad=(2+5-9)\sqrt{3}$
$\qquad\qquad=-2\sqrt{3}$

---

(2) 분배법칙과 근호를 포함한 식의 계산

괄호가 있는 경우에는 분배법칙을 이용하여 괄호를 풀어 계산한다.

바로 바로 CHECK√

다음 식을 간단히 하여라.

(1) $\sqrt{3}(\sqrt{3}+4)$

(2) $2\sqrt{3}(\sqrt{3}-\sqrt{2})$

(1) $\sqrt{3}(\sqrt{3}+4)=\sqrt{3}\times\sqrt{3}+\sqrt{3}\times4$
$\qquad\qquad=3+4\sqrt{3}$

(2) $2\sqrt{3}(\sqrt{3}-\sqrt{2})=2\sqrt{3}\times\sqrt{3}-2\sqrt{3}\times\sqrt{2}$
$\qquad\qquad=6-2\sqrt{6}$

---

(3) 분모의 유리화와 근호를 포함한 식의 계산

① 분모에 근호를 포함한 분수는 분모를 유리화하여 계산한다.

② 곱셈 공식 $(a+b)(a-b)=a^2-b^2$을 이용하여 분모를 유리화하여 계산한다.

$a>0$, $b>0$, $a\neq b$이고, c가 실수일 때,

$$\frac{c}{\sqrt{a}+\sqrt{b}}=\frac{c(\sqrt{a}-\sqrt{b})}{(\sqrt{a}+\sqrt{b})(\sqrt{a}-\sqrt{b})}=\frac{c(\sqrt{a}-\sqrt{b})}{a-b}$$

바로 바로 CHECK√

다음 식을 간단히 하여라.

(1) $\dfrac{3\sqrt{10}}{5} - \sqrt{\dfrac{2}{5}}$

(2) $\dfrac{2+\sqrt{3}}{\sqrt{3}}$

(3) $\dfrac{1}{4-\sqrt{3}}$

(4) $\dfrac{1}{\sqrt{5}-\sqrt{2}}$

(1) $\dfrac{3\sqrt{10}}{5} - \sqrt{\dfrac{2}{5}} = \dfrac{3\sqrt{10}}{5} - \dfrac{\sqrt{2}\times\sqrt{5}}{\sqrt{5}\times\sqrt{5}}$
$= \dfrac{3\sqrt{10}}{5} - \dfrac{\sqrt{10}}{5} = \dfrac{2\sqrt{10}}{5}$

(2) $\dfrac{2+\sqrt{3}}{\sqrt{3}} = \dfrac{(2+\sqrt{3})\times\sqrt{3}}{\sqrt{3}\times\sqrt{3}}$
$= \dfrac{2\sqrt{3}+3}{3}$

(3) $\dfrac{1}{4-\sqrt{3}} = \dfrac{4+\sqrt{3}}{(4-\sqrt{3})(4+\sqrt{3})}$
$= \dfrac{4+\sqrt{3}}{4^2-(\sqrt{3})^2} = \dfrac{4+\sqrt{3}}{13}$

(4) $\dfrac{1}{\sqrt{5}-\sqrt{2}} = \dfrac{\sqrt{5}+\sqrt{2}}{(\sqrt{5}-\sqrt{2})(\sqrt{5}+\sqrt{2})}$
$= \dfrac{\sqrt{5}+\sqrt{2}}{(\sqrt{5})^2-(\sqrt{2})^2} = \dfrac{\sqrt{5}+\sqrt{2}}{3}$

(4) 근호를 포함한 식의 혼합 계산

근호를 포함한 식에 덧셈, 뺄셈, 곱셈, 나눗셈이 섞여 있는 경우에는 유리수의 경우와 마찬가지로 곱셈과 나눗셈을 먼저 계산한다.

바로 바로 CHECK√

다음 식을 간단히 하여라.

(1) $4 \times \sqrt{3} - 5 \div \sqrt{3}$

(2) $3\sqrt{5} + \sqrt{30} \div \sqrt{6}$

(1) $4 \times \sqrt{3} - 5 \div \sqrt{3} = 4\sqrt{3} - \dfrac{5}{\sqrt{3}}$
$= 4\sqrt{3} - \dfrac{5\sqrt{3}}{3} = \left(4 - \dfrac{5}{3}\right)\sqrt{3} = \dfrac{7\sqrt{3}}{3}$

(2) $3\sqrt{5} + \sqrt{30} \div \sqrt{6} = 3\sqrt{5} + \dfrac{\sqrt{30}}{\sqrt{6}}$
$= 3\sqrt{5} + \sqrt{5} = (3+1)\sqrt{5} = 4\sqrt{5}$

01 기출
10의 제곱근은?

① ± 2 ② $\pm\sqrt{5}$

③ $\pm\sqrt{10}$ ④ ± 4

01

제곱근은 양의 제곱근과 음의 제곱근이 있으므로 10의 제곱근은 $\pm\sqrt{10}$

02 기출
그림과 같이 넓이가 10cm2인 정사각형의 한 변의 길이 x는?

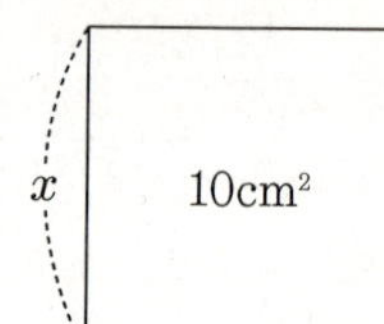

① $\sqrt{5}\,cm$

② $\sqrt{10}\,cm$

③ $5cm$

④ $10cm$

02

$x \times x = 10$

$x^2 = 10$에서 x는 a의 양의 제곱근이므로 $x = \sqrt{10}\,cm$이다.

03 기출
그림과 같이 가로의 길이가 2, 세로의 길이가 1인 직사각형이 있다. 이 직사각형과 넓이가 같은 정사각형의 한 변의 길이는?

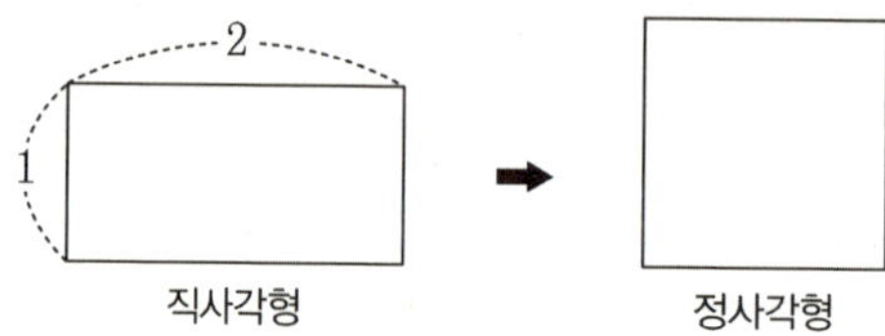

① $\sqrt{2}$ ② $\sqrt{3}$

③ 2 ④ 3

03

직사각형의 넓이는 $2 \times 1 = 2$

즉, 정사각형의 넓이가 2이므로 한 변의 길이는 $\sqrt{2}$ 이다.

04 기출
다음 중 가장 큰 수는?

① $\sqrt{3^2}$ ② $\sqrt{(-5)^2}$

③ $2\sqrt{3}$ ④ $\sqrt{7}$

04

② $\sqrt{25}$ ① $\sqrt{9}$

③ $\sqrt{12}$ ④ $\sqrt{7}$

ANSWER

01. ③   02. ②   03. ①   04. ②

05 [기출] $(\sqrt{3})^2 + \sqrt{(-2)^2}$ 을 간단히 한 것은?

① 0　　　　　　② 1

③ 3　　　　　　④ 5

06 [기출] $\sqrt{12} \times \sqrt{3}$ 을 간단히 하면?

① 5　　　　　　② 6

③ 7　　　　　　④ 8

07 $\sqrt{(-3)^2} \times (2\sqrt{3})^2$ 을 계산하면?

① -36　　　　② -18

③ 18　　　　　　④ 36

08 [기출] $\sqrt{27} = a\sqrt{3}$ 의 꼴로 고칠 때, a의 값은?

① 3　　　　　　② 5

③ 7　　　　　　④ 9

09 $\sqrt{24} = a\sqrt{6}$ 일 때, a의 값은?

① 2　　　　　　② 3

③ 4　　　　　　④ 5

05

$(\sqrt{3})^2 + \sqrt{(-2)^2} = 3 + 2 = 5$

06

$\sqrt{12} \times \sqrt{3} = \sqrt{12 \times 3} = \sqrt{36} = 6$

07

$\sqrt{(-3)^2} \times (2\sqrt{3})^2 = 3 \times 12 = 36$

08

$\sqrt{27} = \sqrt{3^2 \times 3} = 3\sqrt{3}$
$\therefore \ a = 3$

09

$\sqrt{24} = \sqrt{2^2 \times 6} = 2\sqrt{6}$
$\therefore \ a = 2$

ANSWER
05. ④　06. ②　07. ④　08. ①　09. ①

10 다음 중에서 $\sqrt{32}$ 를 $a\sqrt{b}$ 의 꼴로 나타낸 것은?

① $2\sqrt{3}$ ② $3\sqrt{2}$

③ $3\sqrt{3}$ ④ $4\sqrt{2}$

10
$$\sqrt{32} = \sqrt{4^2 \times 2} = 4\sqrt{2}$$

11 $\dfrac{1}{\sqrt{2}}$ 의 분모를 유리화하면?

① $\sqrt{2}$ ② $2\sqrt{2}$

③ $\dfrac{2}{\sqrt{2}}$ ④ $\dfrac{\sqrt{2}}{2}$

11
$$\frac{1}{\sqrt{2}} = \frac{\sqrt{2}}{\sqrt{2} \times \sqrt{2}} = \frac{\sqrt{2}}{2}$$

12 $\dfrac{2}{\sqrt{8}}$ 의 분모를 유리화하면 $\dfrac{\sqrt{2}}{\Box}$ 이다. 빈칸에 들어갈 알맞은 수는?

① 2 ② 4

③ 6 ④ 8

12
$$\frac{2}{\sqrt{8}} = \frac{2}{2\sqrt{2}} = \frac{1}{\sqrt{2}}$$
$$= \frac{\sqrt{2}}{\sqrt{2} \times \sqrt{2}} = \frac{\sqrt{2}}{2}$$

13 다음 중에서 옳은 것은?

① $\sqrt{3} \times \sqrt{2} = \sqrt{6}$ ② $\sqrt{6} \times \sqrt{3} = \sqrt{3}$

③ $\sqrt{3} + \sqrt{2} = \sqrt{5}$ ④ $\sqrt{(-3)^2} = -3$

13
② $\sqrt{6} \times \sqrt{3} = \sqrt{6 \times 3} = \sqrt{18}$
  $= 3\sqrt{2}$
④ 3

14 $2\sqrt{5} + 3\sqrt{5}$ 를 간단히 한 것은?

① $2\sqrt{5}$ ② $3\sqrt{5}$

③ $4\sqrt{5}$ ④ $5\sqrt{5}$

14
$$2\sqrt{5} + 3\sqrt{5} = (2+3)\sqrt{5} = 5\sqrt{5}$$

ANSWER
10. ④ 11. ④ 12. ① 13. ① 14. ④

15 $\sqrt{12} - \sqrt{3}$을 간단히 하면?

① $\sqrt{2}$ ② $\sqrt{3}$

③ $2\sqrt{2}$ ④ $8\sqrt{5}$

16 $\sqrt{32} - 2\sqrt{18} + 3\sqrt{8}$을 간단히 하면?

① $\sqrt{2}$ ② $2\sqrt{2}$

③ $3\sqrt{2}$ ④ $4\sqrt{2}$

17 $\sqrt{2}(\sqrt{6}+3)$을 간단히 하면?

① $4+3\sqrt{2}$ ② $6+\sqrt{6}$

③ $2\sqrt{3}+\sqrt{6}$ ④ $2\sqrt{3}+3\sqrt{2}$

18 $x = \dfrac{1}{\sqrt{2}-1}$일 때, $x - \sqrt{2}$의 값은?

① 1 ② 2

③ $\sqrt{2}+1$ ④ $\sqrt{2}-3$

15
$$\sqrt{12} - \sqrt{3} = 2\sqrt{3} - \sqrt{3}$$
$$= (2-1)\sqrt{3} = \sqrt{3}$$

16
$$\sqrt{32} - 2\sqrt{18} + 3\sqrt{8}$$
$$= 4\sqrt{2} - 2\times 3\sqrt{2} + 3\times 2\sqrt{2}$$
$$= 4\sqrt{2} - 6\sqrt{2} + 6\sqrt{2} = 4\sqrt{2}$$

17
$$\sqrt{2}(\sqrt{6}+3)$$
$$= \sqrt{2}\times\sqrt{6} + \sqrt{2}\times 3$$
$$= \sqrt{12} + 3\sqrt{2} = 2\sqrt{3} + 3\sqrt{2}$$

18
$$\frac{1}{\sqrt{2}-1} - \sqrt{2}$$
$$= \frac{1}{\sqrt{2}-1} - \frac{\sqrt{2}(\sqrt{2}-1)}{\sqrt{2}-1}$$
$$= \frac{1-(2-\sqrt{2})}{\sqrt{2}-1}$$
$$= \frac{\sqrt{2}-1}{\sqrt{2}-1} = 1$$

ANSWER
15. ② 16. ④ 17. ④ 18. ①

01 $x\times x\times x\times x\times x$를 거듭제곱을 사용하여 바르게 나타낸 것은?

① $5x$
② x^5
③ $5+x$
④ $\dfrac{x}{5}$

02 다음 중 두 수가 서로소가 <u>아닌</u> 것은?

① 3과 7
② 8과 21
③ 7과 63
④ 25과 27

03 $+\dfrac{1}{3}$보다 $-\dfrac{2}{5}$만큼 작은 수는?

① $-\dfrac{11}{15}$
② $-\dfrac{1}{15}$
③ $+\dfrac{1}{15}$
④ $+\dfrac{11}{15}$

04 $(+7)-(+8)-(-9)$를 계산하면?

① 7
② 8
③ 9
④ 10

02

서로소 : 최대공약수가 1인 두 자연수

03

$$\left(+\dfrac{1}{3}\right)-\left(-\dfrac{2}{5}\right)=\left(+\dfrac{1}{3}\right)+\left(+\dfrac{2}{5}\right)$$
$$=\left(+\dfrac{5}{15}\right)+\left(+\dfrac{6}{15}\right)=+\dfrac{11}{15}$$

04

$$(+7)-(+8)-(-9)$$
$$=(+7)+(-8)+(+9)$$
$$=8$$

ANSWER

01. ② 02. ③ 03. ④ 04. ②

05 다음 중 계산이 옳지 <u>않은</u> 것은?

① $(+2)+(+4)=+6$

② $(+3)-(-2)=+1$

③ $(+3)\times(-4)=-12$

④ $(-10)\div(-2)=+5$

05

② $(+3)-(-2)=(+3)+(+2)$
$\qquad\qquad\qquad\quad =+5$

06 다음 계산 과정 중에서 ㉠, ㉡에 이용된 덧셈의 계산 법칙을 바르게 나타낸 것은?

$$(+2.4)+(-2)+(+4.6)$$
$$=(-2)+(+2.4)+(+4.6) \quad ㉠$$
$$=(-2)+\{(+2.4)+(+4.6)\} \quad ㉡$$
$$=(-2)+(+7)$$
$$=+5$$

	㉠	㉡		㉠	㉡
①	교환법칙	결합법칙	②	교환법칙	분배법칙
③	결합법칙	교환법칙	④	분배법칙	교환법칙

07 다음 분수 중 유한소수로 나타낼 수 있는 것은?

① $\dfrac{8}{3\times5}$

② $\dfrac{3}{2\times5}$

③ $\dfrac{5}{2^3\times7}$

④ $\dfrac{6}{3\times7^2}$

07

유한소수가 되려면 분모의 소인수가 2나 5뿐이어야 한다.

08 분수 $\dfrac{3}{72}$에 적당한 자연수를 곱하여 유한소수로 나타내려고 한다. 이러한 자연수 중에서 가장 작은 수는?

① 2

② 3

③ 5

④ 7

08

$$\frac{3}{72}=\frac{1}{24}=\frac{1}{2^3\times3}$$

따라서 3을 곱하면 $\dfrac{1}{2^3\times3}\times3=\dfrac{1}{2^3}$

ANSWER

05. ② **06.** ① **07.** ② **08.** ②

09 다음 중 가장 작은 수는?

① $\left(-\sqrt{5}\right)^2$ ② 4

③ $\sqrt{36}$ ④ $\sqrt{(-7)^2}$

09
② 4 ① 5
③ 6 ④ 7

10 $\sqrt{(-2)^2}$을 근호 없이 나타내면?

① 1 ② 2

③ 3 ④ 4

10
$a>0$일 때, $\sqrt{(-a)^2}=a$
따라서 $\sqrt{(-2)^2}=2$

11 $x=\sqrt{7}+\sqrt{2}$, $y=\sqrt{7}-\sqrt{2}$일 때, $x+y$의 값은?

① $-2\sqrt{7}$ ② $-2\sqrt{5}$

③ $2\sqrt{5}$ ④ $2\sqrt{7}$

11
$$x+y=(\sqrt{7}+\sqrt{2})+(\sqrt{7}-\sqrt{2})$$
$$=\sqrt{7}+\sqrt{2}+\sqrt{7}-\sqrt{2}$$
$$=2\sqrt{7}$$

12 $\sqrt{27}-2\sqrt{3}$을 간단히 하면?

① $\sqrt{3}$ ② $\sqrt{6}$

③ $2\sqrt{3}$ ④ $2\sqrt{6}$

12
$$\sqrt{27}-2\sqrt{3}=\sqrt{3^2\times3}-2\sqrt{3}$$
$$=3\sqrt{3}-2\sqrt{3}$$
$$=\sqrt{3}$$

13 $2\sqrt{2}\times\sqrt{3}\div\sqrt{6}$을 간단히 하면?

① $\sqrt{2}$ ② $\sqrt{3}$

③ 2 ④ 3

13
$$2\sqrt{2}\times\sqrt{3}\div\sqrt{6}$$
$$=\frac{2\sqrt{2}\times\sqrt{3}}{\sqrt{6}}=\frac{2\sqrt{6}}{\sqrt{6}}=2$$

ANSWER
09. ② **10.** ② **11.** ④ **12.** ① **13.** ③

문자와 식

학습 point+

중학교 과정부터는 문자를 이용한 식의 계산을 본격적으로 다룹니다. 이에 곱셈 기호를 생략한 식에 익숙해지며 동시에 지수법칙을 이용하여 같은 문자 사이의 사칙계산에서는 기호가 어떻게 정리되는지 배우게 됩니다. 이를 이용하여 일차방정식, 일차부등식과 연립일차방정식 및 이차방정식까지 배우면서 복잡한 식을 정리하고 미지수를 구하는 여러 가지 방법을 학습합니다.

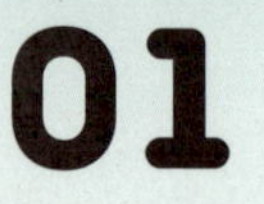

01 문자의 사용과 식의 계산

1 문자의 사용

(1) 문자를 사용한 식

문자를 사용하면 수량 사이의 관계를 간단한 식으로 나타낼 수 있다.

예 한 개에 500원 하는 사과 x개의 값은 $(500 \times x)$원이다.

(2) 식을 간단히 나타내는 방법

① 수와 문자의 곱에서는 곱셈 기호 $\times$를 생략하고, 수를 문자 앞에 쓴다.

예 $a \times 3 = 3a$

② 문자와 문자의 곱에서는 곱셈 기호 $\times$를 생략하고, 알파벳 순서로 쓴다.

예 $b \times a = ab$

③ 같은 문자의 곱에서는 곱셈 기호 $\times$를 생략하고, 거듭제곱 꼴로 나타낸다.

예 $a \times a \times a = a^3$

④ 나눗셈에서는 나눗셈 기호 $\div$를 생략하고, 분수 꼴로 나타낸다.

예 $a \div 3 = \dfrac{a}{3}$

잠깐! • 1 또는 -1과 문자의 곱에서는 다음과 같이 1을 생략한다.
$1 \times a = a,\ (-1) \times a = -a$
• $0.1 \times a$는 $0.a$로 쓰지 않고 $0.1a$로 쓴다.
• 괄호가 있을 때에는 $(a+1) \times 3 = 3(a+1)$과 같이 수를 괄호 앞에 쓴다.
• 수와 수 사이의 곱셈은 $2 \times 3 = 2 \cdot 3$과 같이 점을 찍어 나타낼 수 있다.

 **CHECK√**

다음 식을 기호 ×, ÷를 생략하여 나타내어라. (1) $y \times 5 \times x$　　(2) $a \times 2 \times b \times b$ (3) $3 \times (a-b)$　　(4) $(a-2) \div b$ (5) $0.1 \times b \times a$　　(6) $a \times (-1) \times b$	(1) $5xy$　　(2) $2ab^2$ (3) $3(a-b)$　　(4) $\dfrac{a-2}{b}$ (5) $0.1ab$　　(6) $-ab$

2 식의 값 중요⁺

(1) 대입 : 문자를 포함한 식에서 문자 대신에 수를 넣는 것

(2) 식의 값 : 문자에 수를 대입하여 얻은 값

(3) 식의 값을 구하는 방법

① 문자에 수를 대입할 때는 생략된 곱셈 기호를 다시 쓴다.

　예 $a=3$일 때, $3a-2$의 값 $\Rightarrow 3a-2 = 3 \times 3 - 2 = 9 - 2 = 7$

② 문자에 음수를 대입할 때는 반드시 괄호를 사용한다.

　예 $a=-3$일 때, $2a+1$의 값 $\Rightarrow 2a+1 = 2 \times (-3) + 1 = -6 + 1 = -5$

③ 분모에 분수를 대입할 때는 생략된 나눗셈 기호를 다시 쓴다.

　예 $a=\dfrac{1}{2}$일 때, $\dfrac{3}{a}$의 값 $\Rightarrow \dfrac{3}{a} = 3 \div a = 3 \div \dfrac{1}{2} = 3 \times 2 = 6$

CHECK√

$a=-3$, $b=2$일 때, 다음 식의 값을 구하여라. (1) $2a+b$　　(2) $-2a+4b$	(1) $2a+b = 2 \times (-3) + 2$ 　　$= -6 + 2 = -4$ (2) $-2a+4b = (-2) \times (-3) + 4 \times 2$ 　　$= 6 + 8 = 14$

3 일차식의 계산

(1) 다항식

① 항 : 수 또는 문자의 곱으로 이루어진 식

② 상수항 : 수만으로 이루어진 항

③ 계수 : 항에서 문자에 곱한 수

④ 다항식 : 하나 이상의 항의 합으로 이루어진 식

⑤ 단항식 : 다항식 중에서 하나의 항으로만 이루어진 식

⑥ 다항식의 차수 : 다항식에서 차수가 가장 높은 항의 차수

⑦ 차수 : 문자가 있는 항에서 문자가 곱해진 개수 예 $3x^{2}$ – 차수

⑧ 일차식 : 차수가 1인 다항식

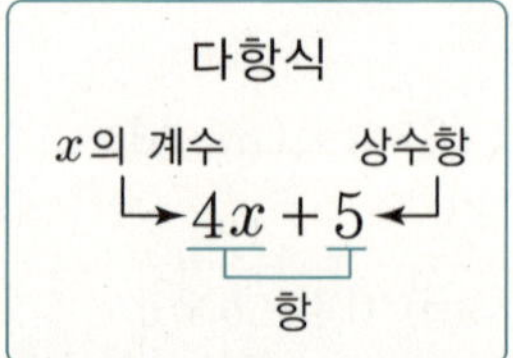

바로 바로 CHECK√

다음 다항식의 차수를 말하고, 일차식을 모두 찾아라.

(1) $2x+9$　　　　　(2) $-6x$

(3) $5-x^2$　　　　　(4) $x^2+\dfrac{1}{2}x$

- 차수 : (1) 1, (2) 1, (3) 2, (4) 2
- 일차식 : (1), (2)

---

(2) 일차식과 수의 곱셈, 나눗셈

① (단항식) × (수) : 수끼리 곱하여 문자 앞에 쓴다.

　예 $-4a \times 5 = (-4) \times a \times 5 = (-4) \times 5 \times a = -20a$

② (단항식) ÷ (수) : 나눗셈을 곱셈으로 바꾸어 계산한다.

　예 $-8a \div \dfrac{1}{5} = (-8) \times a \times 5 = (-8) \times 5 \times a = -40a$

③ (일차식) × (수) : 분배법칙을 이용하여 그 수를 일차식의 각 항에 곱하여 계산한다.

　예 $3(a+4) = 3 \times a + 3 \times 4 = 3a + 12$

④ (일차식) ÷ (수) : 나눗셈을 곱셈으로 바꾸어 계산한다.

$$(일차식) ÷ (수) = (일차식) × (나누는 \ 수의 \ 역수)$$

예 $(8x + 2) ÷ (-2) = 8x × \left(-\dfrac{1}{2}\right) + 2 × \left(-\dfrac{1}{2}\right) = -4x - 1$

바로 바로 CHECK√

다음을 계산하여라.

(1) $4a × (-3)$

(2) $-5a ÷ 10$

(3) $(4x - 3) × 6$

(4) $(14x - 21) ÷ 7$

(1) $4a × (-3) = 4 × a × (-3)$
$= 4 × (-3) × a = -12a$

(2) $-5a ÷ 10 = (-5) × a × \dfrac{1}{10}$
$= (-5) × \dfrac{1}{10} × a = -\dfrac{1}{2}a$

(3) $(4x - 3) × 6 = 4x × 6 - 3 × 6$
$= 24x - 18$

(4) $(14x - 21) ÷ 7$
$= 14x × \dfrac{1}{7} - 21 × \dfrac{1}{7} = 2x - 3$

---

(3) 일차식의 덧셈과 뺄셈

① **동류항** : 문자와 차수가 같은 항

> **잠깐!** 상수항끼리도 동류항으로 생각한다.

② **동류항끼리의 덧셈과 뺄셈** : 분배법칙을 이용하여 각 항의 계수의 합 또는 차에 그 동류항의 문자를 곱하면 된다.

> **예** $4x + 2y - 2x + y = (4 - 2)x + (2 + 1)y = 2x + 3y$

③ **일차식의 덧셈과 뺄셈**

   ⊙ 일차식의 덧셈 : 괄호가 있으면 괄호를 먼저 풀고 동류항끼리 모아서 계산한다.

   ⊙ 일차식의 뺄셈 : 빼는 식의 각 항의 부호를 바꾸어 덧셈으로 고쳐서 계산한다.

바로 바로 CHECK√

01 다음 중에서 동류항인 것끼리 짝지어라.

$$a^2, \ 5, \ 0.6a, \ 3b, \ -a, \ -b, \ 3a^2, \ -1$$

02 다음 식을 간단히 하여라.

(1) $4a+3a$

(2) $7a+4-5a-2$

03 다음을 계산하여라.

(1) $(3x+4)-(2x+6)$

(2) $4(-x+1)-2(2x-3)$

---

01 a^2과 $3a^2$, 5와 -1, $0.6a$와 $-a$, $3b$와 $-b$

02 (1) $4a+3a=(4+3)a=7a$
  (2) $7a+4-5a-2$
    $=(7-5)a+(4-2)=2a+2$

03 (1) $(3x+4)-(2x+6)$
    $=(3x+4)+(-2x-6)$
    $=(3-2)x+(4-6)$
    $=x-2$
  (2) $4(-x+1)-2(2x-3)$
    $=(-4x+4)-(4x-6)$
    $=(-4x+4)+(-4x+6)$
    $=(-4-4)x+(4+6)$
    $=-8x+10$

01 다음 중 곱셈과 나눗셈 기호를 옳게 생략한 것은?

① $a \times a \times a = 3a$ ② $0.1 \times a = 0.a$

③ $a \times 3 = a3$ ④ $a \div 2 = \dfrac{a}{2}$

02 $a = 2$일 때, $8 - 3a$의 값은?

① 2 ② 5

③ 7 ④ 10

03 기출 $x = -1$, $y = 2$일 때, $2x + y$의 값은?

① -1 ② 0

③ 1 ④ 4

04 다음 중 동류항끼리 바르게 짝지어진 것은?

① $5a$와 $\dfrac{b}{5}$ ② $3a$와 $3a^2$

③ a^2과 $-2a^2$ ④ $-8ax$와 $-8ay$

05 $4a-2a$를 간단히 하면?

① -2 ② $-2a$
③ $2a$ ④ 2

06 일차식 $5x-3+3x+7$을 간단히 하면?

① $2x+4$ ② $2x+10$
③ $8x+4$ ④ $8x+10$

07 $(x+3)+(2x-1)$을 계산하면?

① $2x-3$ ② $2x+3$
③ $3x+2$ ④ $3x+4$

08 $-2(2a-5)+3(a+1)$을 간단히 하였을 때, 일차항의 계수와 상수항의 합은?

① -4 ② -1
③ 1 ④ 12

05
$$4a-2a=(4-2)a=2a$$

06
$$5x-3+3x+7$$
$$=(5+3)x+(-3+7)$$
$$=8x+4$$

07
$$(x+3)+(2x-1)$$
$$=(1+2)x+(3-1)$$
$$=3x+2$$

08
$$-2(2a-5)+3(a+1)$$
$$=-4a+10+3a+3$$
$$=(-4+3)a+(10+3)$$
$$=-a+13$$
일차항의 계수 : -1
상수항 : 13
$$\therefore (-1)+13=12$$

A N S W E R
05. ③ 06. ③ 07. ③ 08. ④

1 일차방정식의 해

(1) 등식 : 등호(=)를 사용하여 수나 식이 서로 같음을 나타낸 식

① **좌변** : 등식에서 등호의 왼쪽 부분

② **우변** : 등식에서 등호의 오른쪽 부분

③ **양변** : 좌변과 우변을 통틀어 이르는 말

$$x+1=2$$

좌변 　 우변

양변

(2) 방정식과 항등식

① x에 관한 방정식 : x의 값에 따라 참이 되기도 거짓이 되기도 한 등식

② 미지수 : 방정식에 있는 x 등의 문자

③ 해(근) : 방정식이 참이 되게 하는 미지수의 값

④ 방정식을 푼다 : 방정식의 해(근)를 구하는 것

⑤ 항등식 : 등식의 미지수에 어떤 값을 대입하여도 항상 참이 되는 등식

 **CHECK√**

다음 방정식 중 $x=1$이 해인 것은?	각 방정식에 $x=1$을 대입하면
① $x-3=3-x$　② $x=3x+4$ ③ $2x-2=x-1$　④ $2x+5=1-4x$	① $1-3 \neq 3-1$ ② $1 \neq 3 \times 1 + 4$ ③ $2 \times 1 - 2 = 1 - 1$ ④ $2 \times 1 + 5 \neq 1 - 4 \times 1$ **답** ③

(3) 등식의 성질

① 등식의 양변에 같은 수를 더해도 등식은 성립한다.

$$a = b\text{이면 } a + c = b + c$$

② 등식의 양변에 같은 수를 빼도 등식은 성립한다.

$$a = b\text{이면 } a - c = b - c$$

③ 등식의 양변에 같은 수를 곱해도 등식은 성립한다.

$$a = b\text{이면 } a \times c = b \times c$$

④ 등식의 양변을 0이 아닌 같은 수로 나누어도 등식은 성립한다.

$$a = b\text{이면 } \frac{a}{c} = \frac{b}{c}\,(\text{단, } c \neq 0)$$

2 일차방정식의 풀이

(1) 일차방정식

① 이항 : 등식의 성질을 이용하여 한쪽 변에 있는 항을 부호를 바꾸어 다른쪽 변으로 옮기는 것

② 일차방정식 : 방정식의 모든 항을 좌변으로 이항하여 정리한 식이 (일차식)＝0의 꼴로 변형되는 방정식

$$4x - 1 = 3$$
$$\downarrow \text{이항}$$
$$4x = 3 + 1$$

바로 바로 CHECK√

다음 중에서 일차방정식을 찾아라.

(1) $4x+7=15$

(2) $2(1+x)=2+2x$

(3) $5x-3=x+2$

(4) $2x+3=x^2+x+1$

(1) $4x+7-15=0 \Rightarrow 4x-8=0 \rightarrow$ 일차방정식이다.

(2) $2+2x-2-2x=0$, 즉 $0=0 \rightarrow$ 일차방정식이 아니다.

(3) $5x-3-x-2=0 \Rightarrow 4x-5=0 \rightarrow$ 일차방정식이다.

(4) $2x+3-x^2-x-1=0 \Rightarrow -x^2+x+2=0 \rightarrow$ 일차방정식이 아니다.

따라서 일차방정식은 (1), (3)이다.

---

(2) 일차방정식의 풀이 방법 중요⁺

① 계수에 소수나 분수가 있으면 양변에 적당한 수를 곱하여 계수를 정수로 고친다.

> **예** · $0.3x-0.2=x$ (양변에 10을 곱한다) $\Rightarrow 3x-2=10x$
>
> · $\dfrac{1}{2}x+\dfrac{2}{3}=x$ (양변에 분모인 2와 3의 최소공배수 6을 곱한다) $\Rightarrow 3x+4=6x$

② 괄호가 있으면 괄호를 푼다.

③ 미지수 x를 포함한 항은 좌변으로, 상수항은 우변으로 이항한다.

④ 양변을 간단히 하여 $ax=b(a \neq 0)$ 꼴로 고친다.

⑤ x의 계수 a로 양변을 나눈다.

바로 바로 CHECK√

다음 일차방정식을 풀어라.

(1) $5x-1=-2x+6$

(2) $3-2x=2(x-1)$

(3) $0.5x+1.5=0.2x$

(4) $\dfrac{x+1}{2}=-3$

(1) $5x-(-2x)=6+1 \Rightarrow 7x=7$
  $\therefore x=1$

(2) $3-2x=2x-2 \Rightarrow -2x-2x=-2-3$
  $\Rightarrow -4x=-5 \therefore x=\dfrac{5}{4}$

(3) 양변에 10을 곱하면
  $5x+15=2x \Rightarrow 5x-2x=-15$
  $\Rightarrow 3x=-15$
  $\therefore x=-5$

(4) 양변에 2를 곱하면
  $x+1=-6 \Rightarrow x=-6-1$
  $\therefore x=-7$

---

3 일차방정식의 활용

(1) 방정식을 활용하여 문제를 푸는 순서

① 문제의 뜻을 이해하고, 구하려는 것을 x로 놓는다.

② 문제에 나오는 수량을 x의 식으로 나타낸다.

③ 문제의 뜻에 따라 방정식을 세운다.

④ 방정식을 푼다.

⑤ 구한 해가 문제의 뜻에 맞는지 확인한다.

(2) 여러 가지 활용문제

① 수에 관한 문제

ㄱ 연속하는 두 정수 : x, $x+1$ 또는 $x-1$, x

ㄴ 연속하는 두 짝수(홀수) : x, $x+2$ 또는 $x-2$, x

ㄷ 연속하는 세 정수 : x, $x+1$, $x+2$ 또는 $x-1$, x, $x+1$

ㄹ 연속하는 세 짝수(홀수) : x, $x+2$, $x+4$ 또는 $x-2$, x, $x+2$

② 거리, 속력, 시간에 관한 문제

ㄱ 거리 = 속력 × 시간

ㄴ 속력 = $\dfrac{\text{거리}}{\text{시간}}$

ㄷ 시간 = $\dfrac{\text{거리}}{\text{속력}}$

③ 농도에 관한 문제

ㄱ 소금물의 농도 $= \dfrac{(\text{소금의 양})}{(\text{소금물의 양})} \times 100\,(\%)$

ㄴ 소금의 양 $= \dfrac{(\text{소금물의 농도})}{100} \times (\text{소금물의 양})$

바로 바로 CHECK√

01 연속한 세 짝수의 합이 246일 때, 가장 작은 수는?

① 36 ② 50

③ 70 ④ 80

01 연속하는 세 짝수를 x, $x+2$, $x+4$라 두면
$$x+(x+2)+(x+4)=246$$
$$\Rightarrow 3x+6=246 \Rightarrow 3x=240$$
$$\therefore x=80$$
따라서 가장 작은 수는 80이다.

답 ④

---

02 12% 소금물 300g과 15%소금물 몇 g을 섞었더니 14%의 소금물이 되었다. 섞은 소금물의 양은?

① 400g ② 500g

③ 600g ④ 700g

02 15% 소금물의 양을 x라 하면
$$300 \times \frac{12}{100} + x \times \frac{15}{100}$$
$$= (300+x) \times \frac{14}{100}$$
$$3600+15x=4200+14x$$
$$\therefore x=600\,\text{g}$$

답 ③

---

03 학교에서 집까지 시속 4km로 걸어서 가는 것과 시속 12km로 자전거를 타고 가는 것과는 40분의 차이가 난다고 한다. 학교에서 집까지의 거리는?

① 4km ② 5km

③ 6km ④ 8km

03 학교에서 집까지의 거리를 x라 하면
$$\frac{x}{4} - \frac{x}{12} = \frac{40}{60}$$
양변에 12를 곱하면 $3x-x=8$
$$2x=8$$
$$\therefore x=4\,\text{km}$$

답 ①

01 다음 등식 중 어떤 x의 값에 대해서도 항상 참이 되는 식은?

① $3x = 3$　　　　② $x + 2 = 2$

③ $x + x = 2x$　　　④ $2x - 1 = 1$

02 다음 중 일차방정식인 것은?

① $x^2 + 2x = x^2 - 5$

② $2x + 8 = 2(x + 4)$

③ $3x - 2 = -2 + 3x$

④ $2x + 1 = 3x^2$

03 다음 일차방정식 $3x + 2 = -10$의 풀이 과정 중 <u>잘못된</u> 곳은?

$$3x + 2 = -10$$
$$3x + 2 - 2 = -10 - 2 \ \cdots\cdots \ ㉠$$
$$3x = -12 \ \cdots\cdots\cdots\cdots\cdots \ ㉡$$
$$\frac{3x}{3} = \frac{-12}{3} \ \cdots\cdots\cdots\cdots \ ㉢$$
$$\therefore \ x = 4 \ \cdots\cdots\cdots\cdots\cdots \ ㉣$$

① ㉠　　　　　　② ㉡

③ ㉢　　　　　　④ ㉣

04 일차방정식 $2x = x - 4$의 해는?

① $x = -4$　　　② $x = -3$

③ $x = -2$　　　④ $x = -1$

01

항등식을 찾는 문제이다.

02

① $x^2 + 2x - x^2 + 5 = 0$
　$2x + 5 = 0 \ \rightarrow$ 일차방정식이다.
② $2x + 8 = 2(x + 4)$
　$2x + 8 - 2x - 8 = 0$
　즉, $0 = 0 \ \rightarrow$ 일차방정식이 아니다.
③ $3x - 2 = -2 + 3x$
　$3x - 2 + 2 - 3x = 0$
　즉, $0 = 0 \ \rightarrow$ 일차방정식이 아니다.
④ $2x + 1 = 3x^2$
　$-3x^2 + 2x + 1 = 0$
　$\rightarrow$ 일차방정식이 아니다.

03

㉣ $x = -4$

04

$2x = x - 4$에서
$2x - x = -4$
$\therefore \ x = -4$

01. ③　**02.** ①　**03.** ④　**04.** ①

05 다음 중 일차방정식의 해가 <u>다른</u> 하나는?

① $x - 2 = 1$ ② $4x - 3 = 9$

③ $2x + 2 = x + 5$ ④ $7 - x = 10$

06 일차방정식 $\dfrac{x+4}{2} = \dfrac{x-2}{3}$ 를 풀면?

① $x = -16$ ② $x = -14$

③ $x = -12$ ④ $x = -10$

07 어떤 수에서 3을 빼어 2배한 수는 처음 어떤 수의 3배보다 8만큼 작다. 어떤 수는 얼마인가?

① 2   ② 3

③ 4   ④ 5

08 연속하는 세 짝수의 합이 90이라고 할 때, 가장 큰 수는 얼마인가?

① 30   ② 32

③ 34   ④ 36

09 한 개에 1200원인 음료수 2개와 한 개에 700원인 과자 몇 개를 구입한 금액이 4500원이었다. 구입한 과자의 개수는?

① 2   ② 3

③ 4   ④ 5

05

④ $-x = 10 - 7$

$\quad \therefore\ x = -3$

① $x = 1 + 2$

$\quad \therefore\ x = 3$

② $4x = 9 + 3,\ 4x = 12$

$\quad \therefore\ x = 3$

③ $2x - x = 5 - 2$

$\quad \therefore\ x = 3$

06

양변에 6을 곱하면

$3(x+4) = 2(x-2)$

$3x + 12 = 2x - 4$

$3x - 2x = -4 - 12$

$\therefore\ x = -16$

07

어떤 수를 x라 하면

$2(x-3) = 3x - 8$

$2x - 6 = 3x - 8$

$2x - 3x = -8 + 6$

$\therefore\ x = 2$

따라서 어떤 수는 2이다.

08

가장 큰 수를 x라 하면 연속한 세 짝수는 $x-4$, $x-2$, x이므로

$(x-4) + (x-2) + x = 90$

$3x - 6 = 90$

$3x = 96$

$\therefore\ x = 32$

따라서 가장 큰 수는 32이다.

09

구입한 과자의 개수를 x라고 하면

$1200 \times 2 + 700 \times x = 4500$

$700x + 2400 = 4500,\ 700x = 2100$

$\therefore\ x = 3$

ANSWER

05. ④   06. ①   07. ①   08. ②   09. ②

03 식의 계산

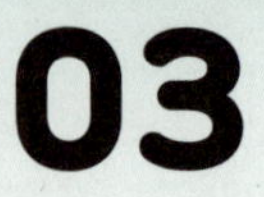

01 단항식의 계산

1 지수법칙 중요⁺

(1) m, n이 자연수일 때

① $a^m \times a^n = a^{m+n}$

② $(a^m)^n = a^{mn}$

예
- $x^4 \times x^6 = x^{4+6} = x^{10}$
- $(a^2)^3 = a^{2 \times 3} = a^6$
- $a^4 \times b^2 \times a^3 \times b^3 = a^{4+3} \times b^{2+3} = a^7 b^5$
- $(a^3)^2 \times (a^2)^4 = a^6 \times a^8 = a^{6+8} = a^{14}$

(2) $a \neq 0$이고, m, n이 자연수일 때

① $m > n$이면 $a^m \div a^n = a^{m-n}$

② $m = n$이면 $a^m \div a^n = 1$

③ $m < n$이면 $a^m \div a^n = \dfrac{1}{a^{n-m}}$

예
- $x^5 \div x^2 = x^{5-2} = x^3$
- $x^4 \div x^{10} = \dfrac{1}{x^{10-4}} = \dfrac{1}{x^6}$

(3) n이 자연수일 때

① $(ab)^n = a^n b^n$

② $\left(\dfrac{a}{b}\right)^n = \dfrac{a^n}{b^n} \ (b \neq 0)$

예
- $(a^3 b^2)^3 = (a^3)^3 \times (b^2)^3 = a^9 b^6$
- $\left(\dfrac{a^3}{b^2}\right)^4 = \dfrac{(a^3)^4}{(b^2)^4} = \dfrac{a^{12}}{b^8}$

바로 바로 CHECK√

다음 식을 간단히 하여라.

(1) $x^2 \times y^3 \times x^3 \times y$

(2) $(a^3b^4)^2 \times (ab^3)^5$

(3) $(a^2)^4 \div (a^3)^2 \div a$

(4) $x^{12} \div (x^2)^3 \div (x^4)^2$

(5) $(-2x^2yz^4)^3$

(6) $\left(\dfrac{a^3b^4}{a^2b^3}\right)^4$

(1) $x^2 \times y^3 \times x^3 \times y = x^{2+3} \times y^{3+1} = x^5y^4$

(2) $(a^3b^4)^2 \times (ab^3)^5 = (a^3)^2 \times (b^4)^2 \times (a)^5 \times (b^3)^5$
$= a^6 \times b^8 \times a^5 \times b^{15} = a^{6+5} \times b^{8+15} = a^{11}b^{23}$

(3) $(a^2)^4 \div (a^3)^2 \div a = a^8 \div a^6 \div a = a^{8-6-1}$
$= a$

(4) $x^{12} \div (x^2)^3 \div (x^4)^2 = x^{12} \div x^6 \div x^8$
$= x^{12-6} \div x^8 = x^6 \div x^8 = \dfrac{1}{x^{8-6}} = \dfrac{1}{x^2}$

(5) $(-2x^2yz^4)^3 = (-2)^3 \times (x^2)^3 \times (y)^3 \times (z^4)^3$
$= -8x^6y^3z^{12}$

(6) $\left(\dfrac{a^3b^4}{a^2b^3}\right)^4 = \dfrac{(a^3)^4 \times (b^4)^4}{(a^2)^4 \times (b^3)^4} = \dfrac{a^{12} \times b^{16}}{a^8 \times b^{12}}$
$= a^{12-8} \times b^{16-12} = a^4b^4$

---

2 단항식의 곱셈과 나눗셈

(1) 단항식의 곱셈 방법 〔중요⁺〕

① 계수는 계수끼리, 문자는 문자끼리 곱하여 계산한다.

② 문자끼리의 곱셈은 지수법칙을 이용하여 간단히 한다.

〔예〕 · $4x^3 \times 5x^2 = 4 \times 5 \times x^3 \times x^2 = 20x^5$
· $2a^2 \times (-ab^3) = 2 \times (-1) \times a^2 \times a \times b^3 = -2a^3b^3$

바로 바로 CHECK√

다음 식을 간단히 하여라.

(1) $(-4x^2) \times 3x^5$

(2) $7a \times (-2ab)$

(3) $2xy^2 \times 5y^2$

(4) $(-ab^2)^2 \times (-3a^2b)^2$

(1) $(-4x^2) \times 3x^5 = (-4) \times 3 \times x^2 \times x^5 = -12x^7$

(2) $7a \times (-2ab) = 7 \times (-2) \times a \times a \times b = -14a^2b$

(3) $2xy^2 \times 5y^2 = 2 \times 5 \times x \times y^2 \times y^2 = 10xy^4$

(4) $(-ab^2)^2 \times (-3a^2b)^2 = (-1)^2 \times (-3)^2 \times a^2 \times a^4 \times b^4 \times b^2$
$= 9a^6b^6$

(2) 단항식의 나눗셈 방법

① 나눗셈을 분수 꼴로 고친다.

② 계수는 계수끼리, 문자는 문자끼리 나누어 계산한다.

> **예** · $16a^7 \div 4a^5 = \dfrac{16a^7}{4a^5} = 4a^2$　　　　· $40ab^2 \div 8ab = \dfrac{40ab^2}{8ab} = 5b$

바로 바로 CHECK√

다음 식을 간단히 하여라.

(1) $21x^5 \div 7x^3$

(2) $6ab \div 3a$

(3) $8ab^4 \div (-2ab^2)$

(4) $(2x^2y)^4 \div (-xy^2)^2$

(1) $21x^5 \div 7x^3 = \dfrac{21x^5}{7x^3} = 3x^2$

(2) $6ab \div 3a = \dfrac{6ab}{3a} = 2b$

(3) $8ab^4 \div (-2ab^2) = \dfrac{8ab^4}{-2ab^2} = -4b^2$

(4) $(2x^2y)^4 \div (-xy^2)^2 = 16x^8y^4 \div x^2y^4$
$$= \dfrac{16x^8y^4}{x^2y^4} = 16x^6$$

---

(3) 단항식의 곱셈과 나눗셈의 혼합 계산

① 나눗셈은 곱셈으로 고친다(역수로 고친다).

　㉠ $a \div b = a \times \dfrac{1}{b} = \dfrac{a}{b}$

　㉡ $a \div \dfrac{b}{c} = a \times \dfrac{c}{b} = \dfrac{ac}{b}$

　㉢ $\dfrac{a}{b} \div \dfrac{c}{d} = \dfrac{a}{b} \times \dfrac{d}{c} = \dfrac{ad}{bc}$

　㉣ $a \div \dfrac{1}{2}b = a \div \dfrac{b}{2} = a \times \dfrac{2}{b} = \dfrac{2a}{b}$

② 계수는 계수끼리, 문자는 문자끼리 계산한다.

> **예** $5a^3b \times 4b \div 10a^2 = 5a^3b \times 4b \times \dfrac{1}{10a^2} = 5 \times 4 \times \dfrac{1}{10} \times a^3 \times \dfrac{1}{a^2} \times b \times b = 2ab^2$

바로 바로 CHECK√

다음 식을 간단히 하여라.

(1) $8a^2b^2 \div 2a^2 \times 4b$

(2) $(2a^2b^3)^2 \div (-2ab)^3 \times b^2$

(1) $8a^2b^2 \div 2a^2 \times 4b = 8a^2b^2 \times \dfrac{1}{2a^2} \times 4b$

$\quad = 8 \times \dfrac{1}{2} \times 4 \times a^2 \times \dfrac{1}{a^2} \times b^2 \times b = 16b^3$

(2) $(2a^2b^3)^2 \div (-2ab)^3 \times b^2 = 4a^4b^6 \div (-8a^3b^3) \times b^2$

$\quad = 4a^4b^6 \times \left(-\dfrac{1}{8a^3b^3}\right) \times b^2 = 4 \times \left(-\dfrac{1}{8}\right) \times a^4 \times \dfrac{1}{a^3} \times b^6 \times \dfrac{1}{b^3} \times b^2$

$\quad = -\dfrac{1}{2}ab^5$

02 다항식의 계산

1 다항식의 덧셈과 뺄셈

(1) 다항식의 덧셈과 뺄셈

① 다항식의 덧셈과 뺄셈은 괄호가 있으면 괄호를 풀고 동류항끼리 모아서 간단히 한다. 이때, 다항식의 뺄셈은 빼는 식의 각 항의 부호를 바꾸어 더한다.

$$\begin{aligned} \text{예} \quad (4a+3b)-(2a-b) & \\ = 4a+3b-2a+b & \quad \text{괄호를 푼다.} \\ = 4a-2a+3b+b & \quad \text{동류항끼리 모은다.} \\ = 2a+4b & \quad \text{간단히 한다.} \end{aligned}$$

② 여러 가지 괄호가 있는 다항식의 덧셈과 뺄셈은 소괄호, 중괄호, 대괄호의 순서로 괄호를 풀어서 계산한다.

$$\text{소괄호 } (\quad) \rightarrow \text{중괄호 } \{\quad\} \rightarrow \text{대괄호 } [\quad]$$

예 $2x - \{3y - (x-4y)\} = 2x - (3y - x + 4y) = 2x - (-x + 7y) = 2x + x - 7y$
$= 3x - 7y$

다음 식을 간단히 하여라.

(1) $(3a+5b)+(2a-4b)$

(2) $(3x+5y+2)-(-4x-2y+5)$

(3) $2x+2y-\{4x-(3x-3y)\}$

(4) $4x-[3y-\{2x-(x-4y+1)\}]$

(1) $(3a+5b)+(2a-4b)$
$=3a+5b+2a-4b=3a+2a+5b-4b=5a+b$
(2) $(3x+5y+2)-(-4x-2y+5)$
$=3x+5y+2+4x+2y-5$
$=3x+4x+5y+2y+2-5=7x+7y-3$
(3) $2x+2y-\{4x-(3x-3y)\}$
$=2x+2y-(4x-3x+3y)$
$=2x+2y-(x+3y)=2x+2y-x-3y$
$=2x-x+2y-3y=x-y$
(4) $4x-[3y-\{2x-(x-4y+1)\}]$
$=4x-\{3y-(2x-x+4y-1)\}$
$=4x-\{3y-(x+4y-1)\}$
$=4x-(3y-x-4y+1)=4x-(-x-y+1)$
$=4x+x+y-1=5x+y-1$

(2) 이차식

다항식의 각 항의 차수 중 가장 큰 차수가 2인 다항식을 그 문자에 관한 이차식이라 한다.

01 다음 다항식 중에서 이차식인 것을 모두 찾아라.

(1) $4x^2-2x+3$　　　　(2) $2x+y-6$

(3) $1-4x^2$　　　　(4) $5x+7$

02 다음 식을 간단히 하여라.

(1) $(3x^2+5x-1)+(2x^2-x+6)$

(2) $(-x^2+2x+3)-(2x^2-4x+1)$

01 (1), (3)
(2), (4)는 일차식이다.

02 (1) $(3x^2+5x-1)+(2x^2-x+6)$
$=3x^2+5x-1+2x^2-x+6$
$=3x^2+2x^2+5x-x-1+6$
$=5x^2+4x+5$
(2) $(-x^2+2x+3)-(2x^2-4x+1)$
$=-x^2+2x+3-2x^2+4x-1$
$=-x^2-2x^2+2x+4x+3-1$
$=-3x^2+6x+2$

2 다항식의 곱셈과 나눗셈

(1) (단항식) × (다항식)

분배법칙을 이용하여 다항식의 각 항에 그 단항식을 곱하여 하나의 다항식으로 나타낼 수 있다. 이때 단항식과 다항식의 곱을 하나의 다항식으로 나타내는 것을 전개, 전개하여 얻은 다항식을 전개식이라고 한다.

> 예 $2x(3x-2y)=2x\times 3x-2x\times 2y=6x^2-4xy$

바로 바로 CHECK√

01 다음 식을 전개하여라.

(1) $3(2a-4b)$

(2) $(-2x)(-x+4y+1)$

02 다음 식을 간단히 하여라.

(1) $a(a+3b)+3a(2a-b)$

(2) $-x(2x+3)+\dfrac{3}{2}x(6x-2)$

01 (1) $3(2a-4b)=3\times 2a-3\times 4b=6a-12b$

(2) $(-2x)(-x+4y+1)$
$=(-2x)\times(-x)+(-2x)\times 4y+(-2x)\times 1$
$=2x^2-8xy-2x$

02 (1) $a(a+3b)+3a(2a-b)$
$=a\times a+a\times 3b+3a\times 2a+3a\times(-b)$
$=a^2+3ab+6a^2-3ab$
$=a^2+6a^2+3ab-3ab$
$=7a^2$

(2) $-x(2x+3)+\dfrac{3}{2}x(6x-2)$

$=(-x)\times(2x)+(-x)\times 3+\dfrac{3}{2}x\times 6x+\dfrac{3}{2}x\times(-2)$

$=-2x^2-3x+9x^2-3x$

$=-2x^2+9x^2-3x-3x$

$=7x^2-6x$

---

(2) (다항식) ÷ (단항식)

① 분수꼴로 고쳐서 계산한다.

> 예 $(8xy+4y)\div 2y=\dfrac{8xy+4y}{2y}=\dfrac{8xy}{2y}+\dfrac{4y}{2y}=4x+2$

② 나눗셈을 곱셈으로 고쳐서 계산한다.

예 $(2x^2 - 3xy) \div \dfrac{1}{3}x = (2x^2 - 3xy) \times \dfrac{3}{x} = 2x^2 \times \dfrac{3}{x} - 3xy \times \dfrac{3}{x} = 6x - 9y$

바로 바로 CHECK√

다음 식을 간단히 하여라.

(1) $(10a^2b - 15ab^2) \div 5ab$

(2) $(3x^2y - 2x) \div \dfrac{1}{2}x$

(3) $2x(3x-5) + (6x^2 + 4x) \div 2x$

(1) $(10a^2b - 15ab^2) \div 5ab = \dfrac{10a^2b - 15ab^2}{5ab}$

$\quad = \dfrac{10a^2b}{5ab} - \dfrac{15ab^2}{5ab} = 2a - 3b$

(2) $(3x^2y - 2x) \div \dfrac{1}{2}x = (3x^2y - 2x) \times \dfrac{2}{x}$

$\quad = 3x^2y \times \dfrac{2}{x} - 2x \times \dfrac{2}{x} = 6xy - 4$

(3) $2x(3x-5) + (6x^2 + 4x) \div 2x$

$\quad = 6x^2 - 10x + \dfrac{6x^2}{2x} + \dfrac{4x}{2x}$

$\quad = 6x^2 - 10x + 3x + 2 = 6x^2 - 7x + 2$

---

3 등식의 변형

(1) 식의 대입

주어진 식의 문자에 그 문자를 나타내는 다른 식을 대입하는 것

바로 바로 CHECK√

$y = 3x - 2$일 때, 다음 식을 x에 관한 식으로 나타내어라.

(1) $y - 5$

(2) $-2y - 3$

(1) $y - 5 = (3x - 2) - 5$
$\quad = 3x - 2 - 5 = 3x - 7$

(2) $-2y - 3 = -2(3x - 2) - 3$
$\quad = -6x + 4 - 3 = -6x + 1$

---

(2) 등식의 변형

등식을 변형하여 하나의 문자에 관하여 나타내는 것

바로 바로 CHECK√

다음 등식을 [　] 안의 문자에 관하여 풀어라.

(1) $2a - b = 5 \, [b]$

(2) $2x + y = 3y + 6 \, [y]$

(1) $2a - b = 5$
$\therefore \ b = 2a - 5$

(2) $2x + y = 3y + 6$
$3y - y = 2x - 6$
$2y = 2x - 6$
$\therefore \ y = x - 3$

01 다음 중 계산이 옳은 것은?

① $x^2 + x^3 = x^5$ 　② $x^3 - x^2 = x$

③ $x^3 \times x^4 = x^{12}$ 　④ $x^5 \div x^3 = x^2$

02 기출 $2x^2 \times 3x^2$을 간단히 하면?

① $5x^2$ 　② $6x^2$

③ $5x^4$ 　④ $6x^4$

03 $a^2 \times a^3 = a^x$, $(a^2)^3 = a^y$일 때, x, y의 값은?

① $x=5$, $y=5$ 　② $x=6$, $y=5$

③ $x=5$, $y=6$ 　④ $x=6$, $y=6$

04 기출 $a^5 \div a^3$을 간단히 하면?

① $\dfrac{1}{a^2}$ 　② $\dfrac{1}{a}$

③ a 　④ a^2

05 $(a^x b^2)^3 = a^3 b^y$에서 $x+y$의 값은?

① 4 　② 5

③ 6 　④ 7

01

④ $x^5 \div x^3 = x^{5-3} = x^2$

③ $x^3 \times x^4 = x^{3+4} = x^7$

02

$2x^2 \times 3x^2 = 2 \times 3 \times x^2 \times x^2 = 6x^4$

03

$a^2 \times a^3 = a^{2+3} = a^5 = a^x$
$\therefore x = 5$
$(a^2)^3 = a^{2 \times 3} = a^6 = a^y$
$\therefore y = 6$

04

$a^5 \div a^3 = a^{5-3} = a^2$

05

$(a^x b^2)^3 = a^{3x} b^6 = a^3 b^y$
$3x = 3 \Rightarrow x = 1$, $y = 6$
$\therefore x+y = 1+6 = 7$

ANSWER
01. ④ 02. ④ 03. ③ 04. ④ 05. ④

06 ^{기출} $(-a^2b^3)^2$을 간단히 하면?

① a^4b^5 ② $-a^4b^5$

③ a^4b^6 ④ $-a^4b^6$

06

$(-a^2b^3)^2 = (-1)^2 \times a^4b^6 = a^4b^6$

07 $(a^2b^3)^4 \div (a^4b^2)^3$을 간단히 하면?

① $\dfrac{b^4}{a^6}$ ② $\dfrac{b^6}{a^4}$

③ $\dfrac{a^4}{b^6}$ ④ $\dfrac{a^6}{b^4}$

07

$(a^2b^3)^4 \div (a^4b^2)^3 = a^8b^{12} \div a^{12}b^6$

$= \dfrac{a^8b^{12}}{a^{12}b^6} = \dfrac{b^6}{a^4}$

08 ^{기출} $2x^3 \times 3x^2$을 간단히 하면?

① $5x^5$ ② $5x^6$

③ $6x^5$ ④ $6x^6$

08

$2x^3 \times 3x^2 = 2 \times 3 \times x^3 \times x^2 = 6x^5$

09 ^{기출} $3x^2 \times \square = 12x^6$에서 $\square$ 안에 들어갈 식으로 알맞은 것은?

① $4x^3$ ② $4x^4$

③ $9x^3$ ④ $9x^4$

09

$3x^2 \times \square = 12x^6$

$\square = \dfrac{12x^6}{3x^2} = 4x^4$

10 다음 식을 간단히 하여라.

(1) $2a^3b \times 3ab$

(2) $6x^3y \div 3x^2y$

(3) $(4a^2b^2)^2 \div (-2ab)^2$

(4) $15x^7y \div 5x^2 \times 2xy^2$

11 다음 식을 간단히 하여라.

(1) $(5x-3)+(3x+7)$

(2) $(-3a+4b)-(a-2b)$

(3) $2x-y-\{3x-(x-4y)\}$

(4) $(4x^2-x)-(5x^2+2x-1)$

10

(1) $2a^3b \times 3ab$
$= 2 \times 3 \times a^3 \times a \times b \times b$
$= 6a^4b^2$

(2) $6x^3y \div 3x^2y = \dfrac{6x^3y}{3x^2y} = 2x$

(3) $(4a^2b^2)^2 \div (-2ab)^2$
$= 16a^4b^4 \div 4a^2b^2$
$= \dfrac{16a^4b^4}{4a^2b^2} = 4a^2b^2$

(4) $15x^7y \div 5x^2 \times 2xy^2$
$= 15x^7y \times \dfrac{1}{5x^2} \times 2xy^2$
$= 15 \times \dfrac{1}{5} \times 2 \times x^7 \times \dfrac{1}{x^2} \times x$
$\quad \times y \times y^2$
$= 6x^6y^3$

11

(1) $(5x-3)+(3x+7)$
$= 5x-3+3x+7 = 8x+4$

(2) $(-3a+4b)-(a-2b)$
$= -3a+4b-a+2b$
$= -4a+6b$

(3) $2x-y-\{3x-(x-4y)\}$
$= 2x-y-(3x-x+4y)$
$= 2x-y-(2x+4y)$
$= 2x-y-2x-4y = -5y$

(4) $(4x^2-x)-(5x^2+2x-1)$
$= 4x^2-x-5x^2-2x+1$
$= -x^2-3x+1$

Ⓐ Ⓝ Ⓢ Ⓦ Ⓔ Ⓡ

10. **(1)** $6a^4b^2$ **(2)** $2x$
    (3) $4a^2b^2$ **(4)** $6x^6y^3$

11. **(1)** $8x+4$ **(2)** $-4a+6b$
    (3) $-5y$ **(4)** $-x^2-3x+1$

12 다음 식을 전개하여라.

(1) $a(7a-2b)$

(2) $-5x(3x-y)$

13 다음 식을 간단히 하여라.

(1) $-3(2a+3b)-2(a-5b)$

(2) $a(2a+4)+3a(2a-3)$

(3) $(12x^2y+8xy^2)\div 4xy$

(4) $(4xy-2x)\div \dfrac{2}{3}x$

(5) $2x(x-y)+(15x^2y+3xy^2)\div 3y$

(6) $(10x^2-6x)\div 2x-(6x^2+3x)\div 3x$

12

(1) $a(7a-2b)$
$= a\times 7a - a\times 2b$
$= 7a^2 - 2ab$

(2) $-5x(3x-y)$
$= (-5x)\times 3x - (-5x)\times y$
$= -15x^2 + 5xy$

13

(1) $-3(2a+3b)-2(a-5b)$
$= -6a-9b-2a+10b$
$= -8a+b$

(2) $a(2a+4)+3a(2a-3)$
$= 2a^2+4a+6a^2-9a$
$= 8a^2-5a$

(3) $(12x^2y+8xy^2)\div 4xy$
$= \dfrac{12x^2y}{4xy}+\dfrac{8xy^2}{4xy}$
$= 3x+2y$

(4) $(4xy-2x)\div \dfrac{2}{3}x$
$= (4xy-2x)\times \dfrac{3}{2x}$
$= \dfrac{12xy}{2x}-\dfrac{6x}{2x}$
$= 6y-3$

(5) $2x(x-y)+(15x^2y+3xy^2)\div 3y$
$= 2x^2-2xy+\dfrac{15x^2y}{3y}+\dfrac{3xy^2}{3y}$
$= 2x^2-2xy+5x^2+xy$
$= 7x^2-xy$

(6) $(10x^2-6x)\div 2x-(6x^2+3x)\div 3x$
$= \dfrac{10x^2}{2x}-\dfrac{6x}{2x}-\dfrac{6x^2}{3x}-\dfrac{3x}{3x}$
$= 5x-3-2x-1 = 3x-4$

A N S W E R

12. (1) $7a^2-2ab$ **(2)** $-15x^2+5xy$

13. (1) $-8a+b$ **(2)** $8a^2-5a$
(3) $3x+2y$ **(4)** $6y-3$
(5) $7x^2-xy$ **(6)** $3x-4$

04 일차부등식과 연립일차방정식

---

01 일차부등식

1 부등식

(1) 부등식

부등호 $>$, $<$, $\geq$, $\leq$를 사용하여 수 또는 식 사이의 대소 관계를 나타낸 식

$$\underbrace{\underset{\text{좌변}}{3x+2} \leq \underset{\text{우변}}{5}}_{\text{양변}}$$

(2) 부등식의 해

부등식이 참이 되게 하는 미지수의 값을 그 부등식의 해라고 하며, 부등식의 해를 모두 구하는 것을 부등식을 푼다고 한다.

바로 바로 CHECK√

다음 중 $x=2$일 때 참인 부등식을 모두 찾아라.

(1) $x+2>3$

(2) $5x-5<0$

(3) $x \leq 1$

(4) $2x+2 \geq 4$

각각의 부등식에 $x=2$를 대입하면
(1) $x+2>3 \Rightarrow 2+2>3 \;\rightarrow$ 참
(2) $5x-5<0 \Rightarrow 5\times2-5<0 \;\rightarrow$ 거짓
(3) $x\leq1 \Rightarrow 2\leq1 \;\rightarrow$ 거짓
(4) $2x+2\geq4 \Rightarrow 2\times2+2\geq4 \;\rightarrow$ 참
따라서 $x=2$일 때 참인 부등식은 (1), (4)이다.

---

(3) 부등식의 성질

① 부등식의 양변에 같은 수를 더하거나 빼어도 부등호의 방향은 바뀌지 않는다.

$$a > b\text{이면 } a+c > b+c, \ a-c > b-c$$

② 부등식의 양변에 같은 양수를 곱하거나 나누어도 부등호의 방향은 바뀌지 않는다.

$$a > b, \ c > 0\text{이면 } ac > bc, \ \frac{a}{c} > \frac{b}{c}$$

③ 부등식의 양변에 같은 음수를 곱하거나 나누면 부등호의 방향이 바뀐다.

$$a > b, \ c < 0\text{이면 } ac < bc, \ \frac{a}{c} < \frac{b}{c}$$

바로 바로 CHECK√

$a < b$일 때, 다음 □에 알맞은 부등호를 써넣어라.

(1) $a+5 \ \square \ b+5$

(2) $\dfrac{a}{3} \ \square \ \dfrac{b}{3}$

(3) $a-7 \ \square \ b-7$

(4) $-a+4 \ \square \ -b+4$

(1) $<$ (2) $<$
(3) $<$ (4) $>$

---

2 일차부등식

(1) 일차부등식

부등식에서 우변에 있는 항을 좌변으로 이항하여 정리하였을 때 (일차식)> 0, (일차식)< 0, (일차식)≥ 0, (일차식)≤ 0 중 어느 하나의 꼴로 나타나는 부등식

바로 바로 CHECK√

다음 중 일차부등식인 것을 모두 찾아라.

(1) $3x+5 > 4$

(2) $2x+1 < 2x+4$

(3) $3-x \geq 1$

(4) $x^2-3 \geq x-1$

(1) $3x+1 > 0$
(2) $1 < 4$
(3) $x-2 \leq 0$
(4) $x^2-x-2 \geq 0$
따라서 일차부등식인 것은 (1), (3)이다.

---

(2) 일차부등식의 풀이 순서 중요⁺

① 미지수 x를 포함하는 항은 좌변으로, 상수항은 우변으로 이항한다.

② 양변을 정리하여 $ax > b$, $ax < b$, $ax \geq b$, $ax \leq b\,(a \neq 0)$의 꼴로 만든다.

③ 양변을 x의 계수 a로 나누어 $x >$(수), $x <$(수), $x \geq$(수), $x \leq$(수) 중 어느 하나의 꼴로 나타낸다. 이때 a가 음수이면 부등호의 방향이 바뀐다.

바로 바로 CHECK√

다음 일차부등식을 풀고, 그 해를 수직선 위에 나타내어라.

(1) $x - 4 \geq 1$

(2) $4x + 5 > -3$

(3) $3 - 2x \geq 7 - x$

(4) $3x < 6x + 6$

(5) $3x + 5 \leq -2x + 10$

● : 경계점 포함, ○ : 경계점 포함 안 됨

(1) 주어진 식에서 -4를 우변으로 이항하면
$$x \geq 1 + 4 \quad \therefore \ x \geq 5$$

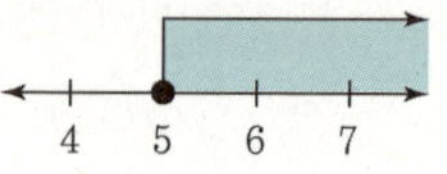

(2) 주어진 식에서 5를 우변으로 이항하면
$$4x > -3 - 5, \ 4x > -8$$
양변을 4로 나누면 $x > -2$

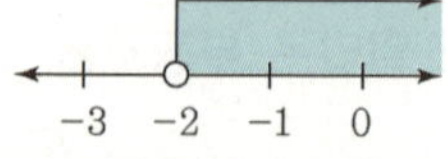

(3) 주어진 식에서 3을 우변으로, $-x$를 좌변으로 이항하면
$$-2x + x \geq 7 - 3 \quad \therefore \ -x \geq 4$$
양변을 -1로 나누면 $x \leq -4$

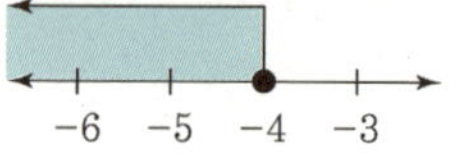

(4) 주어진 식에서 $6x$를 좌변으로 이항하면
$$3x - 6x < 6, \ -3x < 6$$
양변을 -3으로 나누면 $x > -2$

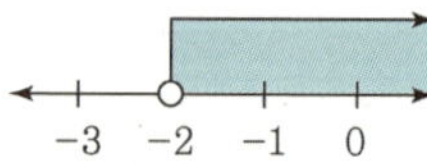

(5) 주어진 식에서 5를 우변으로, $-2x$를 좌변으로 이항하면
$$3x + 2x \leq 10 - 5, \ 5x \leq 5$$
양변을 5로 나누면 $x \leq 1$

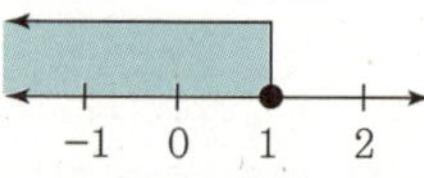

(3) 복잡한 일차부등식의 풀이

① 괄호가 있으면 먼저 괄호를 풀고 동류항을 간단히 한다.

② 계수 중에 소수가 있으면 양변에 10, 100, … 을 알맞게 곱하여 계수를 모두 정수로 바꾼다.

③ 계수 중에 분수가 있으면 양변에 분모의 최소공배수를 곱하여 계수를 정수로 바꾼다.

바로 바로 CHECK√

다음 일차부등식을 풀어라.

(1) $3(2-x)-2(x+2)<x+5$

(2) $0.2x+0.2\geq1.2x-0.8$

(3) $\dfrac{1}{3}x+\dfrac{1}{6}>\dfrac{7}{6}x-1$

(1) 주어진 식의 괄호를 풀면
$$6-3x-2x-4<x+5$$
$$-5x+2<x+5$$
$$-5x-x<5-2$$
$$-6x<3$$
양변을 -6으로 나누면 $x>-\dfrac{1}{2}$

(2) 주어진 식의 양변에 10을 곱하면
$$2x+2\geq12x-8$$
$$2x-12x\geq-8-2$$
$$-10x\geq-10$$
양변을 -10으로 나누면 $x\leq1$

(3) 주어진 식의 양변에 6을 곱하면
$$2x+1>7x-6$$
$$2x-7x>-6-1$$
$$-5x>-7$$
양변을 -5로 나누면 $x<\dfrac{7}{5}$

---

3 연립일차부등식

(1) 연립부등식

2개 이상의 부등식을 한 쌍으로 묶어 나타낸 것

(2) 연립일차부등식

각각의 부등식이 일차부등식인 연립부등식

(3) 연립부등식의 해

두 일차부등식을 동시에 만족하는 해를 연립부등식의 해라고 하며, 연립부등식의 해를 구하는 것을 연립부등식을 푼다고 한다.

(4) 연립일차부등식의 풀이 순서

① 각각의 일차부등식을 푼다.

② 각 일차부등식의 해를 수직선 위에 나타낸다.

③ 공통부분을 찾아 주어진 연립부등식의 해를 구한다.

바로 바로 CHECK√

다음 연립부등식을 풀어라.

(1) $\begin{cases} x+2 < 6 \\ 4x \le 5x-1 \end{cases}$

(2) $\begin{cases} 3x-2 < 13 \\ 2-x \le -3x+6 \end{cases}$

(3) $\begin{cases} 2x+3 > 7 \\ 0.5(x-4) > -4 \end{cases}$

(1) $\begin{cases} x+2 < 6 & \cdots \text{㉠} \\ 4x \le 5x-1 & \cdots \text{㉡} \end{cases}$

㉠을 풀면 $x < 6-2$, $x < 4$

㉡을 풀면 $4x-5x \le -1$, $-x \le -1$, $x \ge 1$

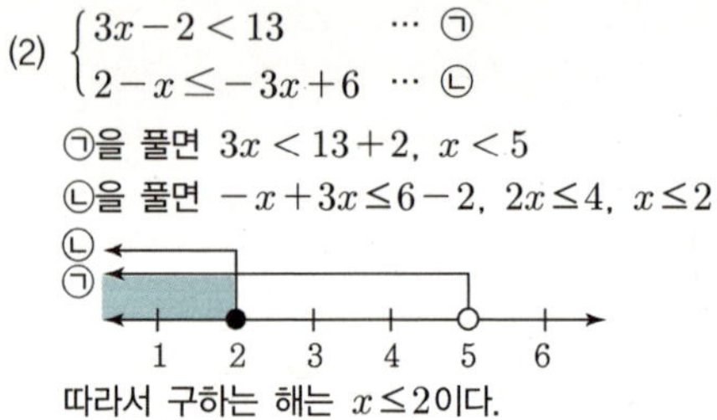

따라서 구하는 해는 $1 \le x < 4$이다.

(2) $\begin{cases} 3x-2 < 13 & \cdots \text{㉠} \\ 2-x \le -3x+6 & \cdots \text{㉡} \end{cases}$

㉠을 풀면 $3x < 13+2$, $x < 5$

㉡을 풀면 $-x+3x \le 6-2$, $2x \le 4$, $x \le 2$

따라서 구하는 해는 $x \le 2$이다.

(3) $\begin{cases} 2x+3 > 7 & \cdots \text{㉠} \\ 0.5(x-4) > -4 & \cdots \text{㉡} \end{cases}$

㉠을 풀면 $2x > 7-3$, $x > 2$

㉡을 풀면 $x-4 > -8$, $x > -4$

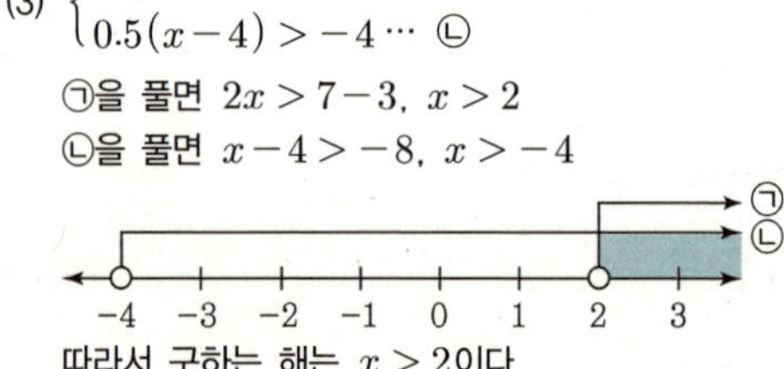

따라서 구하는 해는 $x > 2$이다.

---

(5) 부등식 $A < B < C$의 풀이

$A < B$, $B < C$를 한꺼번에 나타낸 것으로 연립부등식 $\begin{cases} A < B \\ B < C \end{cases}$의 꼴로 고쳐서 푼다.

잠깐! $A < B < C$ 꼴일 때 $\begin{cases} A < B \\ A < C \end{cases}$ 꼴 또는 $\begin{cases} B < C \\ A < C \end{cases}$ 꼴로 고치지 않는다.

바로 바로 CHECK√

다음 부등식을 풀어라.

(1) $4 \leq 5x - 6 \leq 2x + 6$

(2) $5x + 2 < 3x - 2 \leq x$

---

(1) $\begin{cases} 4 \leq 5x - 6 & \cdots\ \text{㉠} \\ 5x - 6 \leq 2x + 6 & \cdots\ \text{㉡} \end{cases}$

㉠을 풀면 $-5x \leq -6 - 4 \Rightarrow -5x \leq -10 \Rightarrow x \geq 2$

㉡을 풀면 $5x - 2x \leq 6 + 6 \Rightarrow 3x \leq 12 \Rightarrow x \leq 4$

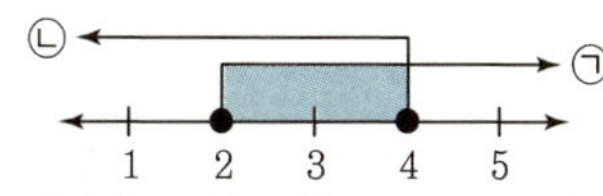

따라서 구하는 해는 $2 \leq x \leq 4$이다.

(2) $\begin{cases} 5x + 2 < 3x - 2 & \cdots\ \text{㉠} \\ 3x - 2 \leq x & \cdots\ \text{㉡} \end{cases}$

㉠을 풀면 $5x - 3x < -2 - 2 \Rightarrow 2x < -4 \Rightarrow x < -2$

㉡을 풀면 $3x - x \leq 2 \Rightarrow 2x \leq 2 \Rightarrow x \leq 1$

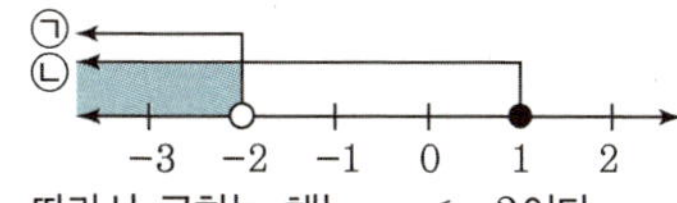

따라서 구하는 해는 $x < -2$이다.

02 연립일차방정식

1 미지수가 2개인 일차방정식

(1) 미지수가 2개인 일차방정식

미지수가 2개이고, 그 차수가 모두 1인 방정식

$$ax + by + c = 0\,(a,\ b,\ c\text{는 상수},\ a \neq 0,\ b \neq 0)$$

(2) 미지수가 2개인 일차방정식의 해

미지수가 x, y인 일차방정식을 참이 되게 하는 x, y의 값 또는 순서쌍 $(x,\ y)$를 이 방정식의 해라고 하며, 방정식의 해를 모두 구하는 것을 방정식을 푼다고 한다.

바로 바로 CHECK√

x, y가 자연수일 때, 일차방정식 $2x + y = 9$를 풀어라.

x의 값이 자연수이므로 주어진 방정식 $2x + y = 9$의 x에 1, 2, 3, 4, 5… 를 대입하여 y의 값을 구하면,

x	1	2	3	4	5	…
y	7	5	3	1	-1	…

이때, y의 값도 자연수이므로 구하는 해는 $(1,\ 7)$, $(2,\ 5)$, $(3,\ 3)$, $(4,\ 1)$이다.

---

2 미지수가 2개인 연립일차방정식

(1) 연립방정식

2개 이상의 방정식을 한 쌍으로 묶어 나타낸 것

(2) 미지수가 2개인 연립일차방정식

각각의 방정식이 미지수가 2개인 일차방정식인 연립방정식

(3) 연립방정식의 해

두 일차방정식을 동시에 만족하는 x, y의 값 또는 그 순서쌍 (x, y)를 연립방정식의 해라고 하며, 연립방정식의 해를 구하는 것을 연립방정식을 푼다고 한다.

바로 바로 CHECK√

x, y가 자연수일 때, 다음 연립방정식을 풀어라.

(1) $\begin{cases} x - y = -3 \\ 2x + y = 9 \end{cases}$

(2) $\begin{cases} x + y = 6 \\ 3x - 2y = 3 \end{cases}$

(1) $\begin{cases} x - y = -3 & \cdots ㉠ \\ 2x + y = 9 & \cdots ㉡ \end{cases}$

x, y의 값이 자연수이므로 두 방정식의 해를 표로 나타내면 다음과 같다.

㉠
x	1	2	3	4	5	⋯
y	4	5	6	7	8	⋯

㉡
x	1	2	3	4
y	7	5	3	1

연립방정식의 해는 위의 방정식 ㉠, ㉡의 공통인 해이므로 $x = 2$, $y = 5$ 또는 $(2, 5)$이다.

(2) $\begin{cases} x + y = 6 & \cdots ㉠ \\ 3x - 2y = 3 & \cdots ㉡ \end{cases}$

x, y의 값이 자연수이므로 두 방정식의 해를 표로 나타내면 다음과 같다.

㉠
x	1	2	3	4	5
y	5	4	3	2	1

㉡
x	1	2	3	4	⋯
y	0	1.5	3	4.5	⋯

따라서 $x = 3$, $y = 3$ 또는 $(3, 3)$이다.

3 연립일차방정식의 풀이

(1) 연립방정식의 풀이 중요⁺

미지수가 2개인 연립방정식에서 미지수가 1개인 일차방정식을 만들기 위하여 한 미지수를 없애는 것을 그 미지수를 소거한다고 한다.

① 가감법 : 한 미지수를 없애기 위하여 두 방정식을 변끼리 더하거나 빼서 연립방정식의 해를 구하는 방법
　㉠ 소거해야 할 미지수의 계수의 절댓값이 같을 때, 계수의 부호가 같으면 변끼리 빼고, 다르면 변끼리 더한다.
　㉡ 소거해야 할 미지수의 계수의 절댓값이 다를 때, 방정식의 양변에 적당한 수를 곱하여 계수의 절댓값을 같게 하여 변끼리 더하거나 뺀다.

바로 바로 CHECK√

다음 연립방정식을 가감법으로 풀어라.

(1) $\begin{cases} 3x + y = 13 \\ 3x - 2y = 1 \end{cases}$

(2) $\begin{cases} 4x + 3y = 5 \\ 2x + y = 3 \end{cases}$

(1) $\begin{cases} 3x + y = 13 & \cdots ㉠ \\ 3x - 2y = 1 & \cdots ㉡ \end{cases}$

㉠ − ㉡을 하면
$$\begin{array}{r} 3x + y = 13 \\ -)\ 3x - 2y = 1 \\ \hline 3y = 12 \end{array} \quad \therefore\ y = 4$$

$y = 4$를 ㉠에 대입하면
$3x + 4 = 13,\ 3x = 9\ \therefore\ x = 3$
따라서 구하는 해는 $x = 3,\ y = 4$이다.

(2) $\begin{cases} 4x + 3y = 5 & \cdots ㉠ \\ 2x + y = 3 & \cdots ㉡ \end{cases}$

㉠ − ㉡×2를 하면
$$\begin{array}{r} 4x + 3y = 5 \\ -)\ 4x + 2y = 6 \\ \hline y = -1 \end{array} \quad \therefore\ y = -1$$

$y = -1$을 ㉠에 대입하면
$4x + 3 \times (-1) = 5,\ 4x = 8\ \therefore\ x = 2$
따라서 구하는 해는 $x = 2,\ y = -1$이다.

---

② 대입법 : 한 방정식을 한 미지수에 대하여 푼 다음 다른 방정식에 대입하여 연립방정식의 해를 구하는 방법

바로 바로 CHECK√

다음 연립방정식을 대입법으로 풀어라.

(1) $\begin{cases} x = y - 4 \\ -2x + 3y = 6 \end{cases}$

(2) $\begin{cases} 5x - y = 7 \\ 4x + y = 2 \end{cases}$

(3) $\begin{cases} x + 2y = 7 \\ 3x + y = 16 \end{cases}$

(1) $\begin{cases} x = y - 4 & \cdots\ \text{㉠} \\ -2x + 3y = 6 & \cdots\ \text{㉡} \end{cases}$

x를 소거하기 위해 ㉠을 ㉡에 대입하면
$-2(y-4) + 3y = 6, \ -2y + 8 + 3y = 6$
$\therefore\ y = -2$
$y = -2$를 ㉠에 대입하면
$x = -2 - 4 = -6 \quad \therefore\ x = -6$
따라서 구하는 해는 $x = -6, \ y = -2$이다.

(2) $\begin{cases} 5x - y = 7 & \cdots\ \text{㉠} \\ 4x + y = 2 & \cdots\ \text{㉡} \end{cases}$

㉠을 y에 관하여 풀면 $y = 5x - 7 \ \cdots\ \text{㉢}$
y를 소거하기 위해 ㉢을 ㉡에 대입하면
$4x + (5x - 7) = 2, \ 9x = 9 \quad \therefore\ x = 1$
$x = 1$을 ㉠에 대입하면
$5 \times 1 - y = 7, \ -y = 2 \quad \therefore\ y = -2$
따라서 구하는 해는 $x = 1, \ y = -2$이다.

(3) $\begin{cases} x + 2y = 7 & \cdots\ \text{㉠} \\ 3x + y = 16 & \cdots\ \text{㉡} \end{cases}$

㉠을 x에 관하여 풀면 $x = -2y + 7 \ \cdots\ \text{㉢}$
x를 소거하기 위해 ㉢을 ㉡에 대입하면
$3(-2y + 7) + y = 16, \ -5y = -5 \quad \therefore\ y = 1$
$y = 1$을 ㉠에 대입하면 $x + 2 \times 1 = 7 \quad \therefore\ x = 5$
따라서 구하는 해는 $x = 5, \ y = 1$이다.

(2) 복잡한 연립방정식의 풀이

① 괄호가 있으면 먼저 괄호를 풀고 동류항을 간단히 한다.

② 계수 중에 소수가 있으면 양변에 10, 100, … 을 알맞게 곱하여 계수를 모두 정수로 바꾼다.

③ 계수 중에 분수가 있으면 양변에 분모의 최소공배수를 곱하여 계수를 정수로 바꾼다.

바로 바로 CHECK√

다음 연립방정식을 풀어라.

(1) $\begin{cases} 3x - 2(x-y) = 2 \\ 6(x-y) - 3x = -6 \end{cases}$

(2) $\begin{cases} 0.2x - 0.1y = 0.4 \\ 0.2x + 0.3y = 1.2 \end{cases}$

(3) $\begin{cases} \dfrac{1}{3}x + \dfrac{1}{2}y = 1 \\ \dfrac{1}{4}x + \dfrac{1}{3}y = \dfrac{5}{6} \end{cases}$

(4) $\begin{cases} \dfrac{1}{5}x - \dfrac{1}{7}y = \dfrac{2}{35} \\ 0.7x - 0.6y = 0.1 \end{cases}$

---

(1) 각 방정식의 괄호를 풀어 정리하면
$$\begin{cases} x + 2y = 2 & \cdots\ \text{㉠} \\ 3x - 6y = -6 & \cdots\ \text{㉡} \end{cases}$$
㉠$\times 3$ − ㉡을 하면
$$\begin{array}{r} 3x + 6y = 6 \\ -)\ \underline{3x - 6y = -6} \\ 12y = 12 \qquad \therefore\ y = 1 \end{array}$$
$y = 1$을 ㉠에 대입하면 $x + 2 \times 1 = 2$ $\therefore\ x = 0$
따라서 구하는 해는 $x = 0,\ y = 1$이다.

(2) $\begin{cases} 0.2x - 0.1y = 0.4 & \cdots\ \text{㉠} \\ 0.2x + 0.3y = 1.2 & \cdots\ \text{㉡} \end{cases}$
각 방정식의 양변에 10을 곱하면
$$\begin{cases} 2x - y = 4 & \cdots\ \text{㉠} \\ 2x + 3y = 12 & \cdots\ \text{㉡} \end{cases}$$
㉠ − ㉡을 하면 $-4y = -8$ $\therefore\ y = 2$
$y = 2$를 ㉠에 대입하면 $2x - 2 = 4$ $\therefore\ x = 3$
따라서 구하는 해는 $x = 3,\ y = 2$이다.

(3) $\begin{cases} \dfrac{1}{3}x + \dfrac{1}{2}y = 1 & \cdots\ \text{㉠} \\ \dfrac{1}{4}x + \dfrac{1}{3}y = \dfrac{5}{6} & \cdots\ \text{㉡} \end{cases}$

㉠의 양변에 6을, ㉡의 양변에 12를 곱하면
$$\begin{cases} 2x + 3y = 6 & \cdots\ \text{㉢} \\ 3x + 4y = 10 & \cdots\ \text{㉣} \end{cases}$$
㉢$\times 3$ − ㉣$\times 2$를 하면
$$\begin{array}{r} 6x + 9y = 18 \\ -)\ \underline{6x + 8y = 20} \\ y = -2 \qquad \therefore\ y = -2 \end{array}$$
$y = -2$를 ㉢에 대입하면
$2x + 3 \times (-2) = 6$ $\therefore\ x = 6$
따라서 구하는 해는 $x = 6,\ y = -2$이다.

(4) $\begin{cases} \dfrac{1}{5}x - \dfrac{1}{7}y = \dfrac{2}{35} & \cdots\ \text{㉠} \\ 0.7x - 0.6y = 0.1 & \cdots\ \text{㉡} \end{cases}$

㉠의 양변에 35를, ㉡의 양변에 10을 곱하면
$$\begin{cases} 7x - 5y = 2 & \cdots\ \text{㉢} \\ 7x - 6y = 1 & \cdots\ \text{㉣} \end{cases}$$
㉢ − ㉣을 하면 $y = 1$
$y = 1$을 ㉢에 대입하면 $7x - 5 \times 1 = 2$ $\therefore\ x = 1$
따라서 구하는 해는 $x = 1,\ y = 1$이다.

(3) 방정식 $A = B = C$의 풀이

방정식 $A = B = C$는 다음 세 연립방정식과 그 해가 모두 같으므로 다음 방법 중 하나를 선택하여 푼다.

$$\begin{cases} A = B \\ A = C \end{cases}, \quad \begin{cases} A = B \\ B = C \end{cases}, \quad \begin{cases} A = C \\ B = C \end{cases}$$

바로 바로 CHECK√

다음 방정식을 풀어라.

(1) $2x + y = 3x - y = 5$

(2) $x = 2x - y + 2 = 0$

(1) 식을 변형하면
$$\begin{cases} 2x + y = 5 & \cdots \ \text{㉠} \\ 3x - y = 5 & \cdots \ \text{㉡} \end{cases}$$
㉠+㉡을 하면
$$\begin{aligned} 2x + y &= 5 \\ +) \ 3x - y &= 5 \\ \hline 5x &= 10 \qquad \therefore \ x = 2 \end{aligned}$$
$x = 2$를 ㉠에 대입하면 $2 \times 2 + y = 5$ $\therefore \ y = 1$
따라서 구하는 해는 $x = 2, \ y = 1$이다.

(2) 식을 변형하면
$$\begin{cases} x = 0 & \cdots \ \text{㉠} \\ 2x - y + 2 = 0 & \cdots \ \text{㉡} \end{cases}$$
㉠을 ㉡에 대입하면 $2 \times 0 - y + 2 = 0$ $\therefore \ y = 2$
따라서 구하는 해는 $x = 0, \ y = 2$이다.

(4) 해가 특수한 연립방정식

① 해가 무수히 많은 경우 : 연립방정식 중 어느 하나의 양변에 수를 곱하였을 때, 나머지 방정식과 같아지면 연립방정식의 해는 무수히 많다. 즉, $0 \times x = 0$일 경우 모든 x에 대하여 해가 성립한다.

② 해가 없는 경우 : 연립방정식 중 어느 하나의 양변에 수를 곱하였을 때, 나머지 방정식과 계수는 각각 같으나 상수항이 다르면 연립방정식의 해는 없다.
즉, $0 \times x = (0$이 아닌 수$)$일 경우 어떤 x에 대하여도 성립하는 해가 없다.

다음 연립방정식을 풀어라.

(1) $\begin{cases} 4x - 2y = 10 \\ -2x + y = -5 \end{cases}$

(2) $\begin{cases} x - y = 6 \\ 2x - 2y = 6 \end{cases}$

(1) $\begin{cases} 4x - 2y = 10 & \cdots ㉠ \\ -2x + y = -5 & \cdots ㉡ \end{cases}$

㉡×−2를 하면

$\begin{cases} 4x - 2y = 10 \\ 4x - 2y = 10 \end{cases}$ 이므로 해가 무수히 많다.

(2) $\begin{cases} x - y = 6 & \cdots ㉠ \\ 2x - 2y = 6 & \cdots ㉡ \end{cases}$

㉠×2를 하면

$\begin{cases} 2x - 2y = 12 \\ 2x - 2y = 6 \end{cases}$ 이므로 해가 없다.

4 연립일차방정식의 활용

미지수가 2개인 연립일차방정식을 활용하여 문제를 푸는 순서는 다음과 같다.

① 문제의 뜻을 이해하고, 무엇을 미지수 x, y로 놓을지 결정한다.

② x, y를 사용하여 문제의 뜻에 맞게 연립방정식을 세운다.

③ 연립방정식을 푼다.

④ 구한 x, y의 값이 문제의 뜻에 맞는지 확인한다.

서로 다른 두 정수의 합이 3이고, 그 차가 11일 때, 이 두 정수 중 큰 수는?

① 5   ② 6

③ 7   ④ 8

서로 다른 두 정수를 각각 x, $y(x > y)$로 하여 연립방정식을 나타내면

$\begin{cases} x + y = 3 & \cdots ㉠ \\ x - y = 11 & \cdots ㉡ \end{cases}$

㉠−㉡을 하면 $2y = -8$, $y = -4$

$y = -4$를 ㉠에 대입하면 $x - 4 = 3$ ∴ $x = 7$

따라서 두 정수 중 큰 수는 7이다.

답 ③

01 $a < b$일 때, 다음 중 옳은 것은?

① $a+4 > b+4$ ② $a-5 > b-5$

③ $\dfrac{a}{3} > \dfrac{b}{3}$ ④ $-4a > -4b$

양면에 같은 음수를 곱하거나 나누면 부등호의 방향이 바뀐다.

02 부등식 $5x > 15$의 해는?

① $x < 3$ ② $x > 3$

③ $x < 5$ ④ $x > 5$

03 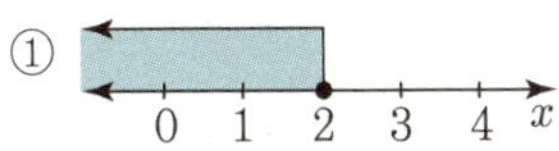 일차부등식 $x+3 > 5$의 해를 수직선 위에 나타낸 것은?

①

②

③

④

$x+3 > 5,\ x > 5-3$
$\therefore\ x > 2$

04 **기출** 수직선 위에 나타낸 x의 값의 범위를 부등식으로 표현하면?

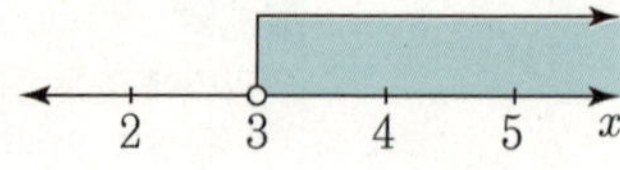

① $x > 3$ ② $x < 3$
③ $x \geq 3$ ④ $x \leq 3$

05 **기출** 부등식 $2x + 4 > 0$의 해를 구하면?

① $x > 2$ ② $x < 2$
③ $x > -2$ ④ $x < -2$

06 일차부등식 $3x - 1 < 8$을 풀면?

① $x < 3$ ② $x > 3$
③ $x < 5$ ④ $x > 5$

07 **기출** 일차부등식 $3x + 1 < 2x + 2$를 풀면?

① $x < 1$ ② $x < -1$
③ $x > 1$ ④ $x > -1$

08 일차부등식 $2x + 3 > 4x + 5$를 만족하는 x의 값의 범위는?

① $x > 1$ ② $x < 1$
③ $x > -1$ ④ $x < -1$

04
x가 3보다 크고 3은 포함하지 않으므로 x의 값의 범위는 $x > 3$이다.

05
$2x + 4 > 0$
$2x > -4$
$\therefore \; x > -2$

06
$3x - 1 < 8$
$3x < 9$
$\therefore \; x < 3$

07
$3x + 1 < 2x + 2$
$3x - 2x < 2 - 1$
$\therefore \; x < 1$

08
$2x + 3 > 4x + 5$
$2x - 4x > 5 - 3$
$-2x > 2$
$\therefore \; x < -1$

ANSWER
04. ① **05.** ③ **06.** ① **07.** ① **08.** ④

09 다음 일차부등식을 풀어라.

(1) $-7(x-3) \geq 2(4x-3)$

(2) $1.2x+2 \geq 0.7x+4$

(3) $\dfrac{1}{3}x-2 > 2x+\dfrac{5}{2}$

10 연립부등식 $\begin{cases} x+3 > 2 \\ 3x-2 \leq 10 \end{cases}$ 의 해를 구하면?

① $x \geq 4$ 　　② $x < -1$

③ $-1 < x \leq 4$ 　　④ 해가 없다.

11 부등식 $8 < 5x-2 \leq 18$을 만족하는 모든 자연수 x의 값의 합은?

① 7 　　② 8

③ 9 　　④ 10

09

(1) 주어진 식의 괄호를 풀면
$$-7x+21 \geq 8x-6$$
$$-7x-8x \geq -6-21$$
$$-15x \geq -27 \quad \therefore \ x \leq \frac{9}{5}$$

(2) 주어진 식의 양변에 10을 곱하면
$$12x+20 \geq 7x+40$$
$$12x-7x \geq 40-20$$
$$5x \geq 20 \quad \therefore \ x \geq 4$$

(3) 주어진 식의 양변에 6을 곱하면
$$2x-12 > 12x+15$$
$$2x-12x > 15+12$$
$$-10x > 27 \quad \therefore \ x < -\frac{27}{10}$$

10

$$\begin{cases} x+3 > 2 & \cdots \ \text{㉠} \\ 3x-2 \leq 10 & \cdots \ \text{㉡} \end{cases}$$

㉠을 풀면 $x > 2-3$, $x > -1$
㉡을 풀면 $3x \leq 10+2$, $x \leq 4$

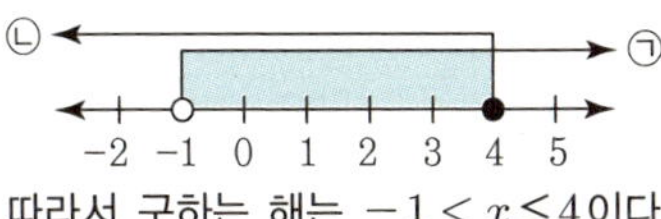

따라서 구하는 해는 $-1 < x \leq 4$이다.

11

$$\begin{cases} 8 < 5x-2 & \cdots \ \text{㉠} \\ 5x-2 \leq 18 & \cdots \ \text{㉡} \end{cases}$$

㉠을 풀면 $-5x < -10$, $x > 2$
㉡을 풀면 $5x \leq 20$, $x \leq 4$

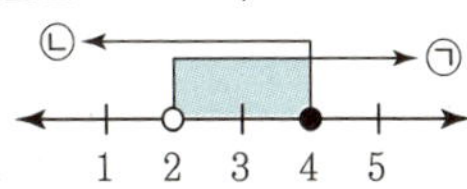

따라서 구하는 해는 $2 < x \leq 4$이고, 이를 만족하는 자연수 x는 3, 4이므로 모든 자연수 x의 값의 합은 $3+4 = 7$이다.

A N S W E R

09. (1) $x \leq \dfrac{9}{5}$ 　　(2) $x \geq 4$

　　(3) $x < -\dfrac{27}{10}$

10. ③ 　**11.** ①

12 다음 방정식 중 미지수가 2개인 일차방정식은?

① $x + 2 = 0$　　　　② $x + 9 = 4x$

③ $x - 2y = 7$　　　　④ $x - 3y = 8 + x$

12

$x - 3y = 8 + x$에서 $-3y = 8$이므로 미지수가 1개인 일차방정식이다.

13 기출 x, y가 자연수일 때, 방정식 $4x + 3y = 7$을 만족하는 해는?

① $x = 1$, $y = 1$　　　　② $x = 1$, $y = 2$

③ $x = 2$, $y = 3$　　　　④ $x = 3$, $y = 4$

13

대입했을 때, 방정식 $4x + 3y = 7$을 만족하는 해는 $x = 1$, $y = 1$이다.

14 다음 순서쌍 중 연립방정식 $\begin{cases} 2x - y = 7 \\ x + y = 5 \end{cases}$의 해는?

① $(-2, 3)$　　　　② $(3, -1)$

③ $(1, 5)$　　　　④ $(4, 1)$

14

$\begin{cases} 2x - y = 7 & \cdots \ \text{㉠} \\ x + y = 5 & \cdots \ \text{㉡} \end{cases}$

㉠+㉡을 하면 $3x = 12$　$\therefore$　$x = 4$
$x = 4$를 ㉠에 대입하면 $y = 1$
따라서 구하는 해는 $(4, 1)$이다.

15 기출 연립방정식 $\begin{cases} 4x - y = 5 \\ 3x + y = 2 \end{cases}$를 만족시키는 x의 값은?

① 1　　　　② 2

③ 3　　　　④ 4

15

$\begin{cases} 4x - y = 5 & \cdots \ \text{㉠} \\ 3x + y = 2 & \cdots \ \text{㉡} \end{cases}$

㉠+㉡을 하면 $7x = 7$　$\therefore$　$x = 1$

16 연립방정식 $\begin{cases} x + y = 8 \\ x - y = 2 \end{cases}$의 해는?

① $x = 7$, $y = 1$　　　　② $x = 6$, $y = 2$

③ $x = 5$, $y = 3$　　　　④ $x = 4$, $y = 4$

16

$\begin{cases} x + y = 8 & \cdots \ \text{㉠} \\ x - y = 2 & \cdots \ \text{㉡} \end{cases}$

㉠+㉡을 하면 $2x = 10$, $x = 5$
$x = 5$를 ㉠에 대입하면 $y = 3$
따라서 구하는 해는 $x = 5$, $y = 3$이다.

ANSWER

12. ③　**13.** ①　**14.** ④　**15.** ①　**16.** ③

17 **기출** 연립방정식 $\begin{cases} x+y=1 \\ 3x+2y=3 \end{cases}$ 을 풀면?

① $x=0,\ y=1$

② $x=1,\ y=0$

③ $x=1,\ y=1$

④ $x=1,\ y=-1$

17

$\begin{cases} x+y=1 & \cdots \text{㉠} \\ 3x+2y=3 & \cdots \text{㉡} \end{cases}$

㉠$\times 3-$㉡을 하면 $y=0$

$y=0$을 ㉠에 대입하면 $x=1$

따라서 구하는 해는 $x=1,\ y=0$이다.

18 연립방정식 $\begin{cases} y=x+3 \\ 3x-2y=5 \end{cases}$ 를 풀면?

① $x=3,\ y=6$

② $x=5,\ y=8$

③ $x=7,\ y=8$

④ $x=11,\ y=14$

18

$\begin{cases} y=x+3 & \cdots \text{㉠} \\ 3x-2y=5 & \cdots \text{㉡} \end{cases}$

y를 소거하기 위해 ㉠을 ㉡에 대입하면

$3x-2(x+3)=5 \quad \therefore \ x=11$

$x=11$을 ㉠에 대입하면 $y=14$

따라서 구하는 해는 $x=11,\ y=14$이다.

19 연립방정식 $\begin{cases} 2x-y=3 \\ 3x+y=7 \end{cases}$ 의 해가 $x=a,\ y=b$일 때, $a+b$의 값은?

① 3 ② 4

③ 5 ④ 6

19

$\begin{cases} 2x-y=3 & \cdots \text{㉠} \\ 3x+y=7 & \cdots \text{㉡} \end{cases}$

㉠$+$㉡을 하면

$5x=10 \quad \therefore \ x=2$

$x=2$를 ㉡에 대입하면

$6+y=7 \quad \therefore \ y=1$

따라서 구하는 해는

$x=2,\ y=1$이므로 $a=2,\ b=1$

$\therefore \ a+b=3$

ANSWER

17. ②   **18.** ④   **19.** ①

20 준호는 농구시합에서 2점 슛과 3점 슛을 15개 성공해서 34득점을 올렸다. 준호가 성공한 2점 슛의 개수는 몇 개인가?

① 8개 ② 9개
③ 10개 ④ 11개

21 다음 연립방정식을 풀어라.

(1) $\begin{cases} \dfrac{1}{5}x + \dfrac{1}{2}y = \dfrac{8}{5} \\ \dfrac{1}{3}x + \dfrac{3}{2}y = 4 \end{cases}$

(2) $\begin{cases} 0.8x - 0.7y = 0.9 \\ 0.7x - 0.9y = 0.5 \end{cases}$

20

성공한 2점 슛의 개수를 x, 3점 슛의 개수를 y라 하면

$$\begin{cases} x + y = 15 & \cdots ㉠ \\ 2x + 3y = 34 & \cdots ㉡ \end{cases}$$

$2 \times ㉠ - ㉡$을 하면

$$\begin{array}{r} 2x + 2y = 30 \\ -)\ 2x + 3y = 34 \\ \hline -y = -4 \quad \therefore\ y = 4 \end{array}$$

$y = 4$를 ㉠에 대입하면 $x = 11$

따라서 준호가 성공한 2점 슛의 개수는 11개이다.

21

(1) $\begin{cases} \dfrac{1}{5}x + \dfrac{1}{2}y = \dfrac{8}{5} & \cdots ㉠ \\ \dfrac{1}{3}x + \dfrac{3}{2}y = 4 & \cdots ㉡ \end{cases}$

㉠의 양변에 10을, ㉡의 양변에 6을 곱하면

$$\begin{cases} 2x + 5y = 16 & \cdots ㉢ \\ 2x + 9y = 24 & \cdots ㉣ \end{cases}$$

㉢ − ㉣을 하면

$-4y = -8 \quad \therefore\ y = 2$

$y = 2$를 ㉢에 대입하면 $x = 3$

따라서 구하는 해는 $x = 3$, $y = 2$ 이다.

(2) $\begin{cases} 0.8x - 0.7y = 0.9 & \cdots ㉠ \\ 0.7x - 0.9y = 0.5 & \cdots ㉡ \end{cases}$

㉠, ㉡의 양변에 각각 10을 곱하면

$$\begin{cases} 8x - 7y = 9 & \cdots ㉢ \\ 7x - 9y = 5 & \cdots ㉣ \end{cases}$$

㉢ × 7 − ㉣ × 8을 하면

$$\begin{array}{r} 56x - 49y = 63 \\ -)\ 56x - 72y = 40 \\ \hline 23y = 23 \quad \therefore\ y = 1 \end{array}$$

$y = 1$을 ㉢에 대입하면 $x = 2$

따라서 구하는 해는 $x = 2$, $y = 1$ 이다.

ANSWER

20. ④
21. (1) $x = 3$, $y = 2$
　　　 (2) $x = 2$, $y = 1$

05 다항식의 곱셈과 인수분해

01 다항식의 곱셈 공식

(1) 다항식의 곱셈 원리 중요⁺

① 다항식의 곱셈

$$(a+b)(c+d) = \underset{㉠}{ac} + \underset{㉡}{ad} + \underset{㉢}{bc} + \underset{㉣}{bd}$$

예 $(a+3)(b+4) = a \times b + a \times 4 + 3 \times b + 3 \times 4 = ab + 4a + 3b + 12$

② 두 다항식의 곱을 전개하였을 때, 전개식에 동류항이 있으면 동류항끼리 모아서 간단히 정리한다.

예 $(x-2y)(2x+y) = x \times 2x + x \times y + (-2y) \times 2x + (-2y) \times y$
$$= 2x^2 + xy - 4xy - 2y^2 = 2x^2 - 3xy - 2y^2$$

 바로 바로 CHECK√

다음 식을 전개하여라.

(1) $(a+4)(2b-1)$

(2) $(3x-2)(y+5)$

(3) $(3a-3)(2a+1)$

(4) $(2x+3y)(x-4y)$

---

(1) $(a+4)(2b-1)$
$= a \times 2b + a \times (-1) + 4 \times 2b + 4 \times (-1)$
$= 2ab - a + 8b - 4$

(2) $(3x-2)(y+5)$
$= 3x \times y + 3x \times 5 + (-2) \times y + (-2) \times 5$
$= 3xy + 15x - 2y - 10$

(3) $(3a-3)(2a+1)$
$= 3a \times 2a + 3a \times 1 + (-3) \times 2a + (-3) \times 1$
$= 6a^2 + 3a - 6a - 3 = 6a^2 - 3a - 3$

(4) $(2x+3y)(x-4y)$
$= 2x \times x + 2x \times (-4y) + 3y \times x + 3y \times (-4y)$
$= 2x^2 - 8xy + 3xy - 12y^2$
$= 2x^2 - 5xy - 12y^2$

(2) 곱셈 공식

① $(a+b)^2 = a^2 + 2ab + b^2$

② $(a-b)^2 = a^2 - 2ab + b^2$

③ $(a+b)(a-b) = a^2 - b^2$

④ $(x+a)(x+b) = x^2 + (a+b)x + ab$

⑤ $(ax+b)(cx+d) = acx^2 + (ad+bc)x + bd$

바로 바로 CHECK√

다음 식을 전개하여라.

(1) $(a+2)^2$

(2) $(x+2y)^2$

(3) $(b-4)^2$

(4) $(x-5y)^2$

(5) $(x+3)(x-3)$

(6) $(x+2y)(x-2y)$

(7) $(x+3)(x+2)$

(8) $(5x-3)(2x+3)$

(1) $(a+2)^2 = a^2 + 2 \times a \times 2 + 2^2$
$= a^2 + 4a + 4$

(2) $(x+2y)^2 = x^2 + 2 \times x \times 2y + (2y)^2$
$= x^2 + 4xy + 4y^2$

(3) $(b-4)^2 = b^2 - 2 \times b \times 4 + 4^2$
$= b^2 - 8b + 16$

(4) $(x-5y)^2 = x^2 - 2 \times x \times 5y + (5y)^2$
$= x^2 - 10xy + 25y^2$

(5) $(x+3)(x-3) = x^2 - 3^2 = x^2 - 9$

(6) $(x+2y)(x-2y) = x^2 - (2y)^2 = x^2 - 4y^2$

(7) $(x+3)(x+2) = x^2 + (3+2)x + 3 \times 2$
$= x^2 + 5x + 6$

(8) $(5x-3)(2x+3)$
$= 5 \times 2 \times x^2 + \{5 \times 3 + (-3) \times 2\}x + (-3) \times 3$
$= 10x^2 + 9x - 9$

02 인수분해

1 인수분해의 뜻

(1) 인 수

하나의 다항식을 두 개 이상의 다항식의 곱으로 나타낼 때, 각각의 식

(2) 인수분해

하나의 다항식을 두 개 이상의 인수의 곱으로 나타내는 것

$$x^2 + 4x + 3 \underset{\text{전개}}{\overset{\text{인수분해}}{\rightleftarrows}} \underbrace{(x+1)(x+3)}_{\text{인수}}$$

(3) 공통인수

다항식의 각 항에 공통으로 들어 있는 인수로 분배법칙을 이용하여 공통인수로 묶어 내어 인수분해할 수 있다.

바로 바로 CHECK√

다음 식을 인수분해하여라.	(1) $a(b+c)$
(1) $ab+ac$	(2) $9x(x+y)$
(2) $9x^2+9xy$	

---

2 인수분해 공식 중요⁺

(1) 완전제곱식에 관한 공식

① $a^2 \pm 2ab + b^2$ 꼴의 인수분해

    ㉠ $a^2 + 2ab + b^2 = (a+b)^2$

    ㉡ $a^2 - 2ab + b^2 = (a-b)^2$

② 완전제곱식 : 다항식의 제곱으로 된 식 또는 이 식에 상수를 곱한 식

③ 완전제곱식이 될 조건

    ㉠ $x^2 + ax + b$가 완전제곱식이 되기 위한 b의 조건 : $b = \left(\dfrac{a}{2}\right)^2$

$$x^2 + ax + b = x^2 + 2 \times \frac{a}{2} \times x + \left(\frac{a}{2}\right)^2 = \left(x + \frac{a}{2}\right)^2$$

    ㉡ $x^2 + ax + b\,(b>0)$가 완전제곱식이 되기 위한 a의 조건 : $a = \pm 2\sqrt{b}$

$$x^2 + ax + b = x^2 \pm 2\sqrt{b}\,x + (\pm\sqrt{b})^2 = (x \pm \sqrt{b})^2$$

(2) $a^2 - b^2 = (a+b)(a-b)$

(3) $x^2 + (a+b)x + ab = (x+a)(x+b)$

① 곱했을 때 상수항이 되는 두 정수를 찾는다.

② 두 수 중 합이 x의 계수가 되는 두 정수 a, b를 찾는다.

③ $(x+a)(x+b)$의 꼴로 나타낸다.

(4) $acx^2 + (ad+bc)x + bd = (ax+b)(cx+d)$

① 곱하여 x^2의 계수가 되는 두 정수 a, c를 세로로 나열한다.

② 곱하여 상수항이 되는 두 정수 b, d를 세로로 나열한다.

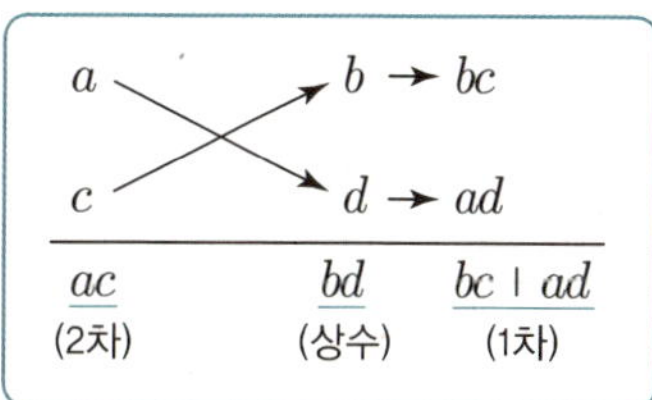

③ a, c와 b, d를 대각선으로 곱하여 합한 것이 x의 계수가 되는 것을 찾는다.

④ $(ax+b)(cx+d)$의 꼴로 나타낸다.

바로 바로 CHECK√

다음 식을 인수분해하여라.

(1) x^2+4x+4

(2) $x^2-12x+36$

(3) $9x^2+6xy+y^2$

(4) $25x^2-30xy+9y^2$

(5) x^2-9

(6) $x^2-13x+42$

(7) $2x^2-3x-2$

(8) $5x^2+2x-3$

---

(1) $x^2+4x+4=x^2+2\times x\times 2+2^2$
$\qquad\qquad\quad=(x+2)^2$

(2) $x^2-12x+36=x^2-2\times x\times 6+6^2$
$\qquad\qquad\qquad=(x-6)^2$

(3) $9x^2+6xy+y^2=(3x)^2+2\times 3x\times y+y^2$
$\qquad\qquad\qquad=(3x+y)^2$

(4) $25x^2-30xy+9y^2$
$\quad=(5x)^2-2\times 5x\times 3y+(3y)^2$
$\quad=(5x-3y)^2$

(5) $x^2-9=x^2-3^2=(x+3)(x-3)$

(6) 곱이 42인 두 정수는 -1과 -42, -2와 -21, -3과 -14, -6과 -7, …이다. 이 중에서 합이 -13인 두 정수는 -6과 -7이므로
$\quad x^2-13x+42=(x-6)(x-7)$

(7) $2x^2-3x-2$

$$\begin{array}{lll} 1 & -2 \to -4 & \cdots\ (x-2) \\ 2 & 1 \to \underline{\ \ 1} & \cdots\ (2x+1) \\ & \quad\ -3 & \end{array}$$

$\quad 2x^2-3x-2=(x-2)(2x+1)$

(8) $5x^2+2x-3$

$$\begin{array}{lll} 1 & 1 \to 5 & \cdots\ (x+1) \\ 5 & -3 \to \underline{-3} & \cdots\ (5x-3) \\ & \quad\ 2 & \end{array}$$

$\quad 5x^2+2x-3=(x+1)(5x-3)$

01 다음 식을 전개한 것은?

[기출]

$$(x+2)(x-2)$$

① $x^2 - 2x - 4$ ② $x^2 - 2x + 1$

③ $x^2 - 4$ ④ $x^2 + 2x - 4$

02 $(a+5)(a-3)$을 전개하면?

[기출]

① $a^2 + 2$ ② $a^2 + 2a - 3$

③ $a^2 - 2a - 15$ ④ $a^2 + 2a - 15$

03 $(2x-3)(x+5) = 2x^2 + 7x + \square$ 에서 $\square$ 안에 알맞은 수는?

① -15 ② -2

③ 2 ④ 15

04 $(x+2y)(3x-y)$를 전개하였을 때, xy의 계수는?

① -1 ② 1

③ 3 ④ 5

01

$(x+2)(x-2) = x^2 - 2x + 2x - 4$
$\qquad\qquad\quad = x^2 - 4$

02

$(a+5)(a-3) = a^2 - 3a + 5a - 15$
$\qquad\qquad\quad = a^2 + 2a - 15$

03

$(2x-3)(x+5)$
$= 2x^2 + 10x - 3x - 15$
$= 2x^2 + 7x - 15$
$\therefore \square = -15$

04

$(x+2y)(3x-y)$
$= 3x^2 - xy + 6xy - 2y^2$
$= 3x^2 + 5xy - 2y^2$
따라서 xy의 계수는 5이다.

05 $(x-2)^2$을 전개하였을 때, x의 계수는?

① -4 ② -2

③ 2 ④ 4

05

$(x-2)^2 = x^2 - 2 \times x \times 2 + 2^2$
$= x^2 - 4x + 4$
따라서 x의 계수는 -4이다.

06 기출 $(2x-3)^2$을 전개하면?

① $4x^2 - 9$ ② $4x^2 + 9$

③ $4x^2 - 6x - 9$ ④ $4x^2 - 12x + 9$

06

$(2x-3)^2$
$= (2x)^2 - 2 \times 2x \times 3 + 3^2$
$= 4x^2 - 12x + 9$

07 102×98을 다음과 같이 간편하게 계산하였다. 이 계산 과정에서 이용된 곱셈 공식은?

$$102 \times 98 = (100+2)(100-2)$$
$$= 100^2 - 2^2 = 10000 - 4 = 9996$$

① $(a+b)^2 = a^2 + 2ab + b^2$

② $(a-b)^2 = a^2 - 2ab + b^2$

③ $(a+b)(a-b) = a^2 - b^2$

④ $(x+a)(x+b) = x^2 + (a+b)x + ab$

07

합차 공식을 이용하여 두 수의 곱을 구했다.

08 기출 $x^2 - x$를 인수분해하면?

① $(x+1)^2$ ② $(x-1)^2$

③ $x(x+1)$ ④ $x(x-1)$

08

$x^2 - x = x(x-1)$

ANSWER

05. ① **06.** ④ **07.** ③ **08.** ④

09 _{기출} x^2-9를 인수분해하면?

① $(x+1)^2$ 　　② $(x+3)^2$

③ $(x-1)(x+9)$ 　　④ $(x+3)(x-3)$

10 다음 중 x^2-6x+8의 인수인 것은?

① $x-2$ 　　② $x-3$

③ $x+4$ 　　④ $x+6$

11 _{기출} $x^2+10x+25=(x+\Box)^2$일 때, $\Box$ 안에 알맞은 수는?

① 5 　　② 20

③ 25 　　④ 100

12 x^2+2x+1의 인수분해한 것은?

① $(x-2)^2$ 　　② $(x-1)^2$

③ $(x+1)^2$ 　　④ $(x+2)^2$

13 $x^2+6x+a=(x+b)^2$일 때, $a+b$의 값은?

① 3 　　② 6

③ 9 　　④ 12

09

$$x^2-9=x^2-3^2=(x+3)(x-3)$$

10

곱이 8이고 합이 -6인 두 정수는 -2와 -4이므로 $x^2-6x+8=(x-2)(x-4)$의 인수는 $x-2$, $x-4$이다.

11

$$x^2+10x+25=x^2+2\times x\times 5+5^2$$
$$=(x+5)^2$$

12

$$x^2+2x+1=x^2+2\times x\times 1+1^2$$
$$=(x+1)^2$$

13

$(x+b)^2=x^2+2\times x\times b+b^2$이므로
$2b=6 \Rightarrow b=3$
$a=b^2=9$
$\therefore a+b=9+3=12$

ANSWER

09. ④　10. ①　11. ①　12. ③　13. ④

14 $x^2 + 2x - 8$을 인수분해하면?

① $(x-2)(x+4)$ ② $(x-2)(x-4)$
③ $(x+2)(x-4)$ ④ $(x+2)(x+4)$

15 $2x^2 + 7x - 15$를 인수분해하면?

① $(x-1)(x+15)$ ② $(x+1)(x-15)$
③ $(x-5)(2x+3)$ ④ $(x+5)(2x-3)$

16 $x^2 + ax + b$를 인수분해하였더니 $(x-2)(x-6)$이 되었다. 이때, $a-b$의 값은?

① -20 ② -8
③ 4 ④ 12

14

$x^2 + 2x - 8$

$$\begin{array}{l} 1 \quad -2 \to -2 \cdots (x-2) \\ 1 \quad 4 \to \dfrac{4}{} \cdots (x+4) \\ \hline 2 \end{array}$$

$\therefore\ x^2 + 2x - 8 = (x-2)(x+4)$

15

$2x^2 + 7x - 15$

$$\begin{array}{l} 1 \quad 5 \to 10 \cdots (x+5) \\ 2 \quad -3 \to \dfrac{-3}{} \cdots (2x-3) \\ \hline 7 \end{array}$$

$\therefore\ 2x^2 + 7x - 15$
$\ = (x+5)(2x-3)$

16

$(x-2)(x-6) = x^2 - 8x + 12$
$ = x^2 + ax + b$
$\Rightarrow a = -8,\ b = 12$
$\therefore\ a - b = (-8) - 12 = -20$

ANSWER

14. ① 15. ④ 16. ①

NOTE

06 이차방정식

1 이차방정식의 해

(1) 이차방정식

우변에 있는 모든 항을 좌변으로 이항하여 정리한 식이 (x에 관한 이차식)$=0$의 꼴로 나타내어지는 방정식

(2) 이차방정식의 일반형 : x에 관한 이차방정식은 $ax^2+bx+c=0$(a, b, c는 상수, $a \neq 0$)의 꼴로 나타낼 수 있다.

(3) 이차방정식의 해(근)

이차방정식 $ax^2+bx+c=0$을 참이 되게 하는 미지수 x의 값

(4) 이차방정식을 푼다

이차방정식의 해(근)를 모두 구하는 것

바로 바로 CHECK√

다음 [　] 안의 수가 주어진 이차방정식의 해가 되는지 알아보아라.

(1) $x^2-2x=0\,[2]$

(2) $x^2+4x-5=0\,[-1]$

(1) $x^2-2x=0$에 $x=2$를 대입하면
$2^2-2\times2=0$으로 등식이 성립한다.
따라서 $x=2$는 해이다.

(2) $x^2+4x-5=0$에 $x-1$을 대입하면
$(-1)^2+4\times(-1)-5\neq0$으로 등식이 성립하지 않는다.
따라서 $x=-1$은 해가 아니다.

---

2 이차방정식의 풀이

(1) 인수분해를 이용한 이차방정식의 풀이 중요⁺

① 인수분해가 되어 있는 이차방정식의 풀이

이차방정식 $(x-a)(x-b)=0$의 해는 $x=a$ 또는 $x=b$이다.

> 잠깐! $A \times B = 0$이면 ㉠ $A=0$, $B=0$, ㉡ $A=0$, $B \neq 0$, ㉢ $A \neq 0$, $B=0$의 경우를 통틀어서 $A=0$ 또는 $B=0$이라고 한다.

② 인수분해를 이용한 이차방정식의 풀이

이차방정식 $ax^2+bx+c=0$의 좌변을 두 일차식의 곱으로 인수분해할 수 있을 때에는 인수분해를 이용하여 이차방정식을 풀 수 있다.

③ 중근 : 이차방정식에서 두 해가 중복될 때의 해

> 잠깐! 이차방정식이 (완전제곱식) $=0$의 꼴로 나타내어지면 이 이차방정식은 중근을 갖는다.

바로 바로 CHECK√

다음 이차방정식을 풀어라.

(1) $(x-2)(x+5)=0$

(2) $(4x-3)(2x+5)=0$

(3) $x^2-5x+4=0$

(4) $2x^2+5x+3=0$

(5) $x^2-x=6$

(6) $x^2+10x+25=0$

(1) $(x-2)(x+5)=0$에서
$x-2=0$ 또는 $x+5=0$
$\therefore\ x=2$ 또는 $x=-5$

(2) $(4x-3)(2x+5)=0$에서
$4x-3=0$ 또는 $2x+5=0$
$\therefore\ x=\dfrac{3}{4}$ 또는 $x=-\dfrac{5}{2}$

(3) $x^2-5x+4=0$
$(x-1)(x-4)=0$
$\therefore\ x=1$ 또는 $x=4$

(4) $2x^2+5x+3=0$
$(x+1)(2x+3)=0$
$\therefore\ x=-1$ 또는 $x=-\dfrac{3}{2}$

(5) 모든 항을 좌변으로 이항하여 정리하면
$x^2-x-6=0$
$(x+2)(x-3)=0$
$\therefore\ x=-2$ 또는 $x=3$

(6) $x^2+10x+25=0$
$(x+5)^2=0$
$\therefore\ x=-5$(중근)

(2) 제곱근을 이용한 이차방정식의 풀이

① 이차방정식 $x^2 = q$의 풀이

$q \geq 0$일 때, 이차방정식 $x^2 = q$의 해는 $x = \pm\sqrt{q}$이다.

② 이차방정식 $(x+p)^2 = q$의 풀이

$q \geq 0$일 때, 이차방정식 $(x+p)^2 = q$의 해는 $x = -p \pm \sqrt{q}$이다.

바로 바로 CHECK✓

다음 이차방정식을 제곱근을 이용하여 풀어라.

(1) $x^2 = 11$

(2) $6x^2 - 5 = 0$

(3) $5(x+1)^2 = 30$

(1) x는 11의 제곱근이므로 $x = \pm\sqrt{11}$

(2) -5를 우변으로 이항하면 $6x^2 = 5 \Rightarrow x^2 = \dfrac{5}{6}$

x는 $\dfrac{5}{6}$의 제곱근이므로 $x = \pm\sqrt{\dfrac{5}{6}}$

(3) $5(x+1)^2 = 30$
$(x+1)^2 = 6$
$x + 1 = \pm\sqrt{6}$
$\therefore x = -1 \pm \sqrt{6}$

---

(3) 완전제곱식을 이용한 이차방정식의 풀이

이차방정식 $ax^2 + bx + c = 0$에서 좌변이 두 일차식의 곱으로 인수분해되지 않을 경우에는 좌변을 $(x+p)^2 = q$의 꼴로 고쳐서 계산한다.

잠깐! $x^2 + mx + n = 0$에서 일차항의 계수의 $\dfrac{1}{2}$의 제곱 $\left(\dfrac{m}{2}\right)^2 = \dfrac{m^2}{4}$을 양변에 더한다.

$$x^2 + mx + \dfrac{m^2}{4} = -n + \dfrac{m^2}{4} \Rightarrow \left(x + \dfrac{m}{2}\right)^2 = -n + \dfrac{m^2}{4}$$

바로 바로 CHECK√

다음 이차방정식을 완전제곱식을 이용하여 풀어라.

(1) $x^2 - 2x - 4 = 0$

(2) $x^2 - 8x + 9 = 0$

(3) $-x^2 - 3x + 2 = 0$

(1) $x^2 - 2x - 4 = 0$
$x^2 - 2x = 4$
$x^2 - 2x + 1^2 = 4 + 1^2$
$(x-1)^2 = 5$
$x - 1 = \pm\sqrt{5}$
$\therefore x = 1 \pm \sqrt{5}$

(2) $x^2 - 8x + 9 = 0$
$x^2 - 8x + 16 = -9 + 16$
$(x-4)^2 = 7$
$x - 4 = \pm\sqrt{7}$
$\therefore x = 4 \pm \sqrt{7}$

(3) 양변에 -1을 곱하면
$x^2 + 3x - 2 = 0$
$x^2 + 3x + \left(\dfrac{3}{2}\right)^2 = 2 + \left(\dfrac{3}{2}\right)^2$
$\left(x + \dfrac{3}{2}\right)^2 = \dfrac{17}{4}$
$x + \dfrac{3}{2} = \pm\sqrt{\dfrac{17}{4}} = \pm\dfrac{\sqrt{17}}{2}$
$\therefore x = -\dfrac{3}{2} \pm \dfrac{\sqrt{17}}{2} = \dfrac{-3 \pm \sqrt{17}}{2}$

---

(4) 이차방정식의 근의 공식

① 이차방정식 $ax^2 + bx + c = 0$의 해는

$$x = \frac{-b \pm \sqrt{b^2 - 4ac}}{2a} \quad (\text{단, } b^2 - 4ac \geq 0)$$

② 이차방정식 $ax^2 + 2b'x + c = 0$(x의 계수가 짝수인 경우)의 해는

$$x = \frac{-b' \pm \sqrt{b'^2 - ac}}{a} \quad (\text{단, } b'^2 - ac \geq 0)$$

바로 바로 CHECK√

다음 이차방정식을 근의 공식을 이용하여 풀어라.

(1) $x^2 - x - 4 = 0$

(2) $2x^2 - 6x - 3 = 0$

---

(1) 이차방정식의 근의 공식에 $a = 1$, $b = -1$, $c = -4$를 대입하면

$$x = \frac{-(-1) \pm \sqrt{(-1)^2 - 4 \times 1 \times (-4)}}{2 \times 1}$$

$$= \frac{1 \pm \sqrt{17}}{2}$$

(2) 이차방정식의 근의 공식에 $a = 2$, $b' = -3$, $c = -3$을 대입하면

$$x = \frac{-(-3) \pm \sqrt{(-3)^2 - 2 \times (-3)}}{2}$$

$$= \frac{3 \pm \sqrt{15}}{2}$$

---

(5) 복잡한 이차방정식의 풀이

① 괄호가 있으면 먼저 괄호를 풀고 $ax^2 + bx + c = 0$의 꼴로 정리한다.

② 계수 중에 소수가 있으면 양변에 10, 100, … 을 알맞게 곱하여 계수를 모두 정수로 고친 후 푼다.

③ 계수 중에 분수가 있으면 양변에 분모의 최소공배수를 곱하여 계수를 정수로 고친 후 푼다.

④ 공통부분이 있으면 치환한다.

⑤ 인수분해 또는 근의 공식을 이용하여 해를 구한다.

바로 바로 CHECK√

다음 이차방정식을 풀어라.

(1) $(x-1)(x-4) = 28$

(2) $0.1x^2 - 1.4x + 4.5 = 0$

---

(1) $(x-1)(x-4) = 28$

$x^2 - 5x - 24 = 0$

$(x+3)(x-8) = 0$

$\therefore x = -3$ 또는 $x = 8$

(2) 양변에 10을 곱하면

$x^2 - 14x + 45 = 0$

$(x-5)(x-9) = 0$

$\therefore x = 5$ 또는 $x = 9$

(3) $\dfrac{1}{3}x^2 + \dfrac{1}{3}x - \dfrac{2}{9} = 0$

(4) $(x-1)^2 - 7(x-1) - 8 = 0$

(3) 양변에 분모의 최소공배수 9를 곱하면
$$3x^2 + 3x - 2 = 0$$
근의 공식에 $a=3$, $b=3$, $c=-2$를 대입하면
$$x = \frac{-3 \pm \sqrt{3^2 - 4 \times 3 \times (-2)}}{2 \times 3}$$
$$= \frac{-3 \pm \sqrt{9+24}}{6} = \frac{-3 \pm \sqrt{33}}{6}$$

(4) $x-1=A$로 치환하면
$$A^2 - 7A - 8 = 0$$
$$(A+1)(A-8) = 0$$
$$A=-1 \text{ 또는 } A=8$$
즉, $x-1=-1$ 또는 $x-1=8$이므로
$$x=0 \text{ 또는 } x=9$$

(6) 이차방정식의 근의 개수

이차방정식 $ax^2 + bx + c = 0$의 근의 개수는 $b^2 - 4ac$의 부호에 의해 결정된다.

① $b^2 - 4ac > 0$: 서로 다른 두 근을 갖는다.

② $b^2 - 4ac = 0$: 한 근(중근)을 갖는다.

③ $b^2 - 4ac < 0$: 근이 없다.

바로 바로 CHECK√

다음 이차방정식의 근의 개수를 구하여라.

(1) $x^2 + 3x + 2 = 0$

(2) $x^2 + 2x = -1$

(1) $3^2 - 4 \times 1 \times 2 = 1 > 0$
따라서 2개의 근을 갖는다.

(2) 식을 정리하면 $x^2 + 2x + 1 = 0$ 이므로
$$2^2 - 4 \times 1 \times 1 = 0$$
따라서 1개의 근을 갖는다.

(7) 이차방정식의 근과 계수의 관계

이차방정식 $ax^2+bx+c=0\,(a \neq 0)$의 두 근을 α, β라 할 때,

① 두 근의 합 : $\alpha+\beta=-\dfrac{b}{a}$

② 두 근의 곱 : $\alpha\beta=\dfrac{c}{a}$

예 $x^2-x-3=0$의 두 근을 α, β라 할 때, $\alpha+\beta=-\left(\dfrac{-1}{1}\right)=1$, $\alpha\beta=\dfrac{-3}{1}=-3$

바로 바로 CHECK√

x에 대한 이차방정식 $x^2-5x+4=0$의 두 근을 α, β라 할 때, $\alpha+\beta-\alpha\beta$의 값은?

① 9

② 1

③ -1

④ -9

이차방정식의 근과 계수의 관계에 의해
$\alpha+\beta=5$, $\alpha\beta=4$이므로
$\alpha+\beta-\alpha\beta=5-4=1$

답 ②

01 다음 중 x에 관한 이차방정식은?

① $2x^2 - 2x = 2(x^2 - x)$
② $4x = x - 5$
③ $5x - 2 = 0$
④ $3x^2 = x(x+2)$

01

(x에 관한 이차식)$=0$인 꼴
④ $3x^2 = x(x+2)$
　$3x^2 = x^2 + 2x$
　$2x^2 - 2x = 0$
　$x^2 - x = 0$

02 이차방정식 $(x-1)(x+2)=0$의 한 근이 -2이다. 다른 한 근은?

① -1　　　　② 0
③ 1　　　　④ 2

02

이차방정식 $(x-1)(x+2)=0$의 해는
$x=-2$ 또는 $x=1$이다.

03 이차방정식 $x^2 + 3x + a = 0$의 한 근이 2일 때, a의 값은?

 기출

① -12　　　　② -10
③ -6　　　　④ -4

03

$x^2 + 3x + a = 0$에 $x=2$를 대입하면
$(2)^2 + 3 \times 2 + a = 0$
$\therefore a = -10$

04 $x=3$을 해로 갖는 이차방정식은?

기출
① $(x-2)(x-3) = 0$
② $(x+2)(x+3) = 0$
③ $(x-2)(x-5) = 0$
④ $(x+2)(x+5) = 0$

04

$(x-2)(x-3)=0$은 $x-2=0$ 또는
$x-3=0$이므로 $x=2$ 또는 $x=3$

ANSWER
01. ④　02. ③　03. ②　04. ①

05 **기출** 이차방정식 $(x-3)(x-1)=0$을 풀면?

① $x=-3$ 또는 $x=-1$

② $x=-3$ 또는 $x=1$

③ $x=3$ 또는 $x=-1$

④ $x=3$ 또는 $x=1$

06 **기출** 이차방정식 $x^2+x-2=0$의 해가 되는 것은?

① $x=-5$ ② $x=-3$

③ $x=-1$ ④ $x=1$

07 **기출** 이차방정식 $x^2-3x+2=0$을 풀면?

① $x=1$ 또는 $x=2$

② $x=1$ 또는 $x=-2$

③ $x=-1$ 또는 $x=2$

④ $x=-1$ 또는 $x=-2$

08 이차방정식 $(x-2)(x-3)=0$의 두 근의 곱은?

① -6 ② -1

③ 1 ④ 6

09 이차방정식 $x(x-6)=0$의 해는?

① $x=0$ 또는 $x=6$

② $x=0$ 또는 $x=-6$

③ $x=2$ 또는 $x=3$

④ $x=3$ 또는 $x=-2$

05

$(x-3)(x-1)=0$은 $x-3=0$ 또는 $x-1=0$이므로 $x=3$ 또는 $x=1$

06

$x^2+x-2=0$에서
$(x-1)(x+2)=0$
$\therefore x=-2$ 또는 $x=1$

07

$x^2-3x+2=0$
$(x-1)(x-2)=0$
$\therefore x=1$ 또는 $x=2$

08

$(x-2)(x-3)=0$
$x=2$ 또는 $x=3$
따라서 두 근의 곱은 $2\times3=6$

ANSWER

05. ④ 06. ④ 07. ① 08. ④ 09. ①

10 x에 관한 이차방정식 $x^2 = -2x + 3$의 해는?

① $x = 1$ 또는 $x = 3$

② $x = -3$ 또는 $x = 1$

③ $x = -1$ 또는 $x = 3$

④ $x = -3$ 또는 $x = -1$

11 x에 관한 이차방정식 $2x^2 - ax + 16 = 0$의 한 근이 2일 때, 다른 한 근은?

① 3　　　　② 4

③ 5　　　　④ 6

12 이차방정식 $(x+1)(x-3) = 0$의 두 근을 m, n이라 **기출** 할 때, $m^2 + n^2$의 값은?

① 2　　　　② 4

③ 8　　　　④ 10

13 다음 x에 관한 이차방정식 중에서 중근을 갖는 것은?

① $x^2 - 1 = 0$

② $x^2 + 6x + 9 = 0$

③ $x^2 - 4x - 5 = 0$

④ $(x+1)(x-1) = 2x - 1$

10

모든 항을 좌변으로 이항하여 정리하면
$x^2 + 2x - 3 = 0$
$(x+3)(x-1) = 0$
$\therefore\ x = -3$ 또는 $x = 1$

11

$2x^2 - ax + 16 = 0$에 $x = 2$를 대입하면
$2 \times 2^2 - 2a + 16 = 0$
$8 - 2a + 16 = 0$
$-2a = -24 \Rightarrow a = 12$
$2x^2 - 12x + 16 = 0$
$2(x^2 - 6x + 8) = 0$
$(x-2)(x-4) = 0$
$x = 2$ 또는 $x = 4$
따라서 다른 한 근은 4이다.

12

주어진 이차방정식의 근이 $x = -1$
또는 $x = 3$이므로 두 근의 제곱의 합은
$(-1)^2 + 3^2 = 10$

13

② $(x+3)^2 = 0$
　$\therefore\ x = -3$(중근)
① $(x+1)(x-1) = 0$
　$\therefore\ x = -1$ 또는 $x = 1$
③ $(x+1)(x-5) = 0$
　$\therefore\ x = -1$ 또는 $x = 5$
④ $x^2 - 1 = 2x - 1$, $x^2 - 2x = 0$
　$x(x-2) = 0$
　$\therefore\ x = 0$ 또는 $x = 2$

ANSWER

10. ②　**11.** ②　**12.** ④　**13.** ②

14 이차방정식 $7x^2-3=0$을 풀면?

① $x=\pm\sqrt{\dfrac{3}{7}}$ 　 ② $x=\pm\sqrt{\dfrac{4}{7}}$

③ $x=\pm\sqrt{\dfrac{7}{4}}$ 　 ④ $x=\pm\sqrt{\dfrac{7}{3}}$

15 이차방정식 $2x^2+x-2=0$의 해는?

① $x=\dfrac{-2\pm\sqrt{13}}{4}$ 　 ② $x=\dfrac{-2\pm\sqrt{17}}{4}$

③ $x=\dfrac{-1\pm\sqrt{13}}{4}$ 　 ④ $x=\dfrac{-1\pm\sqrt{17}}{4}$

16 이차방정식 $x^2+3x+1=0$의 근은?

① $x=\dfrac{-3\pm\sqrt{5}}{2}$ 　 ② $x=\dfrac{-3\pm\sqrt{13}}{2}$

③ $x=\dfrac{3\pm\sqrt{5}}{2}$ 　 ④ $x=\dfrac{3\pm\sqrt{13}}{2}$

17 다음 이차방정식 중 서로 다른 두 근을 갖는 것은?

① $5x^2+x+1=0$ 　 ② $2x^2-3=0$

③ $x^2=4(x-1)$ 　 ④ $x^2+6=-3x$

14

-3을 우변으로 이항하면

$7x^2=3 \Rightarrow x^2=\dfrac{3}{7}$

x는 $\dfrac{3}{7}$의 제곱근이므로 $x=\pm\sqrt{\dfrac{3}{7}}$

15

$2x^2+x-2=0$

$x^2+\dfrac{1}{2}x-1=0$

$x^2+\dfrac{1}{2}x+\left(\dfrac{1}{4}\right)^2=1+\left(\dfrac{1}{4}\right)^2$

$\left(x+\dfrac{1}{4}\right)^2=\dfrac{17}{16}$

$x+\dfrac{1}{4}=\pm\dfrac{\sqrt{17}}{4}$

$\therefore x=\dfrac{-1\pm\sqrt{17}}{4}$

16

근의 공식에 $a=1$, $b=3$, $c=1$을 대입하면

$x=\dfrac{-3\pm\sqrt{3^2-4\times1\times1}}{2\times1}$

$=\dfrac{-3\pm\sqrt{9-4}}{2}$

$=\dfrac{-3\pm\sqrt{5}}{2}$

17

② $0^2-4\times2\times(-3)>0 \Rightarrow 2$개

① $1^2-4\times5\times1<0 \Rightarrow 0$개

③ 식을 정리하면 $x^2-4x+4=0$
　$(-4)^2-4\times1\times4=0 \Rightarrow 1$개

④ 식을 정리하면 $x^2+3x+6=0$
　$3^2-4\times1\times6<0 \Rightarrow 0$개

ANSWER

14. ①　**15.** ④　**16.** ①　**17.** ②

18 이차방정식 $x^2+3x-10=0$의 두 근을 m, n이라 할 때, $m+n$의 값은?

① -3 ② -1

③ 1 ④ 3

19 이차방정식 $x^2+2x-1=0$의 두 근을 α, β라 할 때, $\dfrac{1}{\alpha}+\dfrac{1}{\beta}$의 값은?

① -2 ② -1

③ 1 ④ 2

18

이차방정식의 근과 계수의 관계에 의해 이차방정식의 두 근의 합은

$$m+n=-\frac{3}{1}=-3$$

19

이차방정식의 근과 계수의 관계에 의해

$$\alpha+\beta=-\frac{2}{1}=-2$$

$$\alpha\beta=\frac{(-1)}{1}=-1$$

$$\therefore \frac{1}{\alpha}+\frac{1}{\beta}=\frac{\alpha+\beta}{\alpha\beta}=\frac{-2}{-1}=2$$

ANSWER

18. ①   **19.** ④

01 $\frac{3}{4}$ 과 $\frac{4}{9}$ 의 역수를 각각 a, b라고 할 때, $a \times b$의 값은?

① $\frac{1}{3}$ ② $\frac{16}{27}$

③ $\frac{27}{16}$ ④ 3

01

$\frac{3}{4}$ 의 역수는 $\frac{4}{3}$ 이므로 $a = \frac{4}{3}$

$\frac{4}{9}$ 의 역수는 $\frac{9}{4}$ 이므로 $b = \frac{9}{4}$

$\therefore\ a \times b = \frac{4}{3} \times \frac{9}{4} = 3$

02 $x = -2$, $y = 3$일 때, $x + \frac{1}{3}y$의 값을 구하면?

① -2 ② -1

③ 1 ④ 2

02

$x + \frac{1}{3}y = (-2) + \frac{1}{3} \times 3$

$\qquad = (-2) + 1 = -1$

03 $6x + 3 - 2x + 7$을 간단히 하면?

① $-4x + 10$ ② $4x + 10$

③ $8x - 4$ ④ $8x + 4$

03

$6x + 3 - 2x + 7$
$= (6 - 2)x + (3 + 7)$
$= 4x + 10$

04 $x = 2$일 때 다음 중 성립하지 <u>않는</u> 것은?

① $x + 3 = 2x + 1$ ② $3x - 1 = 5x - 5$

③ $2x - 3 = x + 1$ ④ $4x + 1 = 3x + 3$

04

③ $2 \times 2 - 3 \neq 2 + 1$

05 일차방정식 $3x - 6 = 2x + 3$을 풀면?

① $x = -9$ ② $x = -3$

③ $x = 3$ ④ $x = 9$

05

$3x - 6 = 2x + 3$
$3x - 2x = 3 + 6$
$\therefore\ x = 9$

ANSWER
01. ④ 02. ② 03. ② 04. ③ 05. ④

06 $a^2 \times (a^3)^5$ 을 간단히 하면?

① a^{10} ② a^{11}

③ a^{17} ④ a^{30}

06
$$a^2 \times (a^3)^5 = a^2 \times a^{15}$$
$$= a^{2+15} = a^{17}$$

07 $x^7 \div x^3$을 간단히 하면? (단, $x \neq 0$)

① x^2 ② x^3

③ x^4 ④ x^8

07
$$x^7 \div x^3 = x^{7-3} = x^4$$

08 $x = 2a - 2$, $y = b - 1$일 때, $x - 2y$를 a, b에 관한 식으로 나타내면?

① $a - b$ ② $2a - b$

③ $2a - 2b$ ④ $2a - 2b - 1$

08
$$x - 2y = (2a-2) - 2(b-1)$$
$$= 2a - 2 - 2b + 2$$
$$= 2a - 2b$$

09 $3x(x-1)$를 전개하면?

① $3x^2 - 1$ ② $3x^2 - 3x$

③ $3x^2 + 1$ ④ $3x^2 + 3x$

09
$$3x(x-1) = 3x \times x - 3x \times 1$$
$$= 3x^2 - 3x$$

10 다음은 식을 전개하는 과정이다. ☐ 안에 들어갈 알맞은 값은?

$$(2x+7)(3x-3) = (2 \times 3)x^2 + (21-6)x + 7 \times \boxed{}$$
$$= 6x^2 + 15x - 21$$

① -4 ② -3

③ -2 ④ -1

10
$$(a+b)(c+d) = ac + ad + bc + bd$$

11 $(3x-5)(x+4)-2(x-1)(x+5)$를 간단히 하였을 때, x에 대한 일차항의 계수는?

① -10 ② -1

③ 1 ④ 2

12 $(x+3)^2$을 전개하면?

① x^2+3 ② x^2+9

③ x^2+3x+3 ④ x^2+6x+9

13 $(a+3b)^2$의 전개식에서 ab의 계수를 구하면?

① 2 ② 3

③ 6 ④ 9

14 $(2x+5)(2x-5)$를 전개하면?

① $4x^2$ ② $4x^2-10$

③ $4x^2-25$ ④ $4x^2-20x-25$

15 연립방정식 $\begin{cases} x-2y=5 \\ x+2y=1 \end{cases}$을 풀면?

① $x=-3,\ y=-1$ ② $x=-3,\ y=1$

③ $x=3,\ y=-1$ ④ $x=3,\ y=1$

11

$(3x-5)(x+4)-2(x-1)(x+5)$
$=(3x^2+7x-20)-2(x^2+4x-5)$
$=3x^2+7x-20-2x^2-8x+10$
$=x^2-x-10$
따라서 x에 대한 일차항의 계수는 -1이다.

12

$(x+3)^2=x^2+2\times x\times 3+3^2$
$\qquad\quad=x^2+6x+9$

13

$(a+3b)^2=a^2+2\times a\times 3b+(3b)^2$
$\qquad\qquad=a^2+6ab+9b^2$
따라서 ab의 계수는 6이다.

14

$(2x+5)(2x-5)=(2x)^2-(5)^2$
$\qquad\qquad\qquad=4x^2-25$

15

$\begin{cases} x-2y=5 \ \cdots\ ㉠ \\ x+2y=1 \ \cdots\ ㉡ \end{cases}$
㉠ + ㉡을 하면 $2x=6$ $\quad\therefore\ x=3$
$x=3$을 ㉠에 대입하면
$3-2y=5$ $\quad\therefore\ y=-1$
따라서 구하는 해는 $x=3,\ y=-1$이다.

ANSWER

11. ② 12. ④ 13. ③ 14. ③ 15. ③

16 연립방정식 $\begin{cases} y = x+1 \\ 2x+y = 7 \end{cases}$ 을 풀면?

① $x=2,\ y=3$ ② $x=3,\ y=2$

③ $x=3,\ y=4$ ④ $x=4,\ y=3$

16

$\begin{cases} y = x+1 & \cdots\ \text{㉠} \\ 2x+y = 7 & \cdots\ \text{㉡} \end{cases}$

y를 소거하기 위해 ㉠을 ㉡에 대입하면
$2x+(x+1)=7 \quad \therefore\ x=2$
$x=2$를 ㉠에 대입하면
$y=2+1 \quad \therefore\ y=3$
따라서 구하는 해는 $x=2,\ y=3$이다.

17 $a>b$일 때, 다음 중 옳지 <u>않은</u> 것은?

① $a+2 > b+2$ ② $a-2 < b-2$

③ $a\times(-2) < b\times(-2)$ ④ $\dfrac{a}{2} > \dfrac{b}{2}$

18 일차부등식 $2x-3 \le 5$를 풀면?

① $x \ge 2$ ② $x \le 2$

③ $x \ge 4$ ④ $x \le 4$

18

$2x-3 \le 5$
$2x \le 8$
$\therefore\ x \le 4$

19 일차부등식 $4x-3 < 3x+2$를 풀면?

① $x > -1$ ② $x < -1$

③ $x > 5$ ④ $x < 5$

19

$4x-3 < 3x+2$
$4x-3x < 2+3$
$\therefore\ x < 5$

20 다항식 $-3xy+9y$를 인수분해하면?

① $-3y(x+3)$ ② $-3y(x-3)$

③ $-2y(x+3)$ ④ $-2y(x-3)$

20

$-3xy+9y = -3y(x-3)$

ANSWER
16. ① **17.** ② **18.** ④ **19.** ④ **20.** ②

21 $x^2 - 5x + 6$을 바르게 인수분해한 것은?

① $(x+2)(x+3)$ ② $(x-2)(x+3)$

③ $(x-3)(x-2)$ ④ $(x-6)(x-1)$

22 인수분해 공식 $a^2 - b^2 = (a+b)(a-b)$를 이용하여 $1^2 - 3^2 + 5^2 - 7^2$을 계산하면?

① -58 ② -32

③ 32 ④ 58

23 다음 중 이차방정식은?

① $(x-3)^2 = 8 + x^2$

② $5x - 1 = 3(x+1)$

③ $x^2 + 2x + 1 = 0$

④ $(x+2)(x-3) = x^2 - 3$

24 x의 값이 1, 2, 3, 4일 때, 이차방정식 $x^2 - x = 0$의 해는?

① $x = 1$ ② $x = 2$

③ $x = 3$ ④ $x = 4$

25 이차방정식 $x^2 + 2x - 8 = 0$을 풀면?

① $x = -4$ 또는 $x = 2$

② $x = -4$ 또는 $x = -2$

③ $x = -2$ 또는 $x = 4$

④ $x = 2$ 또는 $x = 4$

21

곱이 6인 두 정수는 -3과 -2, 2와 3 이다. 이 중에서 합이 -5인 두 정수는 -3과 -2이므로
$$x^2 - 5x + 6 = (x-3)(x-2)$$

22

$$1^2 - 3^2 + 5^2 - 7^2$$
$$= (1+3)(1-3) + (5+7)(5-7)$$
$$= 4 \times (-2) + 12 \times (-2)$$
$$= (-8) + (-24)$$
$$= -32$$

23

(x에 관한 이차식)$=0$인 꼴
① $-6x + 1 = 0 \rightarrow$ 일차방정식
② $2x - 4 = 0 \rightarrow$ 일차방정식
④ $-x - 3 = 0 \rightarrow$ 일차방정식

24

$$x^2 - x = 0$$
$$x(x-1) = 0$$
$$x = 0 \text{ 또는 } x = 1$$

25

$$x^2 + 2x - 8 = 0$$
$$(x+4)(x-2) = 0$$
$$\therefore x = -4 \text{ 또는 } x = 2$$

ANSWER

21. ③ 22. ② 23. ③ 24. ① 25. ①

26 이차방정식 $7x^2 - 28 = 0$을 풀면?

① $x = \pm\sqrt{2}$ ② $x = \pm 2$

③ $x = \pm 2\sqrt{2}$ ④ $x = \pm 4$

27 $x = 3$이 이차방정식 $x^2 - x + a = 0$의 한 해일 때, a의 값은?

① -6 ② -1

③ 1 ④ 6

28 x에 관한 이차방정식 $x^2 - 3x - 1 = 0$의 해는 $x = \dfrac{3 \pm \sqrt{\square}}{2}$ 이다. $\square$의 값은?

① 5 ② 8

③ 10 ④ 13

26

$$7x^2 - 28 = 0$$
$$7x^2 = 28$$
$$x^2 = 4$$
$$\therefore x = \pm 2$$

27

$x^2 - x + a = 0$에 $x = 3$을 대입하면
$$3^2 - 3 + a = 0$$
$$\therefore a = -6$$

28

이차방정식의 근의 공식에 $a = 1$, $b = -3$, $c = -1$을 대입하면,
$$x = \frac{-(-3) \pm \sqrt{(-3)^2 - 4 \times 1 \times (-1)}}{2 \times 1}$$
$$= \frac{3 \pm \sqrt{13}}{2}$$
$$\therefore \square = 13$$

ANSWER

26. ②   27. ①   28. ④

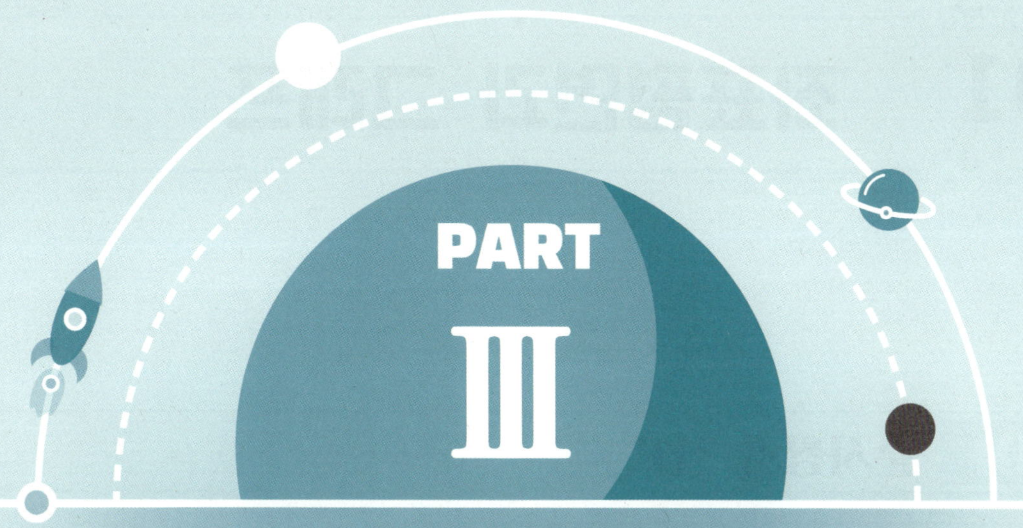

함 수

학습 point⁺

함수의 기초가 되는 좌표평면부터 이를 이용하여 그래프를 나타내는 방법, 그래프의 개형이 갖는 의미를 익히고 일차함수와 이차함수의 그래프의 모양을 배우게 됩니다. 특히, 각 함수마다 그래프 모양은 각기 다른 의미를 갖기 때문에 각 함수의 그래프의 모양과 함수식 꼴을 연결할 수 있어야 합니다. 또한 그래프가 갖는 최댓값, 최솟값, 축과의 교점 등 다양한 좌표가 함수식에서 어떻게 나타나는지를 파악하고, 이를 토대로 함수식을 그래프로 나타내는 법을 배웁니다.

01 좌표평면과 그래프

01 순서쌍과 좌표

1 수직선 위의 점

(1) 좌 표

수직선 위의 한 점에 대응하는 수를 좌표라 한다. 이때, 수직선에서 수 a가 점 P의 좌표일 때 기호로 P(a)와 같이 나타낸다.

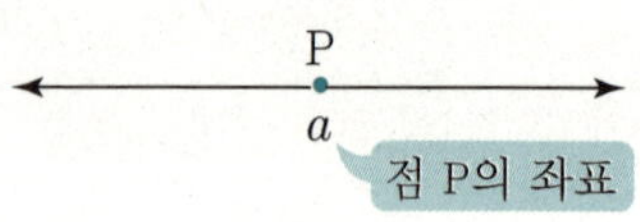

(2) 원점

좌표가 0인 점으로 기호로 O(0)와 같이 나타낸다.

2 좌표평면 위의 점

(1) 순서쌍

두 수나 문자의 순서를 정하여 짝을 지어 나타낸 것

> **잠깐!** 순서쌍은 두 수나 문자의 순서를 정하여 나타낸 것이므로 $(a,\ b) \neq (b,\ a)$이다.

① x축 : 가로의 수직선

② y축 : 세로의 수직선

③ 원점 : 두 좌표축이 만나는 점 O

④ 좌표평면 : 좌표축이 정해져 있는 평면

> **잠깐!** x축과 y축을 좌표축이라 한다.

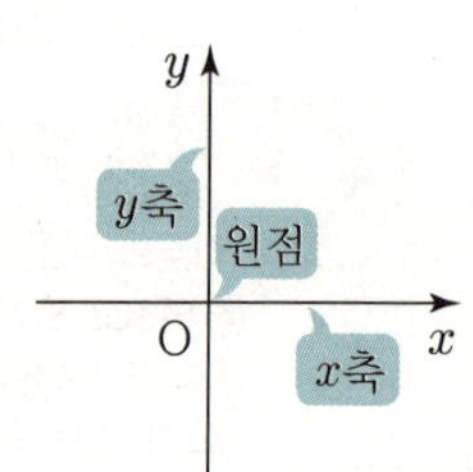

(2) 좌표평면 위의 점의 좌표

좌표평면 위의 한 점 P에서 x축, y축에 각각 수선을 긋고 이 수선이 x축, y축과 만나는 점에 대응하는 수를 각각 a, b 라 할 때, 순서쌍 (a, b)를 점 P의 좌표라 하고 기호로 $P(a, b)$와 같이 나타낸다.

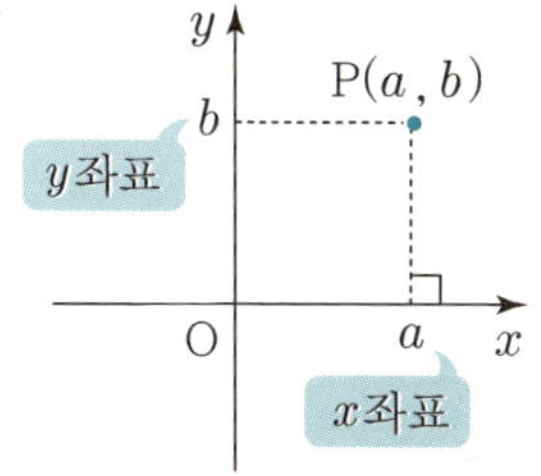

바로 바로 CHECK√

오른쪽 좌표평면에서 점 A, B, C, D의 좌표를 각각 말하여라.

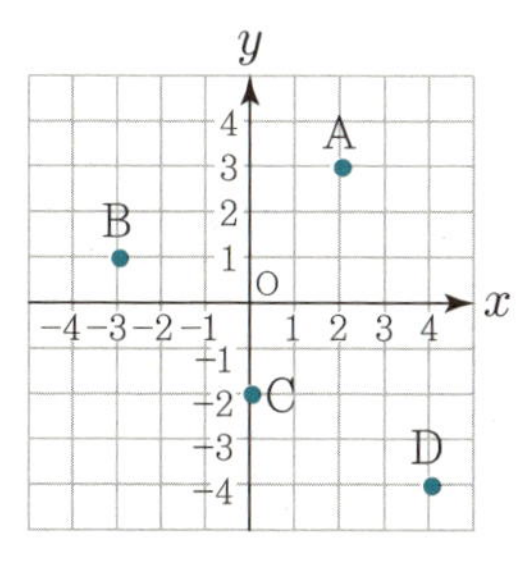

A$(2, 3)$, B$(-3, 1)$, C$(0, -2)$, D$(4, -4)$

---

3 사분면

(1) 좌표평면은 좌표축에 의하여 네 부분으로 나누어진다. 이때, 각 부분을 다음과 같이 제1사분면, 제2사분면, 제3사분면, 제4사분면이라 한다.

> **잠깐!** 좌표축 위의 점은 어느 사분면에도 속하지 않는다.

(2) 각 사분면 위의 점의 x, y좌표의 부호

① 제1사분면 : $x > 0$, $y > 0$

② 제2사분면 : $x < 0$, $y > 0$

③ 제3사분면 : $x < 0$, $y < 0$

④ 제4사분면 : $x > 0$, $y < 0$

다음 점은 각각 몇 사분면에 있는지 말하여라.

(1) $(1, -4)$

(2) $(-2, -5)$

(3) $(-7, 3)$

(4) $(4, 6)$

(1) 제4사분면 (2) 제3사분면
(3) 제2사분면 (4) 제1사분면

4 대칭인 점의 좌표

점 (a, b)에 대하여

(1) x축에 대하여 대칭인 점의 좌표 : y좌표의 부호만 바뀐다.

(2) y축에 대하여 대칭인 점의 좌표 : x좌표의 부호만 바뀐다.

(3) 원점에 대하여 대칭인 점의 좌표 : x좌표, y좌표의 부호가 모두 바뀐다.

점 $P(a, b)$가 제4사분면 위의 점일 때, 점 $Q(-a, -b)$는 몇 사분면 위의 점인가?

① 제1사분면 ② 제2사분면
③ 제3사분면 ④ 제4사분면

점 $P(a, b)$가 제4사분면 위의 점이므로 $a > 0, b < 0$이다.
따라서 $-a < 0, -b > 0$이므로 점 Q는 제2사분면위의 점이다.
또는 $P(a, b) \to Q(-a, -b)$는 원점에 대하여 대칭이므로 제2사분면위의 점이다.

 **답** ②

02 그래프와 그 해석

(1) 변수 : 여러 가지로 변하는 값

(2) 그래프 : 두 변수 x, y의 순서쌍 (x, y)를 좌표로 하는 점을 좌표평면 위에 모두 나타낸 것

03 정비례와 반비례

1 정비례

(1) **정비례** : 두 변수 x, y에 대하여 x의 값이 2배, 3배, 4배, …가 될 때, y의 값도 2배, 3배, 4배, …가 되는 관계

(2) **정비례 관계식** : $y = ax \, (a \neq 0)$

(3) **정비례의 성질**

y가 x에 정비례할 때, x의 값에 대한 y의 값의 비 $\dfrac{y}{x} \, (x \neq 0)$의 값은 항상 a로 일정하다.

즉, $y = ax \implies \dfrac{y}{x} = a$(일정)

(4) **정비례 관계의 그래프**

x의 값의 범위가 수 전체일 때, 정비례 관계 $y = ax \, (a \neq 0)$의 그래프는 원점을 지나는 직선이다.

	$a > 0$	$a < 0$
그래프		
지나는 사분면	제1사분면, 제3사분면	제2사분면, 제4사분면
그래프의 모양	오른쪽 위로 향하는 직선	오른쪽 아래로 향하는 직선
증가 또는 감소 상태	x의 값이 증가하면 y의 값도 증가한다.	x의 값이 증가하면 y의 값은 감소한다.

잠깐! a의 절댓값이 클수록 그래프는 y축에 가까워지고, a의 절댓값이 작을수록 그래프는 x축에 가까워진다.

2 반비례

(1) 반비례 : 두 변수 x, y에 대하여 x의 값이 2배, 3배, 4배, …가 될 때, y의 값은 $\dfrac{1}{2}$배, $\dfrac{1}{3}$배, $\dfrac{1}{4}$배, …가 되는 관계

(2) 반비례 관계식 : $y = \dfrac{a}{x}\,(a \neq 0)$

(3) 반비례의 성질

y가 x에 반비례할 때, xy의 값은 항상 a로 일정하다.

즉, $y = \dfrac{a}{x} \implies xy = a$(일정)

(4) 반비례 관계의 그래프

x의 값의 범위가 0을 제외한 수 전체일 때, 반비례 관계 $y = \dfrac{a}{x}\,(a \neq 0)$의 그래프는 좌표축에 가까워지면서 한없이 뻗어나가는 한 쌍의 매끄러운 곡선이다.

	$a > 0$	$a < 0$
그래프		
지나는 사분면	제1사분면, 제3사분면	제2사분면, 제4사분면
그래프의 모양	좌표축에 점점 가까워지면서 한없이 뻗어나가는 한 쌍의 곡선	

잠깐! a의 절댓값이 클수록 그래프는 원점에서 멀어진다.

3 정비례, 반비례 관계의 활용

(1) 정비례, 반비례 관계의 활용 문제 풀이 방법

① 변화하는 두 양을 x, y로 놓는다.

② 두 변수 x, y 사이의 관계식을 세운다.

    ㉠ y가 x에 정비례할 때 $\Rightarrow y = ax\,(a \neq 0)$

    ㉡ y가 x에 반비례할 때 $\Rightarrow y = \dfrac{a}{x}\,(a \neq 0)$

③ 관계식이나 그래프 등을 이용하여 문제에서 요구하는 값을 구한다.

④ 구한 값이 문제의 뜻에 맞는지 확인한다.

바로 바로 CHECK√

01 다음 물음에 답하여라.

(1) $y = ax$의 그래프가 점 $(2, 4)$와 $(-3, b)$를 지날 때, a, b의 값을 각각 구하여라.

(2) $y = \dfrac{a}{x}$의 그래프가 점 $(-1, 3)$과 점 $(b, 1)$을 지날 때, a, b의 값을 각각 구하여라.

02 다음 그림은 $y = \dfrac{3}{2}x$와 $y = \dfrac{a}{x}$의 그래프이다. 이 때, $a+b$의 값은?

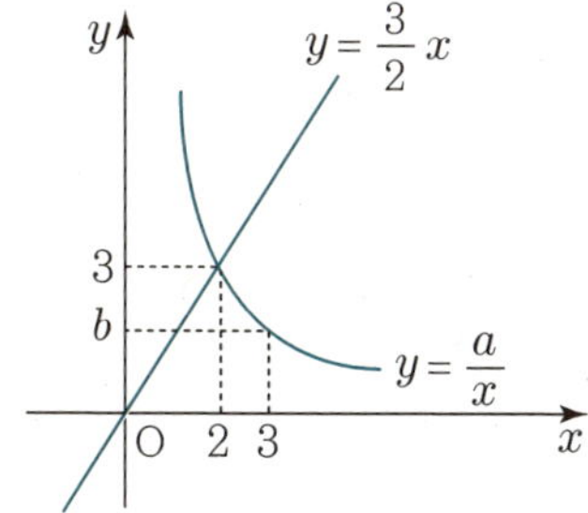

① -8 ② -4

③ 0 ④ 8

---

01 (1) 우선 점 $(2, 4)$를 지나므로 $y = ax$에 $x = 2$, $y = 4$를 대입하면 $4 = 2a$에서 $a = 2$이다.
또, 점 $(-3, b)$를 지나므로
$y = 2x$에 $x = -3$, $y = b$를 대입하면
$b = 2 \times (-3)$에서 $b = -6$이다.
따라서 $a = 2$, $b = -6$이다.

(2) 우선 점 $(-1, 3)$을 지나므로 $y = \dfrac{a}{x}$에

$x = -1$, $y = 3$을 대입하면

$3 = \dfrac{a}{-1}$에서 $a = -3$이다.

또, 점 $(b, 1)$을 지나므로 $y = \dfrac{-3}{x}$에 $x = b$,

$y = 1$을 대입하면 $1 = \dfrac{-3}{b}$에서 $b = -3$이다.
따라서 $a = -3$, $b = -3$이다.

02 $y = \dfrac{a}{x}$의 그래프가 점 $(2, 3)$을 지나므로 대입하

면 $a = 6$이고, 또, 점 $(3, b)$를 지나므로 대입하면
$b = 2$이다.
따라서 $a + b = 6 + 2 = 8$

답 ④

03 다음 그래프는 상희가 집에서 출발하여 $2000\,\text{m}$ 떨어진 공원까지 자전거를 타고 갈 때, 상희의 이동 시간 x분과 이동 거리 $y\,\text{m}$ 사이의 관계를 나타낸 것이다. 그래프를 보고 □ 안에 알맞은 수나 말을 써넣어라.

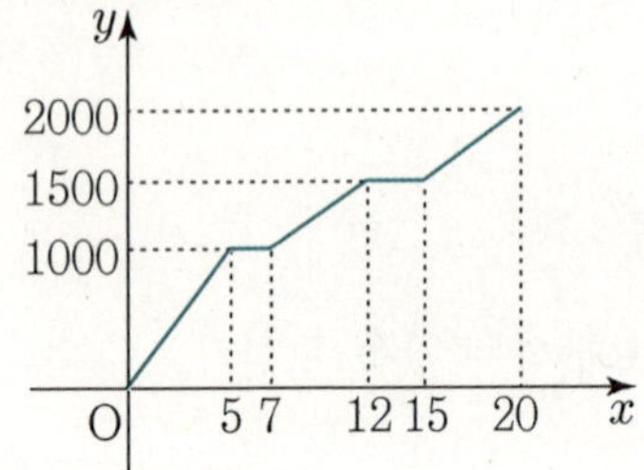

(1) 그래프에서 x축은 이동 시간을 나타내고, y축 은 □를 나타낸다.

(2) 상희가 집에서 출발하여 공원까지 가는 데 □번 멈춰 있었고, 멈춰 있었던 시간은 모두 □분이다.

(3) 상희가 집에서 출발하여 15분 동안 이동한 거리는 □ m이다.

(4) 상희가 집에서 출발하여 공원에 도착할 때까지 걸린 시간은 □분이다.

03 (1) 그래프에서 x축은 이동 시간을 나타내고, y축은 $\boxed{\text{이동거리}}$ 를 나타낸다.

(2) x축과 평행한 구간이 두 곳이므로 상희가 집에서 출발하여 공원까지 가는 데 $\boxed{2}$ 번 멈춰 있었고, 멈춰 있었던 시간은
$(7-5)+(15-12)=\boxed{5}\,\text{(분)}$이다.

(3) 상희가 집에서 출발하여 15분 동안 이동한 거리는 $\boxed{1500}\,\text{m}$이다.

(4) 상희가 집에서 출발하여 공원에 도착할 때까지 걸린 시간은 $\boxed{20}$분이다.

01 기출

$y = x + 3$에서 $x = 2$일 때, y의 값은?

① 4 ② 5
③ 6 ④ 7

02

다음 좌표평면 위에 있는 점 P의 좌표는?

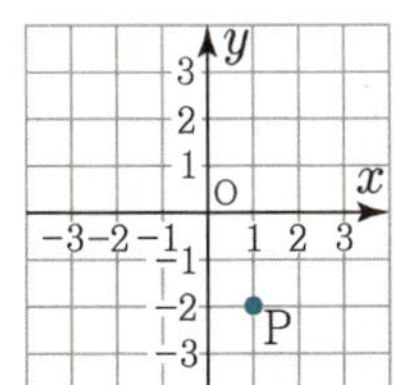

① $P(-2, 1)$ ② $P(-1, 2)$
③ $P(1, -2)$ ④ $P(2, -1)$

03 기출

순서쌍 $(1, 2)$를 좌표평면 위에 나타낸 점은?

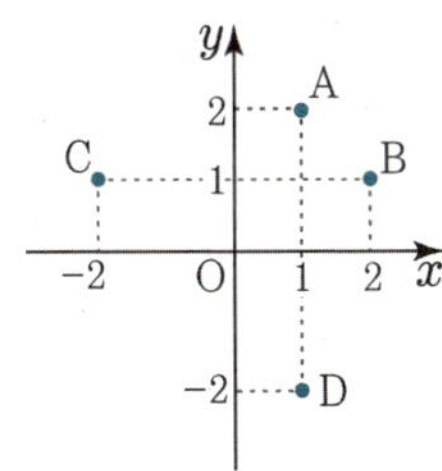

① A ② B
③ C ④ D

04

좌표평면에서 점 $(-5, -2)$의 위치는?

① 제1사분면 ② 제2사분면

③ 제3사분면 ④ 제4사분면

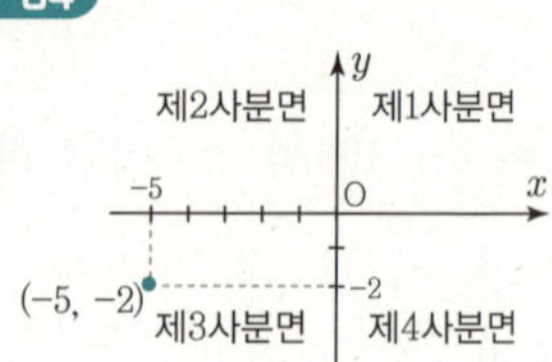

05

좌표평면에서 제4사분면에 있는 점의 좌표는?

① $(-3, -2)$ ② $(-1, 3)$

③ $(1, -2)$ ④ $(3, 2)$

06

점 $A(-a, b)$가 제4사분면 위의 점일 때, 점 $B(a, -b)$는 몇 사분면 위의 점인가?

① 제1사분면 ② 제2사분면

③ 제3사분면 ④ 제4사분면

점 $A(-a, b)$가 제4사분면 위의 점이므로 $-a > 0$, $b < 0$
따라서 $a < 0$, $-b > 0$이므로
점 $B(a, -b)$는 제2사분면 위의 점이다.

07

y가 x에 정비례하고 $x = 3$일 때, $y = 12$이다. $x = -2$일 때 y의 값을 구하면?

① -8 ② -6

③ -4 ④ -2

y가 x에 정비례하므로 $y = ax$에
$x = 3$, $y = 12$를 대입하면
$12 = 3a \Rightarrow a = 4$
$y = 4x$에 $x = -2$를 대입하면
$y = 4 \times (-2) = -8$

04. ③ 05. ③ 06. ② 07. ①

08 함수 $y = ax$의 그래프가 점 $(2, 4)$를 지날 때, a의 값은?

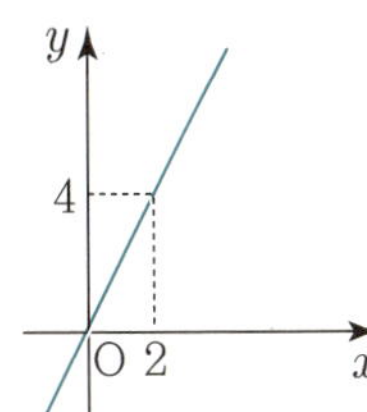

① -2
② -1
③ 1
④ 2

09 다음 그래프가 나타내는 함수의 식은?

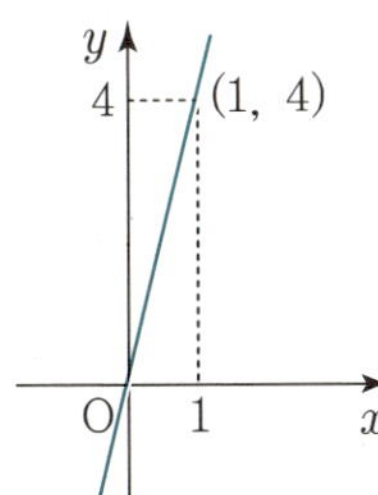

① $y = -4x$

② $y = -\dfrac{1}{4}x$

③ $y = \dfrac{1}{4}x$

④ $y = 4x$

10 함수 $y = \dfrac{1}{2}x$의 그래프가 두 점 $A(4, a)$, $B(b, -2)$를 지날 때, $a+b$의 값은?

① -2　　　　② -1
③ 0　　　　④ 1

11 y가 x에 반비례하고 $x = 4$일 때, $y = -2$이다. $x = 16$일 때, y의 값을 구하면?

① -8　　　　② $-\dfrac{1}{2}$

③ $\dfrac{1}{2}$　　　　④ 8

08

점 $(2, 4)$를 지나므로 $y = ax$에 $x = 2$, $y = 4$를 대입하면 $4 = 2a$
∴ $a = 2$

09

원점을 지나는 직선이므로 x, y 사이의 관계식은 $y = ax$이고, 점 $(1, 4)$를 지나므로 $y = ax$에 $x = 1$, $y = 4$를 대입하면 $a = 4$이다.
∴ $y = 4x$

10

점 $A(4, a)$를 지나므로 $y = \dfrac{1}{2}x$에 $x = 4$, $y = a$를 대입하면
$a = \dfrac{1}{2} \times 4 \Rightarrow a = 2$
또 점 $B(b, -2)$를 지나므로 $y = \dfrac{1}{2}x$에 $x = b$, $y = -2$를 대입하면
$-2 = \dfrac{b}{2} \Rightarrow b = -4$
∴ $a+b = 2 + (-4) = -2$

11

y가 x에 반비례하므로 $y = \dfrac{a}{x}$에 $x = 4$, $y = -2$를 대입하면
$-2 = \dfrac{a}{4} \Rightarrow a = -8$
$y = \dfrac{-8}{x}$에 $x = 16$을 대입하면
$y = \dfrac{-8}{16} = -\dfrac{1}{2}$

ANSWER
08. ④　09. ④　10. ①　11. ②

12 다음 중 $y = \dfrac{3}{x}$ 의 그래프 위에 있는 점은?

① $(3, -1)$ ② $(1, -3)$

③ $(2, 6)$ ④ $\left(6, \dfrac{1}{2}\right)$

13 다음 그림에서 점 P의 좌표는?

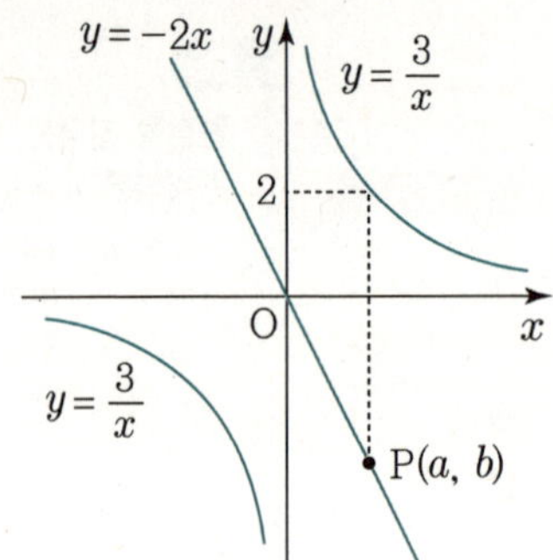

① $\left(2, \dfrac{3}{2}\right)$ ② $\left(\dfrac{3}{2}, -3\right)$

③ $\left(2, \dfrac{1}{2}\right)$ ④ $\left(\dfrac{3}{2}, -4\right)$

14 1초에 2장씩 인쇄되는 프린터가 있다. x초 동안 인쇄된 종이의 총 수를 y장이라고 할 때, x와 y 사이의 관계식은?

x(초)	1	2	3	4	⋯
y(장)	2	4	6	8	⋯

① $y = x$ ② $y = 2x$

③ $y = 3x$ ④ $y = 4x$

12

주어진 점을 $y = \dfrac{3}{x}$ 에 대입하여 성립하는 점을 찾는다.

④ $x = 6$일 때, $y = \dfrac{3}{6} = \dfrac{1}{2} \Rightarrow \left(6, \dfrac{1}{2}\right)$

① $x = 3$일 때, $y = \dfrac{3}{3} = 1 \Rightarrow (3, 1)$

② $x = 1$일 때, $y = \dfrac{3}{1} = 3 \Rightarrow (1, 3)$

③ $x = 2$일 때, $y = \dfrac{3}{2} \Rightarrow \left(2, \dfrac{3}{2}\right)$

13

$y = 2$를 $y = \dfrac{3}{x}$ 에 대입하면 $x = \dfrac{3}{2}$

이므로 $y = -2x$에 $x = \dfrac{3}{2}$ 을 대입하면

$y = -2 \times \dfrac{3}{2} = -3$

따라서 $a = \dfrac{3}{2}$, $b = -3$ 이므로 점 P의

좌표는 $P\left(\dfrac{3}{2}, -3\right)$

14

네 점 $(1, 2)$, $(2, 4)$, $(3, 6)$, $(4, 8)$을 지나는 직선이다. $y = ax$에 각각을 대입하면 $a = 2$

∴ $y = 2x$

ANSWER

12. ④   **13.** ②   **14.** ②

NOTE

02 일차함수

01 일차함수와 그 그래프

1 일차함수의 뜻

함수 $y=f(x)$에서 y가 x에 관한 일차식 $y=ax+b$ (a, b는 상수, $a \neq 0$)로 나타나는 함수

바로 바로 CHECK√

다음 중에서 일차함수인 것을 모두 찾아라.

(1) $y=3x$

(2) $y=3x+3(4-x)$

(3) $y=\dfrac{4}{x}$

(4) $y=2-3x$

(2) 주어진 식의 우변을 정리하면 $y=12$이므로 일차함수가 아니다.

(3) $\dfrac{4}{x}$가 x에 관한 일차식이 아니므로 일차함수가 아니다.

따라서 일차함수인 것은 (1), (4)이다.

---

2 일차함수의 그래프

(1) 일차함수의 그래프와 평행이동

① 평행이동 : 한 도형을 일정한 방향으로 일정한 거리만큼 이동하는 것

② 일차함수 $y=ax+b$의 그래프 : 일차함수 $y=ax$의 그래프를 y축의 방향으로 b만큼 평행이동한 직선

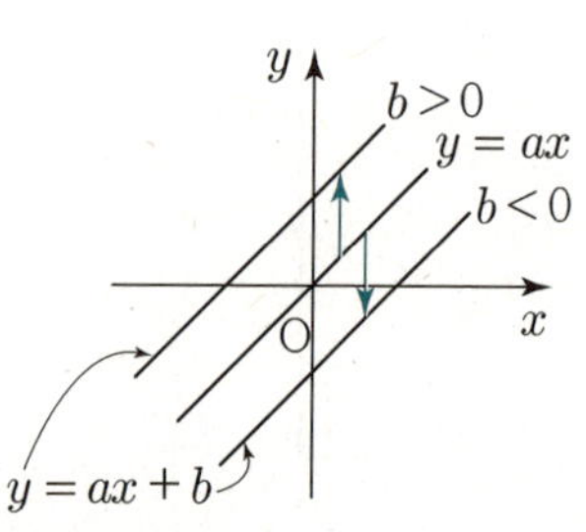

바로 바로 CHECK√

다음과 같이 평행이동한 일차함수의 그래프의 식을 구하여라.

(1) $y = -\dfrac{1}{2}x$의 그래프를 y축의 방향으로 -3만큼 평행이동

(2) $y = -3x$의 그래프를 y축의 방향으로 2만큼 평행이동

(1) $y = -\dfrac{1}{2}x - 3$

(2) $y = -3x + 2$

---

(2) 일차함수의 그래프의 x절편, y절편 중요⁺

① x절편 : 일차함수의 그래프가 x축과 만나는 점의 x좌표($y = 0$ 대입)

② y절편 : 일차함수의 그래프가 y축과 만나는 점의 y좌표($x = 0$ 대입)

③ 일차함수 $y = ax + b$의 그래프의 x절편, y절편

$$(x\,\text{절편}) = -\frac{b}{a}, \quad (y\,\text{절편}) = b$$

바로 바로 CHECK√

다음 일차함수의 그래프의 x절편과 y절편을 각각 구하여라.

(1) $y = x - 3$

(2) $y = -x + 2$

(1) 일차함수 $y = x - 3$에 $y = 0$을 대입하면 $x = 3$이므로 x절편은 3이다. 또한 $x = 0$을 대입하면 $y = -3$이므로 y절편은 -3이다.

(2) 일차함수 $y = -x + 2$에 $y = 0$을 대입하면 $x = 2$이므로 x절편은 2이다. 또한 $x = 0$을 대입하면 $y = 2$이므로 y절편은 2이다.

---

(3) 일차함수 $y = ax + b$의 그래프의 기울기

$$(\text{기울기}) = \frac{(y\text{의 값의 증가량})}{(x\text{의 값의 증가량})} = a$$

바로 바로 CHECK√

다음 일차함수의 그래프의 기울기를 구하여라.

(1) $y = 3x - 4$ (2) $y = \dfrac{2}{3}x + 5$

기울기는 x의 계수와 같다.

(1) 3   (2) $\dfrac{2}{3}$

---

(4) 일차함수 $y = ax + b$의 그래프의 성질

① a의 부호

㉠ $a > 0$일 때, x의 값이 증가하면 y의 값도 증가한다. → 오른쪽 위로 향하는 직선이다.

㉡ $a < 0$일 때, x의 값이 증가하면 y의 값은 감소한다. → 오른쪽 아래로 향하는 직선이다.

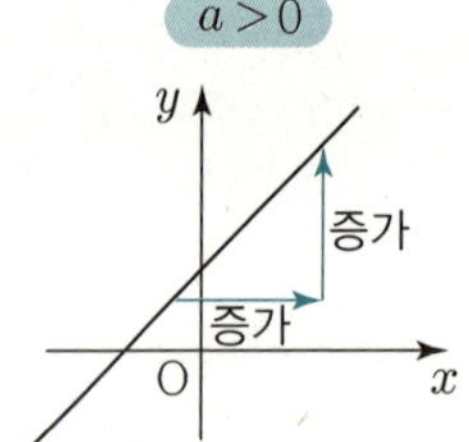

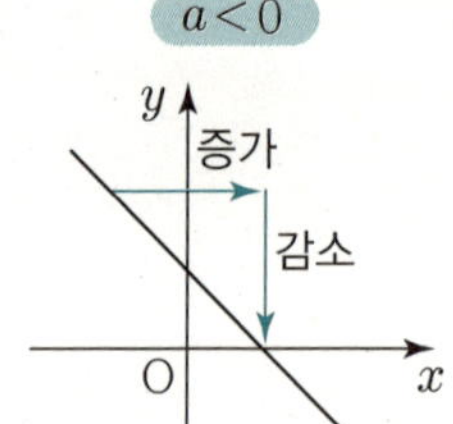

② b의 부호

㉠ $b > 0$일 때, y축과 양의 부분에서 만난다. → y절편이 양수

㉡ $b < 0$일 때, y축과 음의 부분에서 만난다. → y절편이 음수

(5) 일차함수의 그래프의 기울기와 평행

① 기울기가 같은 두 일차함수의 그래프는 서로 평행하거나 일치한다.

㉠ 기울기가 같고 y절편이 다르면 두 일차함수의 그래프는 서로 평행하다.

㉡ 기울기와 y절편이 같은 두 일차함수의 그래프는 서로 일치한다.

② 서로 평행한 두 일차함수의 그래프의 기울기는 같다.

바로 바로 CHECK√

다음 일차함수의 그래프 중 서로 평행한 것을 찾아라.

(1) $y = -4x + 9$

(2) $y = \dfrac{1}{2}x - 6$

(3) $y = \dfrac{1}{2}x + 3$

(4) $y = -4x - 1$

(1), (4)는 기울기가 -4로 같고 y절편이 각각 9, -1로 다르므로 서로 평행하다.

(2), (3)은 기울기가 $\dfrac{1}{2}$로 같고 y절편이 각각 -6, 3으로 다르므로 서로 평행하다.

따라서 서로 평행한 것은 (1)과 (4), (2)와 (3)이다.

02 일차함수와 일차방정식의 관계

1 일차함수와 일차방정식

미지수가 2개인 일차방정식 $ax + by + c = 0\,(a \neq 0,\ b \neq 0)$의 해를 나타내는 그래프는 일차함수 $y = -\dfrac{a}{b}x - \dfrac{c}{b}$의 그래프와 같다.

2 일차방정식 $x = m,\ y = n$의 그래프

(1) $x = m\,(m \neq 0)$의 그래프

점 $(m,\ 0)$을 지나고, y축에 평행한 직선이다.

→ x축에 수직이다.

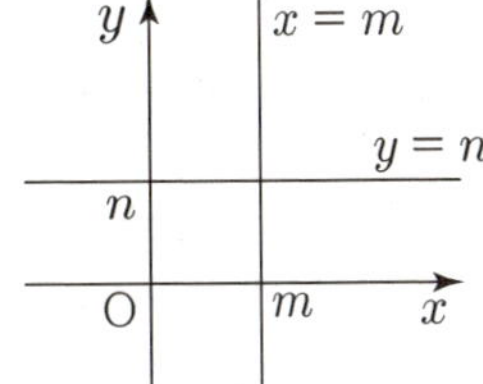

(2) $y = n\,(n \neq 0)$의 그래프

점 $(0,\ n)$을 지나고, x축에 평행한 직선이다.

→ y축에 수직이다.

3 직선의 방정식 중요*

(1) 직선의 방정식

미지수 x, y의 값의 범위가 수 전체일 때, 일차방정식 $ax+by+c=0$(a, b, c는 상수, $a \neq 0$ 또는 $b \neq 0$)의 해는 무수히 많고, 이것을 좌표평면 위에 나타내면 직선이 된다. 이때 일차방정식 $ax+by+c=0$을 직선의 방정식이라고 한다.

(2) 직선의 방정식 구하기

① 기울기와 y절편을 알 때 : 기울기가 a이고, y절편이 b인 직선의 방정식은 $y=ax+b$이다.

바로 바로 CHECK√

일차함수의 그래프가 다음과 같을 때, 그 일차함수의 식을 구하여라.

(1) 기울기가 $\dfrac{1}{3}$이고, y절편이 -1인 직선

(2) $y=2x+5$의 그래프와 평행하고 y절편이 -3인 직선

(1) $y=ax+b$에서 $a=\dfrac{1}{3}$, $b=-1$이므로 구하는 일차함수의 식은 $y=\dfrac{1}{3}x-1$이다.

(2) $y=2x+5$의 그래프와 평행하므로 기울기는 2이다.
$y=ax+b$에서 $a=2$, $b=-3$이므로 구하는 일차함수의 식은 $y=2x-3$이다.

---

② 기울기와 직선 위의 한 점의 좌표를 알 때 : 구하는 직선의 방정식을 $y=ax+b$라 하고, 직선이 지나는 한 점의 좌표를 이 식에 대입하여 b의 값을 구한다.

바로 바로 CHECK√

일차함수의 그래프가 다음과 같을 때, 그 일차함수의 식을 구하여라.

(1) 기울기가 2이고, 점 $(1, 3)$을 지나는 직선

(2) $y=3x+6$의 그래프와 평행하고, 점 $(1, 5)$를 지나는 직선

(1) 기울기가 2이므로 $y=2x+b$에 $x=1$, $y=3$을 대입하면 $3=2\times1+b \Rightarrow b=1$
따라서 구하는 일차함수의 식은 $y=2x+1$이다.

(2) $y=3x+6$의 그래프와 평행하므로 구하는 직선의 기울기는 3이다.
$y=3x+b$에 $x=1$, $y=5$를 대입하면
$5=3\times1+b \Rightarrow b=2$
따라서 구하는 일차함수의 식은 $y=3x+2$이다.

---

③ 직선 위의 서로 다른 두 점의 좌표를 알 때

[방법1] 다른 두 점의 좌표가 주어지면 먼저 $\dfrac{(y\text{의 값의 증가량})}{(x\text{의 값의 증가량})}$ 으로 기울기 a를 구한 후

한 점의 좌표를 $y=ax+b$에 대입하여 b의 값을 구한다.

[방법2] 두 점의 좌표를 $y=ax+b$에 각각 대입한 후, 두 방정식을 연립하여 a, b의 값을 구한다.

④ x절편과 y절편을 알 때

[방법1] 두 점 $(a,\ 0)$, $(0,\ b)$를 지나는 직선의 기울기는 $-\dfrac{b}{a}$이므로 x절편이 a, y절편이 b인 직선의 방정식은 $y=-\dfrac{b}{a}x+b$이다.

[방법2] x절편이 a, y절편의 b인 직선의 방정식은 $\dfrac{x}{a}+\dfrac{y}{b}=1$이다.

바로 바로 CHECK√

01 일차함수의 그래프가 다음과 같을 때, 그 일차함수의 식을 구하여라.

(1) 두 점 $(4,\ -1)$, $(2,\ 3)$을 지나는 직선

(2) 두 점 $(-1,\ 2)$, $(-3,\ 10)$을 지나는 직선

01 (1) $(\text{기울기})=\dfrac{3-(-1)}{2-4}=\dfrac{4}{-2}=-2$이므로

$y=-2x+b$에 $x=4$, $y=-1$을 대입하면
$-1=-2\times4+b$ $\therefore b=7$
따라서 구하는 일차함수의 식은 $y=-2x+7$이다.

(2) $(\text{기울기})=\dfrac{10-2}{-3-(-1)}=\dfrac{8}{-2}=-4$이므로

$y=-4x+b$에 $x=-1$, $y=2$를 대입하면
$2=(-4)\times(-1)+b$ $\therefore b=-2$
따라서 구하는 일차함수의 식은 $y=-4x-2$이다.

02 일차함수의 그래프가 다음과 같을 때, 그 일차함수의 식을 구하여라.

(1) x절편이 2, y절편이 3인 직선

(2) x절편이 -4, y절편이 -2인 직선

02 (1) 일차함수의 그래프가 두 점 $(2,\,0)$, $(0,\,3)$을 지나므로 (기울기) $= \dfrac{3-0}{0-2} = -\dfrac{3}{2}$ 이고 y절편이 3이므로 구하는 일차함수의 식은 $y = -\dfrac{3}{2}x + 3$ 이다.

(2) 일차함수의 그래프가 두 점 $(-4,\,0)$, $(0,\,-2)$를 지나므로 (기울기) $= \dfrac{-2-0}{0-(-4)} = \dfrac{-2}{4} = -\dfrac{1}{2}$ 이고 y절편이 -2이므로 구하는 일차함수의 식은 $y = -\dfrac{1}{2}x - 2$ 이다.

4 연립일차방정식의 해와 그래프

(1) 연립일차방정식 $\begin{cases} ax+by+c=0 \\ a'x+b'y+c'=0 \end{cases}$ 의 해는 두 일차방정식 $ax+by+c=0$, $a'x+b'y+c'=0$의 그래프의 교점의 좌표와 같다.

(2) 연립일차방정식의 해의 개수와 그래프의 위치 관계

두 일차방정식의 그래프	$\begin{cases} y=mx+n \\ y=m'x+n' \end{cases}$	$\begin{cases} ax+by+c=0 \\ a'x+b'y+c'=0 \end{cases}$
한 점에서 만나면 연립방정식의 해는 한 개이다.	$m \neq m'$	$\dfrac{a}{a'} \neq \dfrac{b}{b'}$
평행하면 연립방정식의 해는 없다.	$m = m'$ 이고 $n \neq n'$	$\dfrac{a}{a'} = \dfrac{b}{b'} \neq \dfrac{c}{c'}$
일치하면 연립방정식의 해는 무수히 많다.	$m = m'$ 이고 $n = n'$	$\dfrac{a}{a'} = \dfrac{b}{b'} = \dfrac{c}{c'}$

01 다음 중 일차함수인 것은?

① $y=7$ ② $y=x(x-1)$

③ $y=3(1-x)$ ④ $y=\dfrac{3}{x}-1$

01

① 상수만 있으므로 일차함수가 아니다.
② $y=x^2-x$이므로 일차함수가 아니다.
③ $\dfrac{3}{x}$이 x에 대한 일차식이 아니므로
일차함수가 아니다.

02 그림에서 ㉠의 그래프는 일차함수 $y=x$의 그래프를 y축의 방향으로 ▢만큼 평행이동시킨 것이다. ▢ 안에 알맞은 것은?

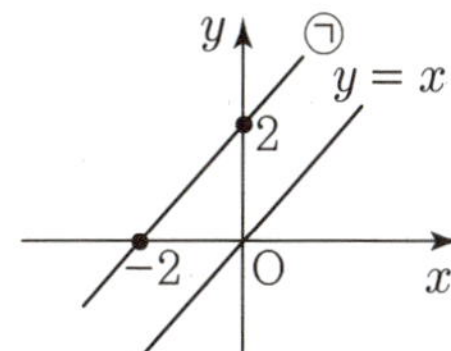

① -2
② -1
③ 1
④ 2

03 기출 일차함수 $y=x+2$의 그래프의 x절편은?

① -2 ② -1
③ 1 ④ 2

03

x절편은 $y=0$일 때, x의 값이므로
$y=0$을 식에 대입하면
$0=x+2$ $\therefore x=-2$

04 기출 일차함수 $y=-2x+b$의 그래프가 다음과 같을 때, b의 값은?

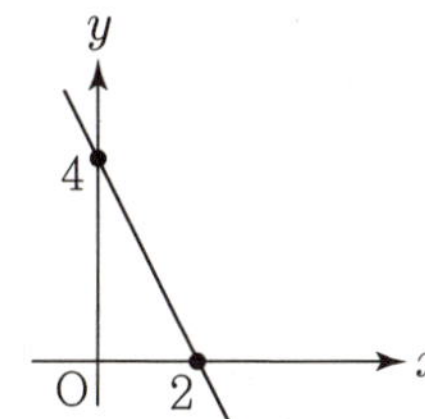

① -4
② -2
③ 2
④ 4

04

일차함수 $y=-2x+b$에서 b는 y절편을 의미한다.
y축과 만나는 점의 y좌표가 y절편이 되므로 $b=4$이다.

05 일차함수 $y = x - 2$의 그래프는?

① 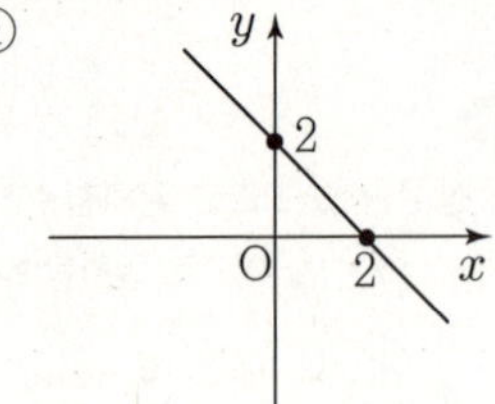

② 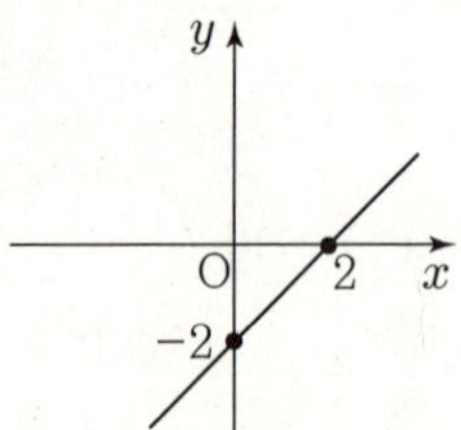

③ 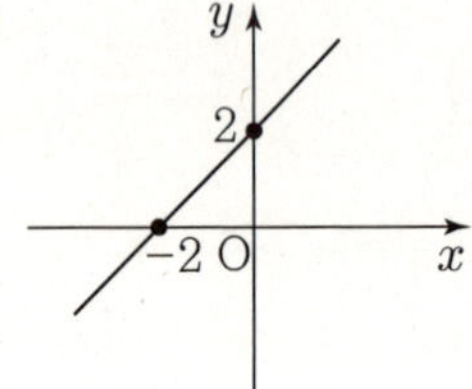

④ 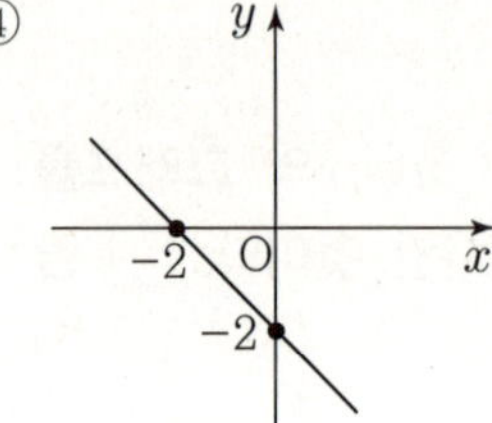

06 그림은 일차함수 $y = ax + b$의 그래프이다. a, b의 부호를 옳게 나타낸 것은?

① $a > 0$, $b > 0$

② $a > 0$, $b < 0$

③ $a < 0$, $b > 0$

④ $a < 0$, $b < 0$

07 기출

일차함수 $y = 3x - 2$의 그래프와 평행한 것은?

① $y = -3x$

② $y = -\dfrac{1}{3}x$

③ $y = \dfrac{1}{3}x$

④ $y = 3x$

05

일차함수 $y = x - 2$의 그래프의 기울기가 양수이므로 오른쪽 위로 향하는 직선이며, y절편은 -2이다.

06

$y = ax + b$에서 a는 기울기, b는 y절편이다.
오른쪽 위로 향하는 직선이므로 $a > 0$, y절편 $b > 0$

07

두 그래프가 평행하려면 기울기가 같아야 한다.

08 **기출** 그래프의 기울기가 $\dfrac{1}{2}$이고, y절편이 -3인 일차함수의 식은?

① $y=-3x-\dfrac{1}{2}$　　　② $y=-3x+\dfrac{1}{2}$

③ $y=\dfrac{1}{2}x-3$　　　④ $y=\dfrac{1}{2}x+3$

08

$y=ax+b$에서 $a=\dfrac{1}{2}$, $b=-3$이므로 구하는 일차함수의 식은

$y=\dfrac{1}{2}x-3$

09 **기출** 기울기가 2이고, 점 $(3,\,2)$를 지나는 일차함수의 식을 구하면?

① $y=2x+3$　　　② $y=2x-3$

③ $y=2x+4$　　　④ $y=2x-4$

09

기울기가 2이므로 $y=2x+b$에 $x=3$, $y=2$를 대입하면

$2=2\times3+b \Rightarrow b=-4$

$\therefore\ y=2x-4$

10 그림은 일차함수 $y=x-2$의 그래프이다. 이 그래프가 점 $(5,\,a)$를 지날 때, a의 값은?

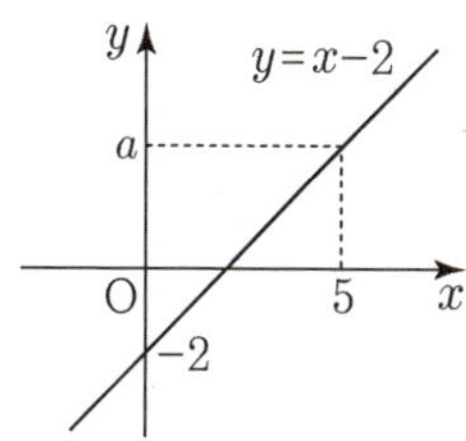

① 2

② 3

③ 4

④ 5

10

함수 $y=x-2$의 그래프가 점 $(5,\,a)$를 지나므로 $x=5$, $y=a$를 대입하면

$a=5-2=3$

11 그림과 같은 일차함수의 그래프에서 기울기를 구하면?

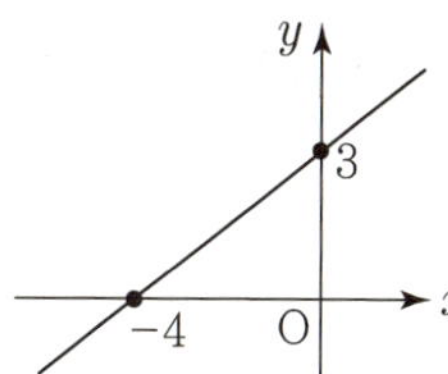

① $-\dfrac{4}{3}$　　　② $-\dfrac{3}{4}$

③ $\dfrac{3}{4}$　　　④ $\dfrac{4}{3}$

11

두 점 $(-4,\,0)$, $(0,\,3)$을 지나므로

$(\text{기울기})=\dfrac{3-0}{0-(-4)}=\dfrac{3}{4}$

12 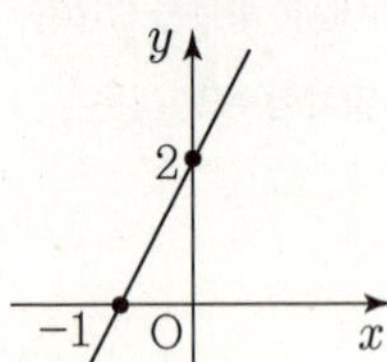
그림은 일차함수 $y=ax+b$의 그래프이다. 이때, $a+b$의 값을 구하면?

① 1
② 2
③ 3
④ 4

12
두 점 $(-1, 0)$, $(0, 2)$를 지나므로
$a=(기울기)=\dfrac{2-0}{0-(-1)}=2$
$b=(y절편)=2$
$\therefore\ a+b=4$

13 두 점 $(3, -2)$, $(6, 1)$을 지나는 직선의 방정식은?

① $y=x+3$
② $y=x-5$
③ $y=3x+3$
④ $y=3x-5$

13
$(기울기)=\dfrac{1-(-2)}{6-3}=\dfrac{3}{3}=1$이므로
$y=x+b$에 $x=3$, $y=-2$를 대입하면 $-2=3+b \Rightarrow b=-5$
$\therefore\ y=x-5$

14 다음 연립방정식의 해의 개수를 구하여라.

(1) $\begin{cases} 3x+y=5 \\ 6x+2y=12 \end{cases}$

(2) $\begin{cases} 2x+3y=1 \\ 4x+6y=2 \end{cases}$

14
(1) 주어진 방정식을 각각 y에 관해 풀면
$\begin{cases} y=-3x+5 \\ y=-3x+6 \end{cases}$
이므로 두 직선은 평행하다.
따라서 연립방정식의 해는 없다.
(2) 주어진 방정식을 각각 y에 관해 풀면
$\begin{cases} y=-\dfrac{2}{3}x+\dfrac{1}{3} \\ y=-\dfrac{2}{3}x+\dfrac{1}{3} \end{cases}$
이므로 두 직선은 일치한다.
따라서 연립방정식의 해는 무수히 많다.

ANSWER
12. ④   13. ②
14. (1) 해가 없다. (2) 해가 무수히 많다.

03 이차함수

01 이차함수와 그 그래프

1 이차함수의 뜻

함수 $y=f(x)$에서 y가 x에 관한 이차식 $y=ax^2+bx+c(a, b, c$는 상수, $a \neq 0)$로 나타나는 함수

바로 바로 CHECK√

이차함수 $f(x)=x^2+4x$에서 다음 함숫값을 구하여라.
 	
(1) $f(-2)$ (2) $f(3)$
	(1) $f(x)=x^2+4x$에 $x=-2$를 대입하면
	   $f(-2)=(-2)^2+4\times(-2)=-4$
	
	(2) $f(x)=x^2+4x$에 $x=3$을 대입하면
	   $f(3)=3^2+4\times3=21$

---

2 이차함수 $y=ax^2$의 그래프 중요$^+$

(1) 이차함수 $y=x^2$의 그래프

① 원점을 지나고, 아래로 볼록한 곡선이다.

② y축에 대하여 대칭이다.

③ $x<0$일 때, x의 값이 증가하면 y의 값은 감소하고,
$x>0$일 때, x의 값이 증가하면 y의 값도 증가한다.

④ $y=-x^2$의 그래프와 x축에 대하여 대칭이다.

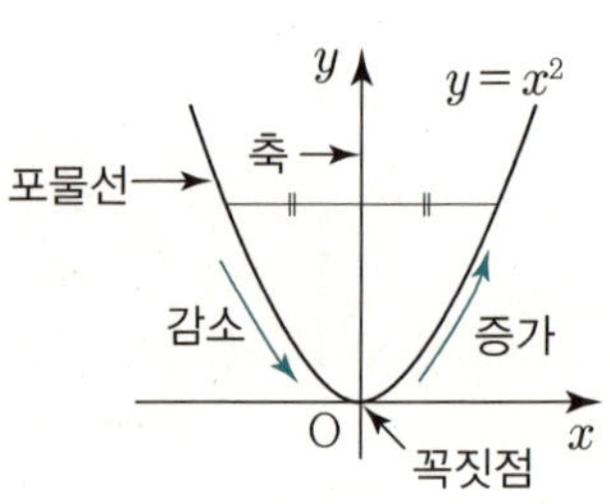

(2) 이차함수 $y=ax^2$의 그래프

① 원점을 꼭짓점으로 하고, y축을 축으로 하는 포물선
이다.

② $a>0$이면 아래로 볼록하고, $a<0$이면 위로 볼록
하다.

③ a의 절댓값이 클수록 그래프의 폭이 좁아진다.

> **잠깐!** 오른쪽 그림에서 이차함수 ㉠, ㉡, ㉢, ㉣의 x^2의 계
> 수는 크기는 '㉣ $<-1<$ ㉢ $<0<$ ㉠ $<1<$ ㉡'
> 이다.

④ $y=-ax^2$의 그래프와 x축에 대하여 대칭이다.

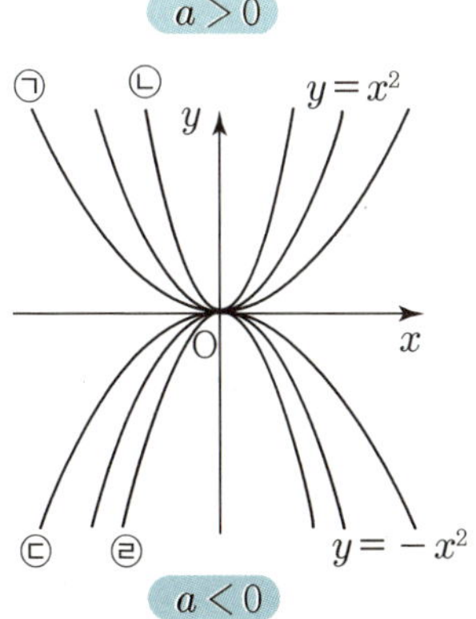

바로 바로 CHECK√

다음 함수 중 그래프의 폭이 넓은 것부터 차례로 구하여라.

(1) $y=x^2$

(2) $y=\dfrac{1}{2}x^2$

(3) $y=-4x^2$

(4) $y=-\dfrac{1}{3}x^2$

$|a|$가 클수록 그래프의 폭이 좁아진다.

(1) $|1|=1$　　(2) $\left|\dfrac{1}{2}\right|=\dfrac{1}{2}$

(3) $|-4|=4$　　(4) $\left|-\dfrac{1}{3}\right|=\dfrac{1}{3}$

따라서 폭이 넓은 것부터 차례로 적으면
(4), (2), (1), (3)이다.

---

3 이차함수 $y=a(x-p)^2+q$의 그래프 　중요⁺

(1) 이차함수 $y=ax^2+q$의 그래프

① 이차함수 $y=ax^2$의 그래프를 y축의 방향으로 q만큼 평행
이동한 것이다.

② 꼭짓점의 좌표 : $(0,\ q)$

③ 축의 방정식 : $x=0\,(y$축$)$

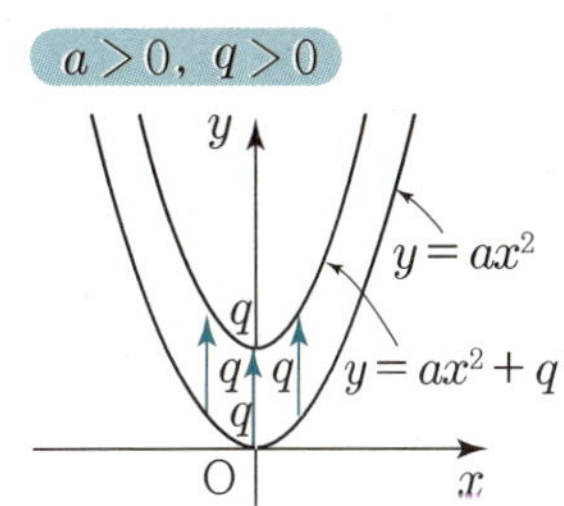

바로 바로 CHECK√

다음 이차함수의 그래프는 $y = 2x^2$의 그래프를 y축 방향으로 얼마만큼 평행이동한 것인지 말하여라.

(1) $y = 2x^2 + 3$

(2) $y = 2x^2 - 5$

(1) 이차함수 $y = 2x^2 + 3$의 그래프는 이차함수 $y = 2x^2$의 그래프를 y축의 방향으로 3만큼 평행이동한 것이다.

(2) 이차함수 $y = 2x^2 - 5$의 그래프는 이차함수 $y = 2x^2$의 그래프를 y축의 방향으로 -5만큼 평행이동한 것이다.

(2) 이차함수 $y = a(x-p)^2$의 그래프

① 이차함수 $y = ax^2$의 그래프를 x축의 방향으로 p만큼 평행이동한 것이다.

② 꼭짓점의 좌표 : $(p, \ 0)$

③ 축의 방정식 : $x = p$

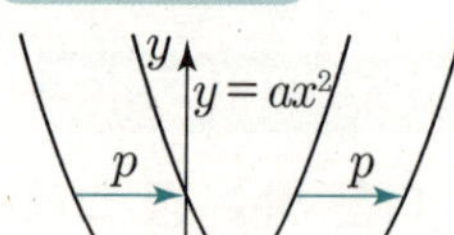

바로 바로 CHECK√

이차함수 $y = -2(x-3)^2$의 그래프에 대하여 다음을 구하여라.

(1) 꼭짓점의 좌표　　　(2) 축의 방정식

(1) $(3, \ 0)$

(2) $x = 3$

(3) 이차함수 $y = a(x-p)^2 + q$의 그래프

① 이차함수 $y = ax^2$의 그래프를 x축의 방향으로 p만큼, y축의 방향으로 q만큼 평행이동한 것이다.

② 꼭짓점의 좌표 : $(p, \ q)$

③ 축의 방정식 : $x = p$

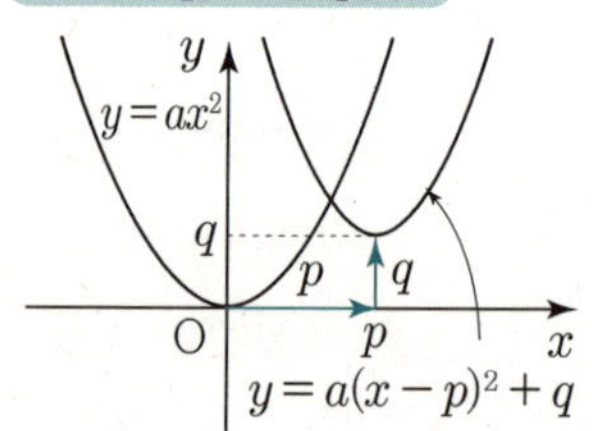

바로 바로 CHECK√

다음 이차함수의 그래프를 x축과 y축의 방향으로 각각 [   ] 안의 값만큼 평행이동한 그래프의 식을 구하여라.

(1) $y = 3x^2$ $[2, -1]$

(2) $y = -\dfrac{1}{5}x^2$ $[-3, 1]$

(1) x 대신 $x-2$, y 대신 $y+1$을 대입하면
$$y = 3(x-2)^2 - 1$$

(2) x 대신 $x+3$, y 대신 $y-1$을 대입하면
$$y = -\dfrac{1}{5}(x+3)^2 + 1$$

---

02 이차함수 $y = ax^2 + bx + c$ 의 그래프

1 이차함수 $y = ax^2 + bx + c$의 그래프

① $y = a(x-p)^2 + q$의 꼴로 고쳐서 그린 그래프와 같다.

$$y = ax^2 + bx + c \;\Rightarrow\; y = a\left(x + \dfrac{b}{2a}\right)^2 - \dfrac{b^2 - 4ac}{4a}$$

② 꼭짓점의 좌표 : $\left(-\dfrac{b}{2a}, \; -\dfrac{b^2 - 4ac}{4a}\right)$

잠깐! $f\left(-\dfrac{b}{2a}\right) = -\dfrac{b^2 - 4ac}{4a}$

③ 축의 방정식 : $x = -\dfrac{b}{2a}$

④ y축과의 교점의 좌표 : $(0, \; c)$

$y = x^2 - 6x - 3$을 $y = a(x-p)^2 + q$의 꼴로 고치고 다음을 구하여라. (1) 꼭짓점의 좌표 (2) 축의 방정식	$y = x^2 - 6x - 3$ $\quad = x^2 - 6x + 3^2 - 3^2 - 3$ $\quad = (x-3)^2 - 12$ (1) $(3, -12)$ (2) $x = 3$

2 이차함수 $y = ax^2 + bx + c$의 그래프에서 a, b, c의 부호

(1) a의 부호

① 아래로 볼록 ➜ $a > 0$

② 위로 볼록 ➜ $a < 0$

(2) b의 부호

① 축이 y축의 왼쪽에 위치 ➜ a, b는 같은 부호$(ab > 0)$

② 축이 y축과 일치 ➜ $b = 0$

③ 축이 y축의 오른쪽에 위치 ➜ a, b는 다른 부호$(ab < 0)$

(3) c의 부호

① y축과의 교점이 원점의 위쪽에 위치 ➜ $c > 0$

② y축과의 교점이 원점과 일치 ➜ $c = 0$

③ y축과의 교점이 원점의 아래쪽에 위치 ➜ $c < 0$

바로 바로 CHECK√

이차함수 $y = ax^2 + bx + c$의 그래프가 오른쪽 그림과 같을 때, a, b, c의 부호를 구하여라.

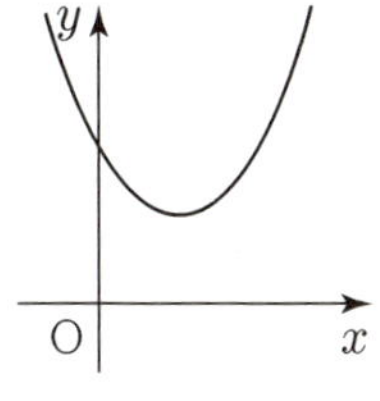

그래프가 아래로 볼록이므로 $a > 0$
축이 y축의 오른쪽에 위치하므로 $ab < 0$이다.
따라서 $b < 0$
y축과의 교점이 원점의 위쪽에 위치하므로
$c > 0$
$\therefore \ a > 0, \ b < 0, \ c > 0$

03 이차함수의 활용

1 이차함수의 식 구하기

(1) 꼭짓점 $(p, \ q)$와 그래프 위의 다른 한 점을 알 때

① 이차함수의 식을 $y = a(x - p)^2 + q$로 놓는다.
② 한 점의 좌표를 대입하여 a의 값을 구한다.

(2) 축의 방정식 $x = p$와 그래프 위의 두 점을 알 때

① 이차함수의 식을 $y = a(x - p)^2 + q$로 놓는다.
② 두 점의 좌표를 각각 대입하여 a, q의 값을 구한다.

(3) 그래프 위의 서로 다른 세 점을 알 때

① 이차함수의 식을 $y = ax^2 + bx + c$로 놓는다.
② 세 점의 좌표를 각각 대입하여 a, b, c의 값을 구한다.

(4) x축과의 교점 $(m, \ 0)$, $(n, \ 0)$과 그래프 위의 다른 한 점을 알 때

① 이차함수의 식을 $y = a(x - m)(x - n)$으로 놓는다.
② 한 점의 좌표를 대입하여 a의 값을 구한다.

바로 바로 CHECK√

꼭짓점의 좌표가 $(2, 4)$이고, 점 $(4, 0)$을 지나는 이차함수의 식을 구하여라.	꼭짓점의 좌표가 $(2, 4)$이므로 구하는 이차함수는 $y = a(x-2)^2 + 4$가 된다. 점 $(4, 0)$을 지나므로 구하고자 하는 이차함수식에 $x = 4$, $y = 0$을 대입하면 $0 = a \times 2^2 + 4 \Rightarrow a = -1$ 따라서 $y = -(x-2)^2 + 4 = -x^2 + 4x$ $\therefore\ y = -x^2 + 4x$

2 이차함수의 최댓값과 최솟값

(1) 최댓값과 최솟값

① 최댓값 : 어떤 함수의 함숫값 중에서 가장 큰 값

② 최솟값 : 어떤 함수의 함숫값 중에서 가장 작은 값

(2) 이차함수 $y = ax^2 + bx + c$의 최댓값과 최솟값

이차함수 $y = ax^2 + bx + c$를 $y = a(x-p)^2 + q$의 꼴로 고쳤을 때,

① $a > 0$이면 $x = p$에서 최솟값은 q이고 최댓값은 없다.

② $a < 0$이면 $x = p$에서 최댓값은 q이고 최솟값은 없다.

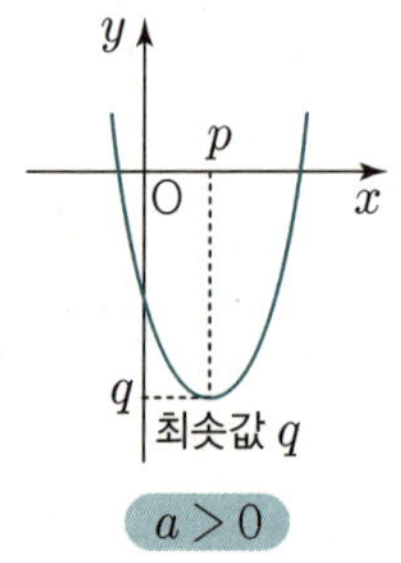

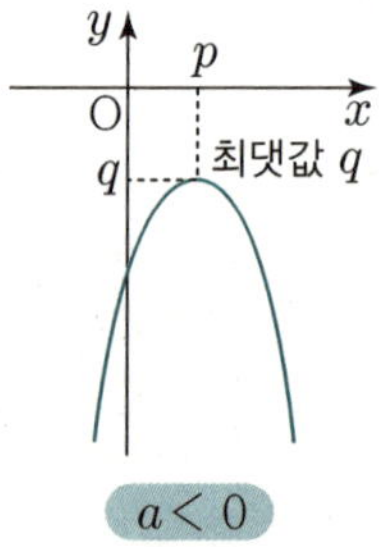

바로 바로 CHECK√

다음 이차함수의 최댓값과 최솟값을 각각 구하고, 그 때의 x의 값을 구하여라.

(1) $y = 2x^2 - 4x + 1$

(2) $y = -3x^2 - 12x - 13$

(1) $y = 2x^2 - 4x + 1 = 2(x^2 - 2x) + 1$
$\quad = 2(x^2 - 2x + 1^2 - 1^2) + 1$
$\quad = 2(x-1)^2 - 1$

점 $(1, -1)$을 꼭짓점으로 하는 아래로 볼록한 포물선이다. 따라서 $x = 1$일 때, 최솟값은 -1이고 최댓값은 없다.

(2) $y = -3x^2 - 12x - 13$
$\quad = -3(x^2 + 4x) - 13$
$\quad = -3(x^2 + 4x + 2^2 - 2^2) - 13$
$\quad = -3(x+2)^2 - 1$

점 $(-2, -1)$을 꼭짓점으로 하는 위로 볼록한 포물선이다.
따라서 $x = -2$일 때, 최댓값은 -1이고 최솟값은 없다.

01 다음 중 이차함수인 것은?

① $y = 2x - 1$
② $y = -x(x-1)$
③ $y = (x+1)^2 - x^2$
④ $y = x^2 - (2 + x^2)$

01

② $y = -x^2 + x$
③ $y = 2x + 1$
④ $y = -2$

02 [기출] 다음 중 이차함수 $y = x^2 - 2$의 그래프로 알맞은 것은?

① 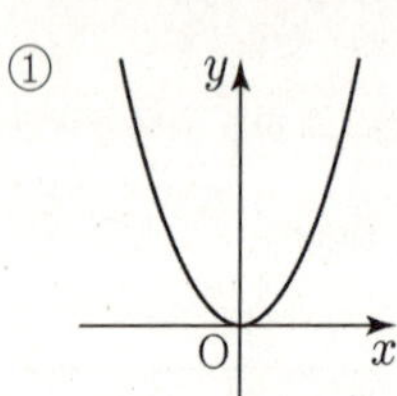
② 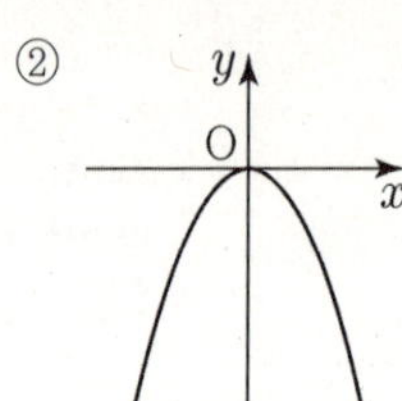
③ 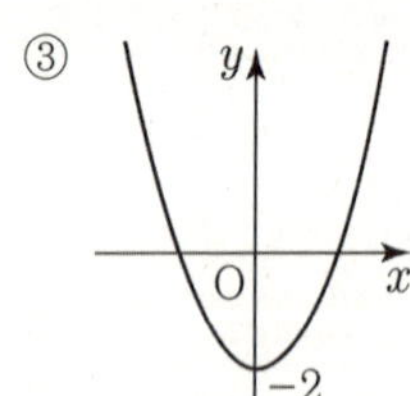
④ 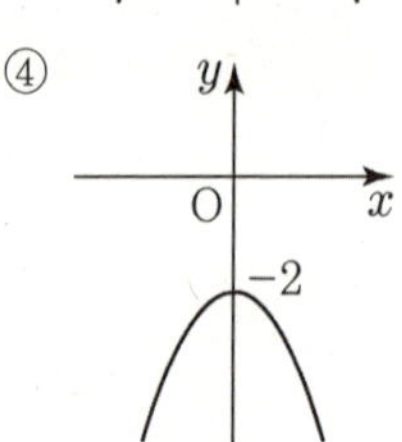

02

이차함수 $y = x^2 - 2$의 그래프는 아래로 볼록하고 점 $(0, -2)$를 지난다.

03 이차함수 $f(x) = 2x^2 - 3x - 1$에서 $f(a) = 1$일 때, 정수 a의 값은?

① -1
② 0
③ 1
④ 2

03

$f(a) = 2a^2 - 3a - 1 = 1$
$2a^2 - 3a - 2 = 0$
$(2a+1)(a-2) = 0$
$\therefore a = -\dfrac{1}{2}$ 또는 $a = 2$

따라서 정수 a의 값은 2이다.

04 이차함수 $y = ax^2$의 그래프가 점 $(-2, 2)$를 지날 때, a의 값은?

① $-\dfrac{1}{2}$
② $-\dfrac{1}{4}$
③ $\dfrac{1}{4}$
④ $\dfrac{1}{2}$

04

$y = ax^2$의 x, y에 각각 -2, 2를 대입하면 $2 = a(-2)^2$, $4a = 2$
$\therefore a = \dfrac{1}{2}$

ANSWER
01. ② 02. ③ 03. ④ 04. ④

05 다음 이차함수의 그래프 중 위로 볼록한 것은?

① $y = 0.5x^2$　　② $y = x^2$

③ $y = 2x^2$　　④ $y = -3^2$

05

이차함수 $y = ax^2$에서
$a > 0$일 때, 아래로 볼록
$a < 0$일 때, 위로 볼록

06 이차함수의 그래프 중에서 폭이 가장 좁은 것은?

기출

① $y = x^2$　　② $y = \dfrac{2}{3}x^2$

③ $y = -2x^2$　　④ $y = -\dfrac{1}{2}x^2$

06

$y = ax^2$에서 $|a|$의 값이 클수록 그래프의 폭이 좁아진다.
③ $|-2| = 2$
① $|1| = 1$
② $\left|\dfrac{2}{3}\right| = \dfrac{2}{3}$
④ $\left|-\dfrac{1}{2}\right| = \dfrac{1}{2}$

07 이차함수 $y = -\dfrac{1}{2}x^2$의 그래프에 대한 설명으로 옳은 것은?

① 아래로 볼록하다.

② 제2사분면을 지난다.

③ 점 $(-2,\ 2)$를 지난다.

④ 꼭짓점의 좌표는 $(0,\ 0)$
이다.

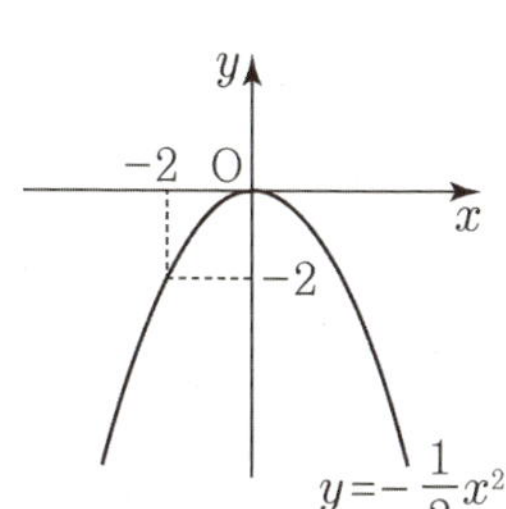

07

① 위로 볼록하다.
② 제3, 4분면을 지난다.
③ 점 $(-2,\ -2)$를 지난다.

08 다음 이차함수의 그래프 중에서 $y = 3x^2$의 그래프와 x축에 대칭인 것은?

① $y = -3x^2$　　② $y = -\dfrac{1}{3}x^2$

③ $y = \dfrac{1}{3}x^2$　　④ $y = x^2$

08

$y = ax^2$의 그래프와 x축에 대칭인 그래프는 $y = -ax^2$이다.
따라서 $y = 3x^2$의 그래프와 x축에 대칭인 것은 $y = -3x^2$이다.

A N S W E R
05. ④　06. ③　07. ④　08. ①

09 평행이동에 의하여 포물선 $y=-x^2$의 그래프와 완전히 포개어지는 것은?

① $y=x^2+2$
② $y=-x^2-3$
③ $y=2x^2-3$
④ $y=2x^2+1$

09
$y=-x^2-3$의 그래프는 $y=-x^2$의 그래프를 y축의 방향으로 -3만큼 평행이동한 것이다.

10 다음과 같이 꼭짓점의 좌표가 $(0,\ 1)$이고, 점 $(1,\ 2)$를 지나는 이차함수의 식은?

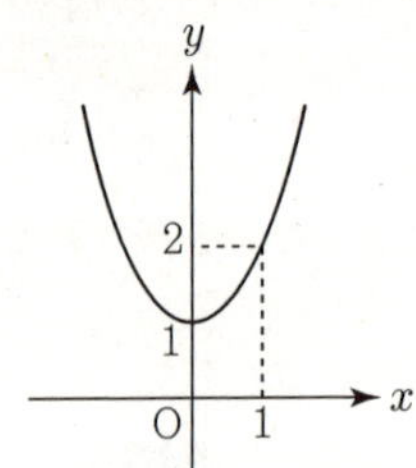

① $y=x^2+1$
② $y=x^2-1$
③ $y=-x^2+1$
④ $y=-x^2-1$

10
꼭짓점의 좌표가 $(0,\ 1)$이므로 구하는 이차함수식은 $y=a(x-0)^2+1$이다.
점 $(1,\ 2)$를 지나므로 이차함수식에 $x=1$, $y=2$를 대입하면
$2=a\times 1^2+1 \Rightarrow a=1$
$\therefore\ y=x^2+1$

11 이차함수 $y=-x^2+1$의 그래프에 대한 설명으로 옳은 것은?

① 최솟값은 1이다.
② 아래로 볼록하다.
③ 점 $(1,\ 1)$을 지난다.
④ 꼭짓점은 $(0,\ 1)$이다.

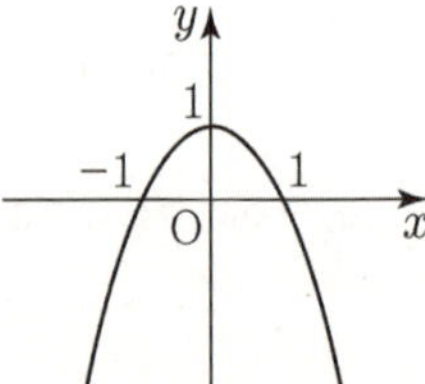

11
① 최댓값은 1이다.
② 위로 볼록하다.
③ 점 $(1,\ 1)$을 지나지 않는다.

12
기출 이차함수 $y = (x+2)^2 + 3$의 그래프에서 꼭짓점의 좌표는?

① $(2,\ 3)$ ② $(2,\ -3)$

③ $(-2,\ 3)$ ④ $(-2,\ -3)$

12

$y = (x+2)^2 + 3$

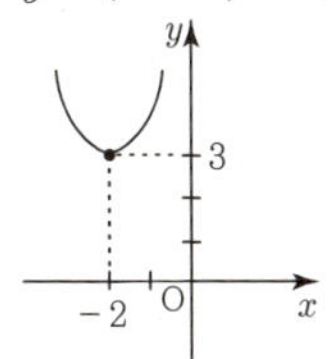

$\therefore$ 꼭짓점 : $(-2,\ 3)$

13 이차함수 $y = 2x^2$의 그래프를 x축의 방향으로 3만큼, y축의 방향으로 5만큼 평행이동한 포물선의 식은?

① $y = 2(x+3)^2 - 5$ ② $y = 2(x+3)^2 + 5$

③ $y = 2(x-3)^2 - 5$ ④ $y = 2(x-3)^2 + 5$

13

x 대신 $x-3$, y 대신 $y-5$를 대입하면
$y - 5 = 2(x-3)^2$
$\therefore\ y = 2(x-3)^2 + 5$

14 그림은 이차함수 $y = x^2 - 4x + k$의 그래프이다. k의 값은?

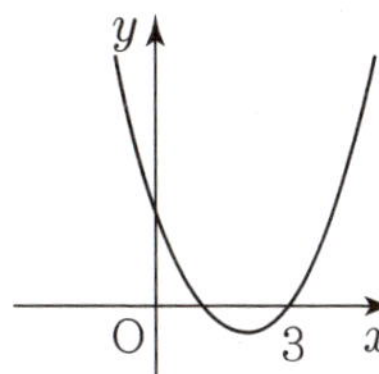

① 1
② 2
③ 3
④ 4

14

그래프가 점 $(3,\ 0)$을 지나므로
$y = x^2 - 4x + k$
$3^2 - 4 \times 3 + k = 0$
$\therefore\ k = 3$

15 이차함수 $y = x^2 - 2x$의 그래프와 x축의 교점 A의 좌표는?

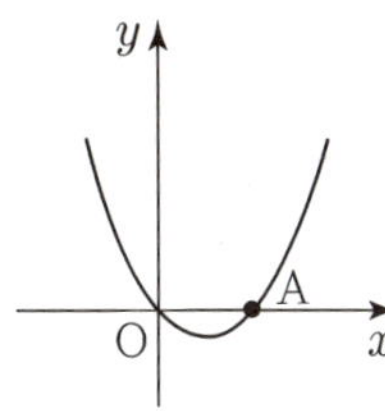

① $(1,\ 0)$
② $(2,\ 0)$
③ $(0,\ 1)$
④ $(0,\ 2)$

15

$y = x^2 - 2x$
$y = x(x-2)$
$0 = x(x-2)$

$x = 0$ 또는 $x = 2$이므로 x축과의 교점의 좌표는 $(0,\ 0)$, $(2,\ 0)$이다.
따라서 점 A의 좌표는 $(2,\ 0)$이다.

ANSWER
12. ③ **13.** ④ **14.** ③ **15.** ②

16 이차함수 $y = 2x^2 + 4x + 1$의 그래프에서 꼭짓점의 좌표는?

① $(-1, -1)$ ② $(-1, 1)$
③ $(1, -1)$ ④ $(1, 1)$

16

$y = 2x^2 + 4x + 1$
$\quad = 2(x^2 + 2x + 1^2 - 1^2) + 1$
$\quad = 2(x+1)^2 - 2 + 1$
$\quad = 2(x+1)^2 - 1$
∴ 꼭짓점 : $(-1, -1)$

17 그림은 이차함수 $y = ax^2 + bx + c$의 그래프이다. $a + b + c$의 값은?

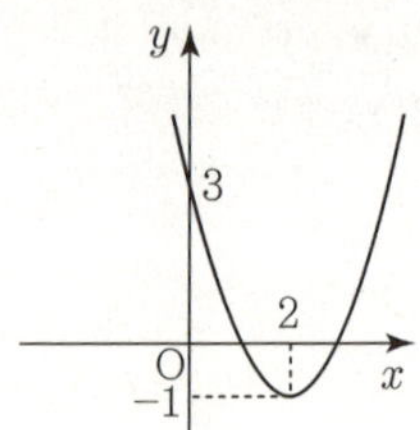

① -4
② -2
③ 0
④ 4

17

꼭짓점의 좌표가 $(2, -1)$이므로
$y = a(x-2)^2 - 1$이고, 점 $(0, 3)$을
지나므로 x, y에 각각 대입하면
$3 = 4a - 1 \Rightarrow a = 1$
$y = (x-2)^2 - 1$
$\quad = x^2 - 4x + 4 - 1$
$\quad = x^2 - 4x + 3$
$\Rightarrow b = -4,\ c = 3$
∴ $a + b + c = 1 + (-4) + 3 = 0$

18 이차함수 $y = -(x-1)^2 + 4$의 최댓값은?

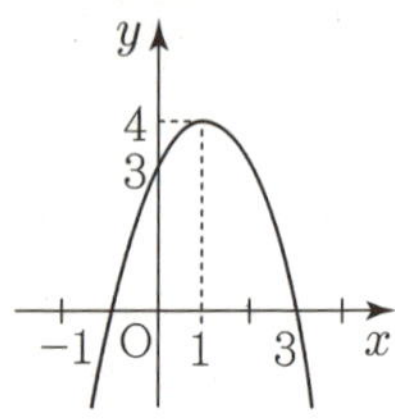

① 1
② 2
③ 3
④ 4

18

$y = -(x-1)^2 + 4$
$x = 1$일 때 최댓값을 가지므로
$y = -(1-1)^2 + 4 = 4$

01 다음 좌표 중 제3사분면 위에 있는 점은?

① $(-3, -2)$ ② $(-3, 2)$

③ $(3, -2)$ ④ $(3, 2)$

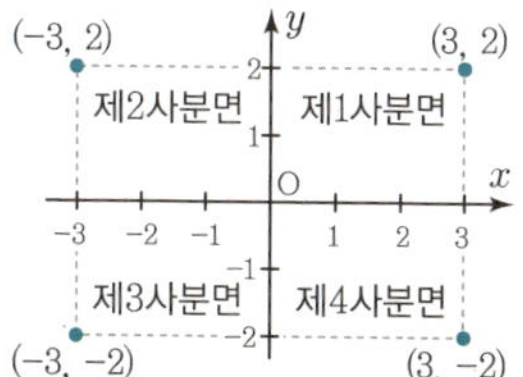

02 점 A$(a, 3)$이 제1사분면 위의 점이라 한다면 점 B$(-a, 3)$은 몇 사분면 위의 점인가?

① 제1사분면 ② 제2사분면

③ 제3사분면 ④ 제4사분면

점 A$(a, 3)$이 제1사분면 위의 점이면 $a > 0$이다. 따라서 $-a < 0$이므로 점 B$(-a, 3)$은 제2사분면 위의 점이다.

03 y가 x에 정비례하고 $x = 3$일 때, $y = 6$인 함수의 관계식은?

① $y = -2x$ ② $y = -\dfrac{1}{2}x$

③ $y = \dfrac{1}{2}x$ ④ $y = 2x$

y가 x에 정비례하므로 $y = ax$에 $x = 3$, $y = 6$을 대입하면 $6 = 3a \Rightarrow a = 2$ $\therefore y = 2x$

04 y가 x에 반비례하는 그래프가 점 $(3, 2)$를 지난다. 이때, 이 그래프가 점 $(-6, b)$를 지난다고 한다면 b의 값은?

① -1 ② 0

③ 1 ④ 2

y가 x에 반비례하므로 $y = \dfrac{a}{x}$는 점 $(3, 2)$를 지난다. $x = 3$, $y = 2$를 대입하면 $2 = \dfrac{a}{3}$, $a = 6$이다. 즉, $y = \dfrac{6}{x}$은 점 $(-6, b)$를 지난다. $x = -6$, $y = b$를 대입하면 $b = \dfrac{6}{-6} = -1$이다.

ANSWER

01. ① **02.** ② **03.** ④ **04.** ①

05 함수 $y=-3x$에서 $x=-3$일 때, y의 값은?

① -9 ② -3

③ 3 ④ 9

05

$y=-3x$에 $x=-3$을 대입하면
$y=(-3)\times(-3)=9$

06 다음 그림과 같이 원점과 점 $(2,\ 1)$을 지나는 함수의 식은?

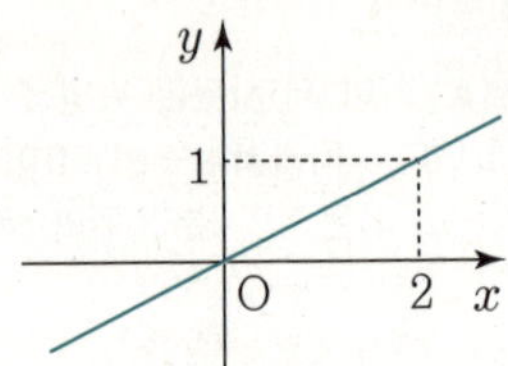

① $y=-2x$

② $y=-\dfrac{1}{2}x$

③ $y=2x$

④ $y=\dfrac{1}{2}x$

06

원점을 지나는 직선이므로 x, y 사이의 관계식은 $y=ax$이고, 점 $(2,\ 1)$을 지나므로 $y=ax$에 $x=2$, $y=1$을 대입하면 $a=\dfrac{1}{2}$이다.

$\therefore\ y=\dfrac{1}{2}x$

07 다음 중 일차함수인 것은?

① $y=x+1$ ② $x+2=0$

③ $y=x^2+2$ ④ $2x+y-3$

07

② y의 값에 상관없이 x의 값은 항상 -2이므로 일차함수가 아니다.
③ 이차함수이다.
④ 일차식이다.

08 다음은 일차함수 $y=2x+2$의 그래프이다. 이 그래프의 기울기는?

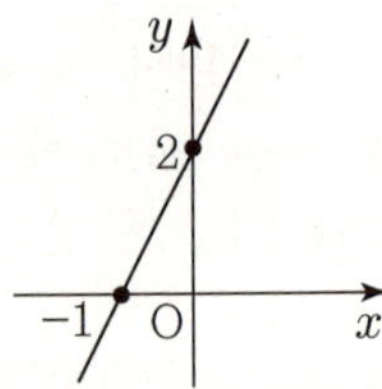

① 1

② 2

③ 3

④ 4

08

기울기는 x의 계수와 같으므로 이 그래프의 기울기는 2이다.

09 그림과 같은 일차함수의 그래프에서 y절편은?

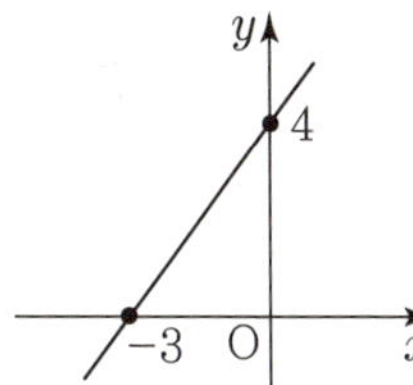

① -3

② $-\dfrac{4}{3}$

③ $\dfrac{4}{3}$

④ 4

09

y절편은 일차함수의 그래프가 y축과 만나는 점의 y좌표이다.

10 다음 그림과 같이 일차함수 $y=x+2$의 그래프가 점 $(2,\ a)$를 지날 때, a의 값은?

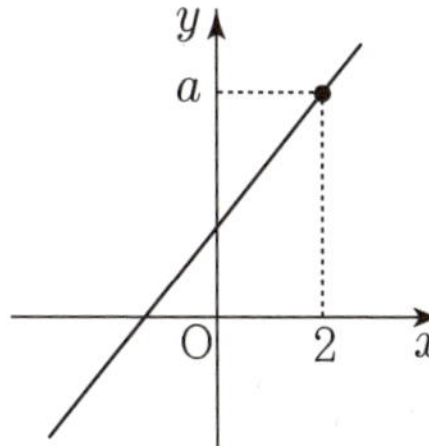

① 3

② 4

③ 5

④ 6

10

$y=x+2$에 $(2,\ a)$를 대입하면
$\therefore\ a=2+2=4$

11 일차함수 $y=2x-3$의 그래프의 기울기를 a, y절편을 b라 할 때, $a+b$의 값은?

① -5 　② -1

③ 1 　④ 5

11

기울기 : $a=2$
y절편 : $b=-3$
$\therefore\ a+b=2+(-3)=-1$

12 기울기가 -3이고, 점 $(-2,\ 1)$을 지나는 일차함수의 식은?

① $y=-3x-5$ 　② $y=-3x-1$

③ $y=-3x+1$ 　④ $y=-3x+5$

12

기울기가 -3이므로 $y=-3x+b$에
$x=-2$, $y=1$을 대입하면
$1=(-3)\times(-2)+b \Rightarrow b=-5$
$\therefore\ y=-3x-5$

13 두 점 $(-1, -3)$과 $(1, 1)$을 지나는 일차함수의 식을 구하면?

① $y = 2x$

② $y = x + 1$

③ $y = \dfrac{1}{2}x - \dfrac{1}{2}$

④ $y = 2x - 1$

13

두 점을 지날 때의 기울기는

$(기울기) = \dfrac{1-(-3)}{1-(-1)} = \dfrac{4}{2} = 2$이므로

$y = 2x + b$에 $x = 1$, $y = 1$을 대입하면

$1 = 2 \times 1 + b$ $\therefore$ $b = -1$

따라서 구하는 일차함수의 식은

$y = 2x - 1$이다.

14 다음 x와 y 사이의 관계식 중 이차함수인 것은?

① $y = x^3 + 1$

② $y = x^2 + 2x + 1$

③ $y = x + 2$

④ $y = 2x^2 - (3x + 2x^2)$

14

이차함수 : 최고차항이 이차인 함수

① 삼차함수

③, ④ 일차함수

15 이차함수 $y = -x^2$의 그래프에 대한 설명으로 옳은 것은?

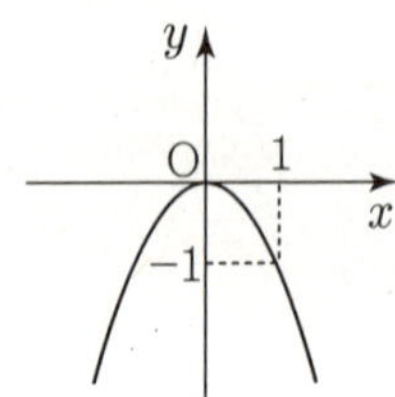

① 최솟값은 2이다.

② 아래로 볼록하다.

③ 원점 $(0, 0)$을 지난다.

④ $y = -2x^2$의 그래프보다 폭이 좁다.

15

① 최솟값은 존재하지 않는다.

② 위로 볼록하다.

④ $y = -2x^2$의 그래프보다 폭이 넓다.

16 이차함수 $y = \dfrac{1}{2}x^2 + 2x + 2$의 그래프에서 꼭짓점의 좌표는?

① $(-2, 0)$

② $(-2, 2)$

③ $(0, -2)$

④ $(2, 2)$

16

$y = \dfrac{1}{2}x^2 + 2x + 2$

$= \dfrac{1}{2}(x^2 + 4x + 2^2 - 2^2) + 2$

$= \dfrac{1}{2}(x + 2)^2 - 2 + 2 = \dfrac{1}{2}(x + 2)^2$

$\therefore$ 꼭짓점 : $(-2, 0)$

ANSWER

13. ④　**14.** ②　**15.** ③　**16.** ①

17 다음 이차함수 중 그래프의 폭이 가장 좁은 것은?

① $y = -5x^2$　　　　② $y = -\dfrac{1}{2}x^2$

③ $y = \dfrac{1}{4}x^2$　　　　④ $y = 3x^2$

17
이차항의 계수의 절댓값이 클수록 폭이 좁아진다.
① $|-5| = 5$
② $\left|-\dfrac{1}{2}\right| = \dfrac{1}{2}$
③ $\left|\dfrac{1}{4}\right| = \dfrac{1}{4}$
④ $|3| = 3$

18 다음 이차함수 중에서 그 그래프의 꼭짓점의 좌표가 $(3, -5)$인 것은?

① $y = 2(x+3)^2 + 5$　　② $y = 2(x-3)^2 - 5$

③ $y = 2(x+3)^2 + 2$　　④ $y = 2(x-3)^2 - 2$

18
꼭짓점의 좌표를 각각 구하면
② $(3, -5)$
① $(-3, 5)$
③ $(-3, 2)$
④ $(3, -2)$

19 다음 그림과 같이 꼭짓점의 좌표가 $(2, 0)$이고, 점 $(0, 4)$를 지나는 이차함수의 식은?

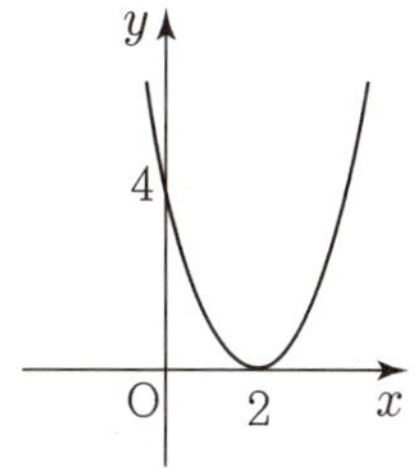

① $y = -(x-2)^2$

② $y = -(x+2)^2$

③ $y = (x-2)^2$

④ $y = (x+2)^2$

19
꼭짓점의 좌표가 $(2, 0)$이므로 구하는 이차함수는 $y = a(x-2)^2$이 된다.
점 $(0, 4)$를 지나므로 구하고자 하는 이차함수식에 $x = 0$, $y = 4$를 대입하면
$4 = a(0-2)^2 \Rightarrow 4a = 4 \Rightarrow a = 1$
$\therefore y = (x-2)^2$

ANSWER
17. ①　18. ②　19. ③

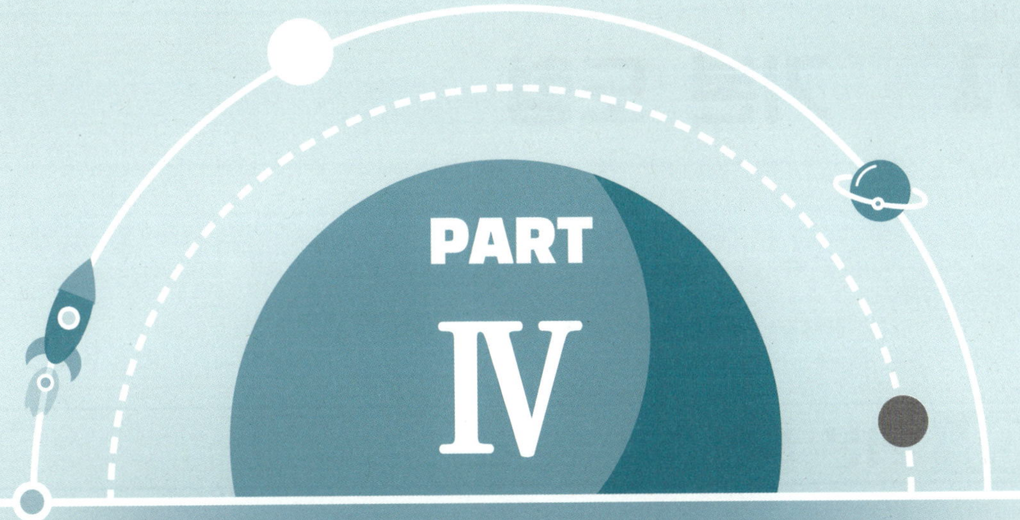

기 하

학습 point⁺

중학교 과정에서 배우는 기하 영역은 고등학교 과정을 학습하기 위한 밑거름이 됩니다. 평면도형과 입체도형에서 두 지선, 평면과 직선, 평면과 평면이 위치 관계 등을 배우면서 두형의 합동, 닮음 등을 공부하고 각 도형에서는 어떤 성질을 가지고 있는지 학습합니다. 입체도형에서는 정다면체나 회전체, 뿔, 구 등의 주요 입체의 겉넓이와 부피를 구하는 법을 배우고 평면도형에서는 삼각형과 사각형, 원을 중심으로 학습합니다. 특히 삼각형에 대해서는 피타고라스 정리와 삼각비를 이용하는 법을 익히며 원에 대해서는 접선과 현, 여러 가지 각과의 관계를 중점적으로 배웁니다.

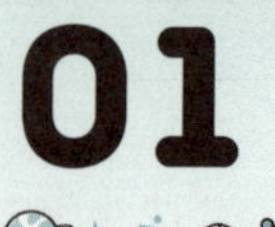

01 기본 도형

01 기본 도형

1 점, 선, 면

(1) 교점과 교선

① 교점 : 선과 선 또는 선과 면이 만나서 생기는 점

② 교선 : 면과 면이 만나서 생기는 선

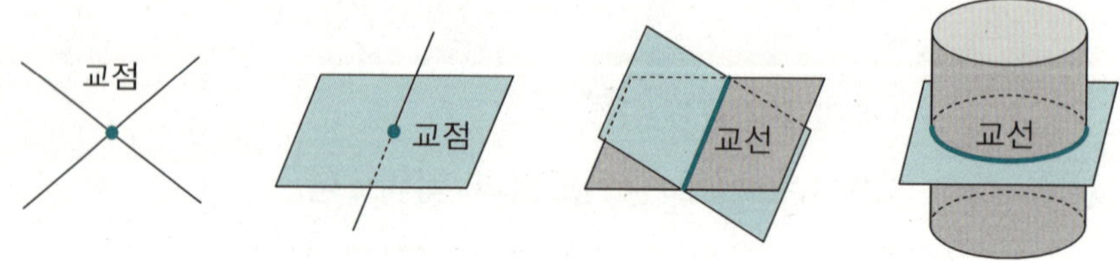

(2) 직선, 반직선, 선분

① 직선 $AB(\overleftrightarrow{AB})$: 서로 다른 두 점 A, B를 지나는 직선

② 반직선 $AB(\overrightarrow{AB})$: 직선 AB 위의 점 A에서 시작하여 점 B쪽으로 한없이 뻗은 직선

③ 선분 $AB(\overline{AB})$: 직선 AB 위의 점 A에서 점 B까지의 부분

$$\overleftrightarrow{AB} = \overleftrightarrow{BA}$$
$$\overrightarrow{AB} \neq \overrightarrow{BA}$$
$$\overline{AB} = \overline{BA}$$

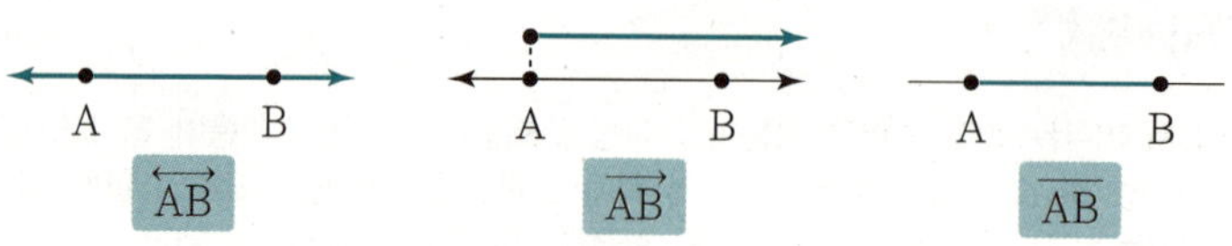

(3) 두 점 사이의 거리

① 두 점 A, B 사이의 거리 : 두 점 A, B를 잇는 무수히 많은 선 중에서 길이가 가장 짧은 선인 선분 AB의 길이를 말한다.

> **예** 선분 AB의 길이가 5cm일 때, $\overline{AB} = 5$cm로 나타낸다.

② 선분 AB의 중점 : 선분 AB 위의 한 점 M에 대하여 $\overline{AM} = \overline{MB}$일 때, 점 M을 선분 AB의 중점이라고 한다.

$$\overline{AM} = \overline{MB} = \frac{1}{2}\overline{AB}$$

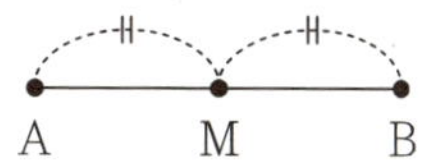

바로 바로 CHECK√

그림에서 점 M은 선분 AB의 중점이고 $\overline{MB} = 4$cm일 때, 다음을 구하여라.

(1) 선분 AM의 길이

(2) 선분 AB의 길이

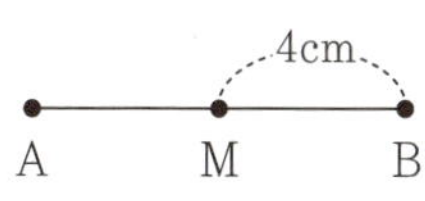

(1) $\overline{AM} = \overline{MB} = 4$cm
(2) $\overline{AB} = 2\overline{MB} = 2 \times 4 = 8$(cm)

---

2 각

(1) 각

① 각 AOB : 두 반직선 OA, OB로 이루어진 도형으로, 기호로 ∠AOB 또는 ∠BOA 또는 ∠O 또는 ∠a와 같이 나타낸다. 이때 ∠AOB에서 점 O를 각의 꼭짓점, 두 반직선 OA, OB를 각의 변이라고 한다.

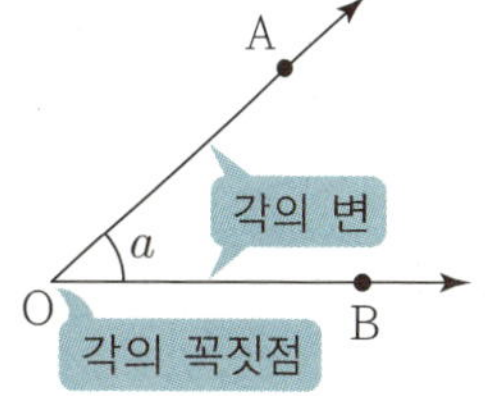

② ∠AOB의 크기 : 꼭짓점 O를 중심으로 반직선 OB가 반직선 OA까지 회전한 양

> **잠깐!** ∠AOB는 각을 나타내기도 하고, 각의 크기를 나타내기도 한다.

(2) 각의 종류

① 예각 : $0°$보다 크고 $90°$보다 작은 각

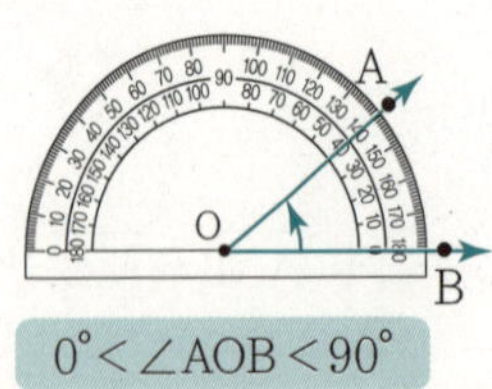

$$0° < \angle AOB < 90°$$

② 직각 : 크기가 $90°$인 각

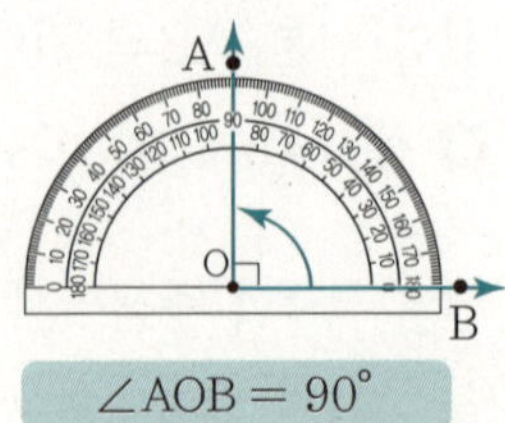

$$\angle AOB = 90°$$

③ 둔각 : $90°$보다 크고 $180°$보다 작은 각

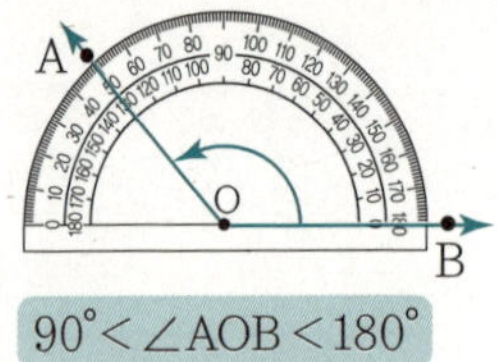

$$90° < \angle AOB < 180°$$

④ 평각 : 각의 두 변이 한 직선을 이루는 각, 즉 크기가 $180°$인 각

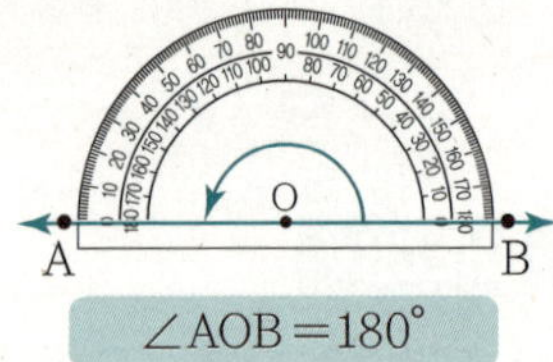

$$\angle AOB = 180°$$

(3) 맞꼭지각

① 교각 : 두 직선이 한 점에서 만날 때 생기는 네 각 $\angle a$, $\angle b$, $\angle c$, $\angle d$

② 맞꼭지각 : 교각 중에서 서로 마주보는 각 $\angle a$와 $\angle c$, $\angle b$와 $\angle d$

③ 맞꼭지각의 성질 : 맞꼭지각의 크기는 서로 같다.

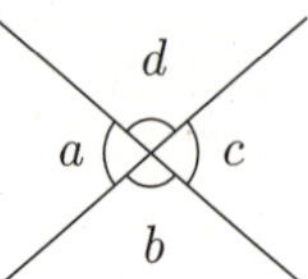

바로 바로 CHECK√

다음 그림에서 $\angle a$, $\angle b$의 크기를 각각 구하여라.

(1)

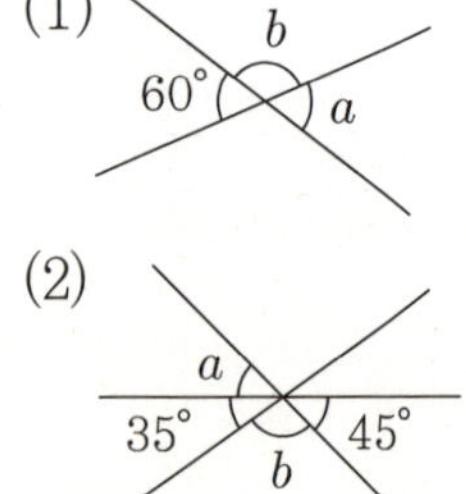

(2)

(1) 그림에서 $\angle AOB$와 $\angle COD$는 맞꼭지각이므로 그 크기가 서로 같다.
따라서 $\angle a = 60°$
또한 $\angle b + 60° = 180°$이므로
$\angle b = 120°$

(2) 그림에서 $\angle AOB$와 $\angle DOE$는 맞꼭지각이므로 그 크기가 서로 같다. 따라서 $\angle a = 45°$
또한 $\angle b + 35° + 45° = 180°$이므로 $\angle b = 100°$

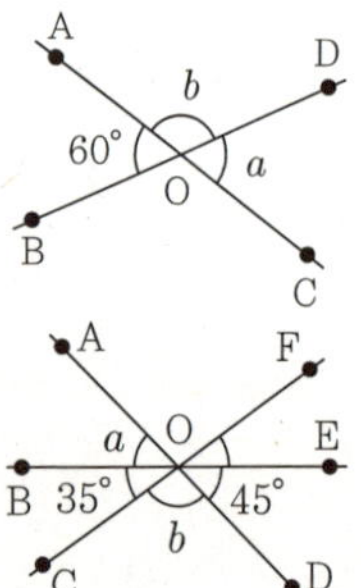

(4) 직교와 수선

① **직교** : 두 직선 AB와 CD의 교각이 직각일 때, 이 두 직선은 직교한다 또는 서로 수직이라 하고, 기호로 $\overleftrightarrow{AB} \perp \overleftrightarrow{CD}$ 와 같이 나타낸다.

② **수선** : 두 직선이 서로 수직일 때, 한 직선을 다른 직선의 수선이라고 한다. 즉, $\overleftrightarrow{AB}$는 $\overleftrightarrow{CD}$의 수선, $\overleftrightarrow{CD}$는 $\overleftrightarrow{AB}$의 수선이다.

③ **수선의 발** : 직선 l 위에 있지 않은 점 P에서 직선 l에 그은 수선과 직선 l의 교점 H를 수선의 발이라고 한다.

④ **점과 직선 사이의 거리** : 점 P에서 직선 l에 내린 수선의 발 H까지의 거리이다. 즉, 점 P와 직선 l 사이의 거리는 $\overline{PH}$의 길이와 같다.

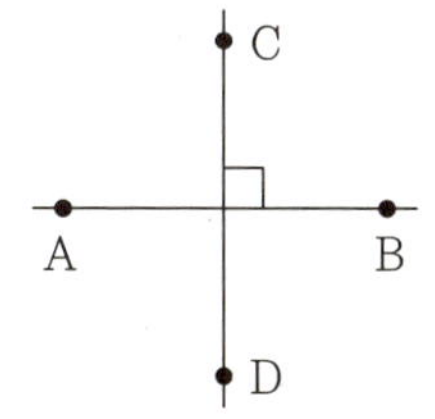

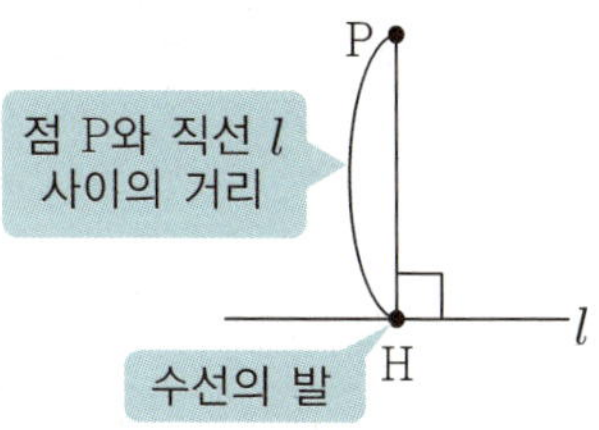

바로 바로 CHECK✓

그림을 보고 다음 물음에 답하여라.

(1) $\overline{AD}$의 수선은?

(2) 점 A에서 $\overline{BC}$에 내린 수선의 발은?

(3) 점 A와 $\overline{BC}$ 사이의 거리는?

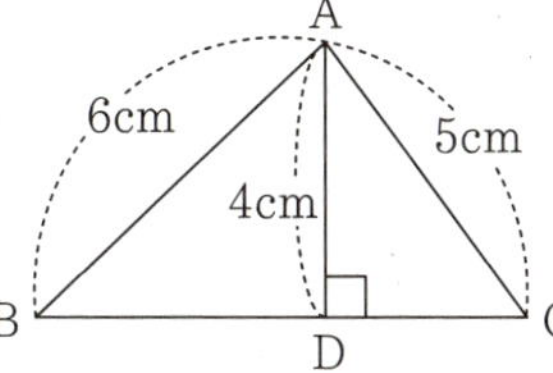

(1) $\overline{BC}$ (2) 점 D
(3) 4cm

02 직선과 도형의 위치 관계

1 점, 직선, 평면의 위치 관계

(1) 점과 직선의 위치 관계

① 점 A가 직선 l 위에 있다. ⇒ 직선이 점을 지난다.

② 점 A가 직선 밖에 있다. ⇒ 점이 직선 위에 있지 않다.

(2) 점과 평면의 위치 관계

① 점 A는 평면 P 위에 있다.
② 점 B는 평면 P 위에 있지 않다.

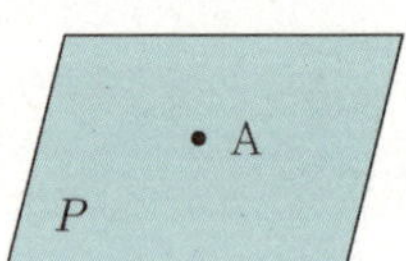

(3) 평면에서 두 직선의 위치 관계

① 한 점에서 만난다.　　② 평행하다. $(l /\!/ m)$

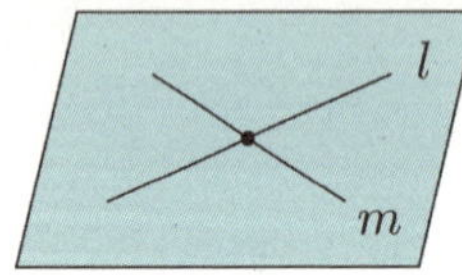
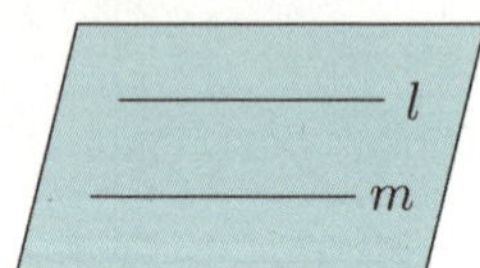

(4) 공간에서 두 직선의 위치 관계

① 한 점에서 만난다.　　② 일치한다. $(l = m)$　　③ 평행하다. $(l /\!/ m)$

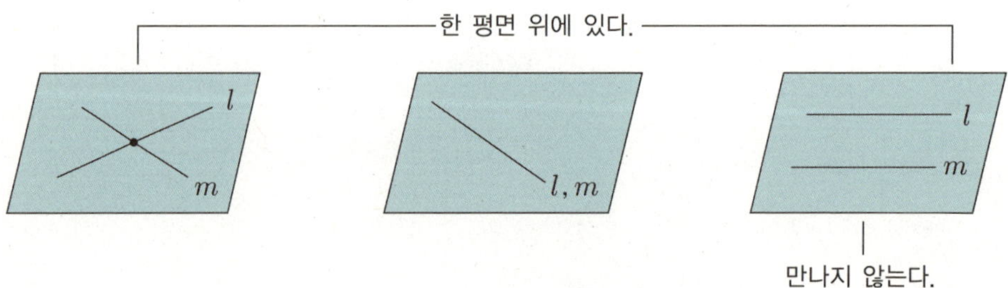

④ 꼬인 위치에 있다.

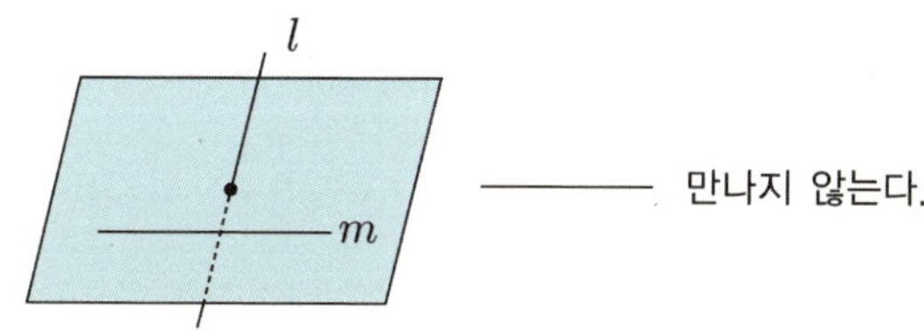

────── 만나지 않는다.

한 평면 위에 있지 않다.

> **잠깐!** 공간에서 두 직선이 서로 만나지도 않고 평행하지도 않을 때, 두 직선은 꼬인 위치에 있다고 한다.

바로 바로 CHECK√

직육면체에서 다음을 구하여라.

(1) 모서리 AD와 평행한 모서리

(2) 모서리 BF와 꼬인 위치에 있는 모서리

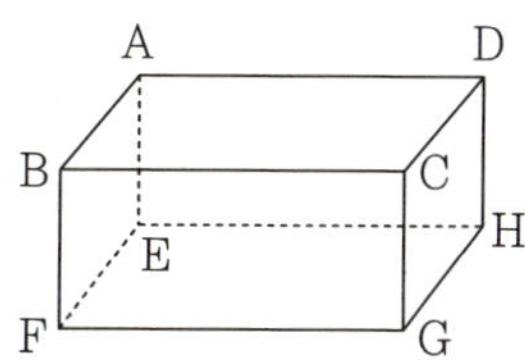

(1) 모서리 BC, 모서리 FG, 모서리 EH

(2) 모서리 AD, 모서리 CD, 모서리 EH, 모서리 GH

---

2 공간에서 직선과 평면의 위치 관계

(1) 공간에서 직선과 평면의 위치 관계

① 포함된다.　　　② 한 점에서 만난다.　　　③ 만나지 않는다.

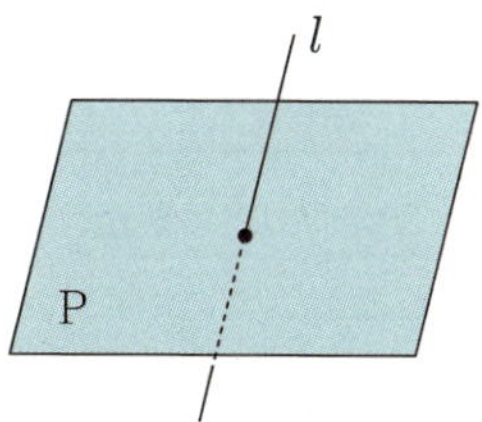
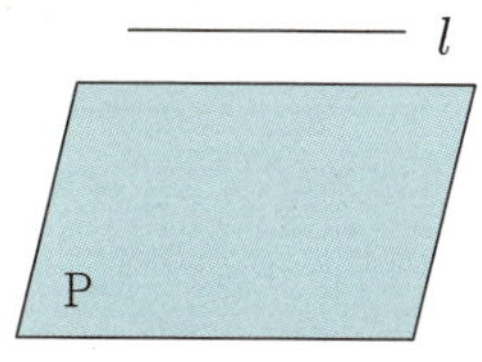

> **잠깐!** • 위의 ③과 같이 직선 l과 평면 P가 만나지 않는 경우에 직선 l
> 과 평면 P는 평행하다고 하며 $l /\!/ \mathrm{P}$로 나타낸다.
> • 직선 l이 점 O를 지나는 평면 P 위의 모든 직선과 수직일
> 때, 직선 l과 평면 P는 직교한다고 하며 $l \perp \mathrm{P}$로 나타낸다.
> 이때, 직선 l을 평면 P의 수선이라고 한다.

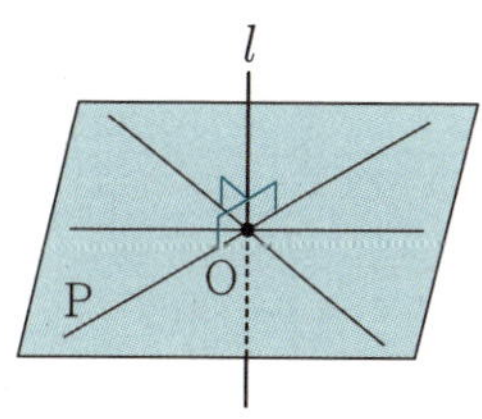

바로 바로 CHECK√

정육면체에서 다음을 구하여라.

(1) 면 ABCD와 평행한 모서리

(2) 모서리 AE에 수직인 면

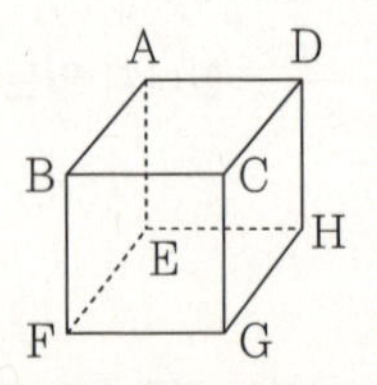

(1) 모서리 EF, 모서리 FG, 모서리 GH, 모서리 EH

(2) 면 ABCD, 면 EFGH

---

(2) 공간에서 점과 평면 사이의 거리

직선 l이 평면 P와 한점 H에서 만나고, 점 H를 지나는 평면 P 위의 모든 직선과 수직인 $l \perp P$의 직교하는 경우에서, 평면 P 위에 있지 않은 점 A에서 평면 P에 내린 수선의 발 H까지의 거리 $\overline{\text{AH}}$의 길이를 점 A와 평면 P 사이의 거리라고 한다.

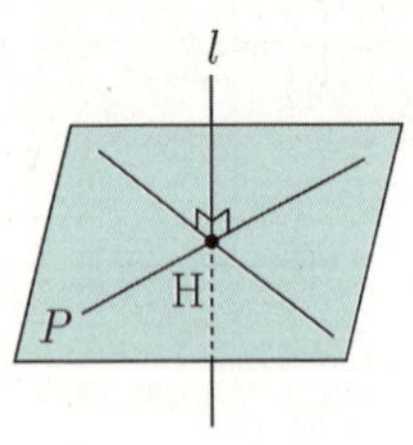
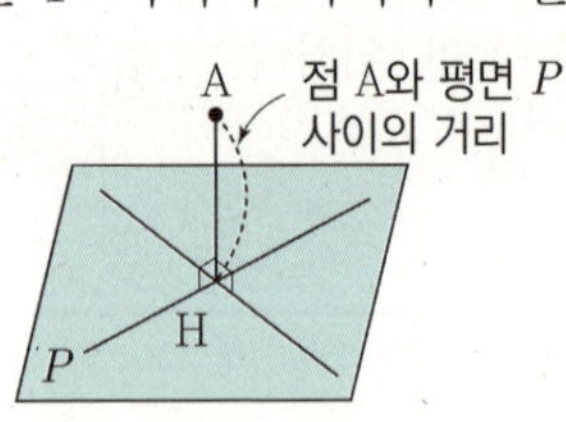

(3) 공간에서 평면과 평면의 위치 관계

① 일치한다.　　　② 한 직선에서 만난다.　　　③ 만나지 않는다.

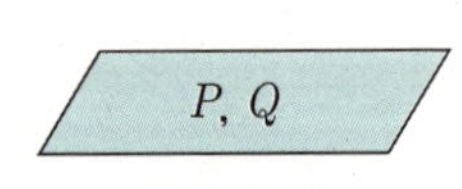
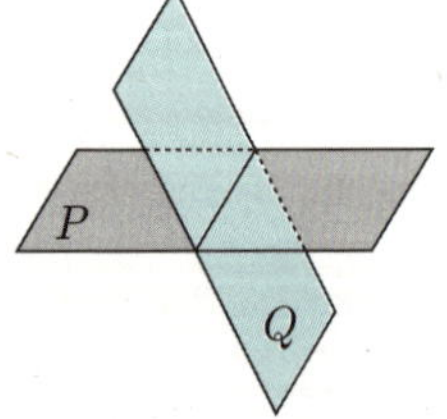

(4) 공간에서 두 평면 사이의 수직 관계

평면 Q가 평면 P에 수직인 직선 l을 포함할 때, 평면 Q는 평면 P에 수직이라 하고, 기호로 $P \perp Q$와 같이 나타낸다.

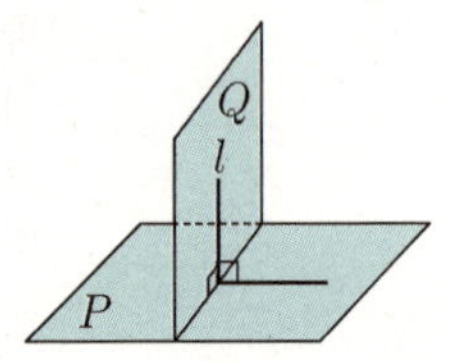

(5) 공간에서 두 평면 사이의 거리

평행한 두 평면 P, Q의 한 평면 위의 점에서 다른 평
면에 그은 수선의 길이를 평행한 두 평면 P, Q 사이
의 거리라고 한다. 이때, 평행한 두 평면 사이의 거리
는 항상 일정하다. 즉, $P /\!/ Q \Leftrightarrow \overline{AB} = \overline{CD}$ 이다.

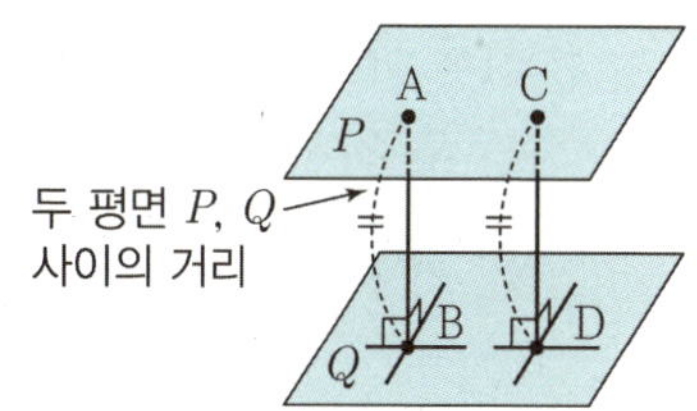

3 평행선의 성질

(1) 동위각과 엇각

① 동위각 : 두 직선 l, m이 다른 한 직선 n과 만날 때
생기는 8개의 각 중에서 같은 위치에 있는 각
→ $\angle a$와 $\angle e$, $\angle b$와 $\angle f$, $\angle c$와 $\angle g$, $\angle d$와 $\angle h$
※ 맞꼭지각의 엇각 또는 엇각의 맞꼭지각을 찾는다.

② 엇각 : 두 직선 l, m이 다른 한 직선 n과 만날 때 생
기는 8개의 각 중에서 엇갈린 위치에 있는 각 → $\angle b$와
$\angle h$, $\angle c$와 $\angle e$

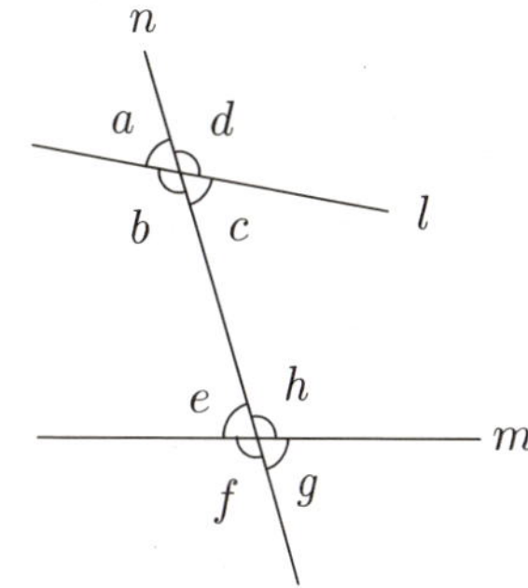

(2) 평행선

① 평행 : 한 평면 위에서 두 직선 l, m이 만나지 않을 때, 두 직선 l, m은 평행하다 하고,
기호로 $l /\!/ m$과 같이 나타낸다.

② 평행선 : 서로 평행한 두 직선

(3) 평행선과 동위각

서로 다른 두 직선이 한 직선과 만날 때,

① 두 직선이 평행하면 동위각의 크기는 같다.

② 동위각의 크기가 같으면 두 직선은 평행하다.

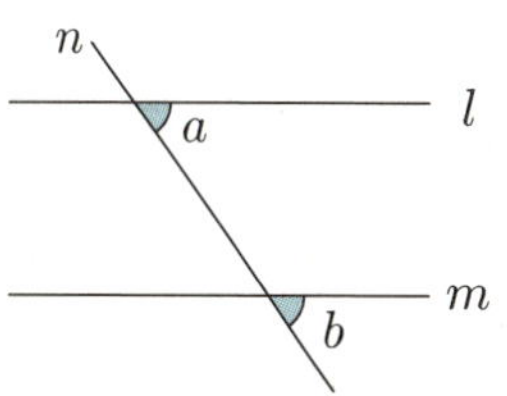

(4) 평행선과 엇각 중요⁺

서로 다른 두 직선이 한 직선과 만날 때,

① 두 직선이 평행하면 엇각의 크기는 같다.

② 엇각의 크기가 같으면 두 직선은 평행하다.

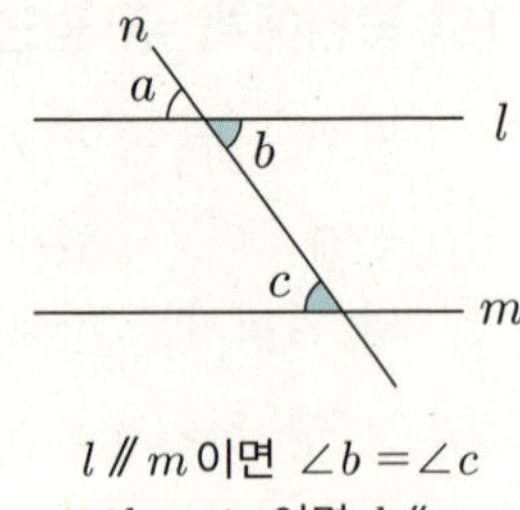

$l /\!/ m$ 이면 $\angle b = \angle c$
$\angle b = \angle c$ 이면 $l /\!/ m$

바로 바로 CHECK✓

다음 그림에서 $l /\!/ m$일 때, $\angle x$의 크기를 구하여라.

(1) 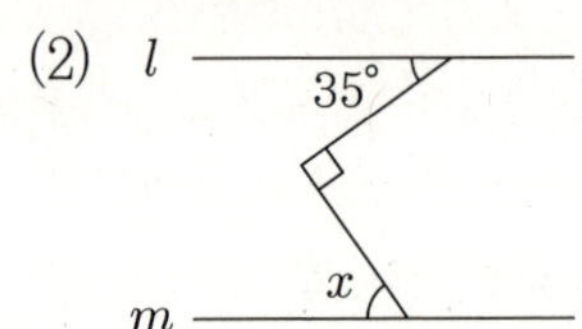

(2) 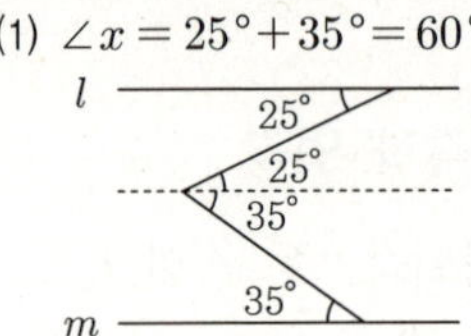

(1) $\angle x = 25° + 35° = 60°$

(2) $\angle x = 90° - 35° = 55°$

---

03 작도와 합동

1 간단한 도형의 작도

(1) 작 도

눈금 없는 자와 컴퍼스만을 이용하여 도형을 그리는 것

(2) 길이가 같은 선분의 작도

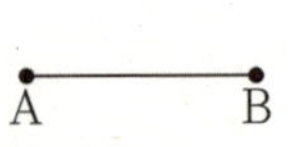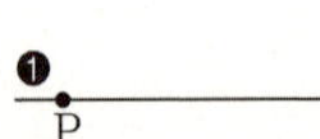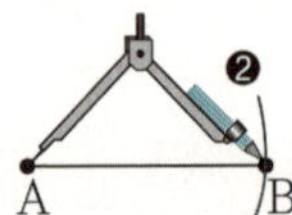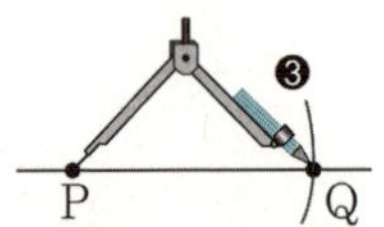

(3) 크기가 같은 각의 작도

(4) 평행선의 작도

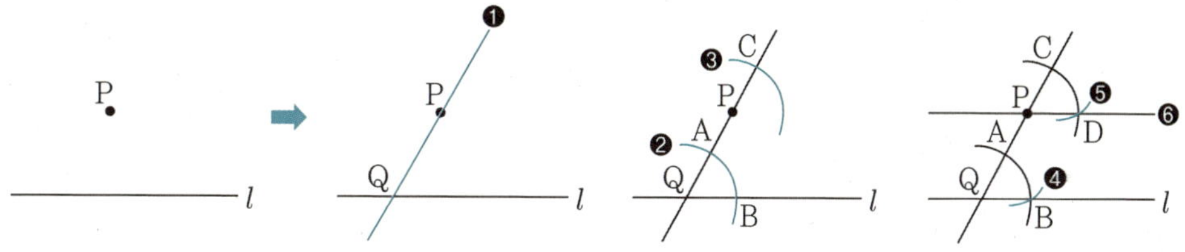

2 삼각형의 작도

(1) 삼각형에서 대변과 대각

① 삼각형 ABC : 세 선분 AB, BC, CA로 이루어진 도형을 기호로 △ABC와 같이 나타낸다.

② 대변 : 한 각과 마주보고 있는 변

　㉠ ∠A의 대변 : $\overline{BC}$

　㉡ ∠B의 대변 : $\overline{AC}$

　㉢ ∠C의 대변 : $\overline{AB}$

③ 대각 : 한 변과 마주보고 있는 각

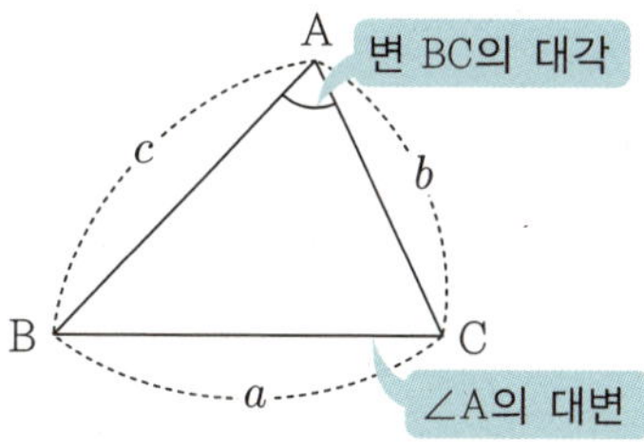

　㉠ $\overline{BC}$의 대각 : ∠A

　㉡ $\overline{AC}$의 대각 : ∠B

　㉢ $\overline{AB}$의 대각 : ∠C

(2) 삼각형의 세 변의 길이 사이의 관계

삼각형에서 한 변의 길이는 다른 두 변의 길이의 합보다 작다. 즉, 삼각형의 세 변의 길이 a, b, c에 대하여 $a+b>c$, $b+c>a$, $c+a>b$

(3) 삼각형의 작도 조건

① 세 변의 길이가 주어질 때

② 두 변의 길이와 그 사이에 끼인각의 크기가 주어질 때

③ 한 변의 길이와 양 끝 각의 크기가 주어질 때

심화학습 삼각형이 하나로 정해지지 않는 경우

① 세 변의 길이가 주어졌을 때, 가장 긴 변의 길이가 나머지 두 변의 길이의 합보다 크거나 같을 때
② 두 변의 길이의 그 사이에 끼인각이 아닌 다른 한 각의 크기가 주어질 때
③ 한 변의 길이와 양 끝 각의 크기가 주어질 때 양 끝 각의 크기의 합이 $180°$보다 클 때
③ 한 변의 길이와 두 각의 크기가 주어질 때 $\Rightarrow$ 3개의 삼각형이 그려진다.
④ 세 각의 크기가 주어질 때 $\Rightarrow$ 모양이 같고 크기가 다른 삼각형이 무수히 그려진다.

바로 바로 CHECK√

세변의 길이가 다음과 같이 주어졌을 때 삼각형을 작도할 수 없는 것은?

① 2, 3, 5   ② 7, 9, 15

③ 6, 7, 8   ④ 5, 5, 5

① $2+3=5$
② $7+9>15$
③ $6+7>8$
④ $5+5>5$

답 ①

---

3 삼각형의 합동

(1) 합 동

① 합동 : 한 도형을 크기와 모양을 바꾸지 않고 옮겨서 다른 도형에 완전히 포갤 수 있을 때, 두 도형을 서로 합동이라 하고, 기호로 ≡와 같이 나타낸다.

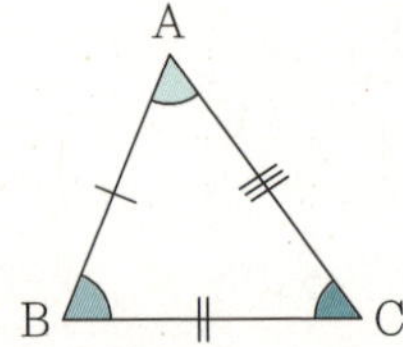
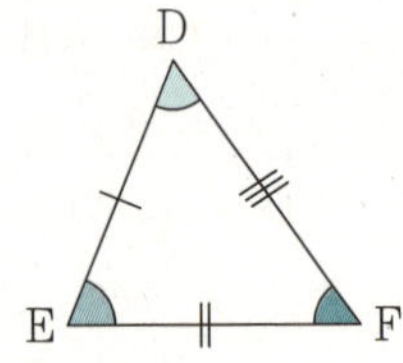

② 대응 : 합동인 도형에서 포개어지는 꼭짓점, 변, 각은 서로 대응한다고 한다.

   ㉠ 대응점 : 서로 대응하는 꼭짓점

   ㉡ 대응변 : 서로 대응하는 변

   ㉢ 대응각 : 서로 대응하는 각

③ 합동인 도형의 성질

   ㉠ 대응변의 길이는 서로 같다.

   ㉡ 대응각의 크기는 서로 같다.

(2) 삼각형의 합동조건

삼각형은 다음의 각 경우에 합동이다.

① 대응하는 세 변의 길이가 각각 같을 때(SSS 합동)

② 대응하는 두 변의 길이가 각각 같고, 그 끼인 각의 크기가 같을 때(SAS 합동)

③ 대응하는 한 변의 길이가 같고, 그 양 끝각의 크기가 각각 같을 때(ASA 합동)

   잠깐! S는 변(Side), A는 각(Angle)이다.

바로 바로 CHECK√

$\triangle ABC \equiv \triangle DEF$일 때, 다음을 구하여라.

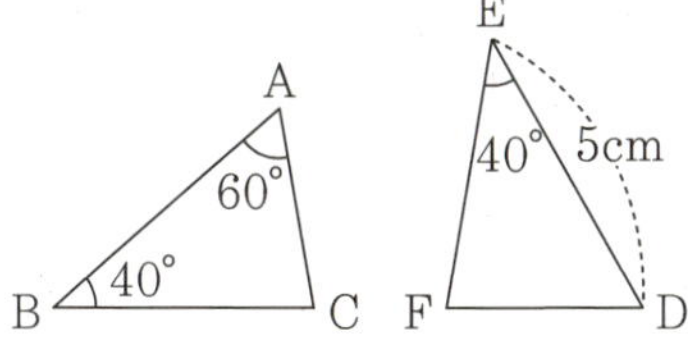

(1) $\overline{AB}$의 길이

(2) $\angle D$의 크기

(3) $\angle F$의 크기

(1) $\overline{AB} = \overline{DE} = 5\text{cm}$

(2) $\angle D = \angle A = 60°$

(3) $\angle F = \angle C = 180° - (60° + 40°) = 80°$

01 그림에서 $\overrightarrow{ZY}$와 같은 것은?

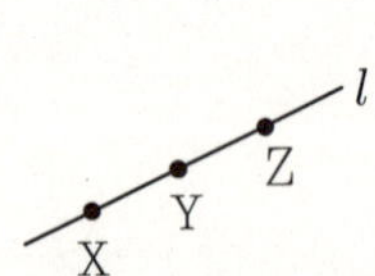

① $\overrightarrow{YZ}$
② $\overrightarrow{YX}$
③ $\overrightarrow{ZX}$
④ $\overleftrightarrow{ZX}$

02 그림에서 $\overline{AB}$의 중점을 M, $\overline{MB}$의 중점을 N이라 하자, $\overline{AB}$의 길이가 16cm일 때, $\overline{MN}$의 길이는?

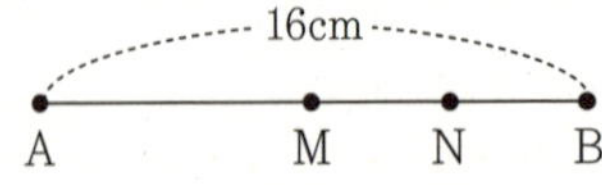

① 3cm ② 4cm
③ 5cm ④ 6cm

03 그림에서 둔각을 찾으면?

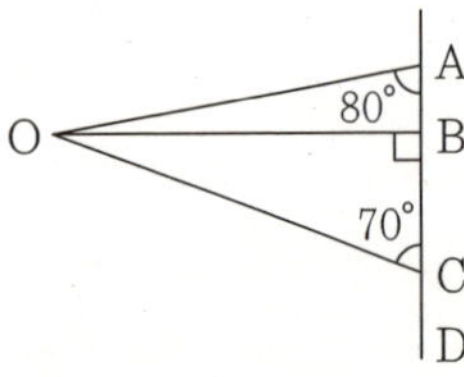

① $\angle AOC$
② $\angle OBC$
③ $\angle OCD$
④ $\angle OAB$

04 그림에서 ∠AOC의 맞꼭지각의 크기는?

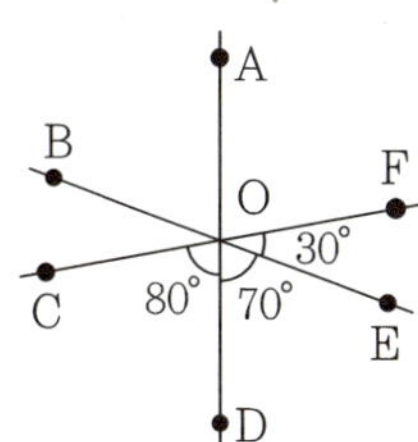

① $30°$
② $40°$
③ $70°$
④ $100°$

04

$\angle AOC = \angle AOB + \angle BOC$ 이고
$\angle AOB = \angle DOE = 70°$,
$\angle BOC = \angle EOF = 30°$ 이므로
$\angle AOC = 70° + 30° = 100°$

05 그림과 같이 두 직선 l과 m이 한 직선 n과 만날 때, ∠x의 동위각은?

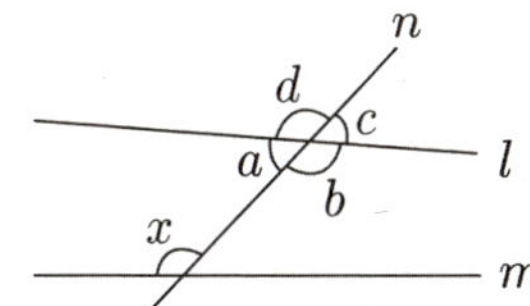

① ∠a
② ∠b
③ ∠c
④ ∠d

05

동위각은 같은 위치에 있는 각이다.

06 그림에서 두 직선 l, m이 서로 평행할 때, ∠a+∠b의 크기는?

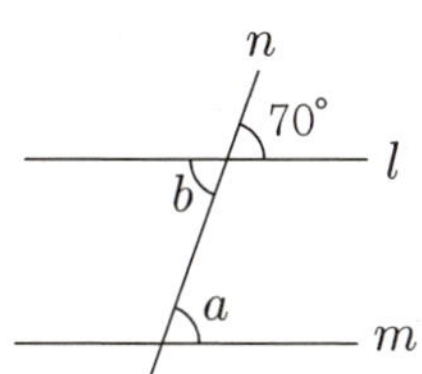

① $140°$
② $160°$
③ $180°$
④ $200°$

06

$l \,\|\, m$ 이므로 $\angle a = 70°$(동위각),
$\angle a = \angle b$(엇각)이다.
∴ $\angle a + \angle b = 70° + 70° = 140°$

07 그림에서 두 직선 l, m이 서로 평행할 때, ∠x의 크기는?

기출

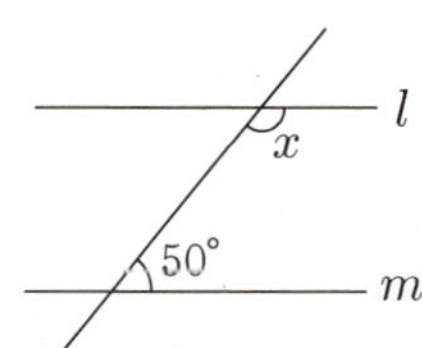

① $130°$
② $120°$
③ $110°$
④ $100°$

07

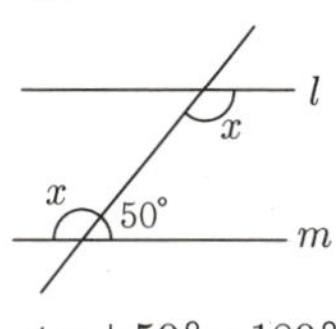

$\angle x + 50° = 180°$
∴ $\angle x = 130°$

08 기출 그림에서 $l \,/\!/\, m$일 때, $\angle x$의 크기는?

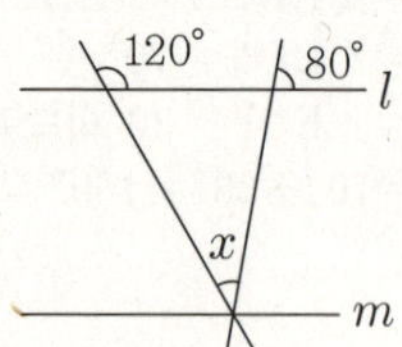

① $40°$
② $60°$
③ $80°$
④ $100°$

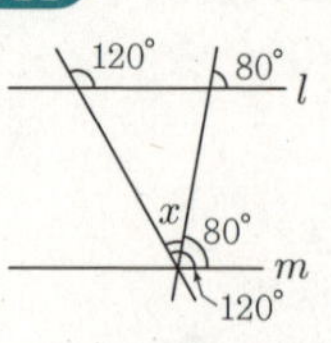

$\angle x + 80° = 120°$
$\therefore \angle x = 40°$

09 기출 그림에서 두 직선 l, m이 서로 평행할 때, $\angle x$의 크기는?

① $20°$
② $30°$
③ $40°$
④ $50°$

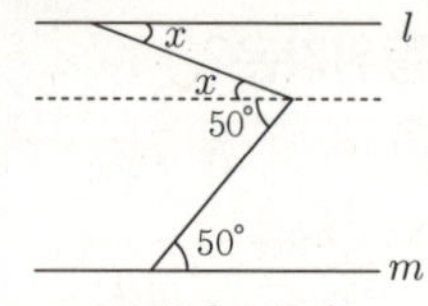

$\angle x + 50° = 70°$
$\therefore \angle x = 20°$

10 다음 중 평면에서 두 직선의 위치 관계가 될 수 <u>없는</u> 것은?

① 한 점에서 만난다.　② 평행하다.
③ 일치한다.　④ 꼬인 위치에 있다.

10

꼬인 위치에 있는 경우는 공간에서의 두 직선의 위치 관계이다.

11 기출 그림과 같은 직육면체에서 모서리 AB와 평행하지 <u>않은</u> 것은?

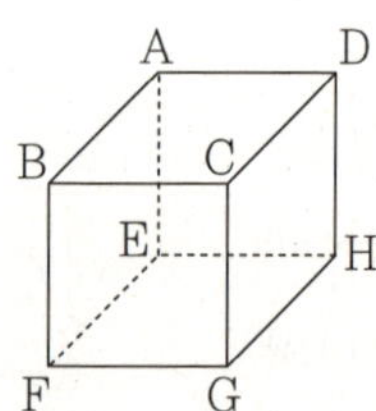

① 모서리 BC
② 모서리 CD
③ 모서리 EF
④ 모서리 GH

11

① 모서리 AB와 모서리 BC는 한 점에서 만난다.

12 그림과 같은 정육면체에서 모서리 AD와 꼬인 위치에 있는 모서리의 개수는?

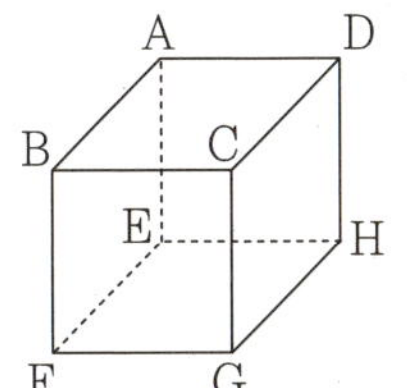

① 1개
② 2개
③ 3개
④ 4개

12

모서리 BF, 모서리 CG, 모서리 EF, 모서리 GH ⇒ 4개

13 다음 삼각형과 합동인 삼각형은?

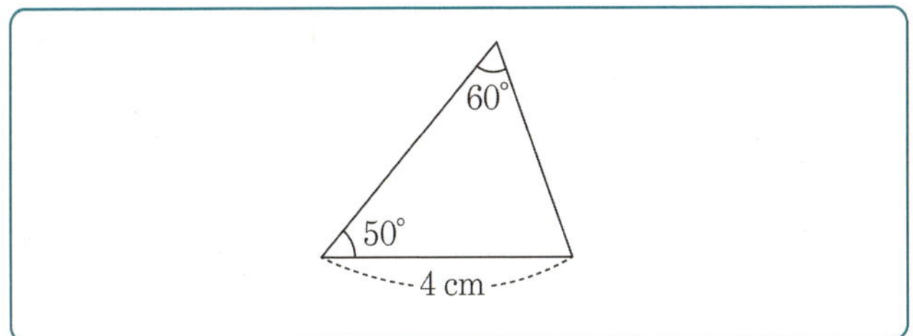

①

②

③
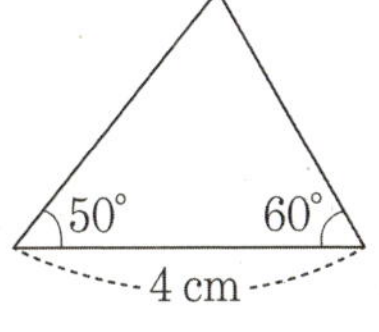

④
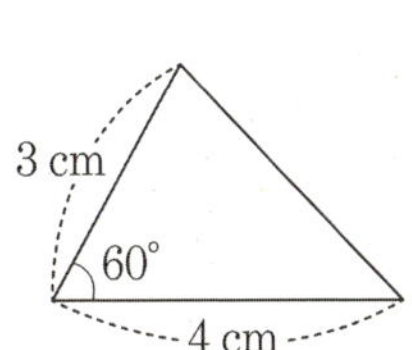

13

주어진 삼각형의 나머지 한 각의 크기는 $180° - (60° + 50°) = 70°$이다.

② 양 끝 각의 크기가 각각 50°, 60°인 변의 길이가 4cm라고 확정할 수 없다.

③, ④ 삼각형의 합동 조건이 주어진 삼각형과 다르므로 합동이라고 할 수 없다.

14 다음 △ABC와 항상 합동이라고 할 수 <u>없는</u> 것은?

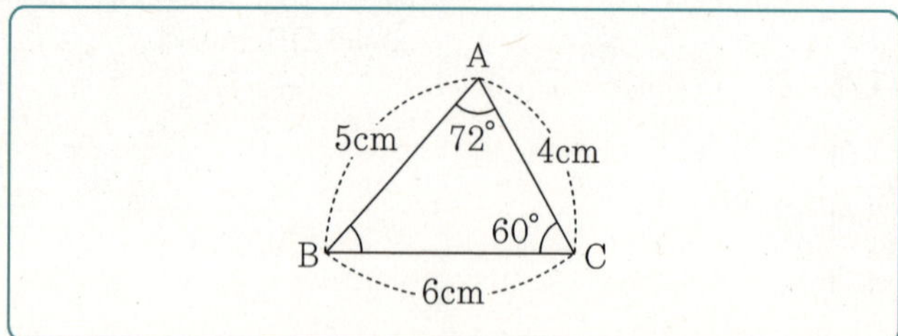

① 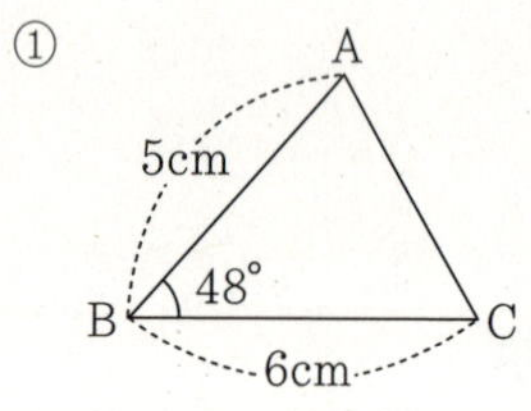

② 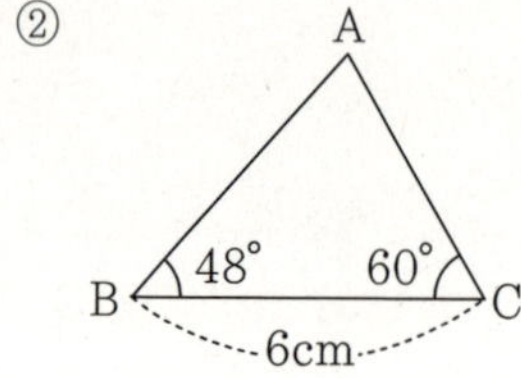

③ 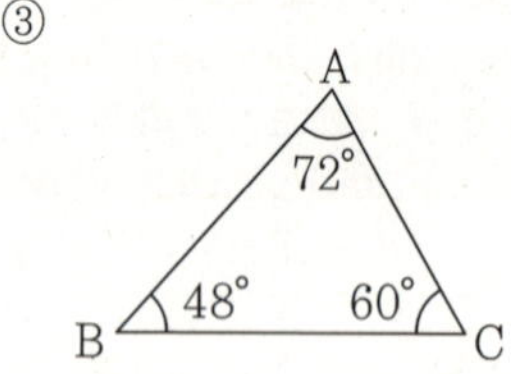

④ 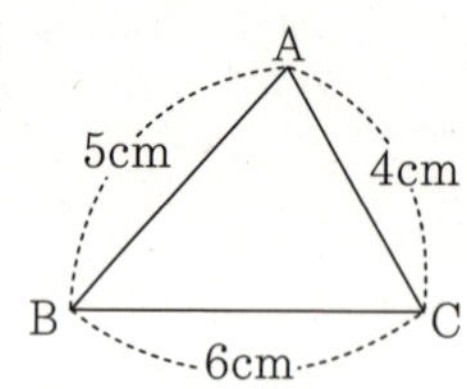

NOTE

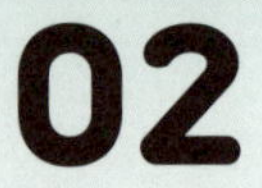

01 평면도형

1 다각형

(1) 다각형

① 다각형 : 여러 개의 선분으로 둘러싸인 평면도형을 다각형이라고 하며, 선분의 개수에 따라 삼각형, 사각형, 오각형, …이라고 한다. 이때, n개의 선분으로 둘러싸인 도형을 n각형이라고 한다.

② 정다각형 : 정삼각형, 정사각형, 정오각형, … 등과 같이 모든 변의 길이가 같고, 모든 내각의 크기가 같은 다각형을 정다각형이라고 한다.

③ 변 : 다각형을 이루는 각 선분

④ 꼭짓점 : 다각형의 변과 변이 만나는 점

⑤ 내각 : 다각형에서 이웃하는 두 변으로 이루어진 각

⑥ 외각 : 다각형의 각 꼭짓점에서 한 변과 그 변에 이웃하는 변의 연장선이 이루는 각

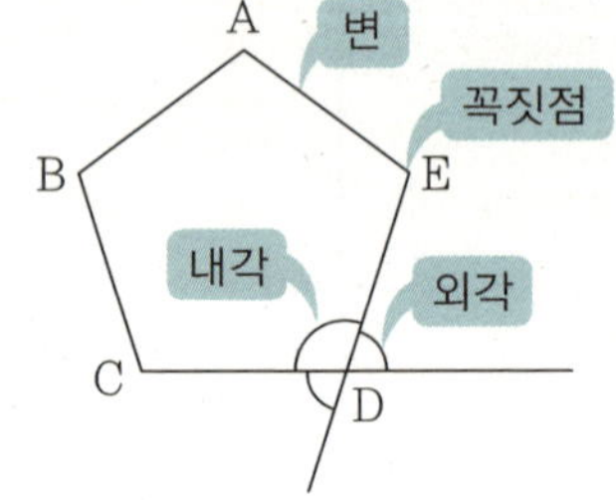

(2) 다각형의 대각선의 개수

① n각형의 한 꼭짓점에서 그을 수 있는 대각선의 개수 : $(n-3)$개

② n각형의 대각선의 개수 : $\dfrac{n(n-3)}{2}$개

- n각형의 한 꼭짓점에서 그을 수 있는 대각선의 개수

  n각형의 한 꼭짓점에서 자기 자신과 이웃하는 2개의 꼭짓점에는 대각선을 그을 수 없다. 따라서 전체 꼭짓점의 개수 n에서 3개를 제외하면 n각형의 한 꼭짓점에서 그을 수 있는 대각선의 개수는 $n-3$이다.

- n각형의 대각선의 개수

  n각형의 모든 꼭짓점에서 그을 수 있는 대각선의 개수는 $n \times (n-3)$이다. 이때, 두 꼭짓점에 서로 그은 2개의 대각선은 서로 같으므로 n각형의 대각선의 개수는 $\dfrac{n(n-3)}{2}$이다.

바로 바로 CHECK√

다음 오각형에 대하여 물음에 답하시오.

(1) 오각형의 한 꼭짓점에서 그을 수 있는 대각선의 개수를 구하여라.

(2) 오각형의 대각선의 총 개수를 구하여라.

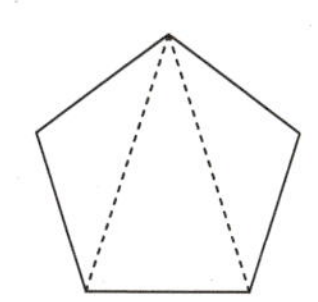

(1) $5 - 3 = 2$(개)

(2) $\dfrac{5(5-3)}{2} = \dfrac{5 \times 2}{2} = 5$(개)

---

2 다각형의 내각과 외각

(1) 삼각형의 내각과 외각

① 삼각형에서 세 내각의 크기의 합은 $180°$이다.

② 삼각형의 한 외각의 크기는 그와 이웃하지 않는 두 내각의 크기의 합과 같다.

③ 삼각형의 세 외각의 크기의 합은 $360°$이다.

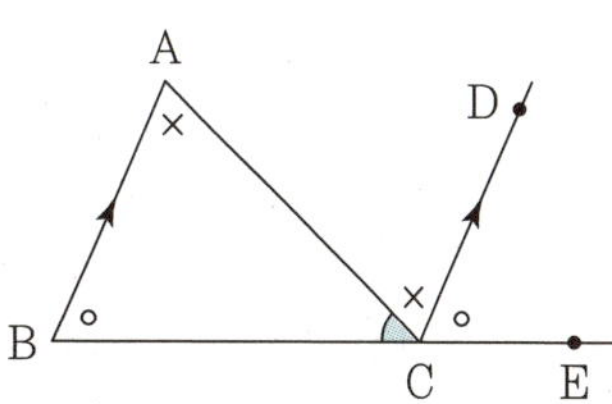

바로 바로 CHECK√

다음 그림에서 $\angle x$의 크기를 구하여라.

(1) 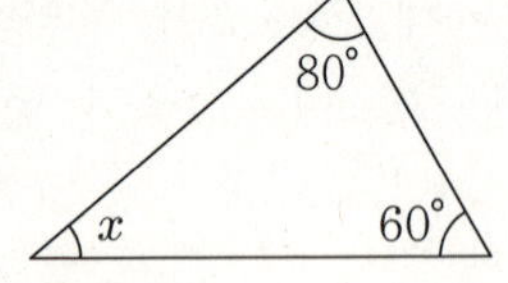

(2) 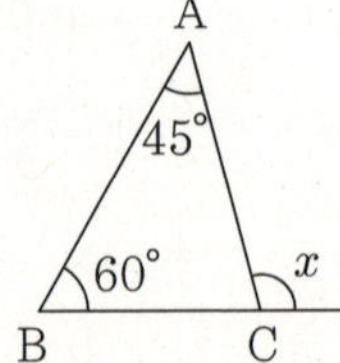

(1) 삼각형의 내각의 합은 $180°$이므로

$\angle x + 60° + 80° = 180°$

$\therefore \ \angle x = 40°$

(2) 한 외각의 크기는 그와 이웃하지 않는 두 내각의 크기의 합과 같으므로

$\therefore \ \angle x = 60° + 45° = 105°$

---

(2) 다각형의 내각과 외각

① n각형의 내각의 크기의 합 : $180° \times (n-2)$

② 정n각형의 한 내각의 크기 : $\dfrac{180° \times (n-2)}{n}$

③ n각형의 외각의 크기의 합 : $360°$

④ 정n각형의 한 외각의 크기 : $\dfrac{360°}{n}$

기초학습 · n각형의 내각의 크기의 합

n각형의 한 꼭짓점에서 대각선을 그으면 $n-2$개의 삼각형을 만들 수 있다. 이때, 삼각형의 내각의 크기의 합이 $180°$이므로 n각형의 내각의 크기의 합은 $180° \times (n-2)$이다.

바로 바로 CHECK√

01 그림에서 $\angle x$의 크기는?

① $90°$ ② $100°$

③ $110°$ ④ $120°$

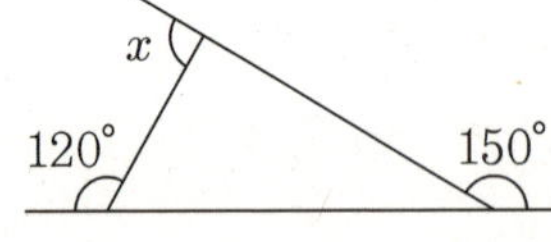

02 다음 물음에 답하시오.

(1) 정육각형의 한 내각의 크기를 구하여라.

(2) 정육각형의 한 외각의 크기를 구하여라.

01 삼각형의 세 외각의 크기의 합은 $360°$이므로 $\angle x + 120° + 150° = 360°$

$\therefore \ \angle x = 90°$

답 ①

02 (1) $\dfrac{180° \times (6-2)}{6} = 120°$

(2) $\dfrac{360°}{6} = 60°$

---

3 원과 부채꼴

(1) 원과 부채꼴

① 원 : 평면 위의 한 점 O에서 일정한 거리에 있는 모든 점으로부터 이루어진 도형을 원이라고 하고, 이것을 원 O로 나타낸다.

② 호 : 원 위의 두 점 A, B를 양 끝으로 하는 원의 일부분을 호라 한다. 이때, 양 끝 점이 A, B인 호를 호 AB라 하고, 기호로 $\overgroup{AB}$와 같이 나타낸다.

③ 현 : 원 위의 두 점 A, B를 이은 선분을 현 AB라 하고, 기호로 $\overline{AB}$와 같이 나타낸다.

　잠깐! 원의 중심을 지나는 현은 그 원의 지름이다.

④ 할선 : 한 직선이 원과 두 점 B, C에서 만날 때의 직선

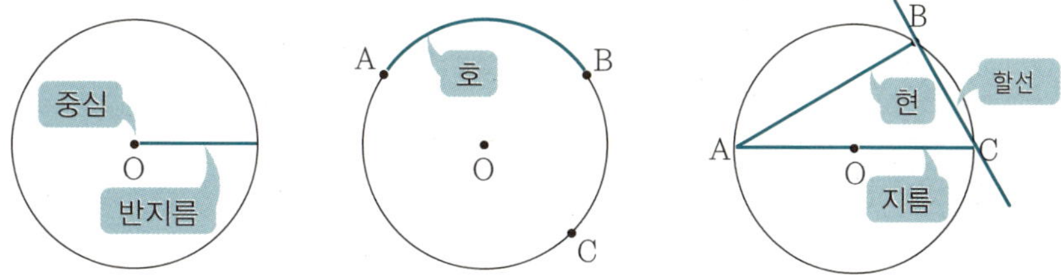

⑤ 부채꼴 : 호 AB와 두 반지름 OA, OB로 이루어진 도형

⑥ 중심각 : ∠AOB를 호 AB에 대한 중심각 또는 부채꼴 AOB의 중심각이라고 한다.

⑦ 활꼴 : 호 AB와 현 AB로 이루어진 도형

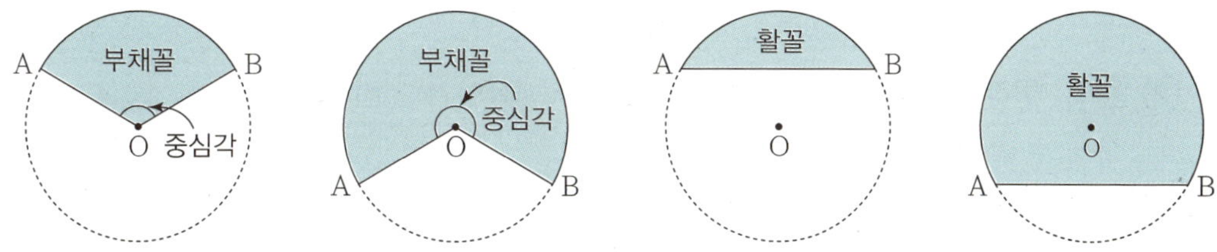

　잠깐! 반원은 부채꼴인 동시에 활꼴이다.

(2) 중심각의 크기와 호의 길이 사이의 관계

① 같은 크기의 중심각에 대한 호의 길이는 같다.

② 부채꼴의 호의 길이와 넓이는 각각 중심각의 크기에 정비례한다.

(3) 중심각의 크기와 현의 길이 사이의 관계

① 같은 크기의 중심각에 대한 현의 길이는 같다.
② 현의 길이는 중심각의 크기에 정비례하지 않는다.

바로 바로 CHECK√

다음 그림에서 x의 값을 구하여라.

(1) 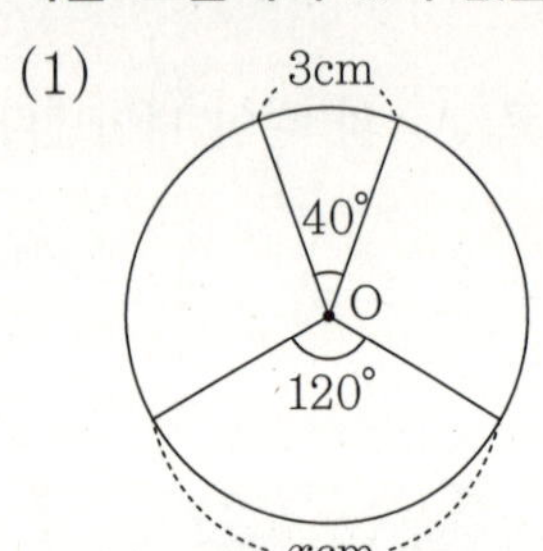

(2) 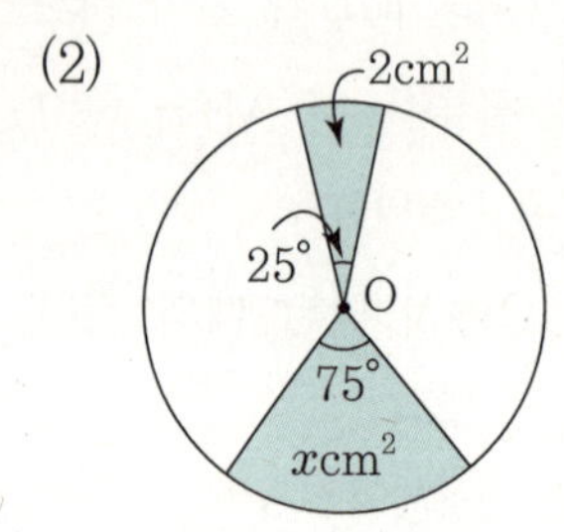

(1) $3 : x = 40° : 120°$
   $40x = 360$
   $\therefore\ x = 9\text{cm}$
(2) $2 : x = 25° : 75°$
   $25x = 150$
   $\therefore\ x = 6\text{cm}^2$

---

4 부채꼴의 호의 길이와 넓이

(1) 원주율 : 원의 지름의 길이에 대한 둘레의 길이의 비의 값으로, 원의 크기에 관계없이 항상 일정하다. 이때, 원주율을 기호로 π와 같이 나타내고, 파이라고 읽는다.

(2) 원의 둘레(원주)와 원의 넓이 : 반지름의 길이가 r인 원의 둘레의 길이를 l, 넓이를 S라고 할 때,

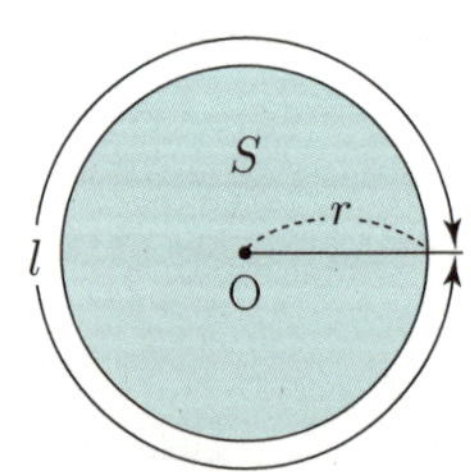

$$l = 2\pi r, \quad S = \pi r^2$$

(3) 부채꼴의 호의 길이(l)와 넓이(S) : 반지름의 길이가 r이고, 중심각의 크기가 $x°$인 부채꼴의 호의 길이를 l, 넓이를 S라고 할 때,

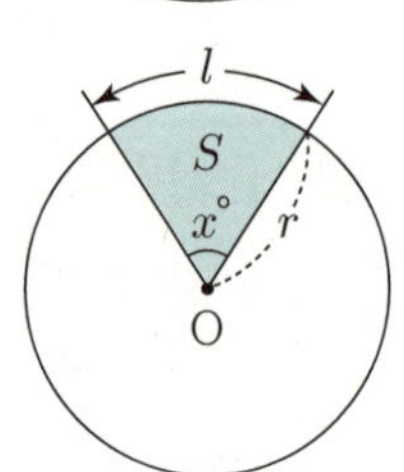

$$l = 2\pi r \times \frac{x}{360}, \quad S = \pi r^2 \times \frac{x}{360} = \frac{1}{2} rl$$

다음 부채꼴의 호의 길이(l)와 넓이(S)를 각각 구하여라.

(1) 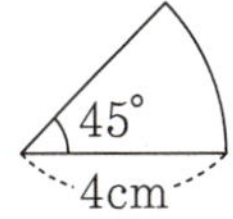

(2) 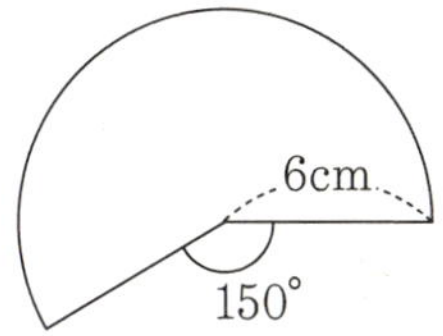

(1) $l = 2\pi \times 4 \times \dfrac{45}{360} = \pi(\text{cm})$

$S = \pi \times 4^2 \times \dfrac{45}{360} = 2\pi(\text{cm}^2)$

(2) $l = 2\pi \times 6 \times \dfrac{210}{360} = 7\pi(\text{cm})$

$S = \pi \times 6^2 \times \dfrac{210}{360} = 21\pi(\text{cm}^2)$

02 입체도형

1 다면체

(1) 다면체 중요⁺

다각형인 면으로만 둘러싸인 입체도형을 다면체라 하고, 면의 개수가 4개, 5개, 6개, …인 다면체를 각각 사면체, 오면체, 육면체, …라고 한다.

① 면 : 다면체를 둘러싸고 있는 다각형

② 모서리 : 다면체를 둘러싸고 있는 다각형의 변

③ 꼭짓점 : 다면체를 둘러싸고 있는 다각형의 꼭짓점

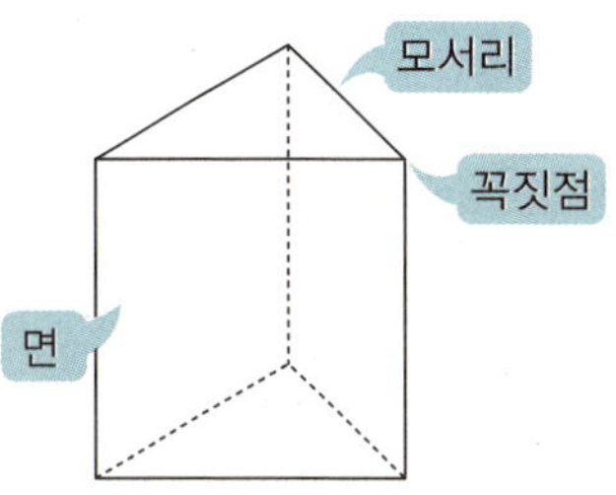

다음 입체도형은 몇 면체인지 말하여라.

(1) 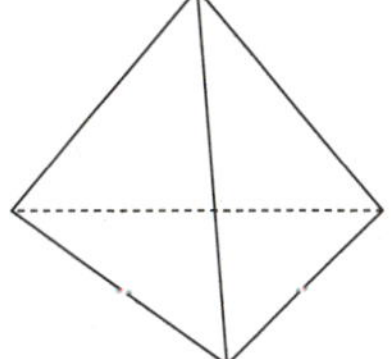

(2) 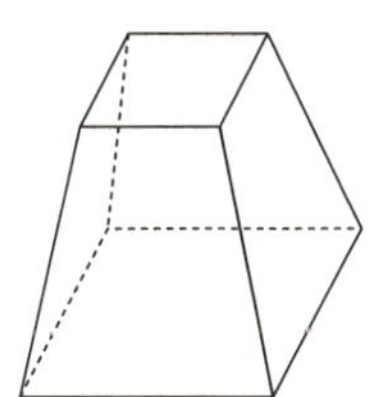

(1) 면의 개수가 4개이므로 사면체이다.
(2) 면의 개수가 6개이므로 육면체이다.

(2) 다면체의 종류

① **각기둥** : 두 밑면이 평행하면서 합동인 다각형이고, 옆면이 모두 직사각형인 다면체를 각기둥이라 하고, 밑면의 모양에 따라 삼각기둥, 사각기둥, 오각기둥, …이라고 한다.

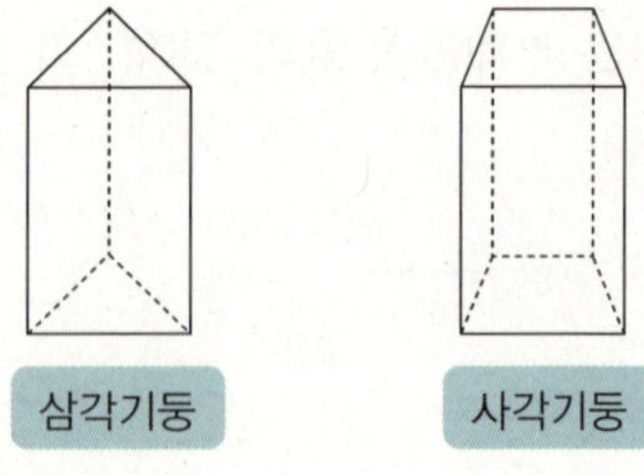

    ㉠ 각기둥의 높이 : 두 밑면 사이의 거리

    ㉡ n각기둥의 면의 개수 : $n+2$

    ㉢ n각기둥의 꼭짓점의 개수 : $2n$

    ㉣ n각기둥의 모서리의 개수 : $3n$

② **각뿔** : 밑면이 다각형이고, 옆면이 모두 삼각형인 다면체를 각뿔이라 하고, 밑면의 모양에 따라 삼각뿔, 사각뿔, 오각뿔, …이라고 한다.

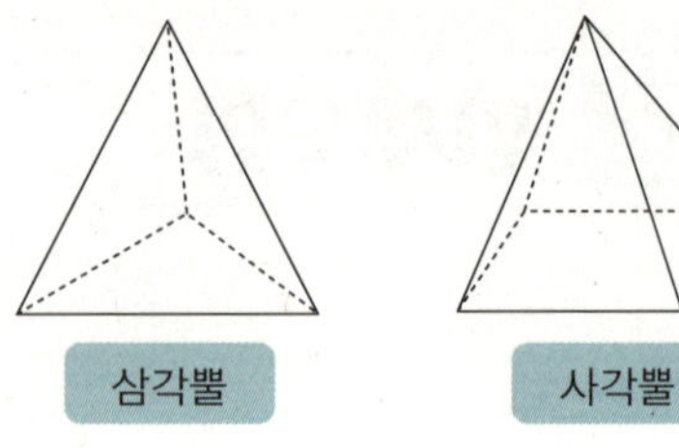

    ㉠ 각뿔의 높이 : 각뿔의 꼭짓점에서 밑면에 내린 수선의 길이

    ㉡ n각뿔의 면의 개수 : $n+1$

    ㉢ n각뿔의 꼭짓점의 개수 : $n+1$

    ㉣ n각뿔의 모서리의 개수 : $2n$

③ **각뿔대** : 각뿔을 밑면에 평행하게 잘라서 생기는 두 다면체 중에서 각뿔이 아닌 쪽의 다면체를 각뿔대라 하고, 밑면의 모양에 따라 삼각뿔대, 사각뿔대, 오각뿔대, …라고 한다.

    ㉠ 각뿔대에서 평행한 두 면을 밑면, 두 밑면에 수직인 선분의 길이를 각뿔대의 높이라 한다.

    ㉡ 각뿔대의 옆면은 한 쌍의 마주 보는 변이 평행한 사각형이므로 모두 사다리꼴이다.

    ㉢ n각뿔대의 면의 개수 : $n+2$

    ㉣ n각뿔대의 꼭짓점의 개수 : $2n$

    ㉤ n각뿔대의 모서리의 개수 : $3n$

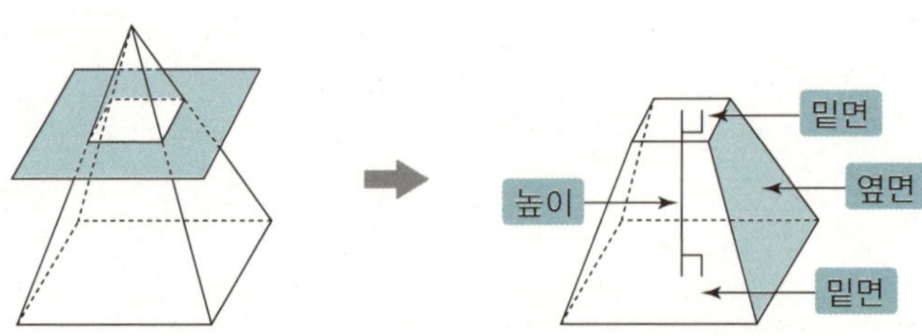

다음 각뿔대의 이름을 말하여라.

(1) 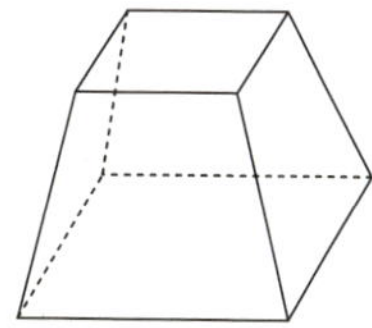

(2) 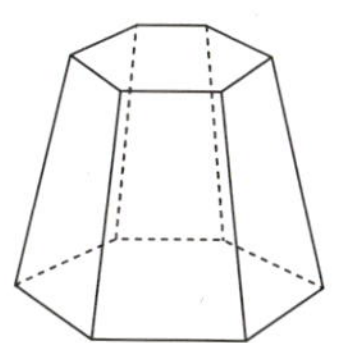

(1) 밑면의 모양이 사각형이므로 사각뿔대이다.
(2) 밑면의 모양이 육각형이므로 육각뿔대이다.

2 정다면체

(1) **정다면체** : 모든 면이 서로 합동인 정다각형이고, 각 꼭짓점에 모이는 면의 개수가 같은 다면체

(2) **정다면체의 종류**

① 정다면체는 정사면체, 정육면체, 정팔면체, 정십이면체, 정이십면체의 다섯 가지 뿐이다.

② 정다면체는 면의 모양에 따라 다음과 같이 분류할 수 있다.

    ㉠ 면이 정삼각형인 경우

한 꼭짓점에 면이 3개 모인 경우	한 꼭짓점에 면이 4개 모인 경우	한 꼭짓점에 면이 5개 모인 경우
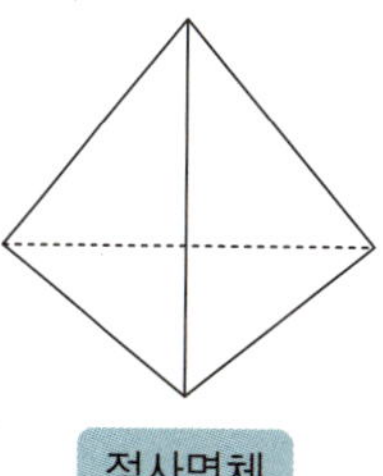	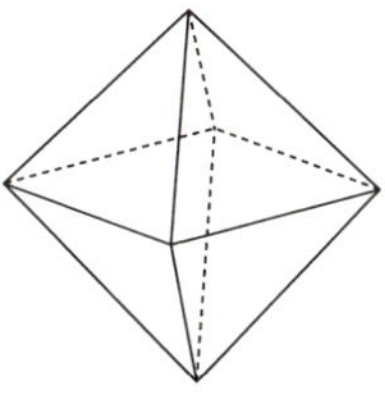	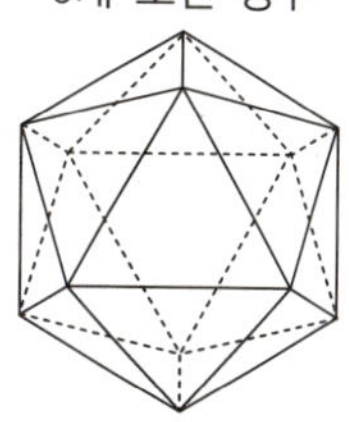
정사면체	정팔면체	정이십면체

    ㉡ 면이 정사각형인 경우

한 꼭짓점에 면이 3개 모인 경우

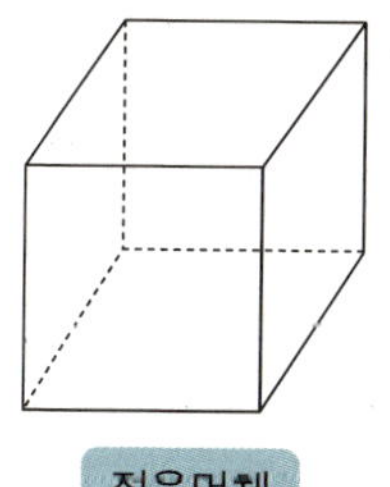

정육면체

    ㉢ 면이 정오각형인 경우

한 꼭짓점에 면이 3개 모인 경우

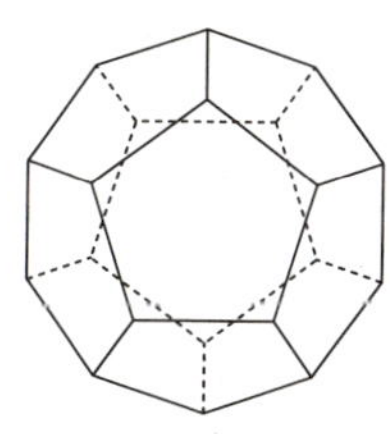

정십이면체

3 회전체

(1) 회전체

① 회전체 : 평면도형을 한 직선 l을 축으로 하여 1회전 시켰을
   때 생기는 입체도형

② 회전축 : 회전시킬 때 축이 되는 직선 l

③ 옆면 : 회전체에서 선분 AB가 회전하여 생긴 옆면

④ 모선 : 선분 AB

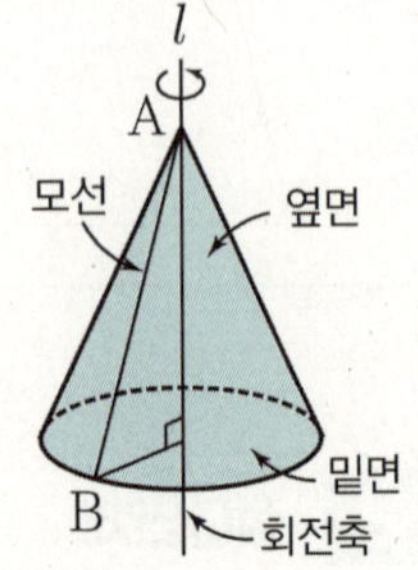

(2) 회전체의 종류

① 원기둥 : 직사각형을 한 변을 회전축으로 하여 1회전 시킬 때 생기는 입체도형

② 원뿔 : 직각삼각형을 직각을 낀 변을 회전축으로 하여 1회전 시킬 때 생기는 입체도형

③ 원뿔대 : 원뿔을 그 밑면에 평행한 평면으로 잘라서 생기
   는 두 입체도형 중에서 원뿔이 아닌 쪽의 도형을 원뿔대
   라 하고, 원뿔대의 평행한 두 면을 밑면, 두 밑면에 수직
   인 선분의 길이를 원뿔대의 높이라 한다.

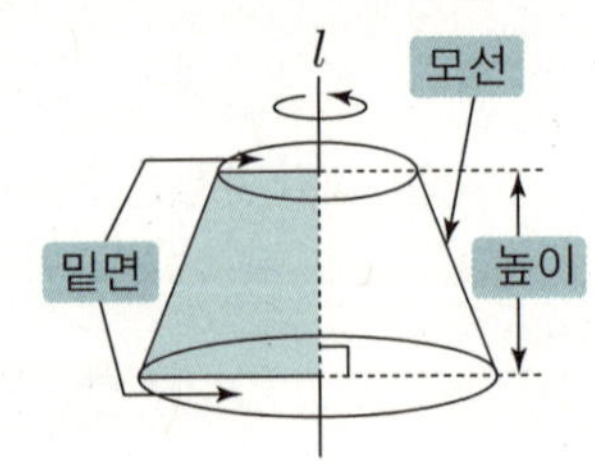

   (잠깐!) 회전체에서 한 선분이 회전하여 옆면을 이룰 때, 그 선분
   을 모선이라고 한다.

④ 구 : 반원을 지름을 회전축으로 하여 1회전 시킬 때 생기는 입체도형

   (잠깐!) 구의 회전축은 무수히 많다.

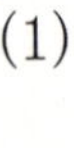 **바로 바로 CHECK√**

다음 평면도형을 직선 l을 축으로 하여 1회전 시켰을 때
생기는 입체도형을 말하여라.

(1) 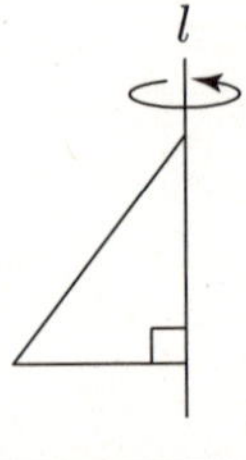　　　　(2) 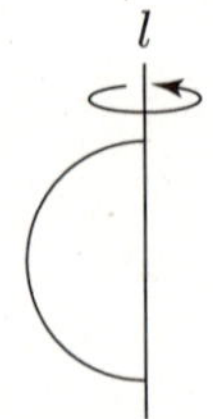

(1) 원뿔 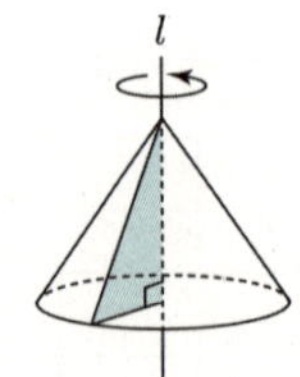　　　　(2) 구 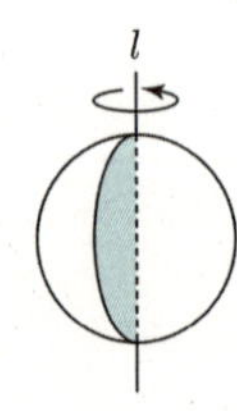

(3) 회전체의 성질

① 회전체를 회전축에 수직인 평면으로 자른 단면은 모두 원이다.

② 회전체를 그 회전축을 포함하는 평면으로 자른 단면은 모두 합동이고, 회전축을 대칭축으로 하는 선대칭도형이다.

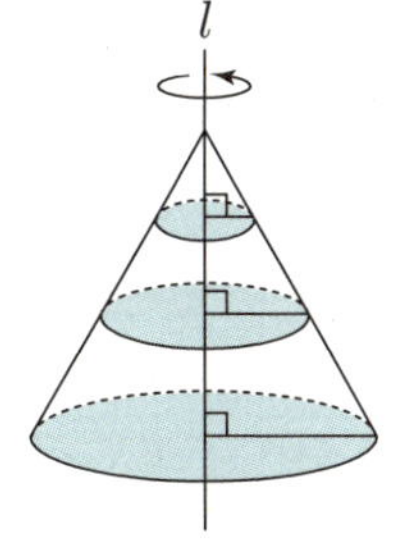
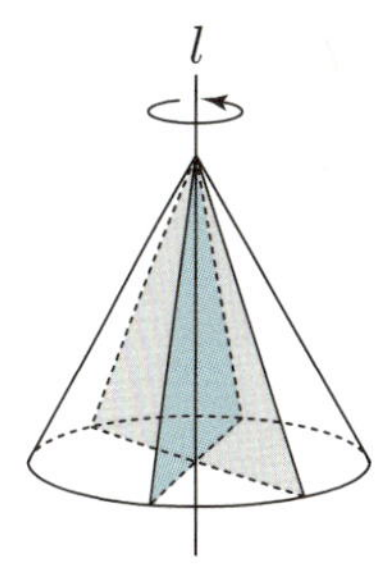

4 입체도형의 겉넓이와 부피

(1) 기둥의 겉넓이

① 각기둥의 겉넓이 :

$$(\text{각기둥의 겉넓이}) = 2 \times (\text{밑넓이}) + (\text{옆넓이})$$

② 원기둥의 겉넓이 : 밑면의 반지름의 길이가 r, 높이가 h인 원기둥의 겉넓이를 S라고 할 때,

$$S = 2\pi r^2 + 2\pi rh$$

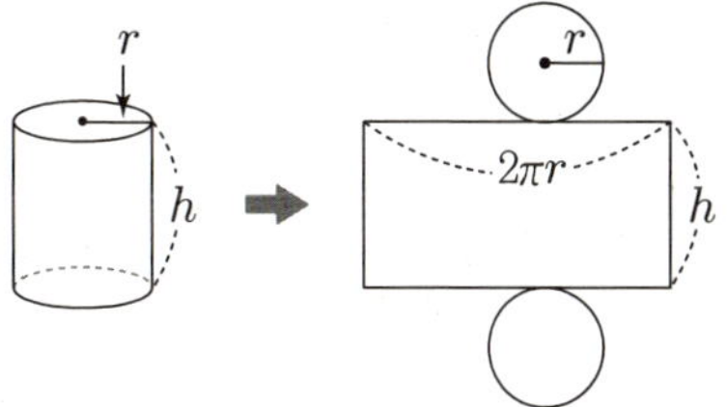

(2) 기둥의 부피

① 각기둥의 부피 : 밑넓이가 S, 높이가 h인 각기둥의 부피를 V라고 할 때,

$$V = Sh$$

② 원기둥의 부피 : 밑면의 반지름의 길이가 r, 높이가 h인 원기둥의 부피를 V라고 할 때,

$$V = \pi r^2 h$$

바로 바로 CHECK✓

다음 입체도형의 겉넓이와 부피를 각각 구하여라.

(1) 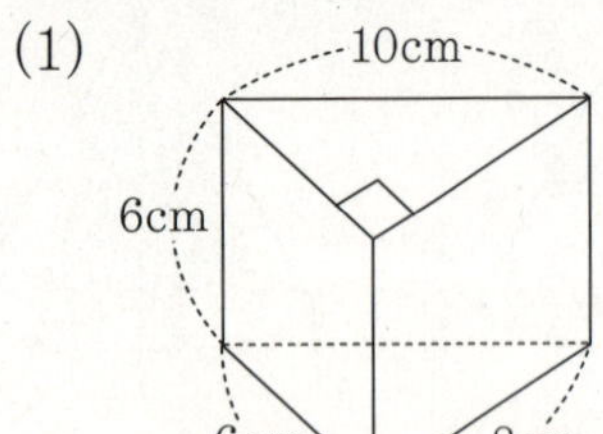

(2) 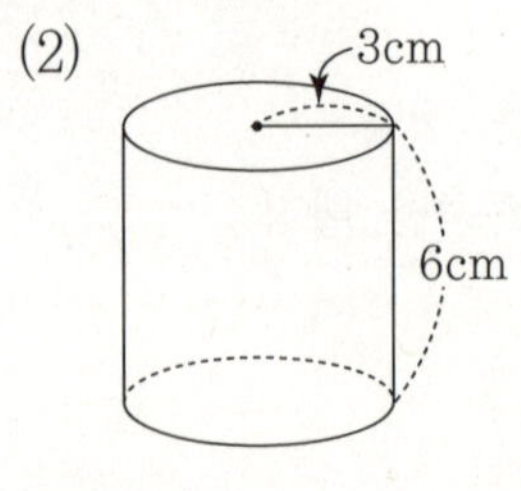

(1) $(겉넓이) = 2 \times \dfrac{1}{2} \times 6 \times 8$
$\qquad + (6+8+10) \times 6 = 192(\mathrm{cm}^2)$

$(부피) = \left(\dfrac{1}{2} \times 6 \times 8\right) \times 6 = 144(\mathrm{cm}^3)$

(2) $(겉넓이) = 2 \times \pi \times 3^2 + 2\pi \times 3 \times 6$
$\qquad = 54\pi(\mathrm{cm}^2)$

$(부피) = \pi \times 3^2 \times 6 = 54\pi(\mathrm{cm}^3)$

5 뿔의 겉넓이와 부피

(1) 뿔의 겉넓이

① 각뿔의 겉넓이 : $(각뿔의\ 겉넓이) = (밑넓이) + (옆넓이)$

② 원뿔의 겉넓이 : 밑면의 반지름의 길이가 r, 모선의 길이가 l인 원뿔의 겉넓이를 S라고 할 때,

$$S = \pi r^2 + \pi r l$$

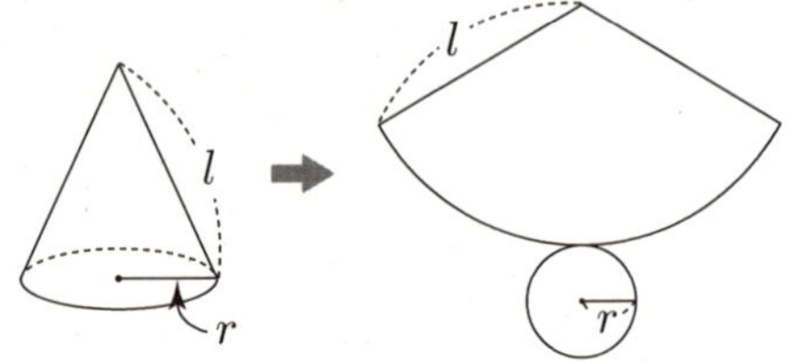

심화학습 원뿔의 겉넓이

밑면의 반지름의 길이가 r, 모선의 길이가 l인 원뿔의 겉넓이는 $(밑넓이)+(옆넓이)$이다. 이때, 밑넓이는 πr^2이고, 옆면은 부채꼴 모양으로 호의 길이는 밑면의 둘레와 같은 $2\pi r$, 모선의 길이가 l이므로 옆넓이는 $\dfrac{1}{2} \times 2\pi r \times l = \pi r l$이다.

(2) 뿔의 부피

① 각뿔의 부피 : 밑넓이가 S, 높이가 h인 각뿔의 부피를 V라고 할 때,

$$V = \frac{1}{3}Sh$$

② 원뿔의 부피 : 밑면의 반지름의 길이가 r, 높이가 h인 원뿔의 부피를 V라고 할 때,

$$V = \frac{1}{3}\pi r^2 h$$

바로 바로 CHECK√

다음 입체도형의 겉넓이와 부피를 각각 구하여라.

(1)
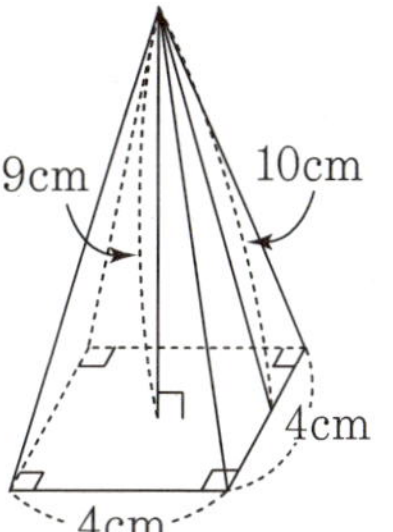

(2)
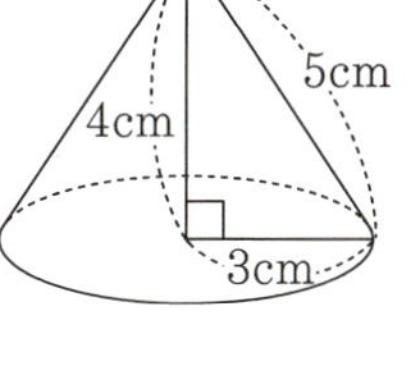

(1) (겉넓이) $= 4 \times 4 + 4 \times \left(\dfrac{1}{2} \times 4 \times 10 \right)$
$= 16 + 80 = 96(\mathrm{cm}^2)$

(부피) $= \dfrac{1}{3} \times 4 \times 4 \times 9 = 48(\mathrm{cm}^3)$

(2) (겉넓이) $= \pi \times 3^2 + \pi \times 3 \times 5$
$= 24\pi(\mathrm{cm}^2)$

(부피) $= \dfrac{1}{3} \times \pi \times 3^2 \times 4 = 12\pi(\mathrm{cm}^3)$

---

6 구의 겉넓이와 부피

(1) **구의 겉넓이** : 반지름의 길이가 r인 구의 겉넓이를 S라고 할 때,

$$S = 4\pi r^2$$

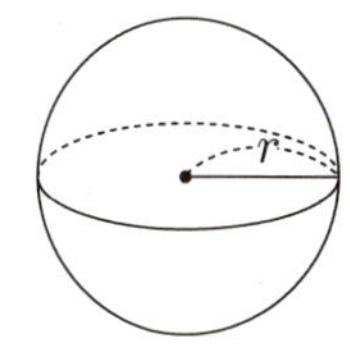

(2) **구의 부피** : 반지름의 길이가 r인 구의 부피를 V라고 할 때,

$$V = \frac{4}{3}\pi r^3$$

바로 바로 CHECK√

다음 입체도형의 겉넓이와 부피를 각각 구하여라.

(1)

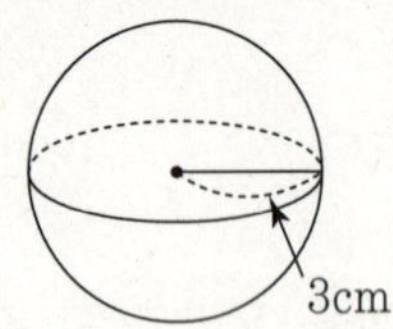

(2)

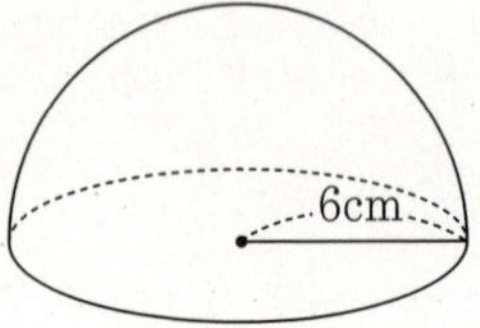

(1) (겉넓이) $= 4\pi \times 3^2 = 36\pi(\text{cm}^2)$

(부피) $= \dfrac{4}{3} \times \pi \times 3^3 = 36\pi(\text{cm}^3)$

(2) (겉넓이) $= \dfrac{1}{2} \times$ (구의 겉넓이) $+$ (밑면인 원의 넓이)

$\quad = \dfrac{1}{2} \times (4\pi \times 6^2) + \pi \times 6^2 = 72\pi + 36\pi$

$\quad = 108\pi(\text{cm}^2)$

(부피) $= \dfrac{1}{2} \times$ (구의 부피)

$\quad = \dfrac{1}{2} \times \left(\dfrac{4}{3} \times \pi \times 6^3 \right) = 144\pi(\text{cm}^3)$

01

팔각형의 대각선의 개수는?

① 16   ② 18
③ 20   ④ 22

02 기출

삼각형 ABC에서 ∠x의 크기는?

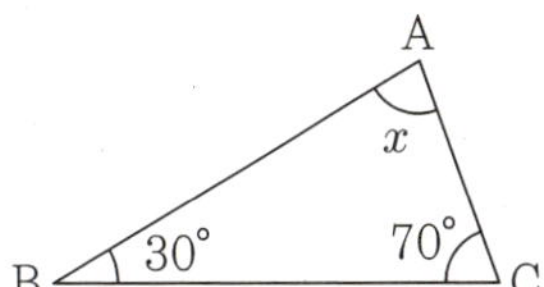

① 70°
② 80°
③ 90°
④ 100°

03

그림에서 ∠x의 크기는?

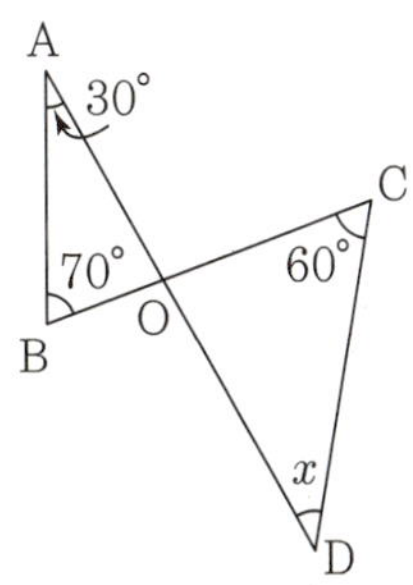

① 35°
② 40°
③ 45°
④ 50°

04

그림의 삼각형 ABC에서 $∠A = 70°$, $∠B = 50°$ 일 때, ∠x의 크기는?

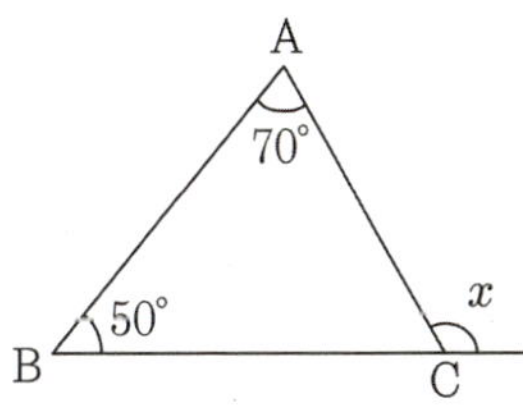

① 90°
② 100°
③ 110°
④ 120°

05 그림에서 $\angle x$의 크기는?

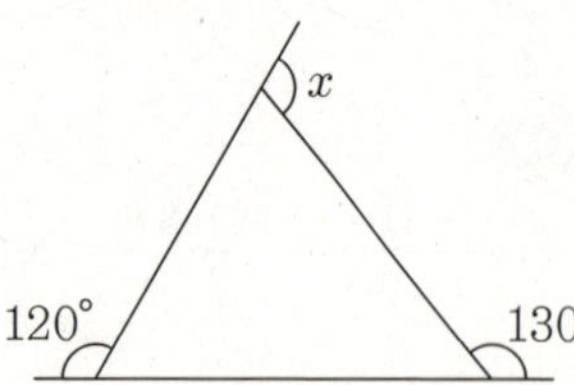

① $90°$
② $100°$
③ $110°$
④ $120°$

06 그림과 같이 사각형 ABCD에서 $\angle A = 130°$, $\angle B = 60°$, $\angle D = 90°$일 때, $\angle x$의 크기는?

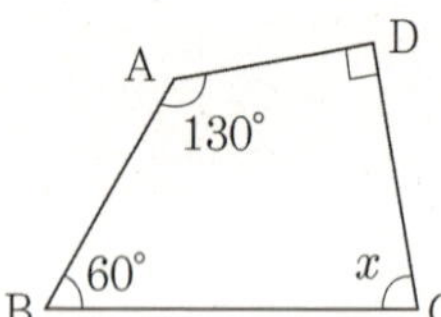

① $50°$
② $60°$
③ $70°$
④ $80°$

07 그림과 같은 원 O에서 $\angle AOB = 30°$, $\angle COD = 120°$이다. 부채꼴 AOB의 넓이가 4cm^2일 때, 부채꼴 COD의 넓이는?

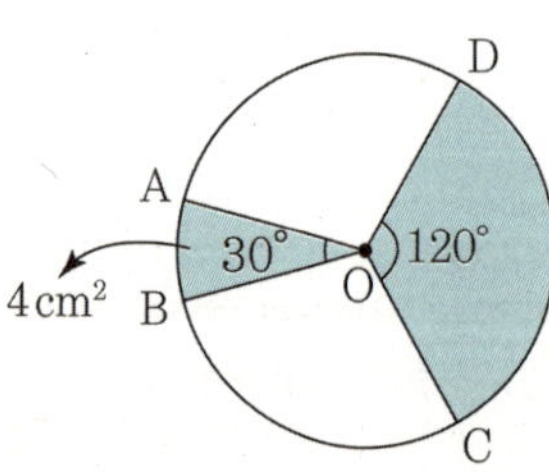

① 12cm^2
② 16cm^2
③ 20cm^2
④ 24cm^2

08 그림과 같이 $\overline{AB}$가 지름인 원 O에서 $\angle BOD = 30°$이다. $\overline{AC} /\!/ \overline{OD}$일 때, $\widehat{AC} : \widehat{BD}$는 ?

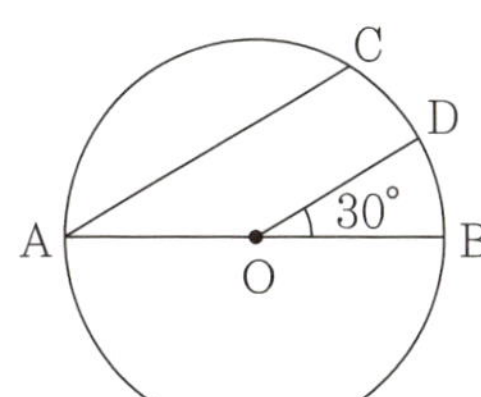

① 3 : 1
② 4 : 1
③ 5 : 1
④ 6 : 1

08

$\widehat{AC} : \widehat{BD} = 120° : 30° = 4 : 1$

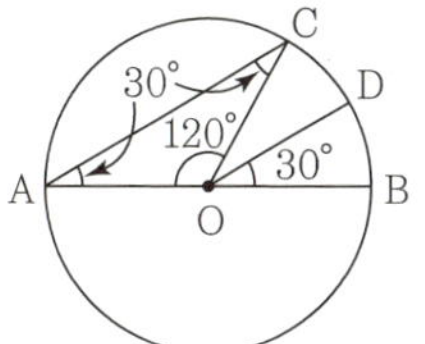

09 그림에서 x의 값은?

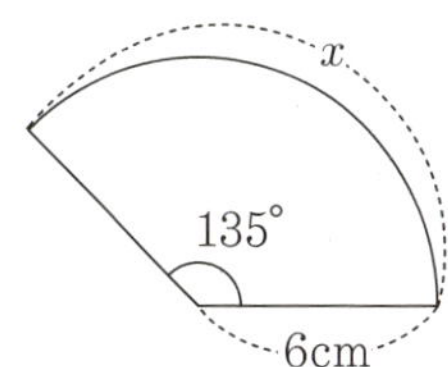

① $\dfrac{5}{2}\pi\text{cm}$

② $3\pi\text{cm}$

③ $4\pi\text{cm}$

④ $\dfrac{9}{2}\pi\text{cm}$

09

$$x = 2\pi \times 6 \times \frac{135}{360} = \frac{9}{2}\pi(\text{cm})$$

10 반지름의 길이가 6cm, 중심각의 크기가 $60°$인 부채꼴의 넓이는?

① $6\pi\text{cm}^2$
② $12\pi\text{cm}^2$
③ $18\pi\text{cm}^2$
④ $24\pi\text{cm}^2$

10

$$S = \pi \times 6^2 \times \frac{60}{360} = 6\pi(\text{cm}^2)$$

11 원 O에서 $\angle AOB = 20°$, $\angle COD = 100°$ $\widehat{AB} = 4\text{cm}$이다. x의 값은?

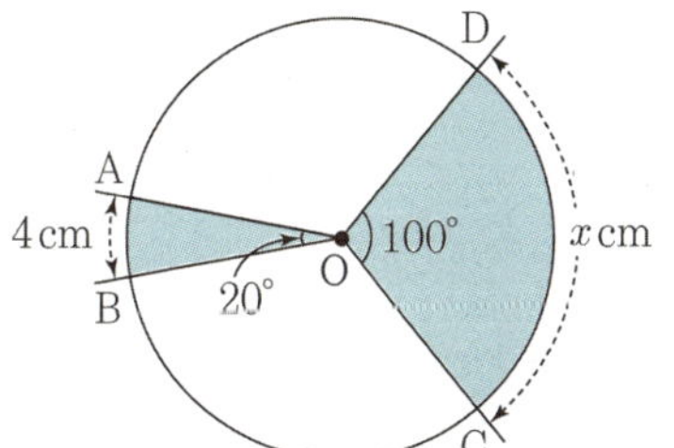

① 12
② 16
③ 20
④ 24

11

한 원에 있어서 두 부채꼴의 중심각의 크기와 호의 길이는 정비례하므로
$20 : 100 = 4 : x$

$20x = 400$

$\therefore\ x = 20(\text{cm})$

12 기출 그림과 같은 삼각뿔에서 꼭짓점의 개수를 v, 모서리의 개수를 e라 할 때, $v+e$의 값은?

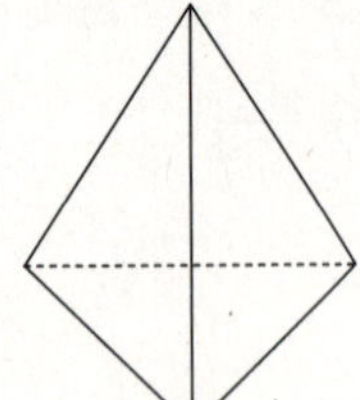

① 4
② 6
③ 8
④ 10

13 기출 그림의 다면체에서 꼭짓점의 개수, 모서리의 개수, 면의 개수를 각각 v, e, f라 할 때, $v-e+f$의 값은?

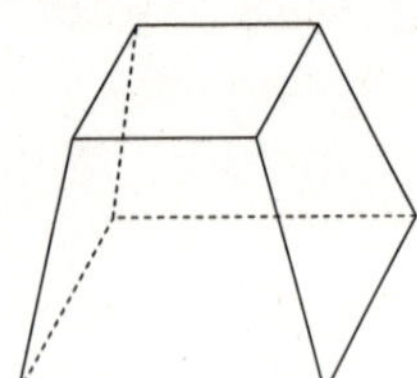

① -2
② 0
③ 1
④ 2

14 각 면의 모양이 모두 합동인 정삼각형이고, 한 꼭짓점에 모이는 면의 개수가 3개인 정다면체는?

① 정사면체
② 정육면체
③ 정팔면체
④ 정이십면체

15 그림과 같이 $\angle C = 90°$인 직각삼각형 ABC를 직선 l을 축으로 하여 1회전시킬 때 생기는 입체도형은?

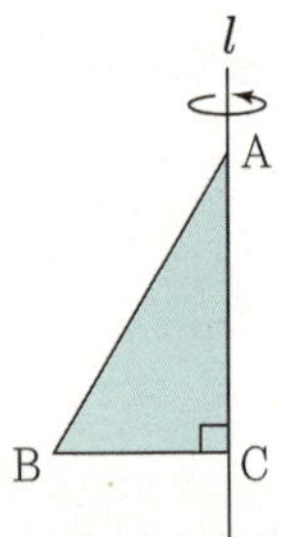

① 원뿔
② 원기둥
③ 삼각뿔
④ 사각기둥

16 다음 입체도형의 겉넓이와 부피를 각각 구하여라.

(1) 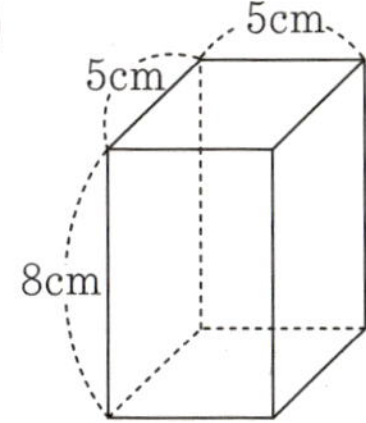

(2) 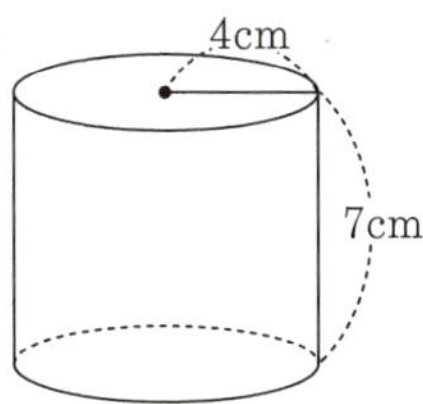

(3) 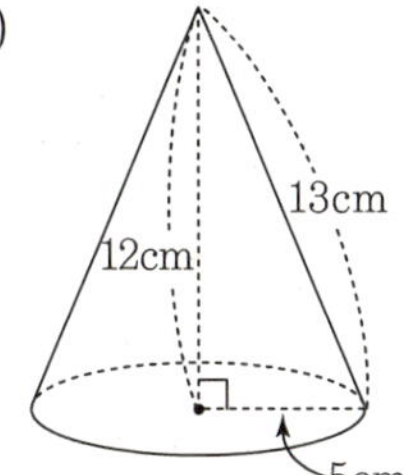

(4) 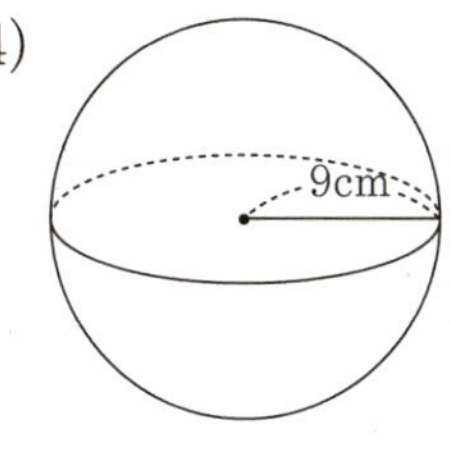

16

(1) (겉넓이)$= 2\times 5\times 5 + 4\times 8\times 5$
$= 50 + 160 = 210(\mathrm{cm}^2)$
(부피)$= 5\times 5\times 8 = 200(\mathrm{cm}^3)$

(2) (겉넓이)$= 2\times \pi \times 4^2 + 2\pi \times 4\times 7$
$= 32\pi + 56\pi = 88\pi(\mathrm{cm}^2)$
(부피)$= \pi \times 4^2 \times 7 = 112\pi(\mathrm{cm}^3)$

(3) (겉넓이)$= \pi \times 5^2 + \pi \times 5\times 13$
$= 25\pi + 65\pi = 90\pi(\mathrm{cm}^2)$
(부피)$= \dfrac{1}{3}\times \pi \times 5^2 \times 12$
$= 100\pi(\mathrm{cm}^3)$

(4) (겉넓이)$= 4\pi \times 9^2 = 324\pi(\mathrm{cm}^2)$
(부피)$= \dfrac{4}{3}\times \pi \times 9^3 = 972\pi(\mathrm{cm}^3)$

17 그림과 같은 평면도형을 직선 l을 축으로 하여 회전시켰을 때 생기는 입체도형을 고르면?

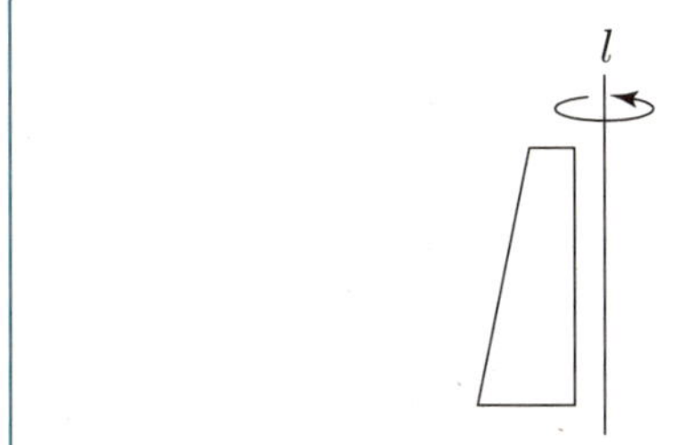

① 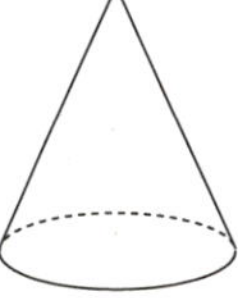

② 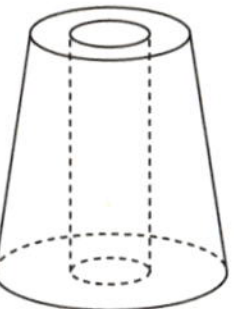

③ 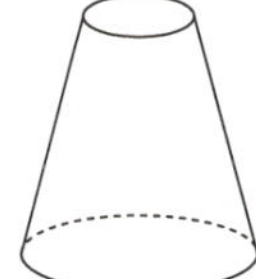

④ 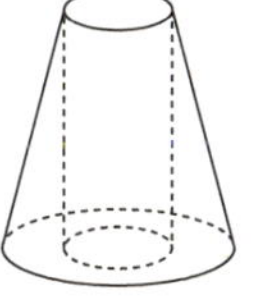

ANSWER

16.	겉넓이	부피
(1)	$210\,\mathrm{cm}^2$	$200\,\mathrm{cm}^3$
(2)	$88\pi\,\mathrm{cm}^2$	$112\pi\,\mathrm{cm}^3$
(3)	$90\pi\,\mathrm{cm}^2$	$100\pi\,\mathrm{cm}^3$
(4)	$324\pi\,\mathrm{cm}^2$	$972\pi\,\mathrm{cm}^3$

17. ②

03 삼각형과 사각형의 성질

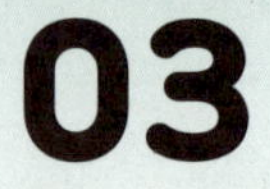

01 삼각형의 성질

1 이등변삼각형의 성질

(1) **이등변삼각형의 뜻** : 두 변의 길이가 서로 같은 삼각형

(2) **이등변삼각형의 성질**

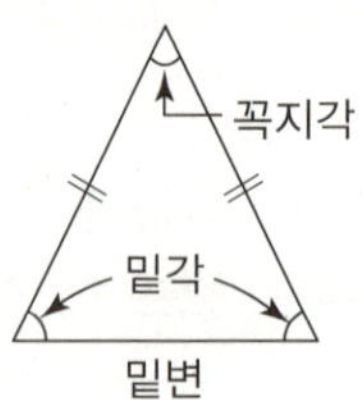

　① 이등변삼각형의 두 밑각의 크기는 같다.

　　잠깐! 이등변삼각형이 되는 조건 : 두 내각의 크기가 서로 같은 삼각형은
　　　　　이등변삼각형이다.

　② 이등변삼각형의 꼭지각의 이등분선은 밑변을 수직이등분한다.

바로 바로 CHECK√

01 다음 그림에서 두 내각의 크기가 같을 때, x의 값은?

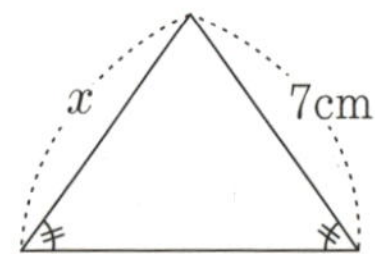

　① 5cm　　　　② 6cm

　③ 7cm　　　　④ 8cm

01 두 내각의 크기가 서로 같은 삼각형은 이등변삼각형이므로 $x = 7\,\text{cm}$이다.

 답 ③

02 그림의 이등변삼각형 ABC에서 ∠A의 이등분선과 밑변 BC와의 교점을 M이라 하고, ∠A = 70°, $\overline{BC}$ = 8cm 일 때, 다음을 구하여라.

(1) ∠C의 크기

(2) $\overline{BM}$의 길이

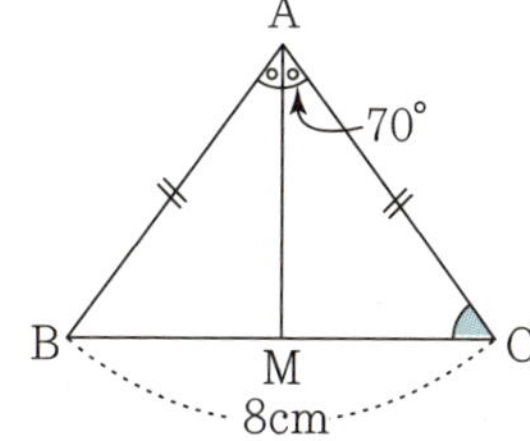

02 (1) ∠B = ∠C이고, 삼각형의 내각의 합은 180°이므로

$$\angle C = \frac{1}{2}(180° - 70°)$$
$$= 55°$$

(2) 이등변삼각형의 꼭지각의 이등분선은 밑변을 수직이등분하므로

$$\overline{BM} = \frac{1}{2} \times 8 = 4\text{(cm)}$$

---

2 직각삼각형의 합동

(1) 직각삼각형의 합동 조건

① 빗변의 길이와 한 예각의 크기가 각각 같을 때(RHA 합동)

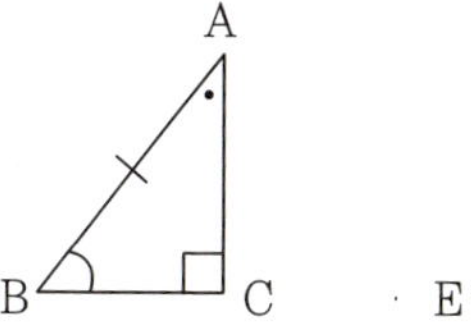

② 빗변의 길이와 다른 한 변의 길이가 각각 같을 때(RHS 합동)

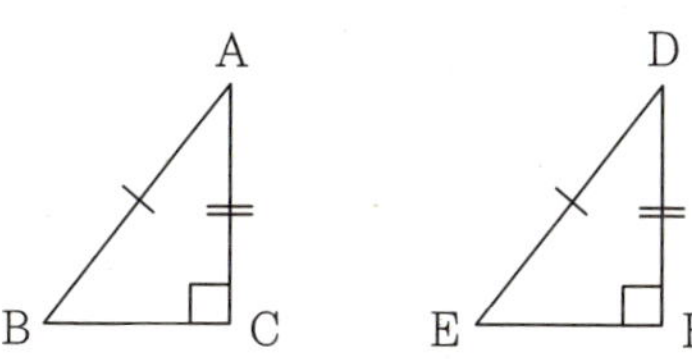

(2) 각의 이등분선의 성질

① 각의 이등분선 위의 한 점에서 그 각을 이루는 두 변까지의 거리는 같다.

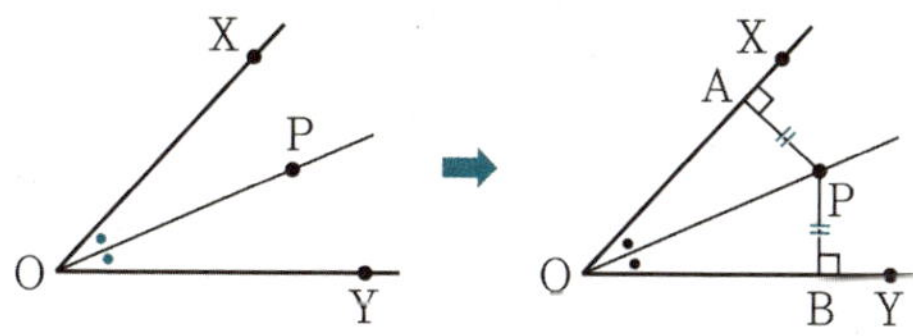

$$\Rightarrow \angle XOP = \angle YOP \text{이면 } \overline{PA} = \overline{PB} \text{이다. (RHA합동)}$$

② 각을 이루는 두 변에서 같은 거리에 있는 점은 그 각의 이등분선 위에 있다.

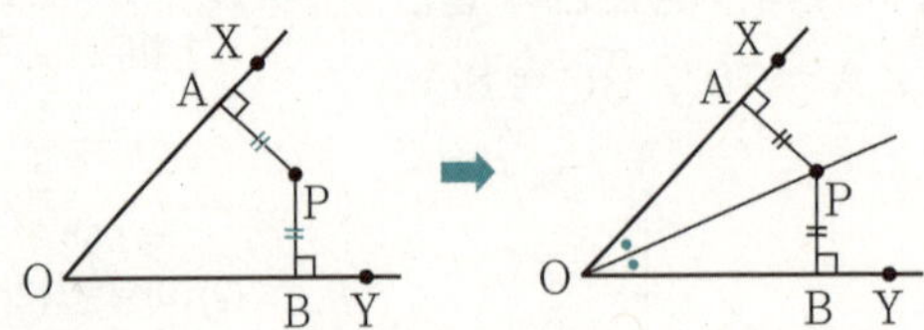

$\Rightarrow \overline{PA}=\overline{PB}$이면 $\angle XOP = \angle YOP$이다.(RHS합동)

3 삼각형의 외심과 내심

(1) 삼각형의 외심

① 외접, 외접원 : $\triangle ABC$의 모든 꼭짓점이 원 O 위에 있을 때, 원 O는 $\triangle ABC$에 외접한다고 하고, 원 O를 $\triangle ABC$의 외접원이라고 한다.

② 외심 : 삼각형의 외접원의 중심

③ 삼각형의 외심 : 삼각형의 세 변의 수직이등분선은 한 점 (외심)에서 만난다.

④ 삼각형의 외심의 성질

　㉠ 삼각형의 외심에서 세 꼭짓점에 이르는 거리는 같다.

　　$\Rightarrow \overline{OA}=\overline{OB}=\overline{OC}$ (외접원 O의 반지름의 길이)

　㉡ $\angle OAB + \angle OBC + \angle OCA = 90°$

　㉢ $\angle BOC = 2\angle A$

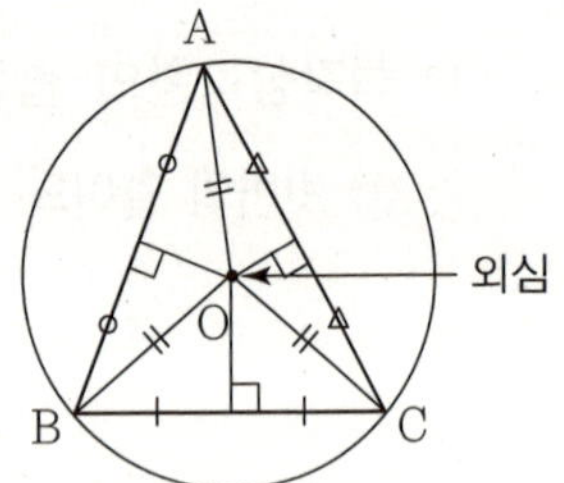

⑤ 삼각형의 외심의 위치

예각삼각형	직각삼각형	둔각삼각형
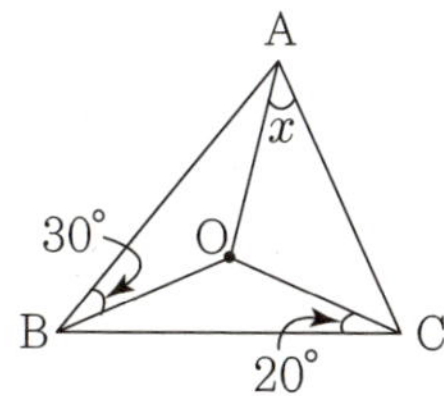		
삼각형의 내부	빗변의 중점	삼각형의 외부

바로 바로 CHECK√

오른쪽 그림에서 점 O가 △ABC
의 외심일 때, ∠x의 크기는?

① 20°　　② 25°

③ 30°　　④ 40°

$2(30° + 20° + \angle x) = 180°$

$30° + 20° + \angle x = 90°$

$\therefore \ \angle x = 40°$

답 ④

(2) 삼각형의 내심

① 원과 직선

  ㉠ 할선 : 원과 두 점에서 만나는 직선

  ㉡ 접선 : 원과 한 점에서 만나는 직선

  → 원의 접선은 그 접점을 지나는 반지름에 수직이다.

  ㉢ 접점 : 원과 접선이 만나는 점

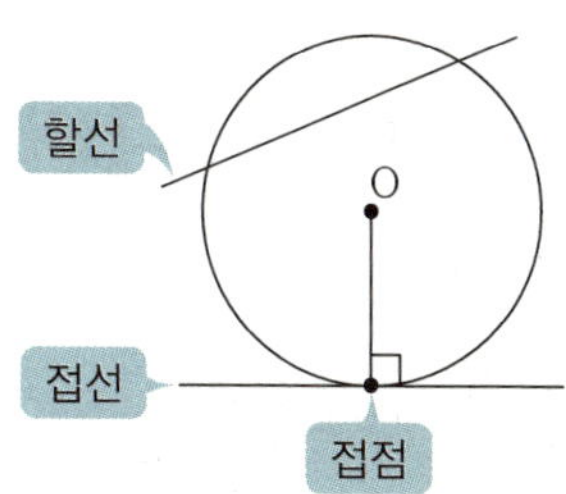

② 내접, 내접원 : 원 I가 △ABC의 모든 변에 접할 때,
원 I는 △ABC에 내접한다고 하고, 원 I를 △ABC
의 내접원이라고 한다.

③ 내심 : 삼각형의 내접원의 중심

④ **삼각형의 내심** : 삼각형의 세 내각의 이등분선은 한 점
(내심)에서 만난다.

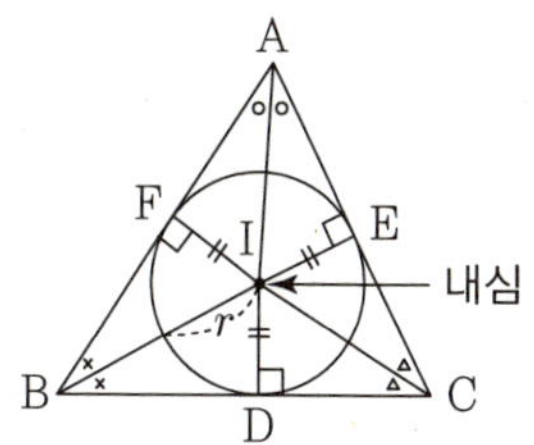

⑤ 삼각형의 내심의 성질

㉠ 삼각형의 내심에서 세 변에 이르는 거리는 같다.

$\Rightarrow \overline{\text{ID}} = \overline{\text{IE}} = \overline{\text{IF}}$ (내접원 I의 반지름의 길이)

㉡ $\angle \text{IAB} + \angle \text{IBC} + \angle \text{ICA} = 90°$

㉢ $\angle \text{BIC} = 90° + \dfrac{1}{2} \angle \text{A}$

㉣ ($\triangle \text{ABC}$의 넓이)$= \dfrac{1}{2} \times r \times (\overline{\text{AB}} + \overline{\text{BC}} + \overline{\text{CA}})$

㉤ $\overline{\text{AE}} = \overline{\text{AF}}, \ \overline{\text{BD}} = \overline{\text{BF}}, \ \overline{\text{CD}} = \overline{\text{CE}}$

바로 바로 CHECK√

오른쪽 그림에서 점 I가 $\triangle \text{ABC}$의 내심일 때, $\angle x$의 크기는?

① $20°$ ② $25°$

③ $30°$ ④ $35°$

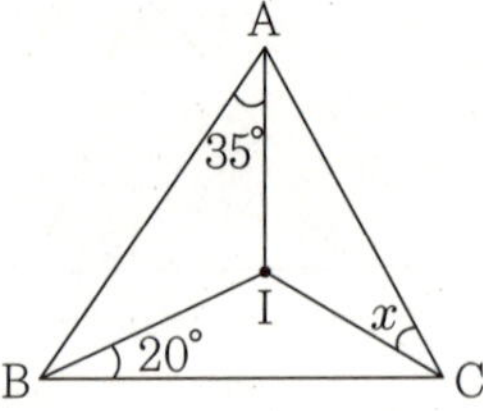

$2(35° + 20° + \angle x) = 180°$
$35° + 20° + \angle x = 90°$
$\therefore \ \angle x = 35°$

답 ④

---

02 사각형의 성질

1 평행사변형

(1) 평행사변형

두 쌍의 대변이 각각 평행한 사각형을 평행사변형이라고 한다.

$\Rightarrow \overline{\text{AB}} /\!/ \overline{\text{DC}}, \ \overline{\text{AD}} /\!/ \overline{\text{BC}}$

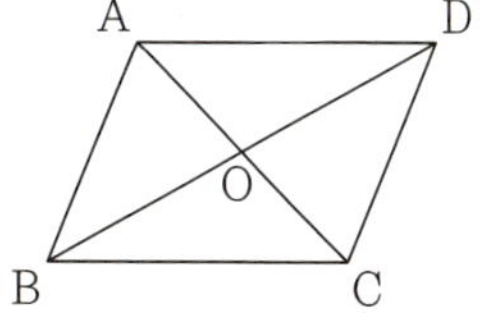

(2) 평행사변형의 성질

① 두 쌍의 대변의 길이는 각각 같다.

$\Rightarrow \overline{AB}=\overline{DC}, \ \overline{AD}=\overline{BC}$

② 두 쌍의 대각의 크기는 각각 같다.

$\Rightarrow \angle A=\angle C, \ \angle B=\angle D$

③ 두 대각선은 서로 다른 것을 이등분한다.

$\Rightarrow \overline{AO}=\overline{CO}, \ \overline{BO}=\overline{DO}$

바로 바로 CHECK√

다음 평행사변형에서 x, y의 값과 $\angle a$의 크기를 구하여라.

(1) 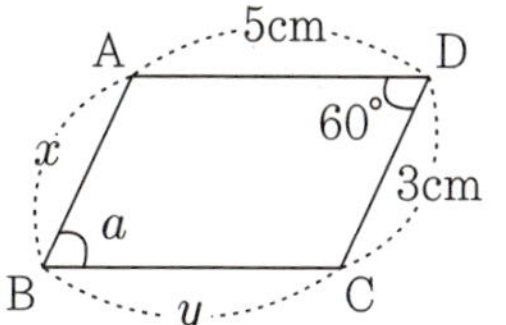

(2) 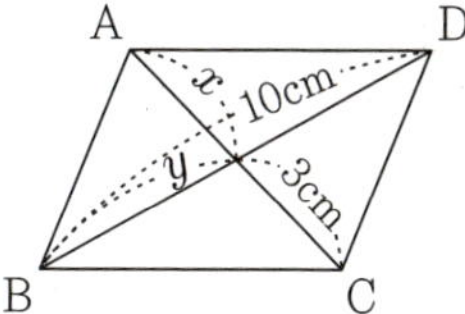

(1) $x=3\,\mathrm{cm}, \ y=5\,\mathrm{cm}, \ \angle a=60°$
(2) $x=3\,\mathrm{cm}, \ y=5\,\mathrm{cm}$

---

2 평행사변형이 되는 조건

(1) 평행사변형이 되는 조건

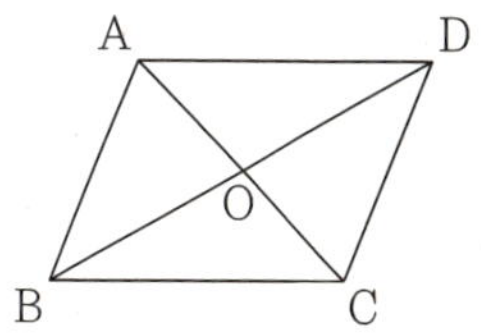

① 두 쌍의 대변이 각각 평행하다.

$\Rightarrow \overline{AB} /\!/ \overline{DC}, \ \overline{AD} /\!/ \overline{BC}$

② 두 쌍의 대변의 길이가 각각 같다.

$\Rightarrow \overline{AB}=\overline{DC}, \ \overline{AD}=\overline{BC}$

③ 두 쌍의 대각의 크기가 각각 같다. $\Rightarrow \angle A=\angle C, \ \angle B=\angle D$

④ 두 대각선이 서로 다른 것을 이등분한다. $\Rightarrow \overline{AO}=\overline{CO}, \ \overline{BO}=\overline{DO}$

⑤ 한 쌍의 대변이 평행하고, 그 길이가 같다. $\Rightarrow \overline{AD} /\!/ \overline{BC}, \ \overline{AD}=\overline{BC}$

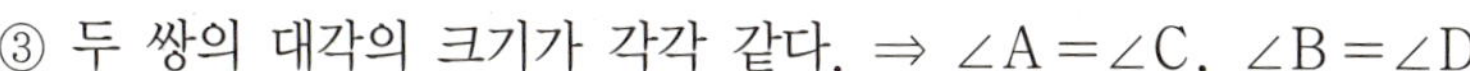

(2) 평행사변형과 넓이

① 평행사변형의 넓이는 한 대각선에 의해 이등분된다.

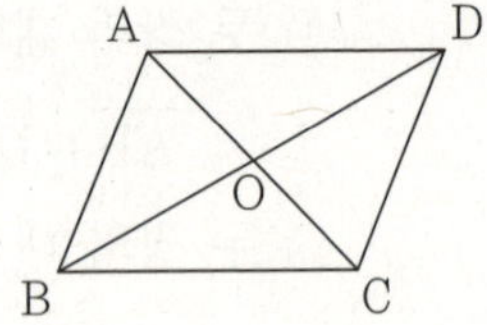

$$\triangle ABC = \triangle BCD = \triangle CDA = \triangle DAB = \frac{1}{2}\square ABCD$$

② 평행사변형의 넓이는 두 대각선에 의해 사등분된다.

$$\triangle AOB = \triangle BOC = \triangle COD = \triangle DOA = \frac{1}{4}\square ABCD$$

③ 평행사변형 내부의 임의의 점 P에 대하여

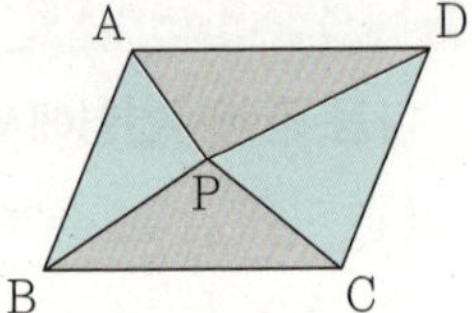

$$\triangle PAB + \triangle PCD = \triangle PBC + \triangle PDA = \frac{1}{2}\square ABCD$$

바로 바로 CHECK√

오른쪽 그림과 같은 평행사변형 ABCD에서 점 O가 두 대각선의 교점일 때, 다음에 답하여라.

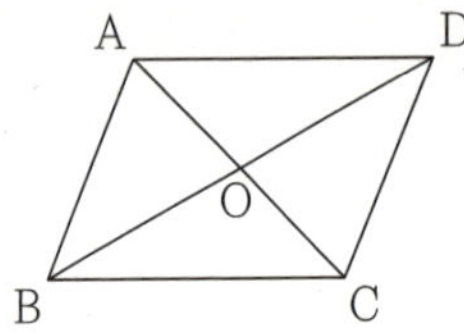

(1) $\square ABCD$의 넓이가 $40cm^2$일 때, $\triangle BOC$의 넓이를 구하여라.

(2) $\triangle ABO$의 넓이가 $6cm^2$일 때, $\square ABCD$의 넓이를 구하여라.

(1) $\triangle BOC = \dfrac{1}{4}\square ABCD$

$= \dfrac{1}{4} \times 40 = 10(cm^2)$

(2) $\square ABCD = 4\triangle ABO$

$= 4 \times 6 = 24(cm^2)$

---

3 여러 가지 사각형의 성질

(1) 직사각형

① 직사각형 : 네 각의 크기가 모두 같은 사각형

② 직사각형의 성질 : 직사각형의 두 대각선의 길이는 같고, 서로 다른 것을 이등분한다.
⇒ $\overline{AC} = \overline{BD}$, $\overline{AO} = \overline{BO} = \overline{CO} = \overline{DO}$

③ 평행사변형이 직사각형이 되는 조건
  ㉠ 한 내각이 직각이다.
  ㉡ 두 대각선의 길이가 같다.

(2) 마름모

① 마름모 : 네 변의 길이가 모두 같은 사각형

② 마름모의 성질 : 마름모의 두 대각선은 서로 다른 것을 수직이등분한다. ⇒ $\overline{AO} = \overline{CO}$, $\overline{BO} = \overline{DO}$, $\overline{AC} \perp \overline{BD}$

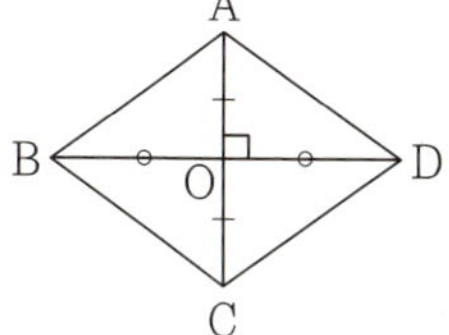

③ 평행사변형이 마름모가 되는 조건
  ㉠ 이웃하는 두 변의 길이가 같다.
  ㉡ 두 대각선이 서로 수직이다.

(3) 정사각형

① 정사각형 : 네 각의 크기가 모두 같고 네 변의 길이가 모두 같은 사각형

② 정사각형의 성질 : 정사각형의 두 대각선은 길이가 같고, 서로 다른 것을 수직이등분한다.
⇒ $\overline{AC} = \overline{BD}$, $\overline{AO} = \overline{BO} = \overline{CO} = \overline{DO}$, $\overline{AC} \perp \overline{BD}$

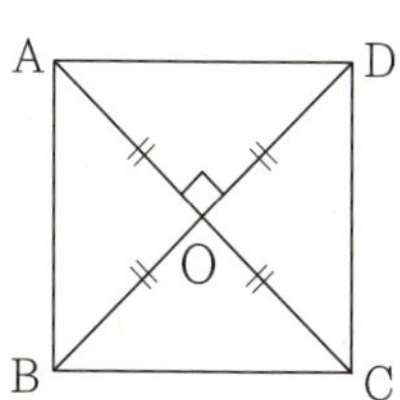

③ 직사각형 또는 마름모가 정사각형이 되는 조건

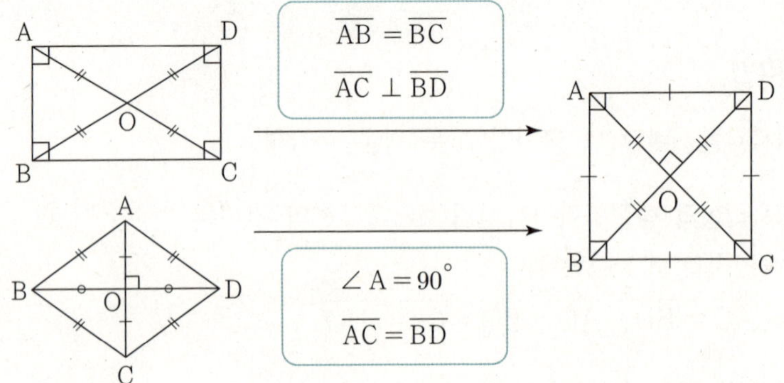

(4) 사다리꼴

① 사다리꼴 : 한 쌍의 대변이 평행한 사각형

② 등변사다리꼴 : 아랫변의 양 끝 각의 크기가 같은 사다리꼴

$\Rightarrow$ $\angle B = \angle C$

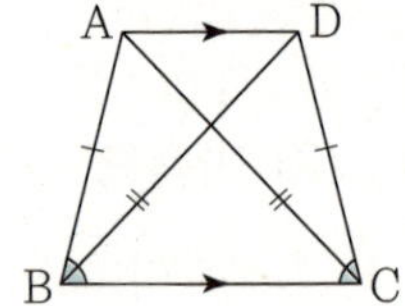

③ 등변사다리꼴의 성질

㉠ 평행하지 않은 한 쌍의 대변의 길이가 같다. $\Rightarrow$ $\overline{AB} = \overline{DC}$

㉡ 두 대각선의 길이가 같다. $\Rightarrow$ $\overline{AC} = \overline{BD}$

(5) 여러 가지 사각형 사이의 관계

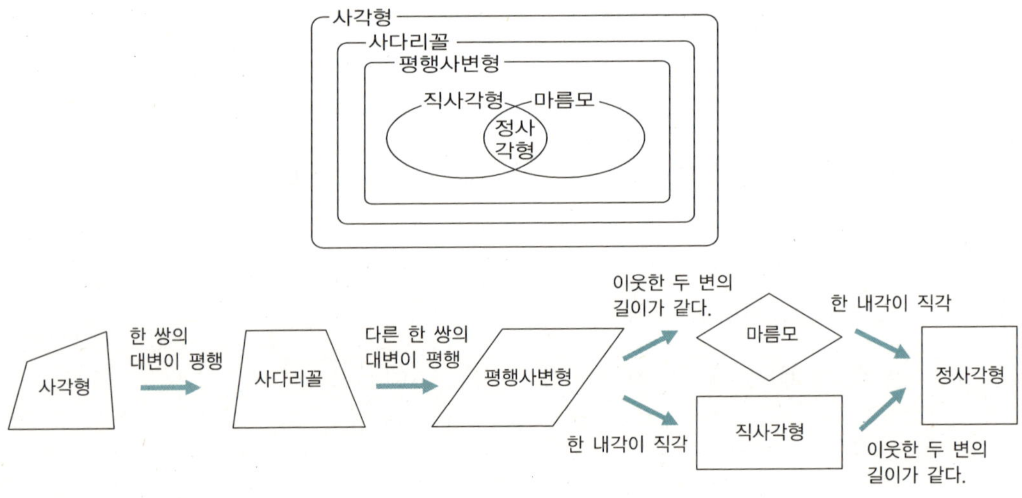

(6) 평행선과 넓이

① 평행선과 삼각형의 넓이 사이의 관계

오른쪽 그림과 같이 $l /\!/ m$일 때, $\triangle ABC$와 $\triangle A'BC$는 높이가 같고, 밑변은 $\overline{BC}$로 공통이므로 그 넓이가 서로 같다. 즉, $l /\!/ m$이면 $\triangle ABC = \triangle A'BC$

② 높이가 같은 두 삼각형의 넓이의 비

높이가 같은 두 삼각형의 넓이의 비는 밑변의 길이의 비와 같다.

$\Rightarrow \overline{BC} : \overline{CD} = m : n$이면 $\triangle ABC : \triangle ACD = m : n$

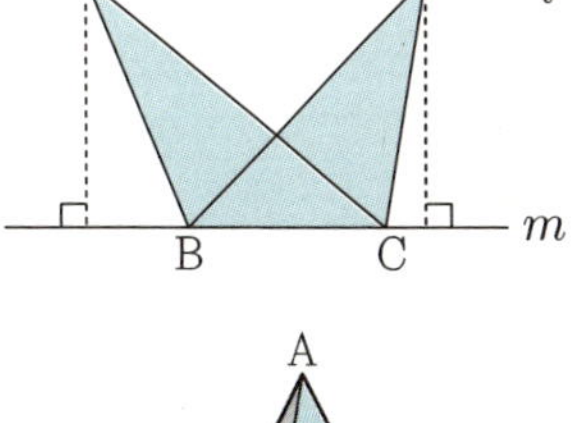

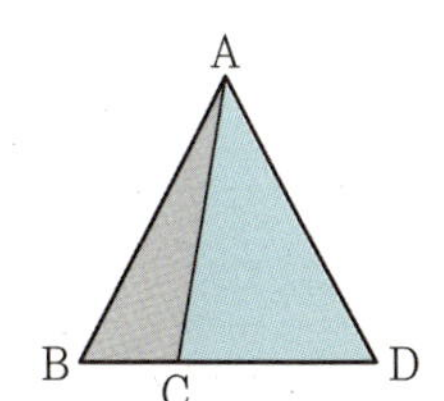

바로 바로 CHECK√

$\square ABCD$에서 $\overline{AD} /\!/ \overline{BC}$이고, $\triangle ABC$의 넓이가 8cm^2일 때, $\triangle DBC$의 넓이는?

① 4cm^2 　② 6cm^2

③ 8cm^2 　④ 10cm^2

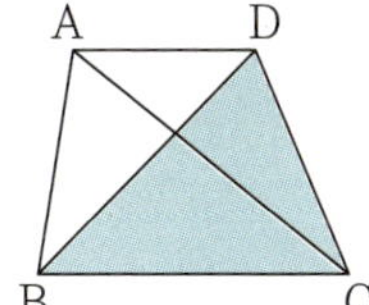

두 삼각형의 밑변은 $\overline{BC}$로 공통이고, 높이도 같으므로 $\triangle DBC$의 넓이는 8cm^2이다.

답 ③

01
△ABC에서 $\overline{AB}=\overline{AC}$, ∠A $=50°$일 때, ∠x의 크기는?

① $60°$

② $65°$

③ $70°$

④ $75°$

01
이등변삼각형의 두 밑각의 크기는 같으므로 ∠B $=$ ∠C $=$ ∠x
삼각형의 내각의 크기의 합은 $180°$이므로
$50°+2∠x=180°$
∴ ∠$x=65°$

02
그림과 같이 $\overline{AB}=\overline{AC}$인 이등변삼각형 ABC에서 꼭지각 A의 이등분선과 밑변 BC와의 교점을 D라 하자. $\overline{BD}=4\,cm$일 때, $\overline{CD}$의 길이는?

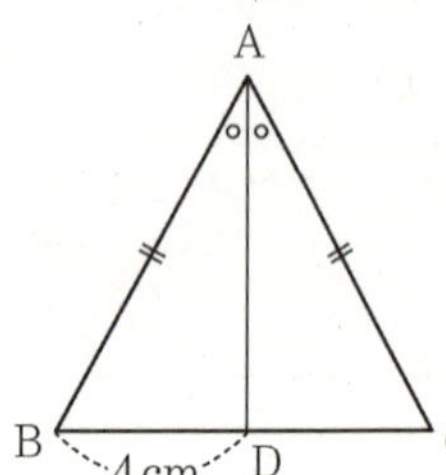

① $3cm$

② $4cm$

③ $5cm$

④ $6cm$

02
이등변삼각형에서 꼭지각의 이등분선은 밑변을 수직이등분하므로 $\overline{CD}=4\,cm$이다.

03
그림에서 $\overline{AB}=\overline{AC}$이고 ∠B $=40°$일 때, ∠x의 크기는?

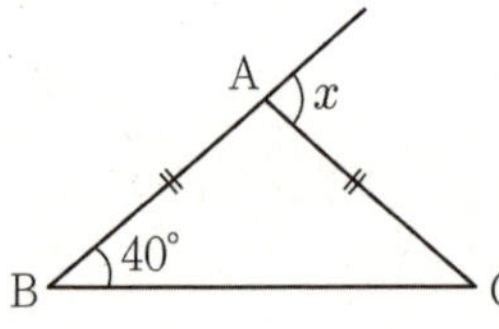

① $40°$

② $60°$

③ $80°$

④ $100°$

03
∠B $=$ ∠C $=40°$
∠$x=$ ∠B $+$ ∠C
$=40°+40°=80°$

ANSWER
01. ② 02. ② 03. ③

04 기출

그림에서 x의 값은?

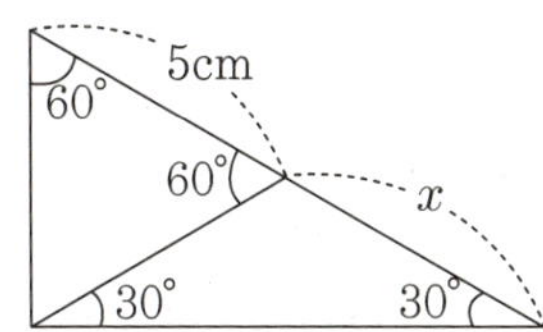

① 4cm
② 5cm
③ 6cm
④ 7cm

04

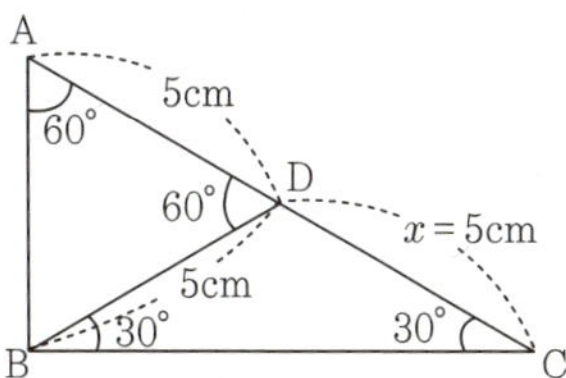

△ABD는 정삼각형으로 세 변과 세 각이 모두 같다. 또한 △BCD는 두 밑각의 크기가 같은 이등변삼각형이므로 $x = 5$cm이다.

05 기출

그림과 같이 $\overline{CA} = \overline{CB}$인 이등변삼각형 ABC에서 $\angle B = 30°$일 때, $\angle x$의 크기는?

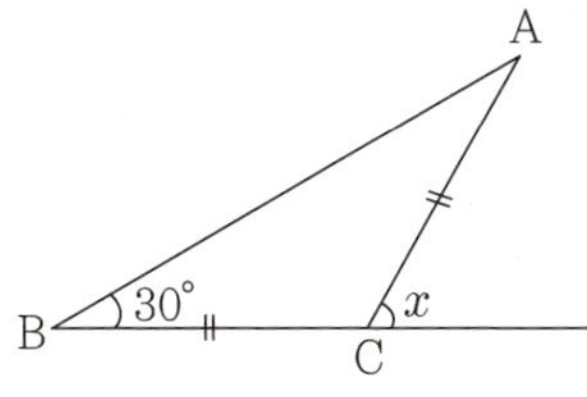

① 70°
② 65°
③ 60°
④ 55°

05

$\angle A = \angle B = 30°$
삼각형의 한 외각의 크기는 그와 이웃하지 않는 두 내각의 크기의 합과 같으므로
$\therefore \angle x = 30° + 30° = 60°$

06

점 O는 △ABC의 외심이다. $\overline{OB} = 2$일 때, $\overline{OA}$의 길이는?

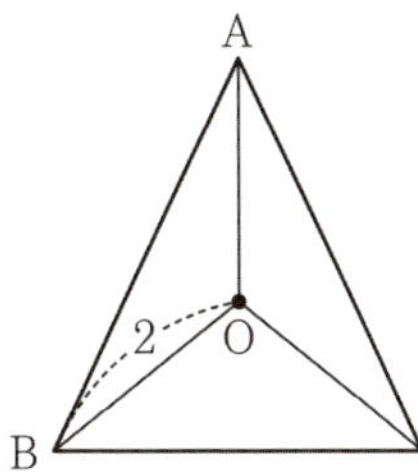

① 2
② 3
③ 4
④ 5

06

삼각형의 외심에서 세 꼭짓점에 이르는 거리는 모두 같으므로 $\overline{OA} = 2$

07 그림에서 점 I는 △ABC의 내심이다. ∠x의 크기를 구하면?

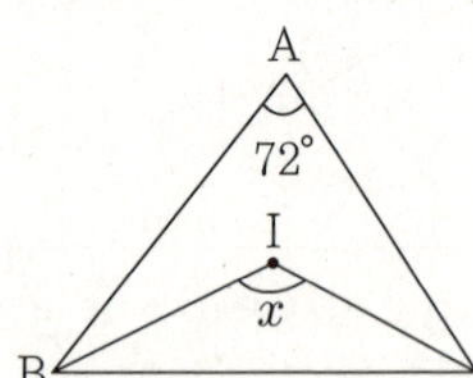

① 118°
② 126°
③ 136°
④ 144°

$72° + 2\angle IBC + 2\angle ICB = 180°$

$\angle IBC + \angle ICB$

$= \dfrac{1}{2}(180° - 72°) = 54°$

$\angle x = 180° - (\angle IBC + \angle ICB)$

$= 180° - 54° = 126°$

08 기출 그림은 ∠A = 130°, $\overline{AD}$ = 8 cm인 평행사변형 ABCD이다. x와 y의 값을 순서대로 나열한 것은?

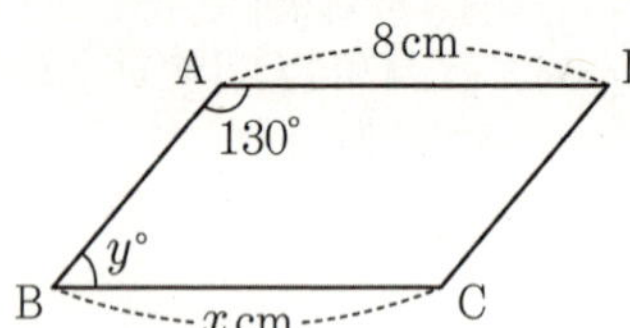

① 8, 50
② 8, 70
③ 9, 50
④ 9, 70

평행사변형에서 대변의 길이는 같으므로 $x = 8$ cm

평행사변형에서 이웃하는 두 각의 크기의 합은 180°이므로

$\angle y = 180° - 130° = 50°$

09 기출 그림과 같이 직사각형 ABCD에서 점 O는 두 대각선의 교점이고 $\overline{AC}$ = 12 cm일 때, x의 값은?

(단, $\overline{AO}$ = x cm)

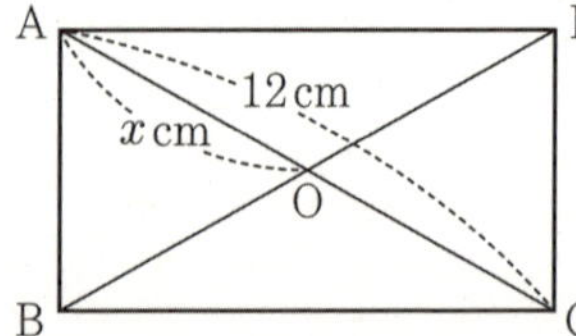

① 6
② 7
③ 8
④ 9

직사각형은 평행사변형이고, 평행사변형은 서로 다른 대각선을 이등분하므로 $x = 6$ cm 이다.

10 그림의 평행사변형 ABCD에서 x의 값은?

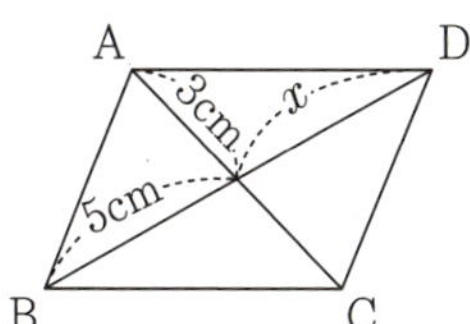

① 3cm
② 4cm
③ 5cm
④ 6cm

10

평행사변형의 두 대각선은 서로 다른 것을 이등분하므로 $x = 5\text{cm}$이다.

11 평면도형에 대한 설명 중 옳지 <u>않은</u> 것은?

기출

① 정사각형은 평행사변형이다.
② 이등변삼각형의 두 밑각의 크기는 같다.
③ 세 변의 길이가 같은 삼각형은 정삼각형이다.
④ 네 변의 길이가 같은 사각형은 직사각형이다.

11

네 변의 길이가 같은 사각형은 마름모이다.

12 그림의 □ABCD가 마름모일 때, x의 값은?

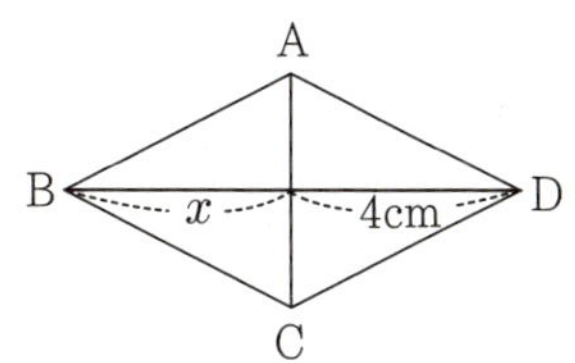

① 3cm
② 4cm
③ 5cm
④ 6cm

12

마름모의 두 대각선은 서로 다른 것을 수직이등분하므로 $x = 4\text{cm}$이다.

04 도형의 닮음과 피타고라스 정리

01 도형의 닮음

1 닮은 도형

(1) 닮은 도형

① 닮음 : 두 도형에서 한 도형을 일정한 비율로 확대하거나 축소한 것이 다른 도형과 합동일 때, 이 두 도형은 서로 닮음인 관계에 있다 하고, 닮음인 관계에 있는 두 도형을 닮은 도형이라 한다.

② 닮음의 기호 : 두 삼각형 ABC와 DEF가 서로 닮은 도형일 때, 기호 $\backsim$를 사용하며 $\triangle ABC \backsim \triangle DEF$와 같이 나타낸다.

> **잠깐!** 두 도형의 꼭짓점은 대응하는 순서대로 쓴다.

(2) 닮음비와 닮음의 성질 중요⁺

① 닮음비 : 닮은 두 도형에서 대응변의 길이의 비

② 평면도형에서의 닮음의 성질
닮은 두 평면도형에서

㉠ 대응변의 길이의 비는 일정하다.

$$\overline{AB} : \overline{DE} = \overline{BC} : \overline{EF} = \overline{CA} : \overline{FD}$$

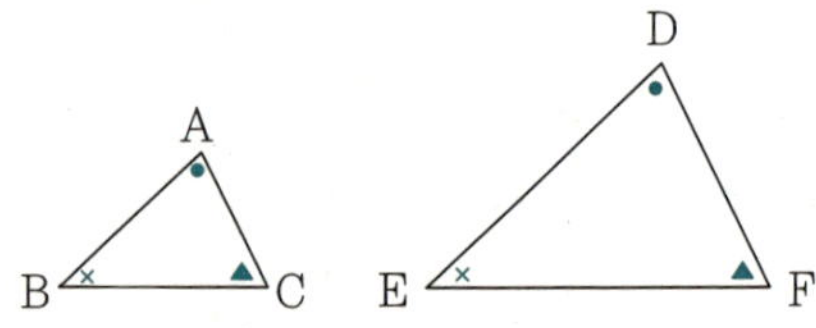

㉡ 대응각의 크기는 각각 같다.

$$\angle A = \angle D, \ \angle B = \angle E, \ \angle C = \angle F$$

③ 입체도형에서 닮음의 성질

닮은 두 입체도형에서

㉠ 대응하는 모서리의 길이의 비는 일정하다.

㉡ 대응하는 면은 닮은 도형이다.

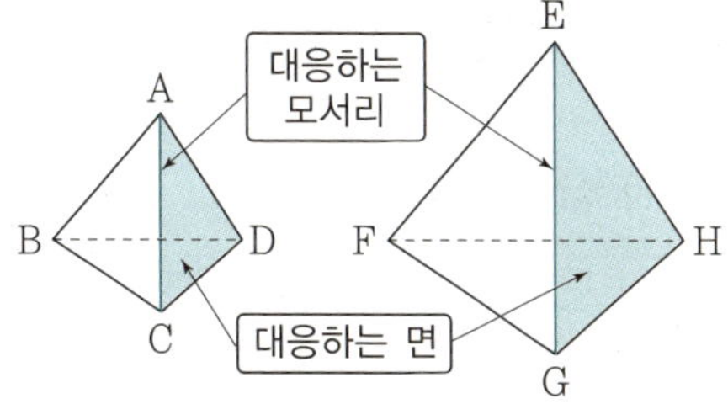

01 길이가 같은 빨대 9개로 그림과 같은 모양의 정삼각형을 만들었다. 이때, 작은 정삼각형과 큰 정삼각형의 닮음비는? (단, 빨대의 굵기는 무시한다.)

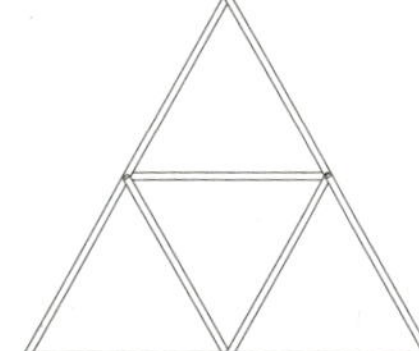

① $1:2$

② $1:3$

③ $1:5$

④ $1:9$

01 빨대의 길이를 a라 하면 작은 정삼각형의 한 변의 길이는 a, 큰 정삼각형의 한 변의 길이는 $2a$이므로 작은 삼각형과 큰 정삼각형의 닮음비는 $a:2a=1:2$이다.

답 ①

02 그림에서 □ABCD∽□A′B′C′D′이다. 다음을 구하여라.

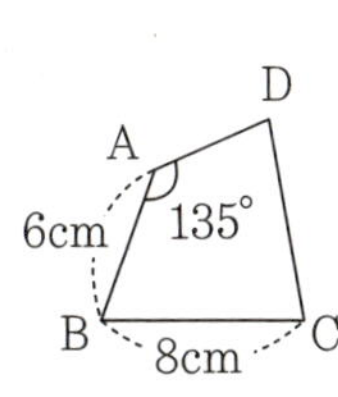

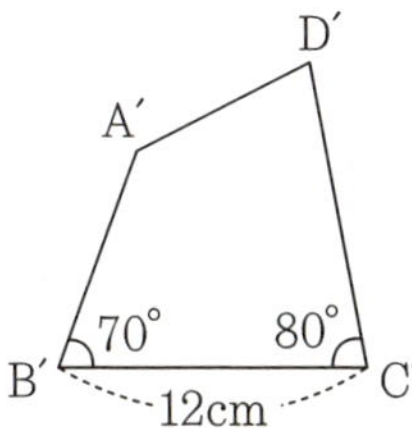

(1) 닮음비

(2) $\overline{A′B′}$의 길이

(3) ∠A′의 크기

(4) ∠D′의 크기

02 (1) $8:12=2:3$

(2) $2:3=\overline{AB}:\overline{A′B′}$

$2:3=6:\overline{A′B′}$

$\therefore \overline{A′B′}=9\,\mathrm{cm}$

(3) $\angle A′=135°$

(4) $\angle D′=360°-(135°+70°+80°)$

$=75°$

2 삼각형의 닮음조건

(1) 삼각형의 닮음조건

두 삼각형은 다음 중 어느 한 조건만 만족하면 닮은 도형이 된다.

① 세 쌍의 대응변의 길이의 비가 같을 때(SSS 닮음)

$$a : a' = b : b' = c : c'$$

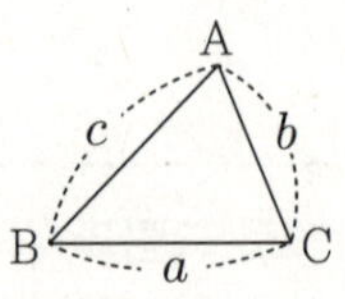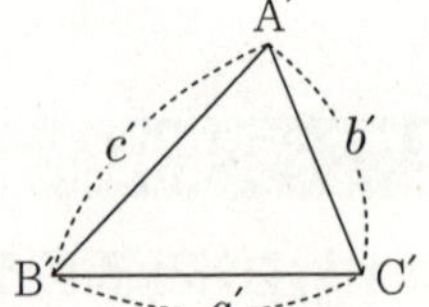

② 두 쌍의 대응변의 길이의 비가 같고, 그 끼인 각의 크기가 같을 때(SAS 닮음)

$$a : a' = b : b', \quad \angle C = \angle C'$$

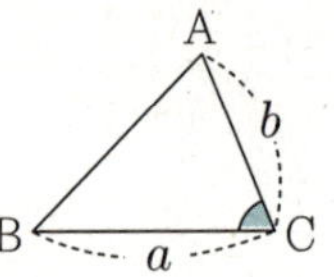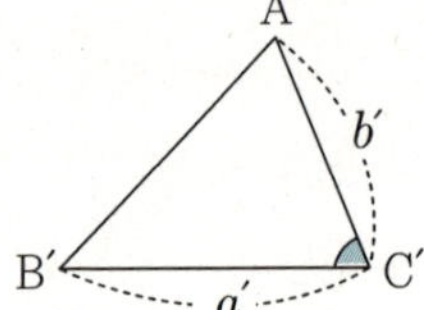

③ 두 쌍의 대응각의 크기가 각각 같을 때 (AA 닮음)

$$\angle B = \angle B', \quad \angle C = \angle C'$$

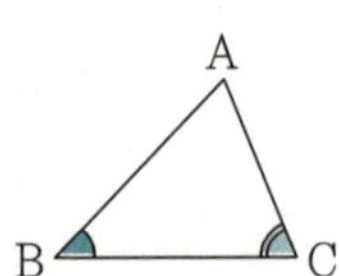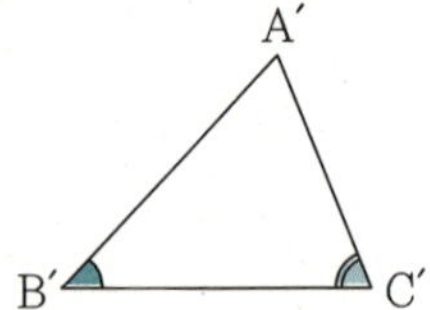

(2) 직각삼각형의 닮음

$\angle A = 90°$인 직각삼각형 ABC의 꼭짓점 A에서 빗변 BC에 내린 수선의 발을 H라고 하면

$$\triangle ABC \backsim \triangle HBA \backsim \triangle HAC$$

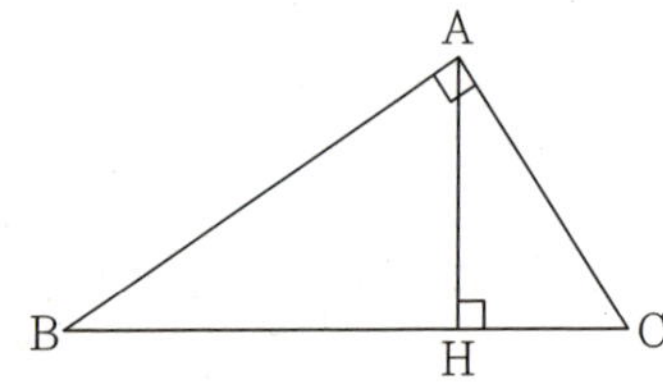

(3) 직각삼각형의 닮음을 이용한 성질

① $\triangle ABC \backsim \triangle HBA$이므로 $\overline{AB} : \overline{HB} = \overline{BC} : \overline{BA} \Rightarrow \overline{AB}^2 = \overline{BH} \times \overline{BC}$

② $\triangle ABC \backsim \triangle HAC$이므로 $\overline{BC} : \overline{AC} = \overline{AC} : \overline{HC} \Rightarrow \overline{AC}^2 = \overline{CH} \times \overline{CB}$

③ $\triangle HBA \backsim \triangle HAC$이므로 $\overline{BH} : \overline{AH} = \overline{AH} : \overline{CH} \Rightarrow \overline{AH}^2 = \overline{BH} \times \overline{CH}$

④ 삼각형의 넓이를 이용하면 $\overline{AB} \times \overline{AC} = \overline{AH} \times \overline{BC}$

바로 바로 CHECK✓

다음 그림에서 x의 값을 구하여라.

(1)

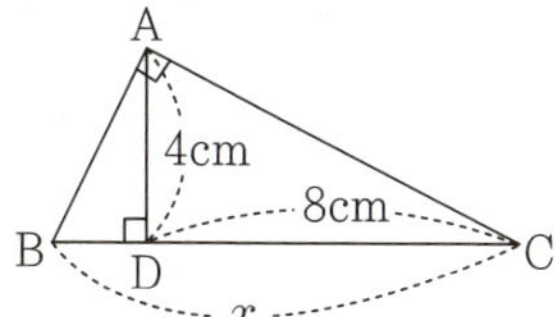

(2)

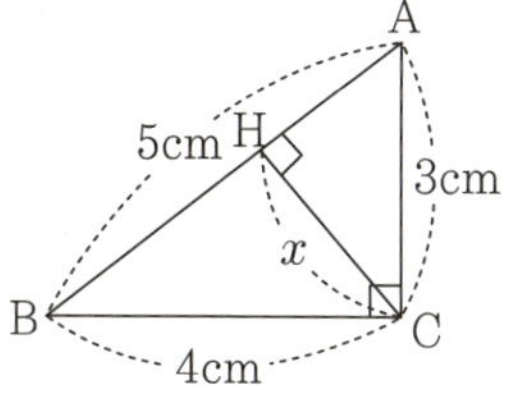

(1) $\triangle ABD \backsim \triangle CAD$이므로

$$\overline{BD} : \overline{AD} = \overline{AD} : \overline{CD}$$

$$\overline{AD}^2 = \overline{BD} \times \overline{CD}$$

$$4^2 = (x-8) \times 8$$

$$2 = x - 8$$

$$\therefore x = 10\,\text{cm}$$

(2) 삼각형의 넓이를 이용하면

$$\overline{AC} \times \overline{BC} = \overline{AB} \times \overline{CH}$$

$$3 \times 4 = 5 \times x$$

$$\therefore x = 2.4\,\text{cm}$$

---

02 평행선과 선분의 길이의 비

1 삼각형과 평행선

(1) 삼각형에서 평행선과 선분의 길이의 비

$\triangle ABC$에서 변 AB, AC 또는 그 연장선 위에
각각 점 D, E가 있을 때, $\overline{BC} \,/\!/\, \overline{DE}$이면

① $\overline{AB} : \overline{AD} = \overline{AC} : \overline{AE} = \overline{BC} : \overline{DE}$

② $\overline{AD} : \overline{DB} = \overline{AE} : \overline{EC}$

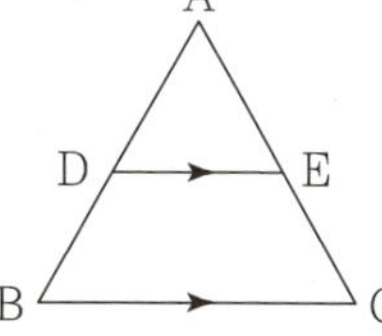

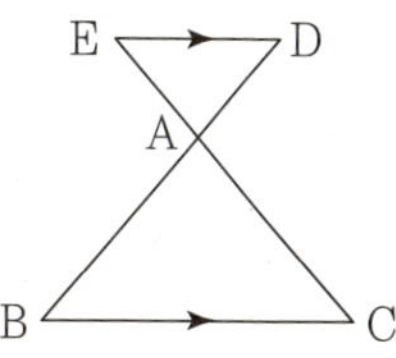

2 삼각형의 각의 이등분선

(1) 삼각형의 내각의 이등분선의 성질

△ABC에서 ∠A의 이등분선이 $\overline{BC}$와 만나는 점을 D라 하면 다음이 성립한다.

$$\overline{AB} : \overline{AC} = \overline{BD} : \overline{CD}$$

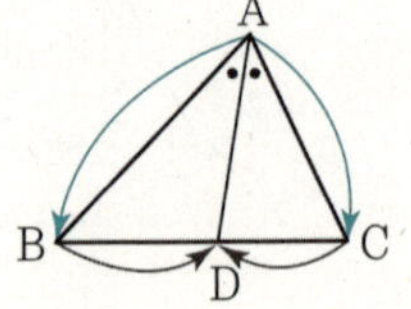

(2) 삼각형의 외각의 이등분선의 성질

△ABC에서 ∠A의 외각의 이등분선이 $\overline{BC}$의 연장선과 만나는 점을 D라 하면 다음이 성립한다.

$$\overline{AB} : \overline{AC} = \overline{BD} : \overline{CD}$$

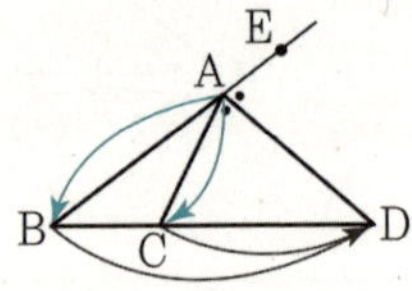

다음 그림에서 $\overline{BC} /\!/ \overline{DE}$일 때, x, y의 값을 각각 구하여라.

(1) 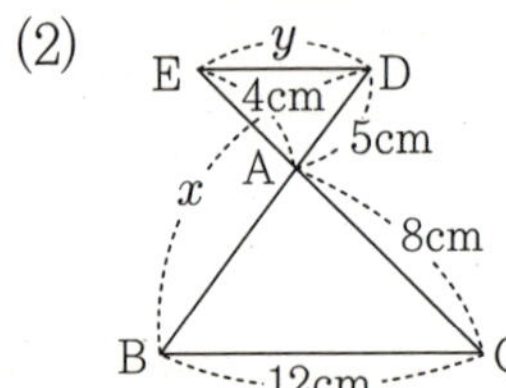

(2)

(1) $\overline{AB} : \overline{AD} = \overline{AC} : \overline{AE}$ 이므로
$10 : 4 = x : 8$
$4x = 80$
$\therefore x = 20\,\text{cm}$

$\overline{AB} : \overline{AD} = \overline{BC} : \overline{DE}$이므로
$10 : 4 = 10 : y$
$10y = 40$
$\therefore y = 4\,\text{cm}$

(2) $\overline{AB} : \overline{AD} = \overline{AC} : \overline{AE}$ 이므로
$(x-5) : 5 = 8 : 4$
$4(x-5) = 40$
$\therefore x = 15\,\text{cm}$

$\overline{AC} : \overline{AE} = \overline{BC} : \overline{DE}$이므로
$8 : 4 = 12 : y$
$8y = 48$
$\therefore y = 6\,\text{cm}$

---

3 평행선과 선분의 길이의 비

세 개 이상의 평행선이 다른 두 직선과 만나서 생기는 선분의
길이의 비는 같다.

$l /\!/ m /\!/ n$이면 $a : b = a' : b'$

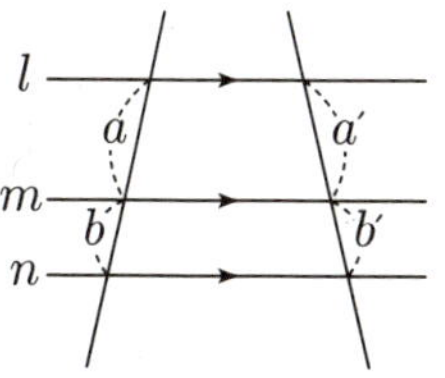

바로 바로 CHECK√

다음 그림에서 $l /\!/ m /\!/ n$일 때, x의 값을 구하여라.

(1)

(2)

(1) $3 : 6 = x : 8$
$6x = 24$
$\therefore\ x = 4\,\text{cm}$

(2) $8 : 4 = 10 : x$
$8x = 40$
$\therefore\ x = 5\,\text{cm}$

---

03 삼각형의 무게중심

1 도형의 변의 중점을 연결한 선분

(1) 삼각형의 두 변의 중점을 연결한 선분

① 삼각형의 두 변의 중점을 연결한 선분은 나머지 한 변과 평행
하고, 그 길이는 나머지 한 변의 길이의 $\dfrac{1}{2}$이다.

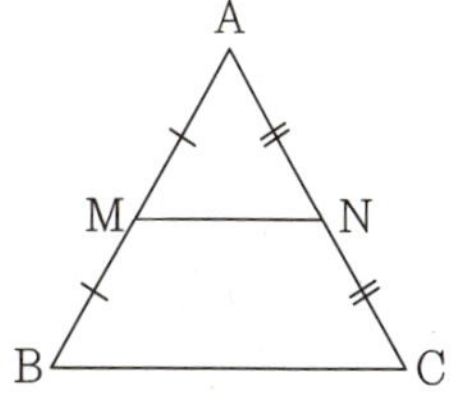

$$\overline{BC} /\!/ \overline{MN}, \quad \overline{MN} = \frac{1}{2}\overline{BC}$$

② 삼각형의 한 변의 중점을 지나고 다른 한 변에 평행한 직선은 나머지 한 변의 중점을 지난다.

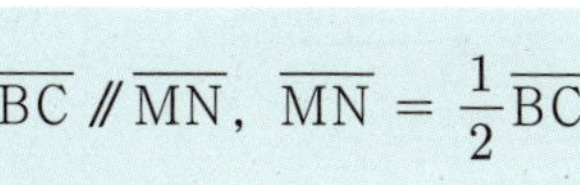

$$\overline{AM} = \overline{BM}, \quad \overline{MN} /\!/ \overline{BC}\,\text{이면}\ \overline{AN} = \overline{CN}$$

(2) 사각형의 네 변의 중점을 연결한 선분

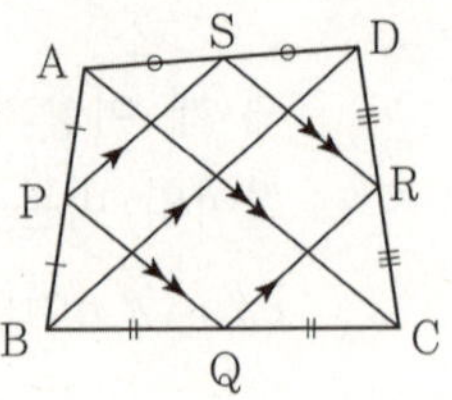

① $\overline{PS}\,/\!/\,\overline{BD}\,/\!/\,\overline{QR}$, $\overline{PQ}\,/\!/\,\overline{AC}\,/\!/\,\overline{SR}$

② $\overline{PS}=\overline{QR}=\dfrac{1}{2}\overline{BD}$, $\overline{PQ}=\overline{SR}=\dfrac{1}{2}\overline{AC}$

③ ($\square PQRS$의 둘레의 길이)$=\overline{AC}+\overline{BD}$

(3) 사다리꼴의 두 변의 중점을 연결한 선분

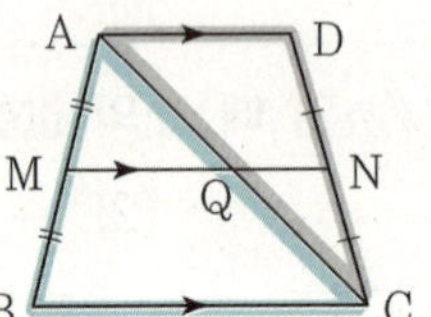
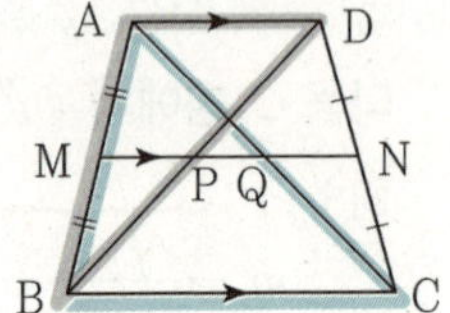

$\overline{AD}\,/\!/\,\overline{BC}$인 사다리꼴 $ABCD$에서 $\overline{AB}$, $\overline{DC}$의 중점을 각각 M, N이라 하면

① $\overline{AD}\,/\!/\,\overline{MN}\,/\!/\,\overline{BC}$

② $\overline{MQ}=\overline{NP}=\dfrac{1}{2}\overline{BC}$, $\overline{MP}=\overline{NQ}=\dfrac{1}{2}\overline{AD}$

③ $\overline{MN}=\dfrac{1}{2}(\overline{AD}+\overline{BC})$

④ $\overline{PQ}=\dfrac{1}{2}(\overline{BC}-\overline{AD})$

 **CHECK√**

01 그림에서 점 M, N은 각각 $\overline{AB}$, $\overline{AC}$의 중점이다. $\overline{MN}=3$cm일 때, $\overline{BC}$의 길이는?

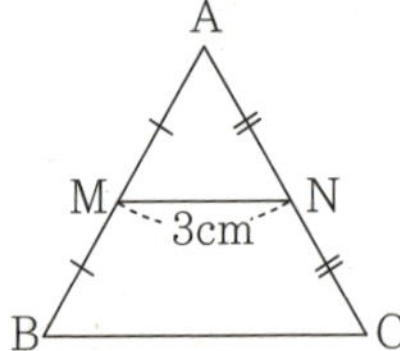

① 4cm ② 5cm
③ 6cm ④ 7cm

01 $\overline{MN}=\dfrac{1}{2}\overline{BC}$ 이므로

$3=\dfrac{1}{2}\overline{BC}$

$\therefore \overline{BC}=6$cm

답 ③

02 그림은 $\overline{AD}\,/\!/\,\overline{BC}$인 사다리꼴 $ABCD$이다. $\overline{AB}$, $\overline{DC}$의 중점을 각각 M, N이라 할 때, $\overline{BC}$의 길이는?

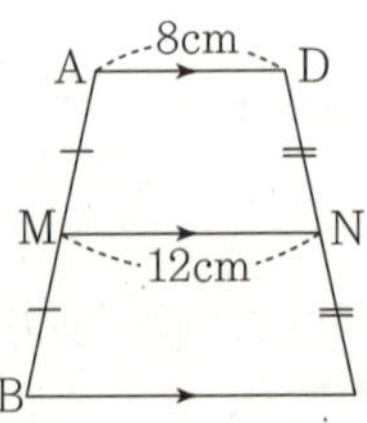

① 13cm ② 14cm
③ 15cm ④ 16cm

02 $\overline{MN}=\dfrac{1}{2}(\overline{AD}+\overline{BC})$이므로

$12=\dfrac{1}{2}(8+\overline{BC})$

$\therefore \overline{BC}=16$cm

답 ④

2 삼각형의 무게중심

① 중선 : 삼각형의 한 꼭짓점과 그 대응변의 중점을 이은 선분

② 삼각형의 무게중심 : △ABC에서 세 중선이 만나는 점 G를 삼각형의 무게중심이라 한다. 이때 무게중심은 세 중선의 길이를 각 꼭짓점으로부터 각각 2 : 1로 나눈다.

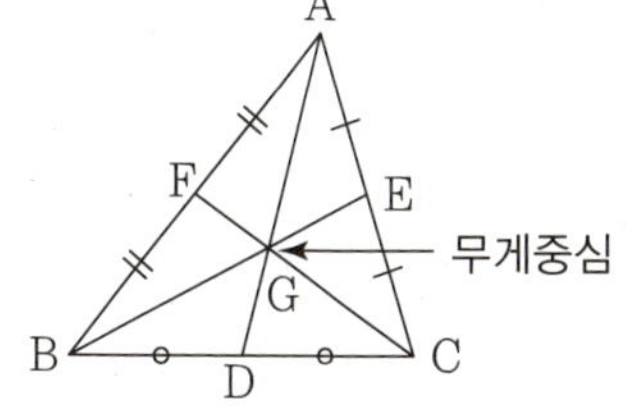

$$\overline{AG} : \overline{GD} = \overline{BG} : \overline{GE} = \overline{CG} : \overline{GF} = 2 : 1$$

③ 삼각형의 무게중심과 넓이 : △ABC의 무게중심을 점 G라 하면 삼각형의 세 중선에 의하여 삼각형의 넓이는 6등분된다.

$$\triangle GAF = \triangle GBF = \triangle GBD = \triangle GCD = \triangle GCE = \triangle GAE = \frac{1}{6}\triangle ABC$$

바로 바로 CHECK√

01. 그림에서 점 G가 △ABC의 무게중심이고 $\overline{BD} = 18cm$일 때 다음을 구하여라.

(1) $\overline{BG}$의 길이

(2) $\overline{GD}$의 길이

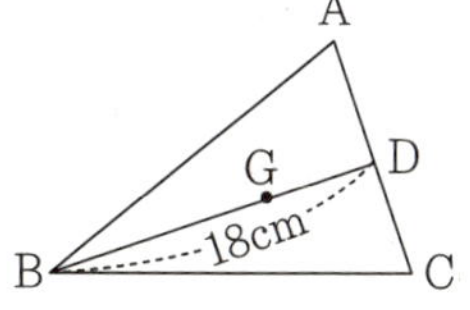

01 (1) $\overline{BG} = 18 \times \dfrac{2}{3} = 12cm$

(2) $\overline{GD} = 18 \times \dfrac{1}{3} = 6cm$

02 오른쪽 그림에서 점 G가 △ABC의 무게중심이고 $\triangle ABC = 60cm^2$일 때, △GAB의 넓이는?

① $20cm^2$ ② $25cm^2$

③ $30cm^2$ ④ $35cm^2$

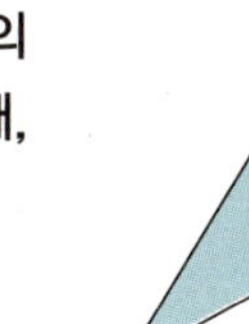

02 $\triangle GAB = \dfrac{1}{3}\triangle ABC$

$= \dfrac{1}{3} \times 60$

$= 20cm^2$

탑 ①

04 피타고라스 정리

1 피타고라스 정리

직각삼각형 ABC에서 직각을 낀 두 변의 길이를 각각 a, b라 하고, 빗변의 길이를 c라 하면 $a^2 + b^2 = c^2$이 성립한다.

반대로 세 변의 길이가 a, b, c인 삼각형에서 $a^2 + b^2 = c^2$인 관계가 성립하면, 이 삼각형은 길이가 c인 변을 빗변으로 하는 직각삼각형이다.

피타고라스 정리를 만족하는 세 수를 피타고라스 수라고 한다.

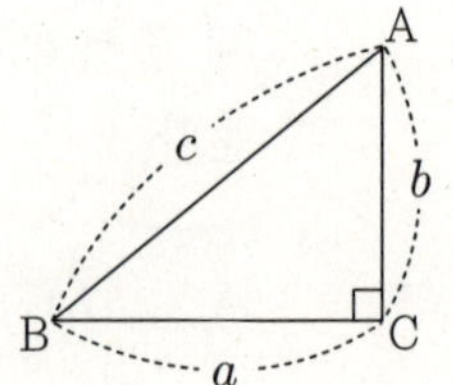

예 $(3, 4, 5)$, $(5, 12, 13)$, $(6, 8, 10)$, $(7, 24, 25)$, $(8, 15, 17)$ 등

바로 바로 CHECK√

01 다음 직각삼각형에서 x의 길이를 구하여라.

(1) 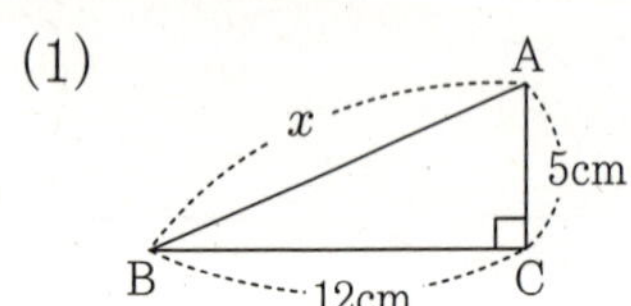

(2) 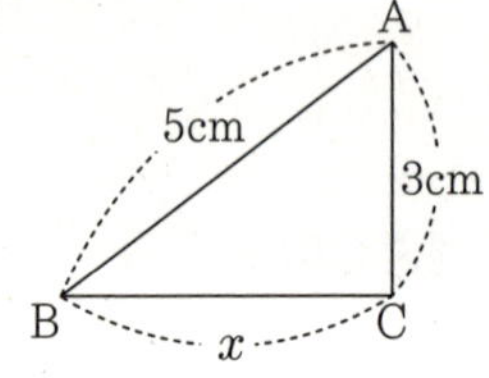

01 (1) $x^2 = 12^2 + 5^2$

$x^2 = 144 + 25 = 169$

$x > 0$이므로 $x = 13\,\text{cm}$

(2) $5^2 = x^2 + 3^2$

$x^2 = 25 - 9 = 16$

$x > 0$이므로 $x = 4\,\text{cm}$

02 세 변의 길이가 각각 다음과 같은 삼각형 중에서 직각삼각형인 것을 모두 찾아라.

(1) 2, 3, 4   (2) 6, 8, 10

(3) 5, 11, 12   (4) 2, 4, 5

02 (1) $2^2 + 3^2 \neq 4^2$

(2) $6^2 + 8^2 = 10^2$

(3) $5^2 + 11^2 \neq 12^2$

(4) $2^2 + 4^2 \neq 5^2$

따라서 직각삼각형인 것은 (2)이다.

2 피타고라스 정리를 이용한 성질

(1) 삼각형의 변의 길이와 각의 크기 사이의 관계

$\triangle ABC$에서 $\overline{AB}=c$, $\overline{BC}=a$, $\overline{CA}=b$이고, 가장 긴 변의 길이가 c일 때

① $c^2 < a^2 + b^2$이면 $\triangle ABC$는 $\angle C < 90°$인 예각삼각형

② $c^2 = a^2 + b^2$이면 $\triangle ABC$는 $\angle C = 90°$인 직각삼각형

③ $c^2 > a^2 + b^2$이면 $\triangle ABC$는 $\angle C > 90°$인 둔각삼각형

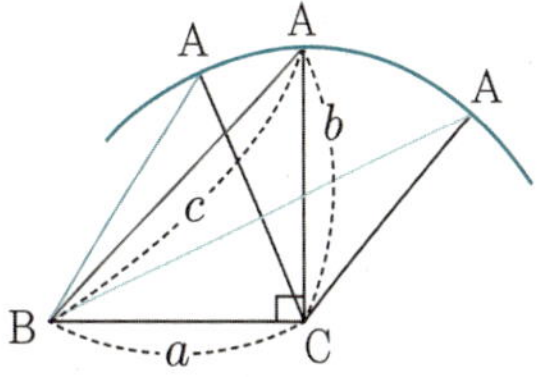

(2) 피타고라스 정리를 이용한 직각삼각형의 성질

$\angle A = 90°$인 직각삼각형 ABC에서 점 D, E가 각각 $\overline{AB}$, $\overline{AC}$ 위에 있을 때 $\overline{BE}^2 + \overline{CD}^2 = \overline{DE}^2 + \overline{BC}^2$이 성립한다.

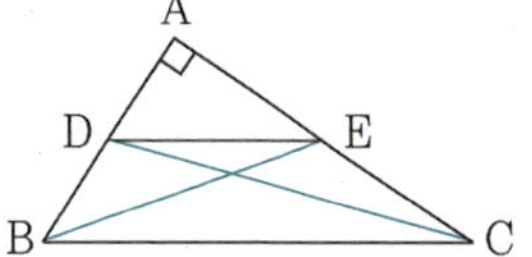

바로 바로 CHECK√

01 세 변의 길이가 각각 다음과 같은 삼각형은 어떤 삼각형인지 말하여라.

(1) 3, 4, 5

(2) 8, 10, 15

(3) 11, 12, 13

02 다음 그림과 같이 $\angle A = 90°$인 직각삼각형 ABC에서 $\overline{BC}=9$, $\overline{BE}=6$, $\overline{CD}=8$일 때, x^2의 값은?

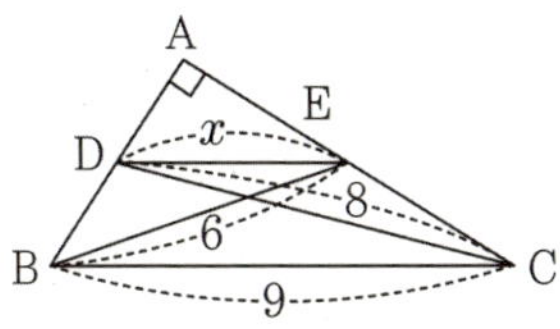

① 19

② 21

③ 23

④ 25

01 (1) $3^2 + 4^2 = 9 + 16 = 25 = 5^2$
이므로 직각삼각형이다.

(2) $8^2 + 10^2 = 64 + 100$
$= 164 < 225 = 15^2$
이므로 둔각삼각형이다.

(3) $11^2 + 12^2 = 121 + 144$
$= 265 > 169 = 13^2$
이므로 예각삼각형이다.

02 $\overline{BE}^2 + \overline{CD}^2 = \overline{DE}^2 + \overline{BC}^2$
이므로 $6^2 + 8^2 = x^2 + 9^2$
$\therefore x^2 = 36 + 64 - 81 = 19$

답 ①

(3) 피타고라스 정리를 이용한 사각형의 성질

① 두 대각선이 서로 수직인 사각형의 성질

사각형 ABCD에서 두 대각선이 서로 수직, 즉 $\overline{AC} \perp \overline{BD}$ 일
때 $\overline{AB}^2 + \overline{CD}^2 = \overline{AD}^2 + \overline{BC}^2$

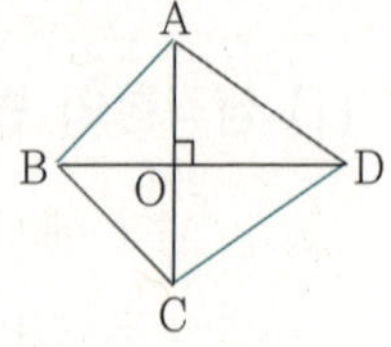

② 직사각형의 성질

직사각형 ABCD의 내부에 있는 점 P에 대하여
$\overline{AP}^2 + \overline{CP}^2 = \overline{BP}^2 + \overline{DP}^2$

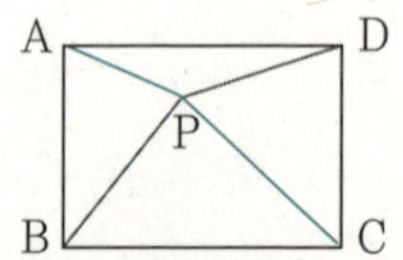

(4) 직각삼각형에서 세 반원 사이의 관계

① 직각삼각형 ABC에서 세 변을 각각 지름으로 하는 반원의
넓이를 각각 S_1, S_2, S_3이라 할 때

$$S_1 + S_2 = S_3$$

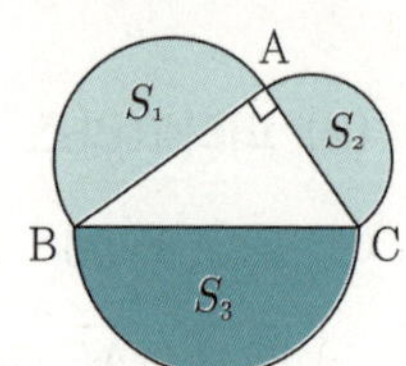

② 직각삼각형 ABC의 세 변을 각각 지름으로 하는 반원을 그렸

을 때 (색칠한 부분의 넓이)$= \triangle ABC = \dfrac{1}{2}bc$

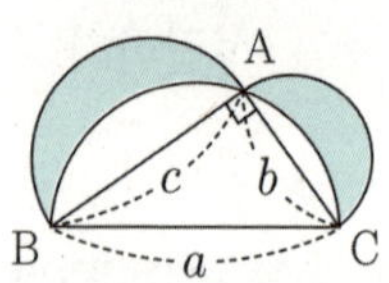

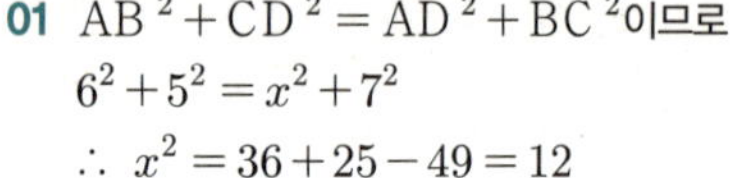

01 다음 그림과 같은 □ABCD에서 $\overline{AC} \perp \overline{BD}$이다.
$\overline{AB}=6$, $\overline{BC}=7$, $\overline{CD}=5$일 때, x^2의 값은?

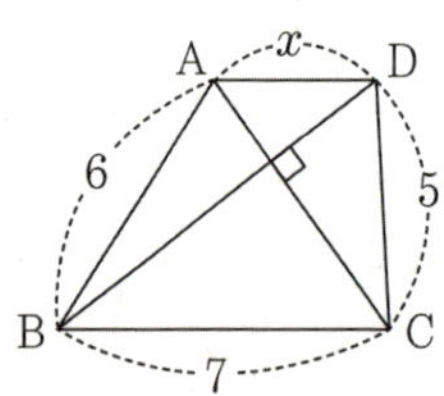

① 8
② 10
③ 12
④ 14

01 $\overline{AB}^2 + \overline{CD}^2 = \overline{AD}^2 + \overline{BC}^2$이므로
$6^2 + 5^2 = x^2 + 7^2$
$\therefore \; x^2 = 36 + 25 - 49 = 12$

답 ③

02 다음 그림과 같이 직사각형 $ABCD$의 내부의 한 점 P에 대하여 $\overline{AP}=6$, $\overline{BP}=5$, $\overline{DP}=4$일 때, x^2의 값은?

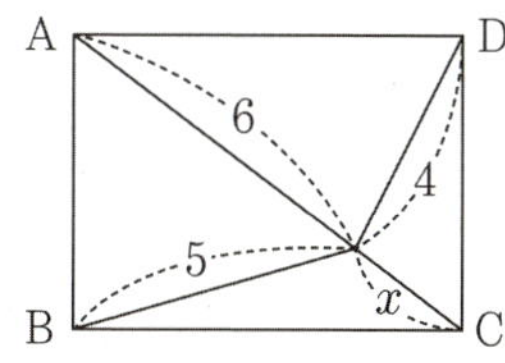

① 5
② 6
③ 7
④ 8

03 오른쪽 그림은 $\angle A = 90°$인 직각삼각형 ABC의 세 변을 각각 지름으로 하는 반원을 그린 것이다. $\overline{AB}$, $\overline{BC}$를 지름으로 하는 반원의 넓이가 각각 $60\pi \, \text{cm}^2$, $90\pi \, \text{cm}^2$일 때, $\overline{AC}$를 지름으로 하는 반원의 넓이는?

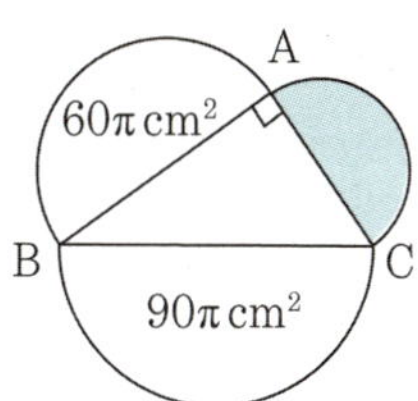

① $25\pi \, \text{cm}^2$
② $30\pi \, \text{cm}^2$
③ $35\pi \, \text{cm}^2$
④ $40\pi \, \text{cm}^2$

02 $\overline{PA}^2 + \overline{PC}^2 = \overline{PB}^2 + \overline{PD}^2$이므로
$$6^2 + x^2 = 5^2 + 4^2$$
$$\therefore x^2 = 25 + 16 - 36 = 5$$
답 ①

03 $\overline{AC}$를 지름으로 하는 반원의 넓이를 x라 하면 $60\pi + x = 90\pi$이므로
$$x = 30\pi \, (\text{cm}^2)$$
답 ②

01 그림에서 $\triangle ABC \backsim \triangle DEF$이고, $\overline{BC}=2\,cm$, $\overline{EF}=3\,cm$일 때, $\triangle ABC$와 $\triangle DEF$의 닮음비는?

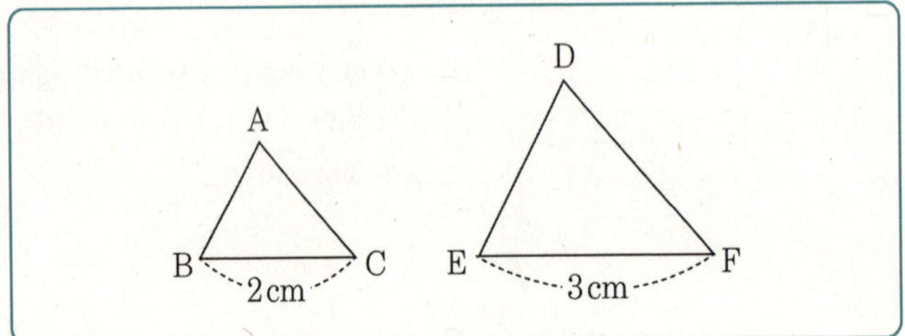

① $1:2$ ② $1:3$

③ $2:3$ ④ $3:4$

02 그림에서 $\square ABCD \backsim \square EFGH$이고 $\overline{BC}=2\,cm$, $\overline{FG}=3\,cm$이다. $\overline{AD}=4\,cm$일 때, $\overline{EH}$의 길이는?

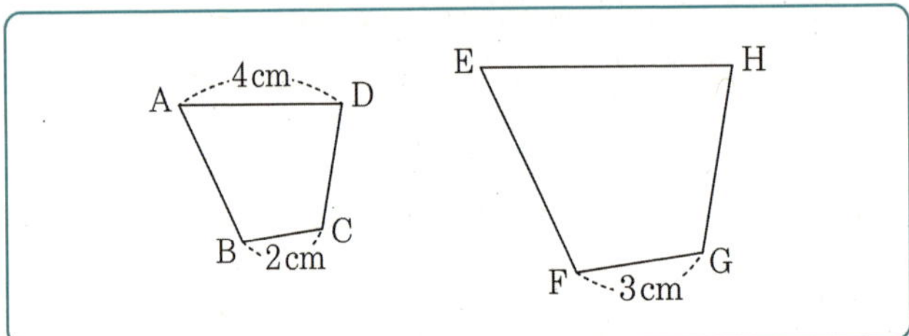

① $3cm$ ② $4cm$

③ $5cm$ ④ $6cm$

03 그림에서 x의 값은?

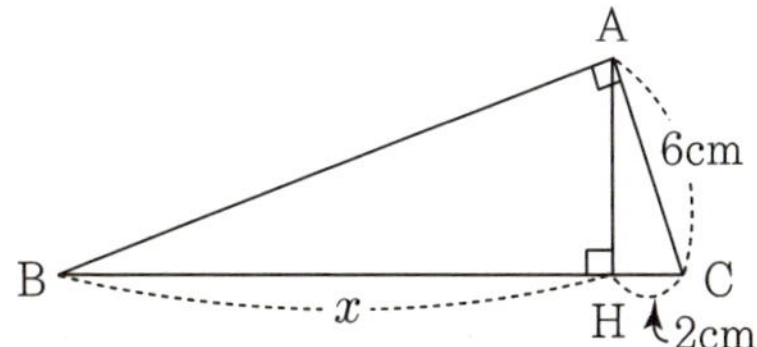

① 10cm ② 12cm
③ 14cm ④ 16cm

03

$\triangle ABC \backsim \triangle HAC$ 이므로
$\overline{BC} : \overline{AC} = \overline{AC} : \overline{HC}$
$\Rightarrow \overline{AC}^2 = \overline{BC} \times \overline{HC}$
$6^2 = 2(x+2)$
$\therefore x = 16\,\mathrm{cm}$

04 그림에서 $\overline{BC} /\!/ \overline{DE}$이다. x의 값을 구하면?

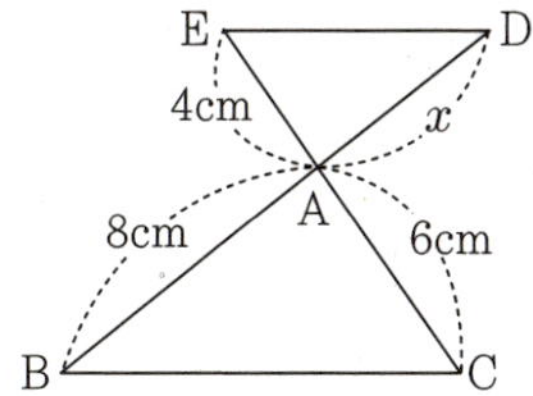

① $\dfrac{3}{2}\,\mathrm{cm}$ ② $2\,\mathrm{cm}$
③ $\dfrac{16}{3}\,\mathrm{cm}$ ④ $6\,\mathrm{cm}$

04

$\overline{AB} : \overline{AD} = \overline{AC} : \overline{AE}$이므로
$8 : x = 6 : 4$
$6x = 32$
$\therefore x = \dfrac{16}{3}\,\mathrm{cm}$

05 그림에서 $l /\!/ m /\!/ n$일 때, x의 값은?

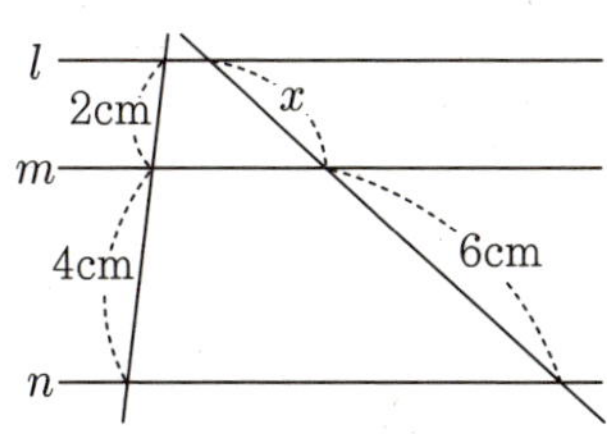

① 2cm ② 3cm
③ 4cm ④ 5cm

05

$2 : 4 = x : 6$
$4x = 12$
$\therefore x = 3\,\mathrm{cm}$

06 삼각형 ABC에서 두 변 AB, AC의 중점을 각각 M, N이라 하자. $\overline{MN}=5\,cm$일 때, 변 BC의 길이는?

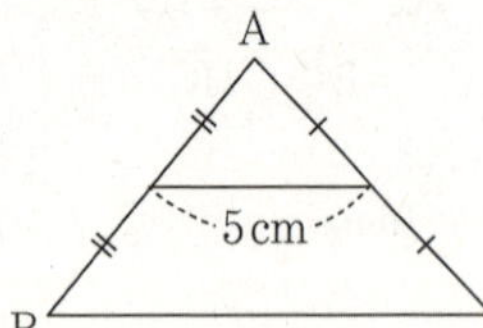

① 8cm

② 10cm

③ 12cm

④ 14cm

06
삼각형의 두 변의 중점을 연결한 선분의 성질에 의해
$$\overline{BC}=2\overline{MN}=2\times5=10(cm)$$

07 그림과 같이 $\overline{AD}\,/\!/\,\overline{BC}$인 사다리꼴 ABCD에서 $\overline{AE}=\overline{BE}$, $\overline{EF}\,/\!/\,\overline{BC}$, $\overline{AD}=3cm$, $\overline{BC}=7cm$일 때, $\overline{EF}$의 길이는?

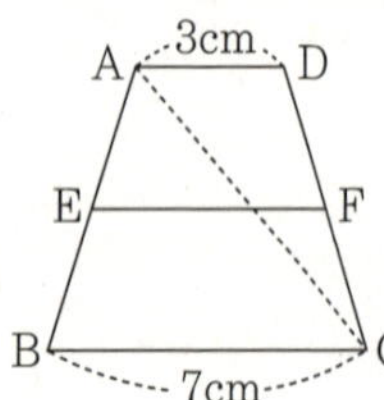

① 3.5cm

② 4cm

③ 4.5cm

④ 5cm

07
$$\overline{EF}=\frac{1}{2}(\overline{AD}+\overline{BC})$$
$$=\frac{1}{2}\times(3+7)=5(cm)$$

08 그림에서 점 G는 △ABC의 무게중심이다. $\overline{AD}=9cm$일 때, $\overline{AG}$의 길이는?

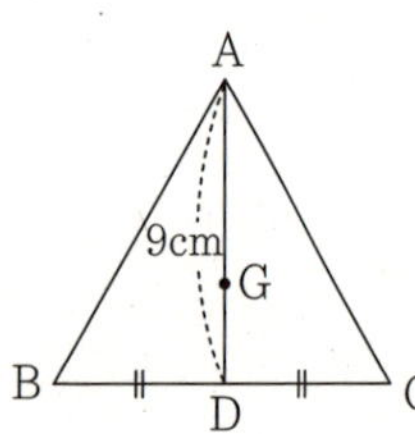

① 3cm

② 4cm

③ 5cm

④ 6cm

08
점 G가 △ABC의 무게중심이므로
$$\overline{AG}:\overline{GD}=2:1$$
$$\overline{AG}=9\times\frac{2}{3}=6(cm)$$

ANSWER
06. ② 07. ④ 08. ④

09 그림에서 점 G는 $\triangle ABC$의 무게중심이다. $\triangle GAB$의 넓이가 6cm^2일 때, 삼각형 $\triangle MAC$의 넓이는?

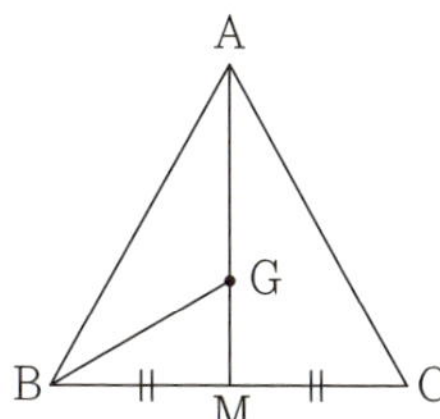

① 3cm^2

② 6cm^2

③ 9cm^2

④ 12cm^2

09

$$\triangle ABC = 3\triangle GAB$$
$$= 3 \times 6 = 18(\text{cm}^2)$$
$\overline{BM} = \overline{CM}$ 이므로
$$\triangle MAB = \triangle MAC$$
$$= \frac{1}{2}\triangle ABC = \frac{1}{2} \times 18 = 9(\text{cm}^2)$$

10 그림에서 $\square ABCD \backsim \square EFGH$이고, $\overline{BC} = 4\text{cm}$, $\overline{FG} = 8\text{cm}$이다. $\square ABCD$의 넓이가 12cm^2일 때, $\square EFGH$의 넓이는?

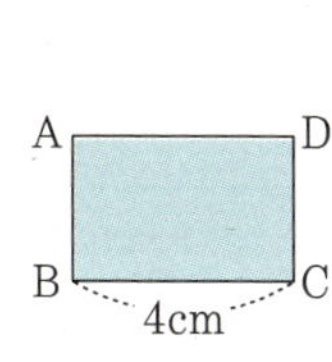
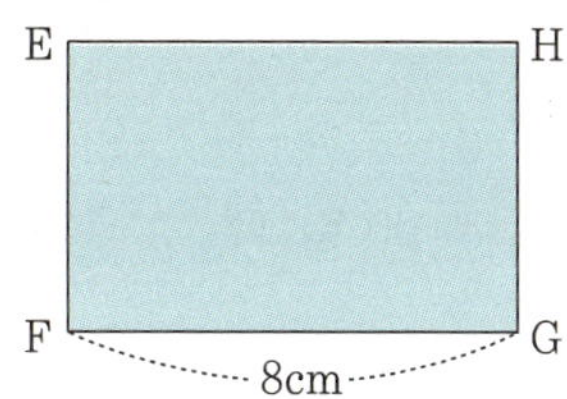

① 16cm^2

② 24cm^2

③ 36cm^2

④ 48cm^2

10

두 사각형의 닮음비는 $4 : 8 = 1 : 2$이 므로 넓이의 비는 $1^2 : 2^2 = 1 : 4$이다.
$\square EFGH$의 넓이를 S라 하면
$$1 : 4 = 12 : S$$
$$\therefore S = 48\text{cm}^2$$

11 그림과 같이 가로의 길이가 $8\,\text{cm}$, 세로의 길이가 $6\,\text{cm}$ 인 직사각형이 있다. 이 직사각형의 대각선의 길이는?

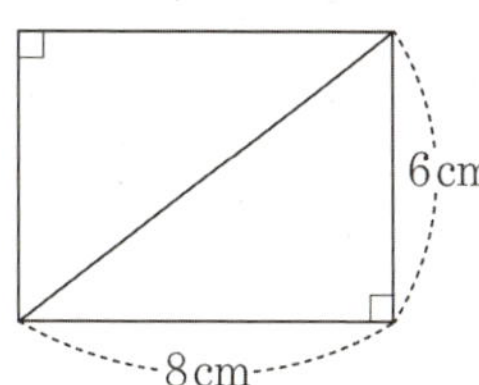

① 9cm

② 10cm

③ 11cm

④ 12cm

11

대각선의 길이를 x라 하면
$$x^2 = 8^2 + 6^2 = 100$$
$$\therefore x = 10\,\text{cm}\,(x > 0)$$

ANSWER

09. ③ 10. ④ 11. ②

12 그림은 $\angle B = 90°$인 직각삼각형 ABC의 세 변을 각각 한 변으로 하는 세 개의 정사각형을 그린 것이다. □ADEB의 넓이는 $16\,cm^2$이고 □BFGC의 넓이가 $9\,cm^2$일 때, □ACHI의 넓이는?

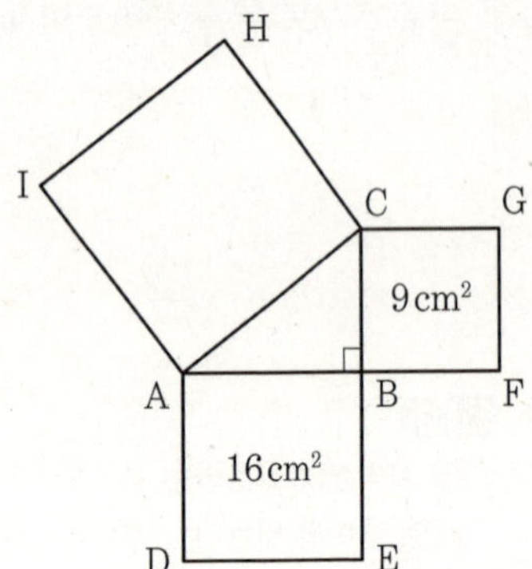

① $25cm^2$

② $26cm^2$

③ $27cm^2$

④ $28cm^2$

13 삼각형 ABC에서 $\overline{BC}=3$, $\overline{AC}=4$, $\angle C = 90°$일 때, $\overline{AB}$의 길이는?

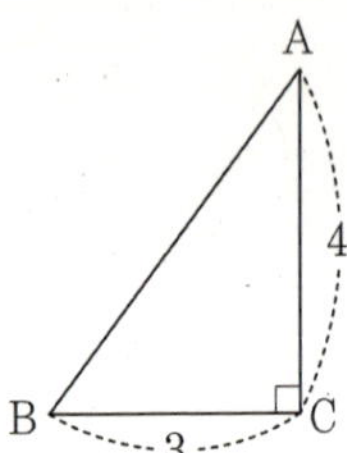

① 4

② 5

③ 6

④ 7

12

$$\Box ACHI = \Box ADEB + \Box BFGC$$
$$= 16 + 9 = 25\,(cm^2)$$

13

$$\overline{AB}^2 = \overline{BC}^2 + \overline{AC}^2$$
$$= 3^2 + 4^2 = 25$$
$$\therefore \overline{AB} = 5\,cm\,(\overline{AB} > 0)$$

05 삼각비

01 삼각비

1 삼각비의 뜻 중요⁺

$\angle B = 90°$인 직각삼각형 ABC에서

① $\sin A = \dfrac{\overline{BC}}{\overline{AC}} = \dfrac{a}{b}$ ← $\dfrac{(높이)}{(빗변의 길이)}$

② $\cos A = \dfrac{\overline{AB}}{\overline{AC}} = \dfrac{c}{b}$ ← $\dfrac{(밑변의 길이)}{(빗변의 길이)}$

③ $\tan A = \dfrac{\overline{BC}}{\overline{AB}} = \dfrac{a}{c}$ ← $\dfrac{(높이)}{(밑변의 길이)}$

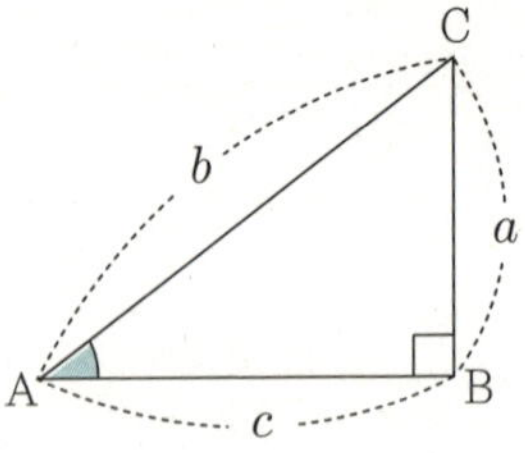

잠깐! $\sin$ (사인), $\cos$ (코사인), $\tan$ (탄젠트)라고 읽는다.

바로 바로 CHECK√

그림과 같은 삼각형에서 다음 값을 각각 구하여라.

(1) $\sin A$

(2) $\cos A$

(3) $\tan A$

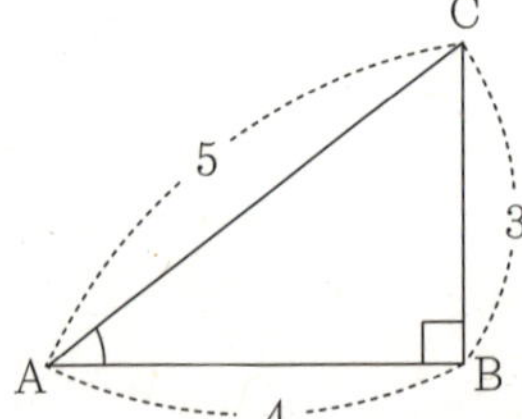

(1) $\sin A = \dfrac{3}{5}$

(2) $\cos A = \dfrac{4}{5}$

(3) $\tan A = \dfrac{3}{4}$

2 30°, 45°, 60°의 삼각비의 값

삼각비 \ A	30°	45°	60°
$\sin A$	$\dfrac{1}{2}$	$\dfrac{\sqrt{2}}{2}$	$\dfrac{\sqrt{3}}{2}$
$\cos A$	$\dfrac{\sqrt{3}}{2}$	$\dfrac{\sqrt{2}}{2}$	$\dfrac{1}{2}$
$\tan A$	$\dfrac{\sqrt{3}}{3}$	1	$\sqrt{3}$

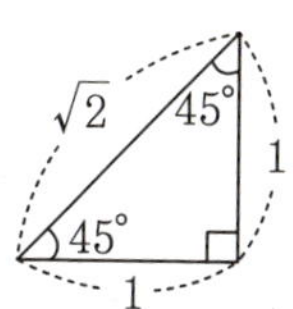
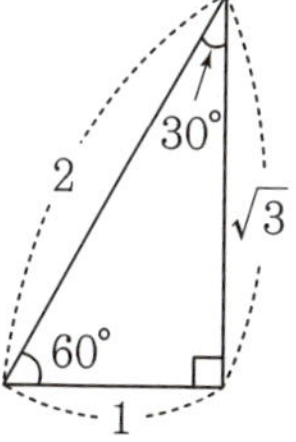

바로 바로 CHECK✓

다음 그림에서 x, y의 값을 각각 구하여라.

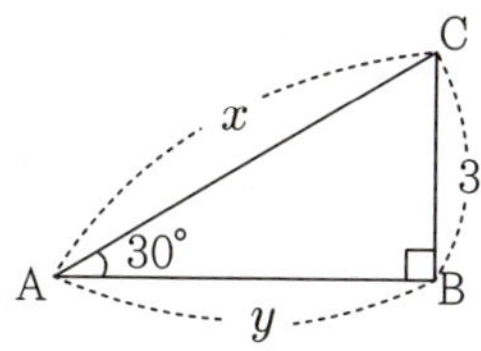

$$\sin 30° = \frac{\overline{BC}}{\overline{AC}} \Rightarrow \frac{1}{2} = \frac{3}{x} \quad \therefore \ x = 6$$

$$\tan 30° = \frac{\overline{BC}}{\overline{AB}} \Rightarrow \frac{1}{\sqrt{3}} = \frac{3}{y} \quad \therefore \ y = 3\sqrt{3}$$

---

3 임의의 예각의 삼각비의 값

(1) 예각의 삼각비

좌표평면 위에 원점 O를 중심으로 반지름의 길이가 1인
사분원을 그렸을 때, 임의의 예각 x에 대한 삼각비의
값은

① $\sin x = \overline{AB}$

② $\cos x = \overline{OB}$

③ $\tan x = \overline{CD}$

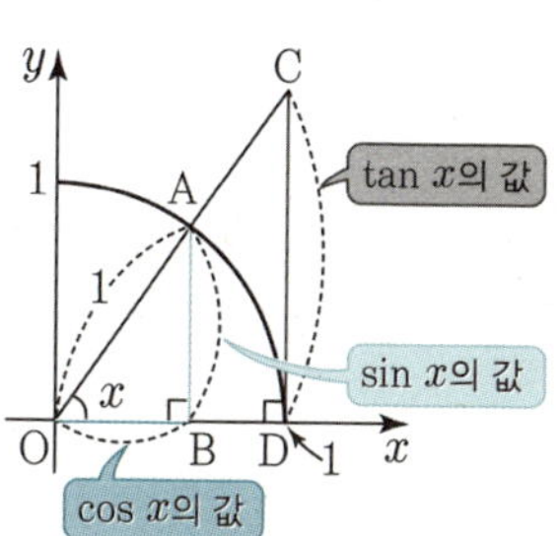

(2) 0°, 90°의 삼각비의 값

① 0°의 삼각비

$\sin 0° = 0°$, $\cos 0° = 1°$, $\tan 0° = 0°$

② 90°의 삼각비

$\sin 90° = 1°$, $\cos 90° = 0°$, $\tan 90°$의 값은 정의할 수 없다.

(3) 각의 크기에 따른 삼각비의 값의 대소 관계

① x의 크기가 0°에서 90°까지 증가할 때

㉠ $\sin x$의 값은 0에서 1까지 증가한다.

㉡ $\cos x$의 값은 1에서 0까지 감소한다.

㉢ $\tan x$의 값은 0에서 무한히 증가한다.

② x의 크기의 범위가 다음과 같을 때

㉠ $0° \leq x < 45°$이면 $\sin x < \cos x$

㉡ $x = 45°$이면 $\sin x = \cos x < \tan x$

㉢ $45° < x < 90°$이면 $\cos x < \sin x < \tan x$

02 삼각비의 활용

1 길이 구하기

(1) 직각삼각형에서 변의 길이

$\angle B = 90°$인 직각삼각형 ABC에서

① $\angle A$의 크기가 주어지고 빗변 AC의 길이가 b일 때,

$$\sin A = \frac{\overline{BC}}{b} \text{에서 } \overline{BC} = b \sin A$$

$$\cos A = \frac{\overline{AB}}{b} \text{에서 } \overline{AB} = b \cos A$$

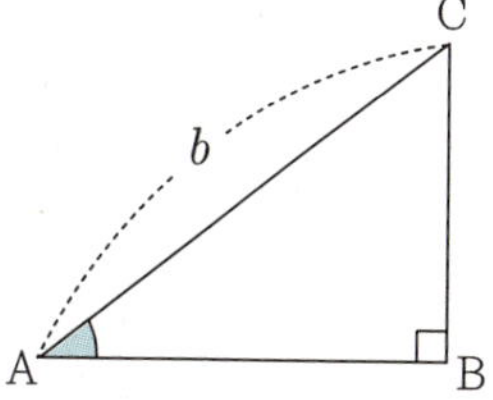

② $\angle A$의 크기가 주어지고 변 AB의 길이가 c일 때,

$$\tan A = \frac{\overline{BC}}{c} \text{에서 } \overline{BC} = c \tan A$$

$$\cos A = \frac{c}{\overline{AC}} \text{에서 } \overline{AC} = \frac{c}{\cos A}$$

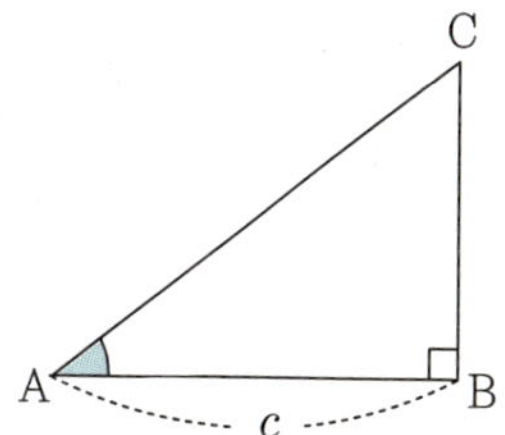

③ $\angle A$의 크기가 주어지고 변 BC의 길이가 a일 때,

$$\sin A = \frac{a}{\overline{AC}} \text{에서 } \overline{AC} = \frac{a}{\sin A}$$

$$\tan A = \frac{a}{\overline{AB}} \text{에서 } \overline{AB} = \frac{a}{\tan A}$$

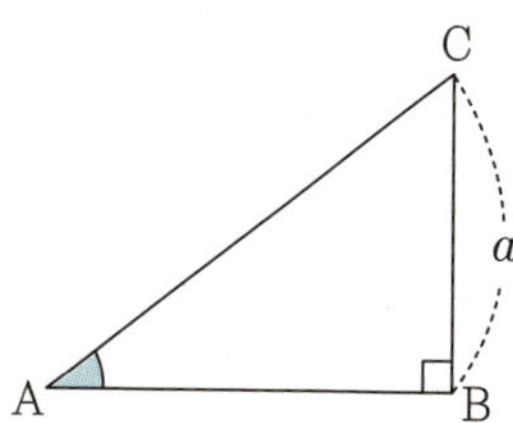

(2) 직각삼각형이 아닌 삼각형에서의 변의 길이

① 두 변의 길이와 그 끼인각의 크기를 알 때, 나머지 한 변의 길이 구하는 방법

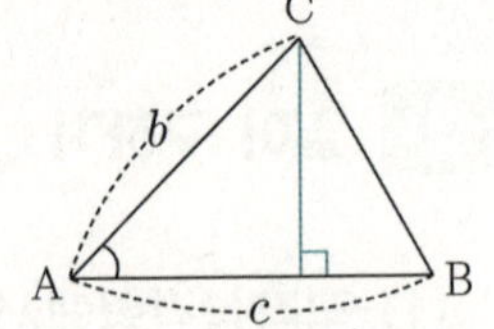

㉠ 길이를 구하는 변이 직각삼각형의 빗변이 되도록 한 꼭짓점에서 그 대변에 수선을 그어 두 직각삼각형을 만든다.

㉡ 삼각비를 이용하여 $\overline{BC}$의 길이를 구하면

$$\overline{BC}=\sqrt{(b\sin A)^2+(c-b\cos A)^2}$$

② 한 변의 길이와 그 양 끝 각의 크기를 알 때, 나머지 두 변의 길이 구하는 방법

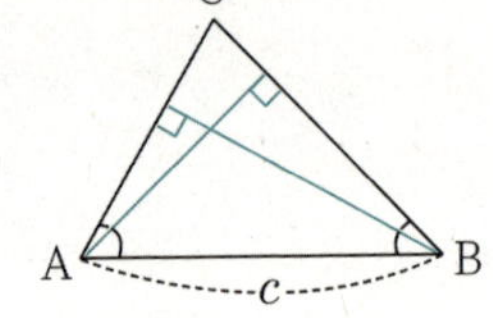

㉠ 직각삼각형이 만들어지도록 한 꼭짓점에서 그 대변에 수선을 긋는다.

㉡ 삼각비를 이용하여 $\overline{AC}$, $\overline{BC}$의 길이를 구하면

$$\overline{AC}=\frac{c\sin B}{\sin C}, \quad \overline{BC}=\frac{c\sin A}{\sin C}$$

(3) 삼각형의 높이 구하기

① 주어진 각이 모두 예각일 때

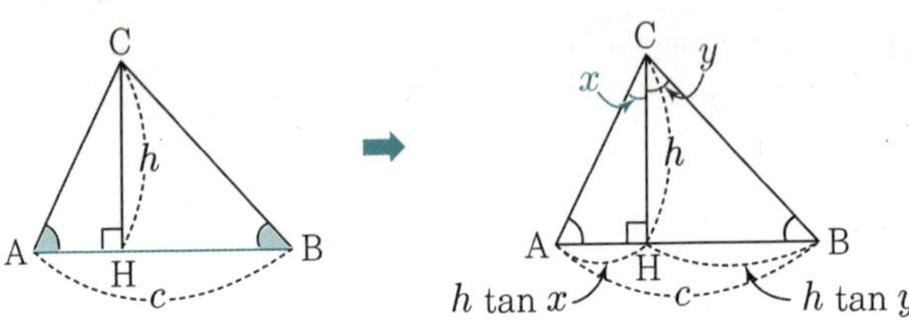

$$\Rightarrow h=\frac{c}{\tan x+\tan y}$$

② 주어진 각 중 한 각이 둔각일 때

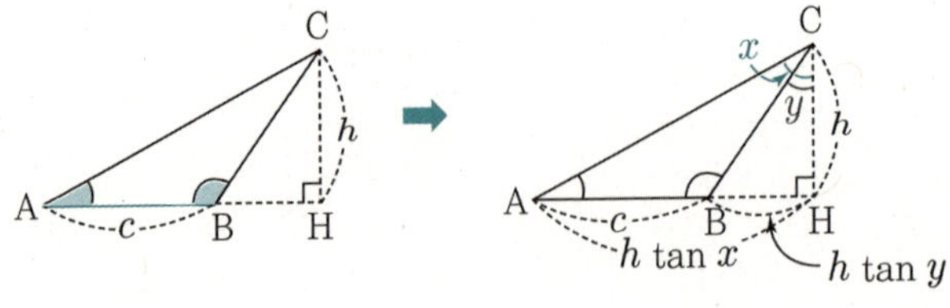

$$\Rightarrow h=\frac{c}{\tan x-\tan y}$$

바로 바로 CHECK✓

다음 그림의 직각삼각형 ABC에서 삼각비를 이용하여 x, y의 값을 각각 구하여라.

(1)

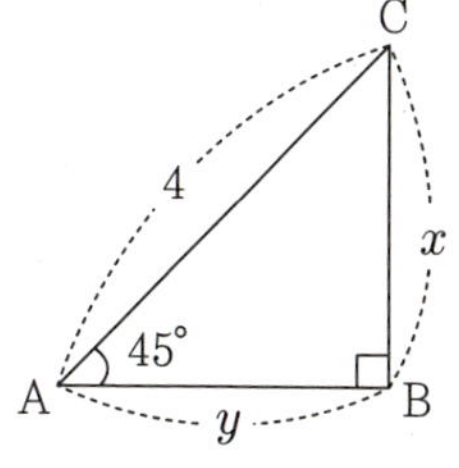

(2)

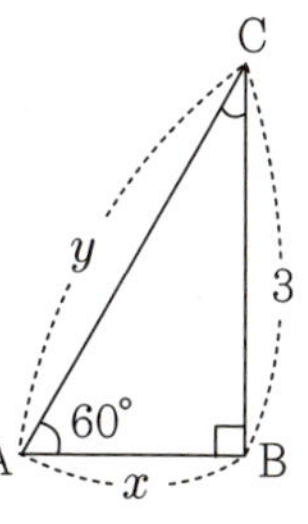

(1) $\sin 45° = \dfrac{\overline{BC}}{\overline{AC}} = \dfrac{x}{4}$ 이므로

$\quad \therefore \ x = 4\sin 45° = 4 \times \dfrac{\sqrt{2}}{2} = 2\sqrt{2}$

$\cos 45° = \dfrac{\overline{AB}}{\overline{AC}} = \dfrac{y}{4}$ 이므로

$\quad \therefore \ y = 4\cos 45° = 4 \times \dfrac{\sqrt{2}}{2} = 2\sqrt{2}$

(2) $\tan 60° = \dfrac{\overline{BC}}{\overline{AB}} = \dfrac{3}{x}$ 이므로

$\quad \therefore \ x = \dfrac{3}{\tan 60°} = \dfrac{3}{\sqrt{3}} = \sqrt{3}$

$\sin 60° = \dfrac{\overline{BC}}{\overline{AC}} = \dfrac{3}{y}$ 이므로

$\quad \therefore \ y = \dfrac{3}{\sin 60°} = 3 \div \dfrac{\sqrt{3}}{2} = 2\sqrt{3}$

2 넓이 구하기

(1) 삼각형의 넓이

△ABC에서 두 변의 길이 a, c와 그 끼인 각 $\angle B$의 크기를 알 때, △ABC의 넓이를 S라 하면

① $\angle B$가 예각일 때

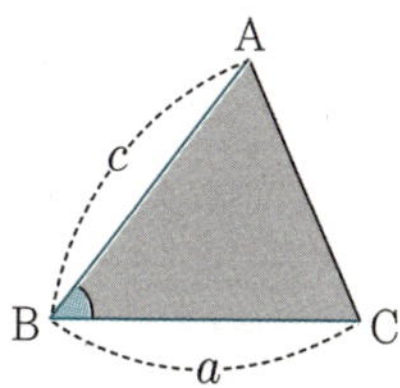

$$\Rightarrow S = \dfrac{1}{2}ac \sin B$$

② $\angle B$가 둔각일 때

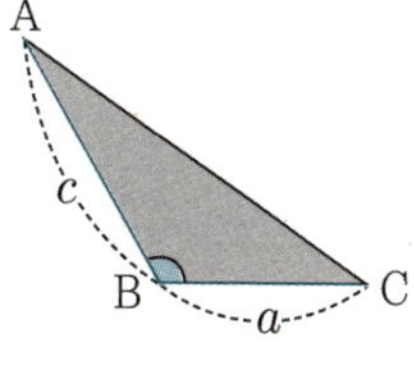

$$\Rightarrow S = \dfrac{1}{2}ac \sin(180° - B)$$

(2) 사각형의 넓이

① 평행사변형 ABCD에서 이웃하는 두 변의 길이 a, b와 그 끼인각인 $\angle B$의 크기가 주어질 때, 평행사변형 ABCD의 넓이를 S라 하면

   ㉠ $\angle B$가 예각일 때   ㉡ $\angle B$가 둔각일 때

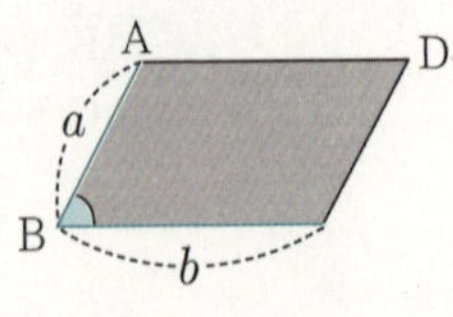   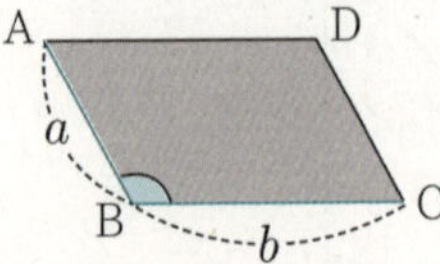

$$\Rightarrow S = ab \sin B \qquad\qquad \Rightarrow S = ab \sin(180°-B)$$

② 사각형 ABCD에서 두 대각선의 길이 a, b와 두 대각선이 이루는 각인 x의 크기가 주어질 때, 사각형 ABCD의 넓이를 S라 하면

   ㉠ x가 예각일 때   ㉡ x가 둔각일 때

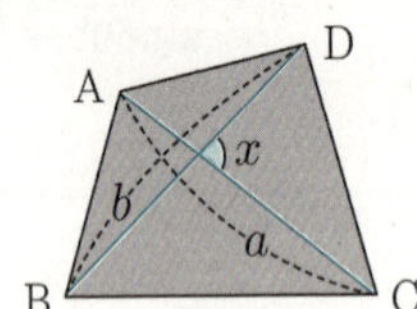   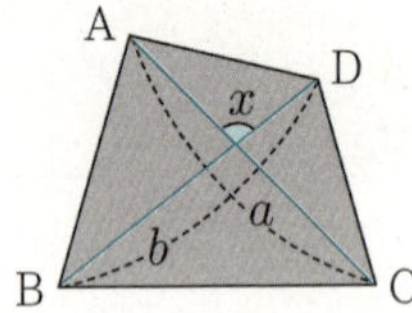

$$\Rightarrow S = \frac{1}{2}ab \sin x \qquad\qquad \Rightarrow S = \frac{1}{2}ab \sin(180°-x)$$

바로 바로 CHECK✓

다음 그림에서 $\triangle ABC$의 넓이를 구하여라.

(1)

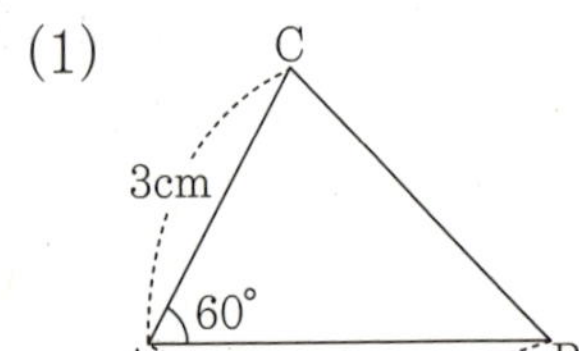

(2)

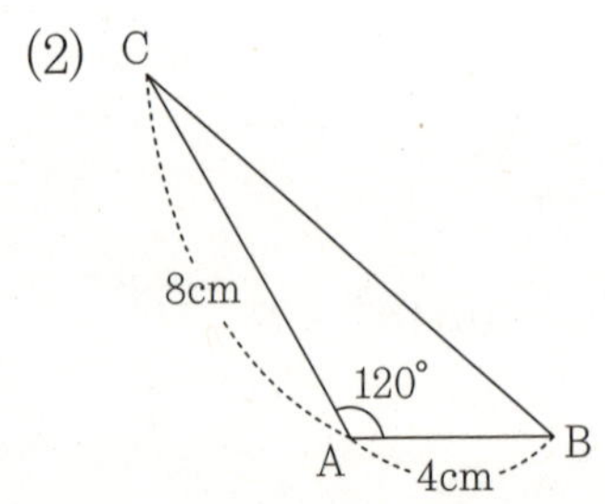

(1) $S = \dfrac{1}{2} \times \overline{AC} \times \overline{AB} \times \sin A$

$\quad = \dfrac{1}{2} \times 3 \times 4 \times \sin 60°$

$\quad = \dfrac{1}{2} \times 3 \times 4 \times \dfrac{\sqrt{3}}{2}$

$\quad = 3\sqrt{3} \,(\text{cm}^2)$

(2) $S = \dfrac{1}{2} \times \overline{AC} \times \overline{AB} \times \sin(180°-120°)$

$\quad = \dfrac{1}{2} \times 8 \times 4 \times \sin 60°$

$\quad = \dfrac{1}{2} \times 8 \times 4 \times \dfrac{\sqrt{3}}{2}$

$\quad = 8\sqrt{3} \,(\text{cm}^2)$

01
기출 그림과 같이 ∠C = 90°인 직각삼각형 ABC에서
$\overline{AB} = 4$, $\overline{AC} = \overline{BC} = 2\sqrt{2}$ 일 때, $\sin B$의 값은?

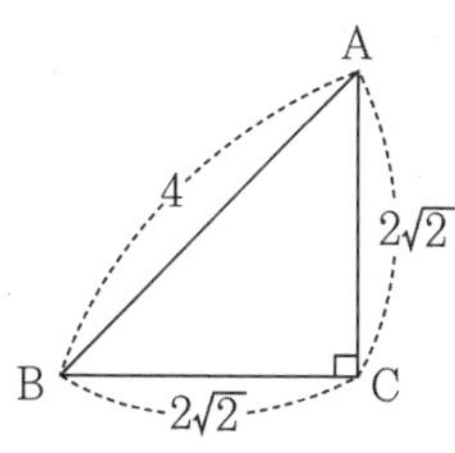

① $\dfrac{1}{4}$

② $\dfrac{1}{2}$

③ $\dfrac{\sqrt{2}}{2}$

④ $\sqrt{2}$

01

$$\sin B = \frac{\overline{AC}}{\overline{AB}} = \frac{2\sqrt{2}}{4} = \frac{\sqrt{2}}{2}$$

02 직각삼각형 ABC에서 $\sin B = \dfrac{3}{5}$일 때, $\overline{AC}$의 길이는?

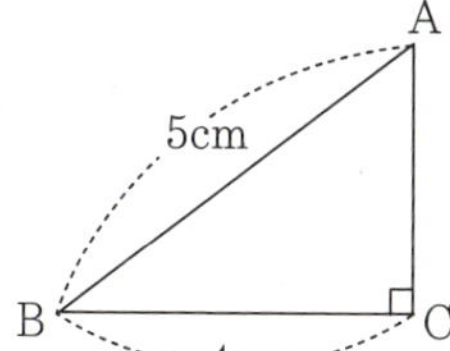

① 3cm

② 4cm

③ 5cm

④ 6cm

02

$$\sin B = \frac{\overline{AC}}{\overline{AB}} = \frac{3}{5}$$
$$\therefore \ \overline{AC} = 3\,\text{cm}$$

03
기출 그림과 같이 ∠C = 90°인 직각삼각형 ABC에서
$\overline{AB} = 2$, $\overline{BC} = 1$, $\overline{AC} = \sqrt{3}$ 일 때, $\cos B$의 값은?

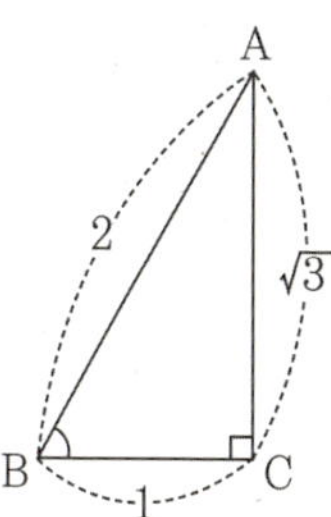

① $\dfrac{1}{3}$

② $\dfrac{1}{2}$

③ $\dfrac{\sqrt{3}}{3}$

④ $\dfrac{\sqrt{3}}{2}$

03

$$\cos B = \frac{\overline{BC}}{\overline{AB}} = \frac{1}{2}$$

ANSWER
01. ③ 02. ① 03. ②

04 ^{기출} 그림과 같이 $\angle C = 90°$인 직각삼각형 ABC에서 $\tan B$의 값은?

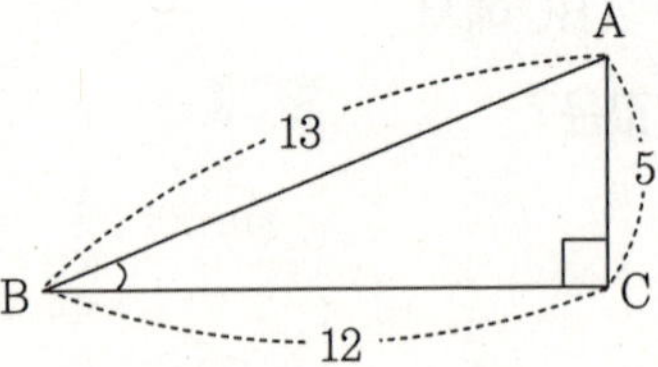

① $\dfrac{5}{12}$ ② $\dfrac{13}{12}$

③ $\dfrac{12}{5}$ ④ $\dfrac{13}{5}$

05 그림에서 $\sin A = \dfrac{2}{3}$일 때, $\tan A$의 값은?

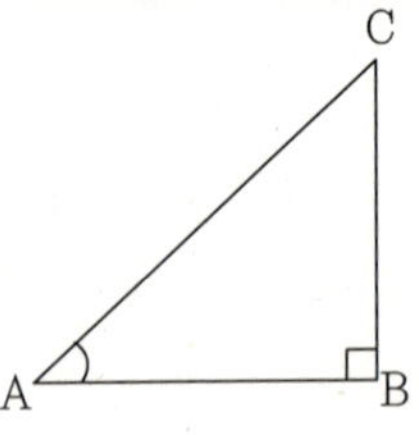

① $\dfrac{1}{3}$ ② $\dfrac{1}{2}$

③ $\dfrac{\sqrt{5}}{5}$ ④ $\dfrac{2\sqrt{5}}{5}$

06 그림과 같은 삼각형 ABC에서 $\sin B + \tan B$를 구하면?

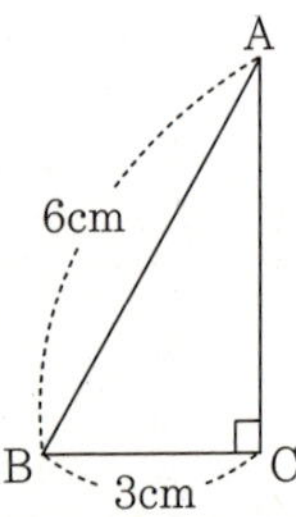

① $\dfrac{1}{2}$

② $\dfrac{\sqrt{3}}{2}$

③ $\sqrt{3}$

④ $\dfrac{3\sqrt{3}}{2}$

04

$$\tan B = \frac{\overline{AC}}{\overline{BC}} = \frac{5}{12}$$

05

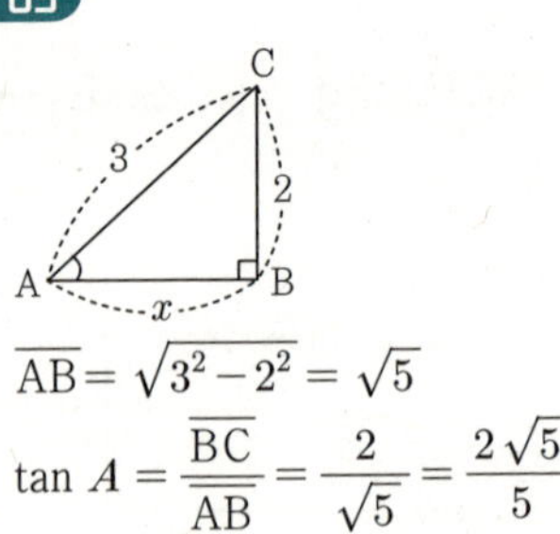

$$\overline{AB} = \sqrt{3^2 - 2^2} = \sqrt{5}$$
$$\tan A = \frac{\overline{BC}}{\overline{AB}} = \frac{2}{\sqrt{5}} = \frac{2\sqrt{5}}{5}$$

06

$$\overline{AC} = \sqrt{6^2 - 3^2} = \sqrt{27}$$
$$= 3\sqrt{3}\,(\text{cm})$$
$$\sin B + \tan B = \frac{3\sqrt{3}}{6} + \frac{3\sqrt{3}}{3}$$
$$= \frac{\sqrt{3}}{2} + \sqrt{3} = \left(\frac{1}{2} + 1\right)\sqrt{3}$$
$$= \frac{3\sqrt{3}}{2}$$

07 기출

∠C $= 90°$인 직각삼각형 ABC에서 $\cos A$의 값은?

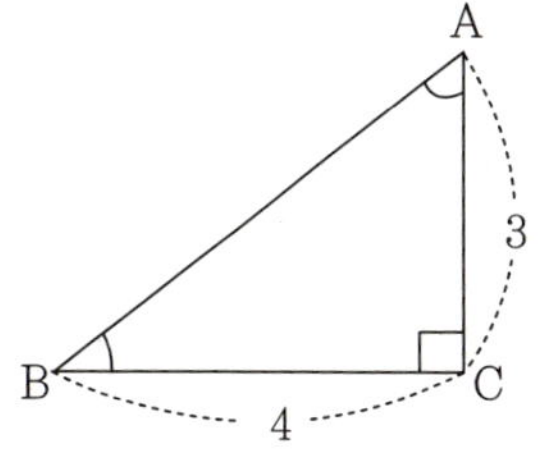

① $\dfrac{3}{5}$

② $\dfrac{3}{4}$

③ $\dfrac{4}{5}$

④ 1

07

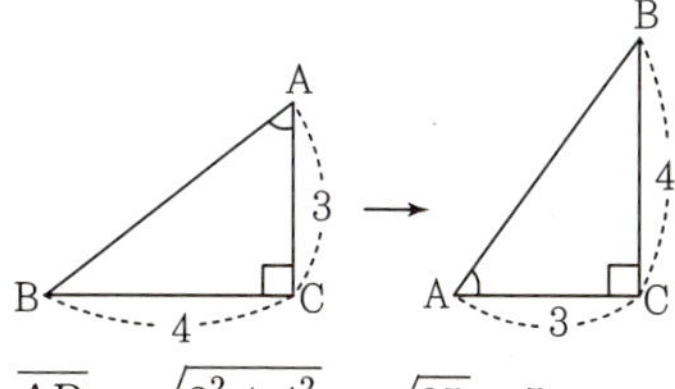

$\overline{AB} = \sqrt{3^2 + 4^2} = \sqrt{25} = 5$

$\therefore \cos A = \dfrac{\overline{AC}}{\overline{AB}} = \dfrac{3}{5}$

08

그림과 같은 직각삼각형 ABC에서 다음 중 옳은 것은?

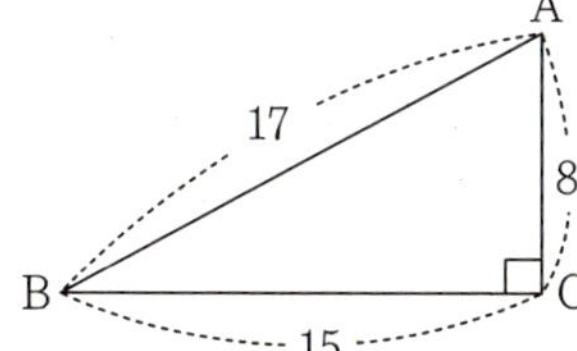

① $\tan A = \dfrac{8}{15}$　　　② $\tan B = \dfrac{15}{8}$

③ $\sin B = \dfrac{8}{17}$　　　④ $\cos A = \dfrac{15}{17}$

08

① $\tan A = \dfrac{15}{8}$

② $\tan B = \dfrac{8}{15}$

④ $\cos A = \dfrac{8}{17}$

09 기출

∠C $= 90°$인 직각삼각형 ABC에서 $\sin 30°$의 값은?

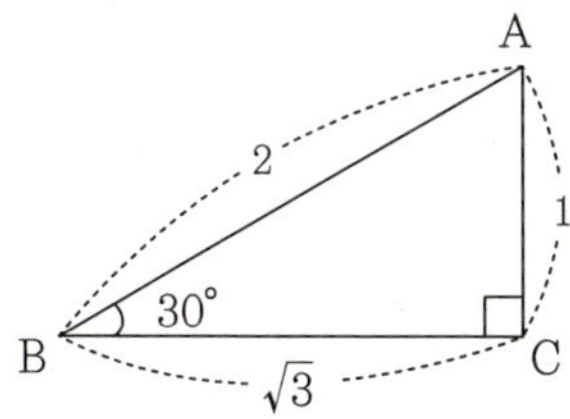

① $\dfrac{1}{2}$　　　② $\dfrac{1}{\sqrt{3}}$

③ $\dfrac{\sqrt{3}}{2}$　　　④ $\sqrt{3}$

09

$\sin 30° = \dfrac{\overline{AC}}{\overline{AB}} = \dfrac{1}{2}$

A N S W E R

07. ①　**08.** ③　**09.** ①

10 다음을 계산하여라.

(1) $\sin 30° + \sin 60°$

(2) $\cos 45° - \sin 45°$

(3) $\tan 45° \times \tan 60°$

(4) $\sin 30° \div \tan 30°$

11 $\cos 30° \times \sin 90° + \sin 60° \times \cos 0°$을 계산하면?

① 0 ② 1

③ $\sqrt{3}$ ④ $\dfrac{1+\sqrt{3}}{2}$

12 다음 그림과 같이 $\triangle ABC$에서 $\angle B = 30°$, $\angle C = 90°$, $\angle ADC = 60°$, $\overline{BD} = 6\text{cm}$일 때, $\overline{AC}$의 길이 x는?

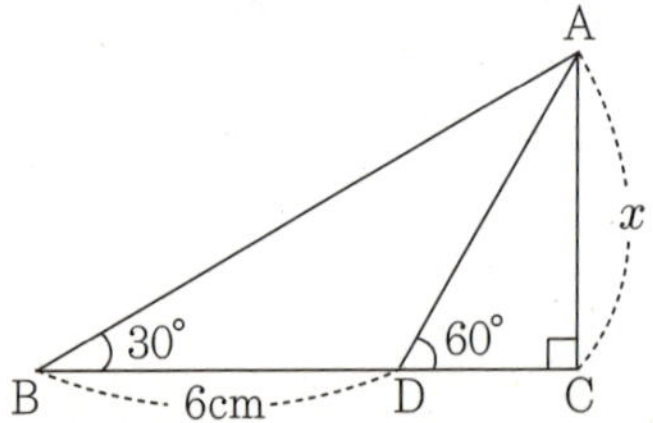

① $3\sqrt{3}\,\text{cm}$ ② 6cm

③ $6\sqrt{3}$ ④ $6\sqrt{2}\,\text{cm}$

10

(1) $\sin 30° + \sin 60°$
$= \dfrac{1}{2} + \dfrac{\sqrt{3}}{2} = \dfrac{1+\sqrt{3}}{2}$

(2) $\cos 45° - \sin 45°$
$= \dfrac{1}{\sqrt{2}} - \dfrac{1}{\sqrt{2}} = 0$

(3) $\tan 45° \times \tan 60°$
$= 1 \times \sqrt{3} = \sqrt{3}$

(4) $\sin 30° \div \tan 30°$
$= \dfrac{1}{2} \div \dfrac{1}{\sqrt{3}}$
$= \dfrac{1}{2} \times \sqrt{3} = \dfrac{\sqrt{3}}{2}$

11

$\cos 30° \times \sin 90°$
$+ \sin 60° \times \cos 0°$
$= \dfrac{\sqrt{3}}{2} \times 1 + \dfrac{\sqrt{3}}{2} \times 1$
$= \dfrac{\sqrt{3}}{2} + \dfrac{\sqrt{3}}{2} = \sqrt{3}$

12

$\angle ADB = 120°$, $\angle DAB = 30°$
따라서 $\triangle ABD$는 이등변삼각형이므로
$\overline{AD} = 6\text{cm}$이다.
$\angle DAC = 30°$이므로 $\triangle ADC$에서
$\cos A = \cos 30° = \dfrac{\sqrt{3}}{2} = \dfrac{x}{6}$
$\therefore x = 3\sqrt{3}\,\text{cm}$

13 다음 그림과 같은 삼각형 ABC의 높이 $\overline{BC}$를 구하면?

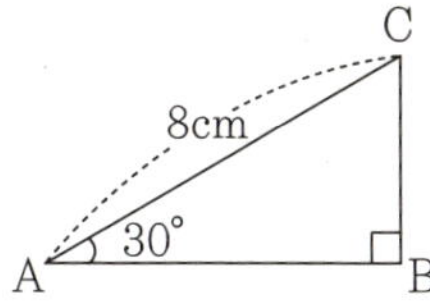

① 2cm

② $2\sqrt{2}$ cm

③ $2\sqrt{3}$ cm

④ 4cm

13

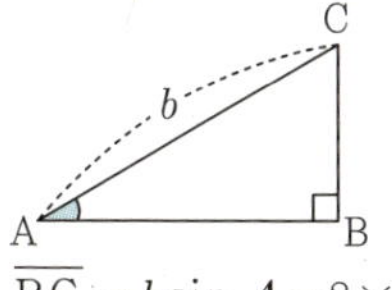

$$\overline{BC} = b\sin A = 8 \times \sin 30°$$
$$= 8 \times \frac{1}{2} = 4 \,(\text{cm})$$

14 $\overline{AB} = 10\text{cm}$, $\overline{BC} = 8\text{cm}$이고, $\angle B = 120°$일 때, $\triangle ABC$의 넓이는?

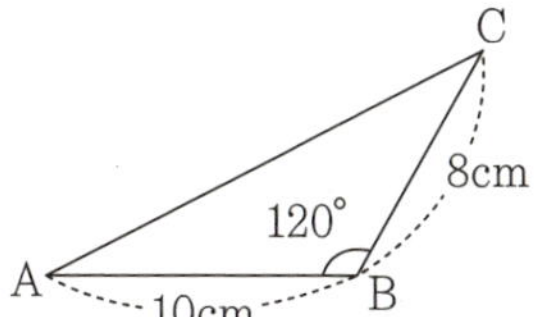

① 18cm^2

② 20cm^2

③ $20\sqrt{2}\ \text{cm}^2$

④ $20\sqrt{3}\ \text{cm}^2$

14

$$S = \frac{1}{2} \times \overline{AB} \times \overline{BC} \times \sin(180° - 120°)$$
$$= \frac{1}{2} \times 10 \times 8 \times \sin 60°$$
$$= \frac{1}{2} \times 10 \times 8 \times \frac{\sqrt{3}}{2}$$
$$= 20\sqrt{3}\,(\text{cm}^2)$$

15 $\triangle ABC$의 꼭짓점 A에서 변 $\overline{BC}$에 내린 수선의 발 H에 대하여 $\overline{AB} = 2\text{cm}$, $\overline{HC} = 2\text{cm}$, $\angle B = 60°$일 때, $\triangle ABC$의 넓이는?

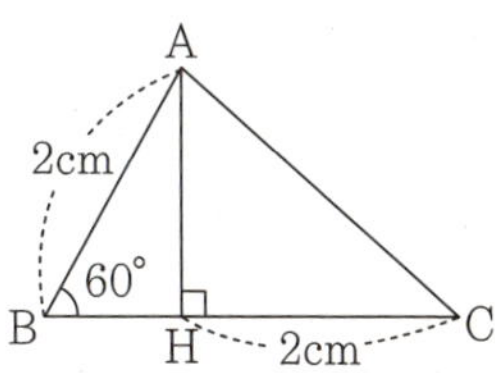

① $\dfrac{\sqrt{3}}{3}\,\text{cm}^2$

② $\dfrac{\sqrt{3}}{2}\,\text{cm}^2$

③ $\dfrac{2\sqrt{3}}{3}\,\text{cm}^2$

④ $\dfrac{3\sqrt{3}}{2}\,\text{cm}^2$

15

$$\cos 60° = \frac{1}{2} = \frac{\overline{BH}}{\overline{AB}}\ \text{이므로}$$

$\overline{BH} = 1\,(\text{cm})$이다. 따라서

$$S = \frac{1}{2} \times \overline{AB} \times \overline{BC} \times \sin 60°$$
$$= \frac{1}{2} \times 2 \times 3 \times \frac{\sqrt{3}}{2}$$
$$= \frac{3\sqrt{3}}{2}\,(\text{cm}^2)$$

ANSWER
13. ④ 14. ④ 15. ④

16 다음 그림에서 □ABCD의 넓이는?

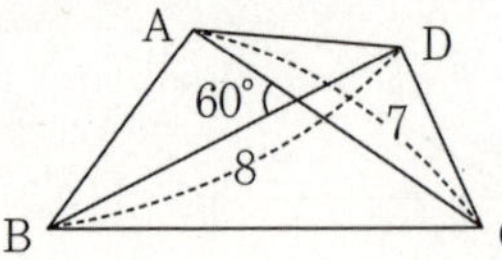

① 14

② $14\sqrt{3}$

③ 28

④ $28\sqrt{3}$

16

$$\square ABCD = \frac{1}{2} \times 7 \times 8 \times \sin 60°$$
$$= \frac{1}{2} \times 7 \times 8 \times \frac{\sqrt{3}}{2}$$
$$= 14\sqrt{3}$$

17 다음 그림과 같이 $\overline{BC}=6$, $\angle C = 135°$인 평행사변형 ABCD의 넓이가 $12\sqrt{2}$일 때, $\overline{CD}$의 길이는?

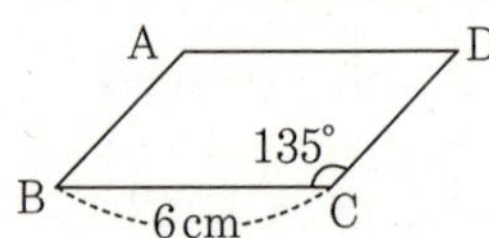

① 2

② $2\sqrt{2}$

③ 4

④ $4\sqrt{2}$

17

$$6 \times \overline{CD} \times \sin(180° - 135°)$$
$$= 12\sqrt{2} \text{ 이므로}$$
$$6 \times \overline{CD} \times \sin 45° = 12\sqrt{2}$$
$$6 \times \overline{CD} \times \frac{\sqrt{2}}{2} = 12\sqrt{2}$$
$$\therefore \overline{CD} = 4$$

18 다음 그림과 같이 $\overline{AC}=12$, $\overline{BD}=10$인 사각형 ABCD의 넓이가 $30\sqrt{3}$일 때, 두 대각선이 이루는 예각의 크기는?

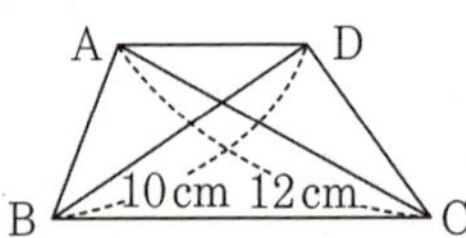

① 30°

② 45°

③ 60°

④ 90°

18

두 대각선이 이루는 예각의 크기를 x라 하면

$$\frac{1}{2} \times 10 \times 12 \times \sin x = 30\sqrt{3} \text{ 이므로}$$
$$60 \sin x = 30\sqrt{3},$$
$$\sin x = \frac{30\sqrt{3}}{60} = \frac{\sqrt{3}}{2}$$

따라서 $\angle x = 60°$이다.

NOTE

NOTE

06 원의 성질

01 원과 직선

1 원의 현

(1) 현의 수직이등분선의 성질

① 원의 중심에서 현에 내린 수선은 그 현을 이등분한다.

즉, $\overline{AB} \perp \overline{OH}$이고, $\overline{AH} = \overline{BH}$

잠깐! $\triangle OAH \equiv \triangle OBH$(RHS합동)

($\because \angle OHA = \angle OHB = 90°$, $\overline{OA} = \overline{OB}$ 는 반지름, $\overline{OH}$ 는 공통)

② 원에서 한 현의 수직이등분선은 그 원의 중심을 지난다.

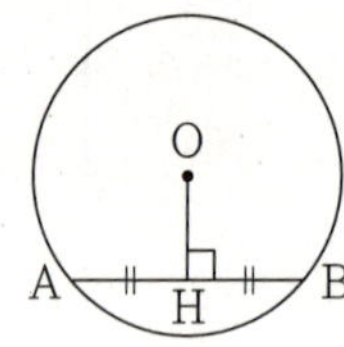

(2) 현의 길이의 성질

① 한 원에서 원의 중심으로부터 같은 거리에 있는 두 현의 길이는 같다.

즉, $\overline{OM} = \overline{ON}$이면 $\overline{AB} = \overline{CD}$

잠깐! $\triangle OAM \equiv \triangle OCN$(RHS합동)

($\because \angle OMA = \angle ONC = 90°$, $\overline{OM} = \overline{ON}$, $\overline{OA} = \overline{OC}$ 는 반지름)

② 한 원에서 길이가 같은 두 현은 원의 중심으로부터 같은 거리에 있다.

즉, $\overline{AB} = \overline{CD}$이면 $\overline{OM} = \overline{ON}$

잠깐! $\triangle OAM \equiv \triangle OCN$(RHS합동)

($\because \angle OMA = \angle ONC = 90°$, $\overline{AM} = \overline{CN}$, $\overline{OA} = \overline{OC}$ 는 반지름)

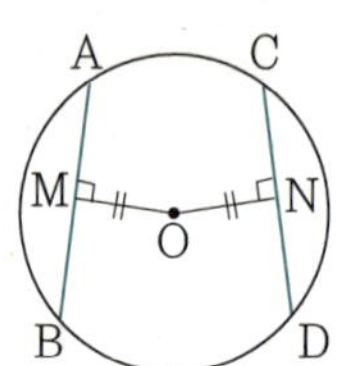

바로 바로 CHECK√

다음 그림에서 x의 값을 구하여라.

(1) 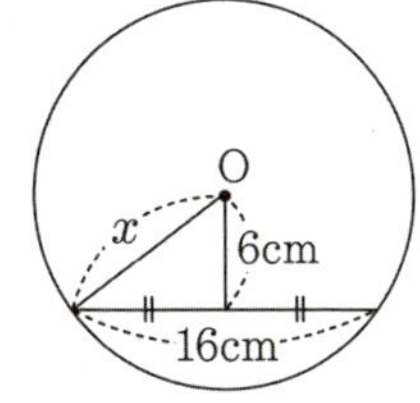

(2) 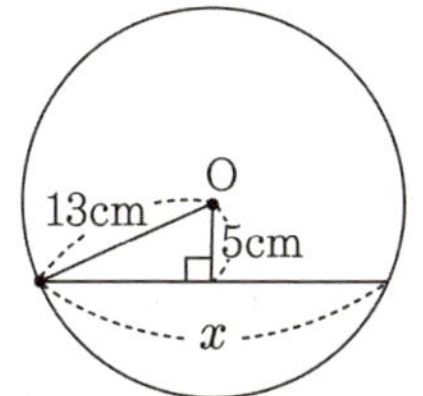

(3) 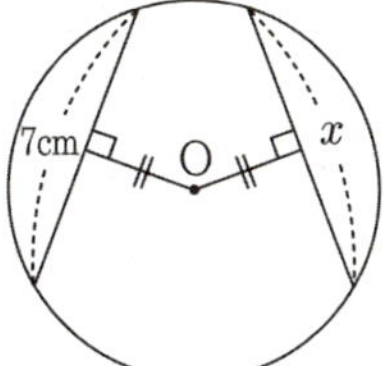

(4) 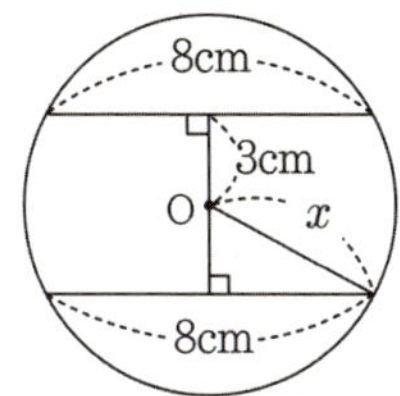

(1) $x = \sqrt{6^2 + 8^2} = \sqrt{100} = 10(\text{cm})$

(2) $x = 2 \times \sqrt{13^2 - 5^2} = 2 \times 12$
$= 24(\text{cm})$

(3) $x = 7(\text{cm})$

(4) $x = \sqrt{3^2 + 4^2} = 5(\text{cm})$

2 원의 접선

(1) 원의 접선의 길이

원 O 밖의 한 점 P에서 이 원에 그을 수 있는 접선은 2개
이다. 이 두 접선의 접점을 각각 A, B라 할 때, 점 P에
서 접점까지의 거리, 즉 $\overline{PA}$, $\overline{PB}$의 길이를 점 P에서 원
O에 그은 접선의 길이라고 한다.

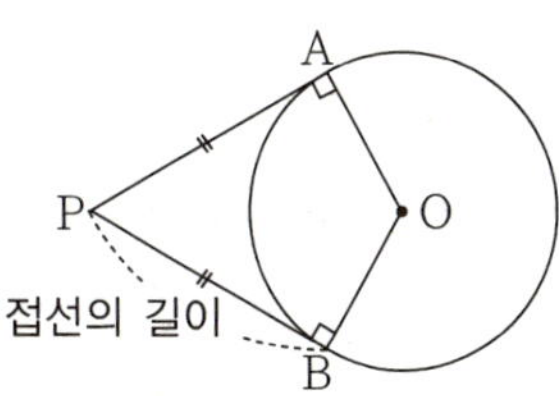

(2) 원의 접선의 길이의 성질

원 밖의 한 점에서 그 원에 그은 두 접선의 길이는 같다.

잠깐! $\triangle PAO \equiv \triangle PBO (\text{RHS합동})$
($\because \angle PAO = \angle PBO = 90°$, $\overline{OA} = \overline{OB}$ 는 반지름, $\overline{PO}$ 는 공통)

(3) 원의 접선과 각의 크기 사이의 성질

원 O 밖의 한 점 P에 대하여 $\overline{PA}$, $\overline{PB}$는 원 O의 접선이고 두 점 A, B는 각각 그 접점일 때

① □APBO의 내각의 크기의 합은 $360°$이므로

$$\angle APB + \angle AOB = 180°$$

② $\triangle PBA$는 $\overline{PA} = \overline{PB}$인 이등변삼각형이므로

$$\angle PAB = \angle PBA$$

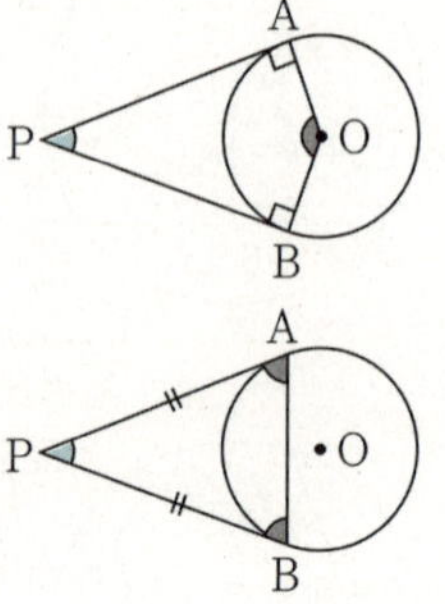

바로 바로 CHECK√

다음 그림에서 세 점 A, B, C가 원 O의 접점일 때, x의 값을 구하여라.

(1)

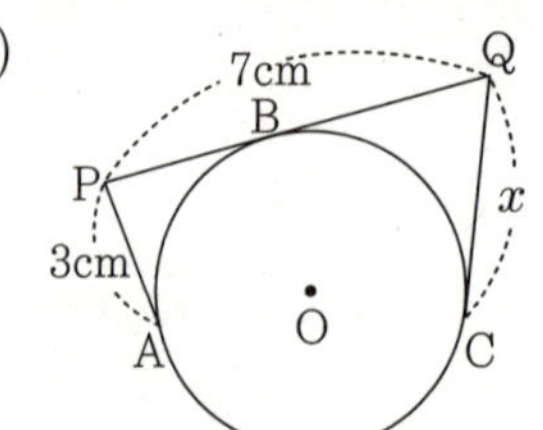

(2)

(1) $\overline{PA} = \overline{PB} = 6\,\mathrm{cm}$

$\therefore x = 6\,\mathrm{cm}$

(2) $\overline{PA} = \overline{PB} = 3\,\mathrm{cm}$,

$\overline{QB} = \overline{PQ} - \overline{PB}$

$\quad = 7 - 3 = 4\,(\mathrm{cm})$

$\overline{QC} = \overline{QB} = 4\,\mathrm{cm}$

$\therefore x = 4\,\mathrm{cm}$

(4) 삼각형의 내접원의 성질

원 O가 $\triangle ABC$에 내접하고 내접원의 반지름의 길이가 r일 때

① $\triangle ABC$의 둘레의 길이

$$a + b + c = 2(x + y + z)$$

② $\triangle ABC$의 넓이

$$\triangle ABC = \frac{1}{2} r(a + b + c)$$

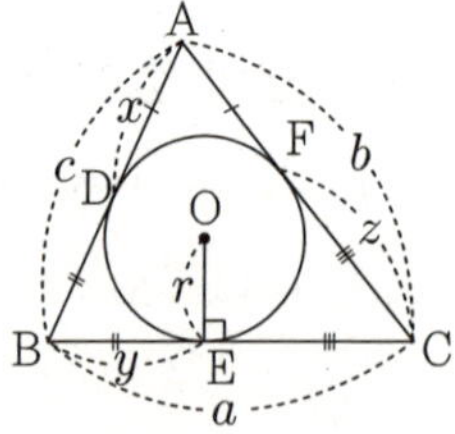

바로 바로 **CHECK√**

다음 그림에서 원 O가 △ABC에 내접하고 점 D, E, F는 접점이다. △ABC의 둘레의 길이가 28cm일 때, $\overline{AC}$의 길이를 구하여라.

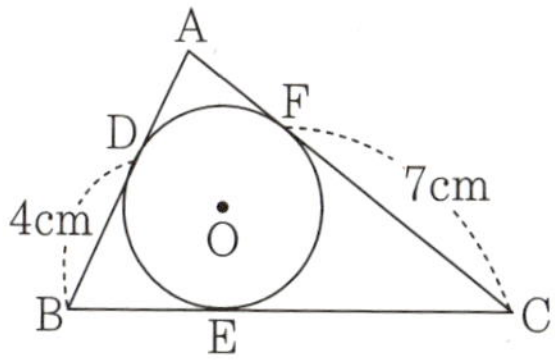

$\overline{BE}=\overline{BD}=4\text{cm}$, $\overline{CE}=\overline{CF}=7\text{cm}$이므로
$\overline{AD}=\overline{AF}=x\,\text{cm}$라 하면 $2(x+4+7)=28$
$\Rightarrow 2x+22=28 \Rightarrow x=3$
$\therefore \overline{AC}=3+7=10(\text{cm})$

(5) 원에 외접하는 사각형의 성질

□ABCD가 원 O에 외접하고 점 P, Q, R, S가 그 접점일 때 원에 외접하는 사각형에서 두 쌍의 대변의 길이의 합은 같다. 즉,

$$\overline{AB}+\overline{CD}=\overline{AD}+\overline{BC}$$

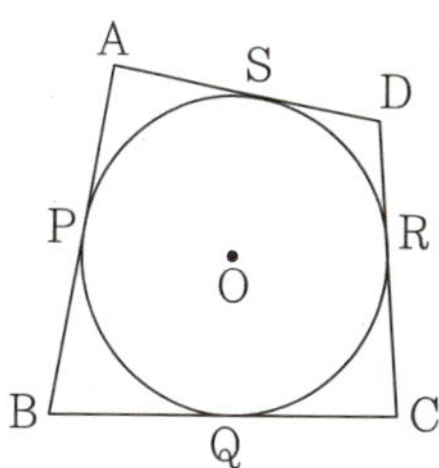

바로 바로 **CHECK√**

다음 그림에서 □ABCD가 원 O에 외접하고, 네 점 P, Q, R, S는 그 접점일 때, x의 값을 구하여라.

(1)

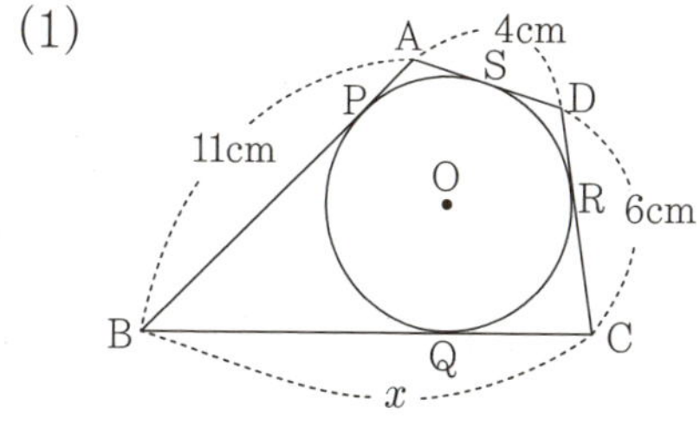

(2)

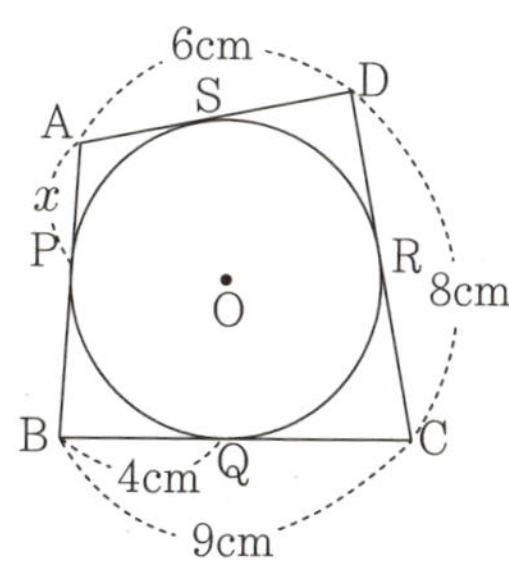

(1) $11+6=4+x$
  $\therefore x=13\text{cm}$
(2) $\overline{BP}=\overline{BQ}=4\text{cm}$이므로
  $(x+4)+8=6+9$
  $\therefore x=3\text{cm}$

02 원주각

1 원주각

(1) 원주각과 중심각 사이의 관계

① 원주각 : 원 O에서 $\overset{\frown}{AB}$ 위에 있지 않는 점 P에 대하여
$\angle APB$를 $\overset{\frown}{AB}$에 대한 원주각이라 한다.

② 원주각과 중심각의 크기 : 원에서 한 호에 대한 원주각의 크기는

그 호에 대한 중심각의 크기의 $\dfrac{1}{2}$이다.

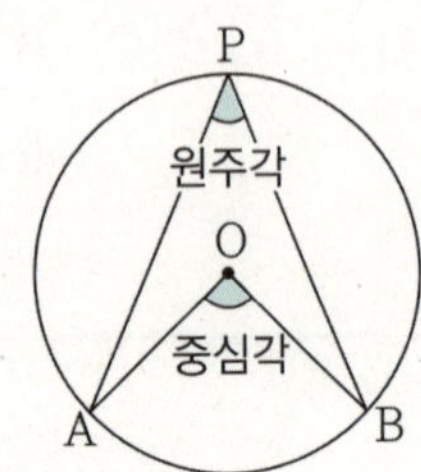

$$\angle APB = \frac{1}{2}\angle AOB$$

잠깐! $\triangle OAP$와 $\triangle OBP$는 이등변삼각형이므로 $\angle AOQ = 2\angle APO$,
$\angle BOQ = 2\angle BPO$이다.
따라서 $\angle AOB = 2\angle APO + 2\angle BPO = 2\angle APB$

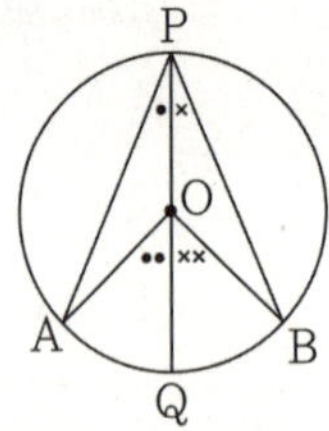

(2) 원주각의 성질

① 한 원에서 한 호에 대한 원주각의
크기는 모두 같다.

② 반원에 대한 원주각의 크기는 $90°$
이다.

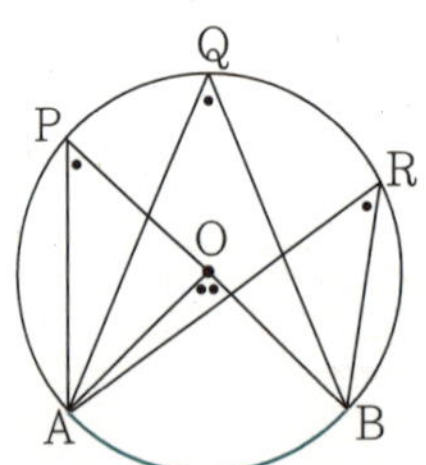

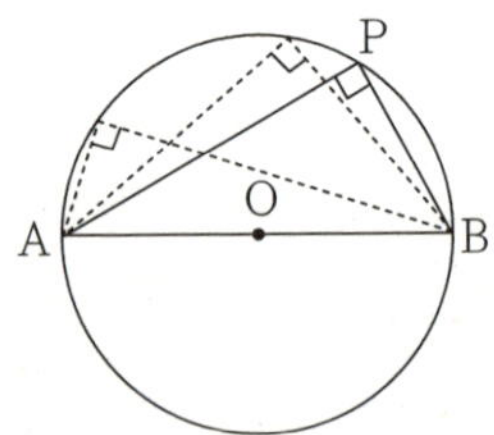

바로 바로 CHECK√

01 다음 그림에서 $\angle x$의 크기를 구하여라.

(1) 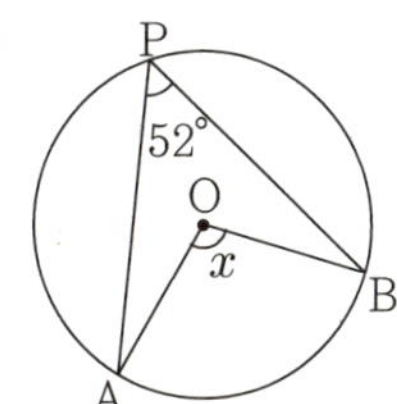

(2) 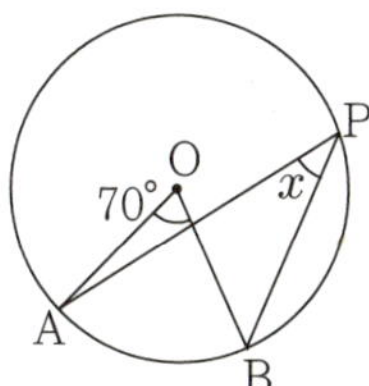

02 다음 그림에서 $\angle x$의 크기를 구하여라.

(1) 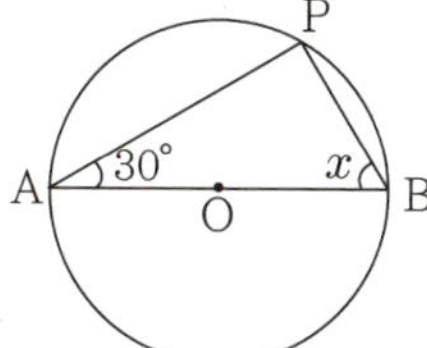

(2) 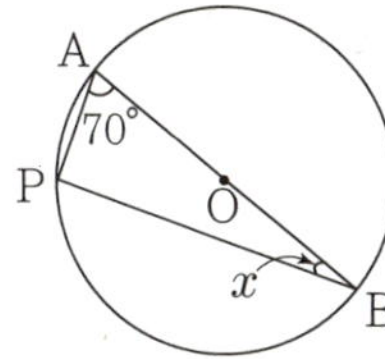

01 $\angle APB = \dfrac{1}{2} \angle AOB$

(1) $52° = \dfrac{1}{2} \times \angle x$

$\angle x = 52° \times 2 = 104°$

(2) $\angle x = \dfrac{1}{2} \times 70° = 35°$

02 반원에 대한 원주각의 크기는 $90°$이므로
(1) $\angle x = 180° - (30° + 90°)$
$\qquad = 60°$
(2) $\angle x = 180° - (70° + 90°)$
$\qquad = 20°$

(3) 원주각의 크기와 호의 길이 사이의 관계

① 한 원에서 길이가 같은 호에 대한 원주각의 크기는 같다.

② 한 원에서 크기가 같은 원주각에 대한 호의 길이는 같다.

③ 한 원에서 호의 길이는 그 호에 대한 원주각의 크기에 정비례한다.

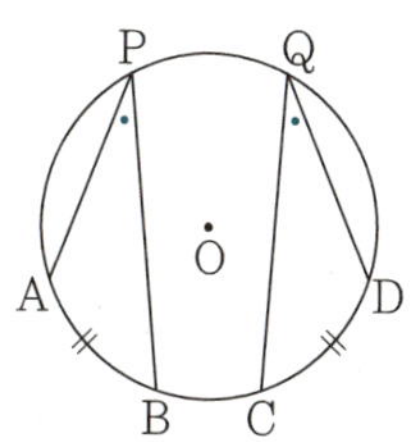

바로 바로 CHECK√

다음 그림에서 x의 값을 구하여라.

(1) 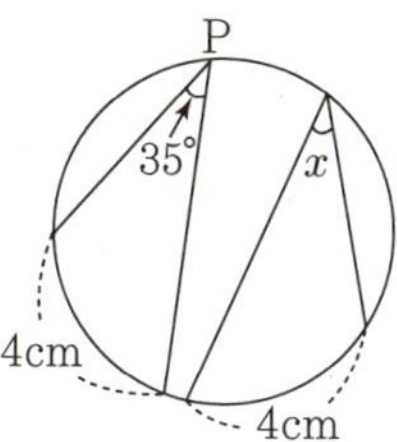

(2) 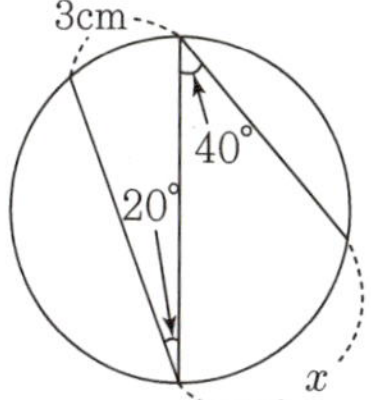

(1) $\angle x = 35°$
(2) $3 : x = 20 : 40$
$\qquad 20x = 120$
$\qquad \therefore \ x = 6\,\text{cm}$

(4) 네 점이 한 원 위에 있을 조건

두 점 C, D가 직선 AB에 대하여 같은 쪽에 있을 때,

$$\angle ACB = \angle ADB$$

이면 네 점 A, B, C, D는 한 원 위에 있다.

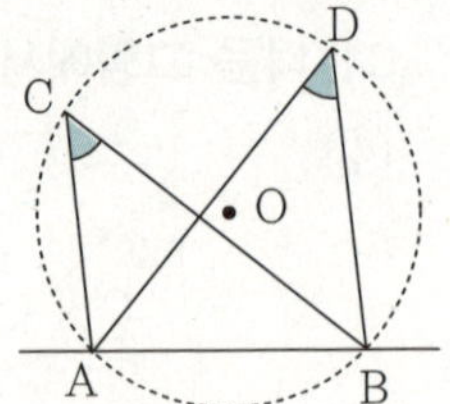

바로 바로 CHECK√

다음 그림에서 네 점 A, B, C, D가 한 원 위에 있는 것을 찾아라.

(1)

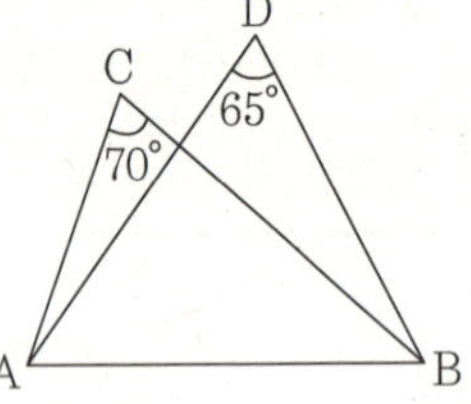

(2)

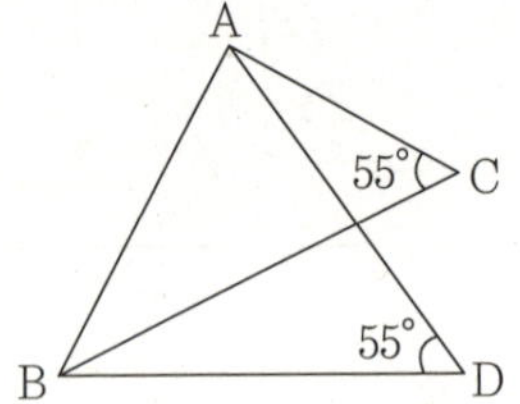

(3)

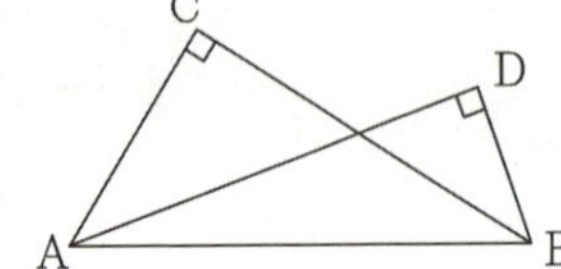

(1) $\angle ACB \neq \angle ADB$이므로 네 점 A, B, C, D는 한 원 위에 있지 않다.

(2) 두 점 C, D가 $\overline{AB}$에 대하여 같은 쪽에 있고 $\angle ACB = \angle ADB = 55°$이므로 네 점 A, B, C, D는 한 원 위에 있다.

(3) 두 점 C, D가 $\overline{AB}$에 대하여 같은 쪽에 있고 $\angle ACB = \angle ADB = 90°$이므로 네 점 A, B, C, D는 한 원 위에 있다.

따라서 네 점 A, B, C, D가 한 원 위에 있는 경우는 (2), (3)이다.

2 원과 사각형

(1) 원에 내접하는 사각형의 성질

① 원에 내접하는 사각형에서 한 쌍의 대각의 크기의 합은 $180°$이다.

$$\angle A + \angle C = 180°$$
$$\angle B + \angle D = 180°$$

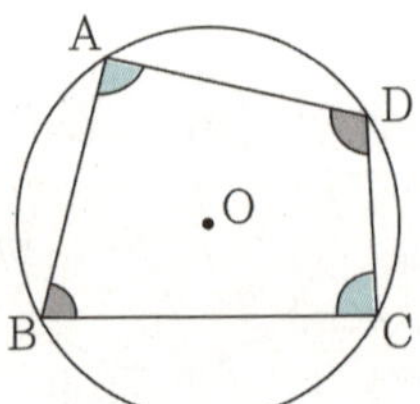

② 원에 내접하는 사각형의 한 외각의 크기는 그 내각에 대한 대각의 크기와 같다.

$$\angle DCE = \angle A$$

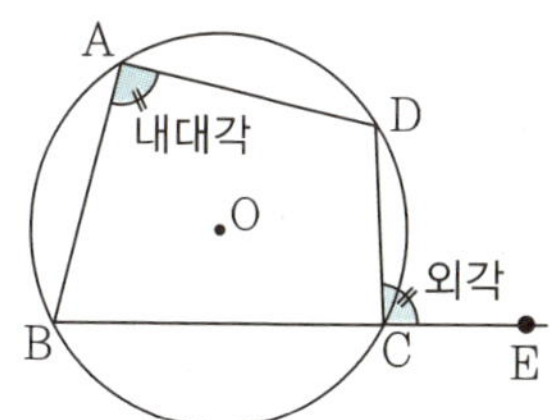

바로 바로 CHECK✓

다음 그림에서 $\angle x$와 $\angle y$의 크기를 각각 구하여라.

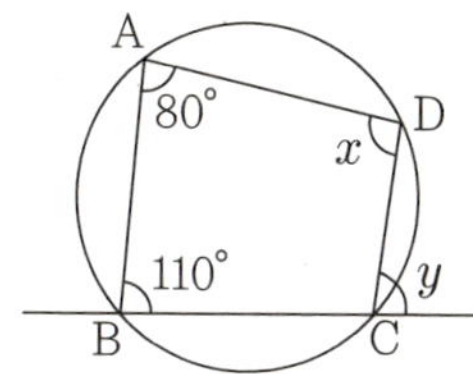

$\angle x + 110° = 180°$ $\therefore \ \angle x = 70°$
$\angle A = \angle y$ $\therefore \ \angle y = 80°$

(2) 사각형이 원에 내접하기 위한 조건

사각형이 다음 중 한 조건만 만족하면 원에 내접한다.

① 한 쌍의 대각의 크기의 합은 $180°$이다.

② 한 외각의 크기가 그 외각에 이웃한 내각에 대한 대각의 크기와 같다.

(3) 접선과 현이 이루는 각

원의 접선과 그 접점을 지나는 현이 이루는 각의 크기는 그 각의 내부에 있는 호에 대한 원주각의 크기와 같다.

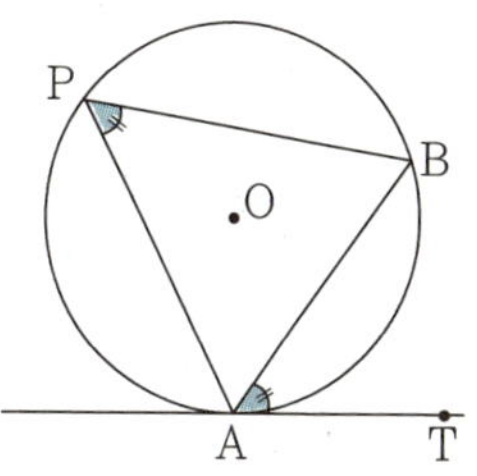

$$\angle BAT = \angle BPA$$

바로 바로 CHECK✓

다음 그림에서 직선이 원의 접선일 때, $\angle x$의 크기를 구하여라.

(1)

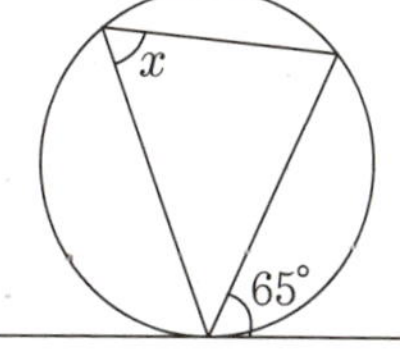

(2)

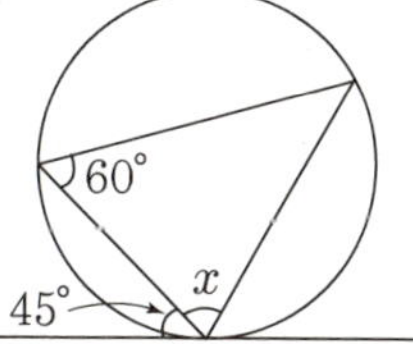

(1) $\angle x = 65°$
(2) $\angle x = 180° - (60° + 45°) = 75°$

01

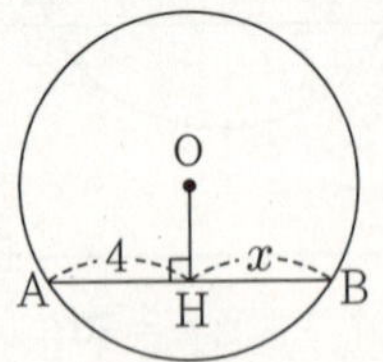

그림의 원 O에서 x의 값은?

① 2
② 3
③ 4
④ 5

01

원의 중심에서 현에 내린 수선은 그 현을 수직이등분하므로 $x = 4$

02

원 O에서 $\overline{AB} = 2\sqrt{3}\,\text{cm}$, $\overline{AB} \perp \overline{OH}$, $\overline{OH} = 1\text{cm}$일 때, 반지름 $\overline{OA}$의 길이는?

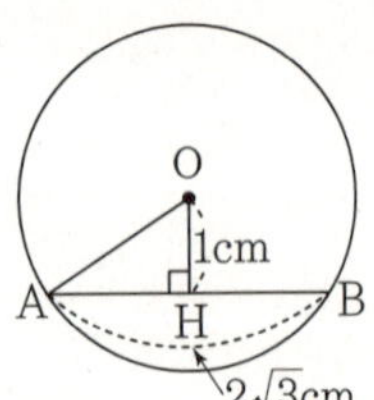

① 1cm
② 2cm
③ $\sqrt{2}\,\text{cm}$
④ $\sqrt{3}\,\text{cm}$

02

$\overline{AB} \perp \overline{OH}$이므로
$\overline{AH} = \overline{BH} = \sqrt{3}$
$\overline{OA} = \sqrt{1^2 + (\sqrt{3})^2}$
$\quad\quad = \sqrt{4} = 2(\text{cm})$

03

그림에서 $\overline{AB} \perp \overline{OH}$일 때, $\overline{AB}$의 길이 x는? (단, 점 O는 원의 중심이다.)

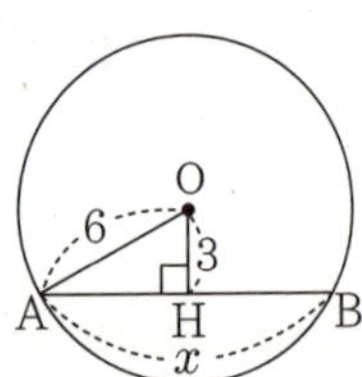

① $3\sqrt{2}$
② $3\sqrt{3}$
③ $6\sqrt{2}$
④ $6\sqrt{3}$

03

$\overline{AH} = \sqrt{6^2 - 3^2}$
$\quad\quad = \sqrt{27} = 3\sqrt{3}$
$\overline{AB} = 2 \times \overline{AH} = 2 \times 3\sqrt{3} = 6\sqrt{3}$
$\therefore\ x = 6\sqrt{3}$

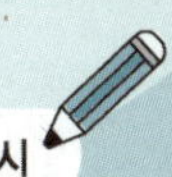

04

원 O에서 x의 값은?

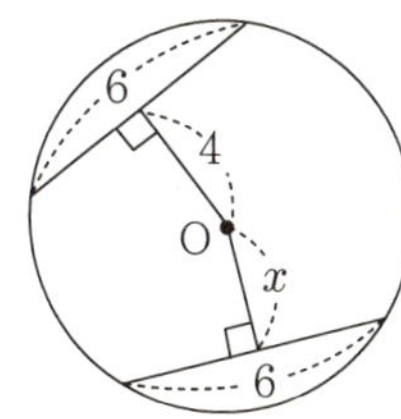

① 2

② 3

③ 4

④ 5

04

길이가 같은 두 현은 원의 중심으로부터 같은 거리에 있으므로 $x=4$

05

그림과 같이 반지름의 길이가 $5\,\mathrm{cm}$인 원 밖의 점 P에서 중심 O에 이르는 거리가 $13\,\mathrm{cm}$일 때, 점 P에서 원에 그은 접선의 길이 x의 값은?

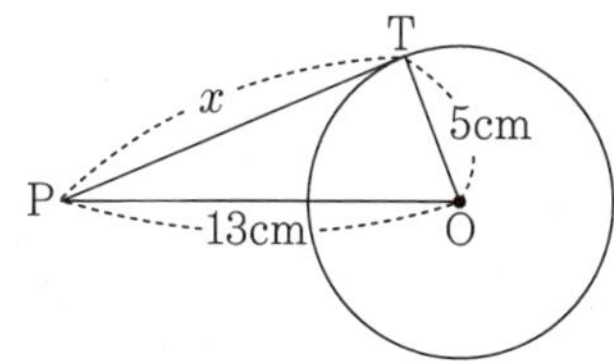

① 10cm

② 11cm

③ 12cm

④ 13cm

05

원의 접선과 그 접점을 지나는 반지름은 서로 수직이므로

$x=\sqrt{13^2-5^2}=\sqrt{144}=12(\mathrm{cm})$

06

그림에서 두 점 A, B는 점 P에서 원 O에 그은 두 접선의 접점이다. $\overline{PA}=8\,\mathrm{cm}$일 때, $\overline{PB}$의 길이는?

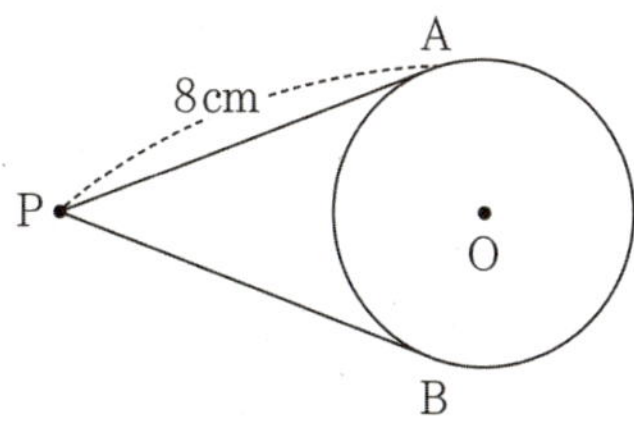

① 5cm

② 6cm

③ 7cm

④ 8cm

06

원 밖의 한 점에서 원의 두 접점까지의 거리는 같으므로

$\overline{PB}=\overline{PA}=8(\mathrm{cm})$

ANSWER

04. ③　05. ③　06. ④

07 **기출** 그림과 같이 삼각형 ABC는 원 O에 외접하고 점 D, E, F는 접점이다. $\overline{AD}=2cm$, $\overline{BE}=5cm$, $\overline{CF}=3cm$일 때, 삼각형 ABC의 둘레의 길이는?

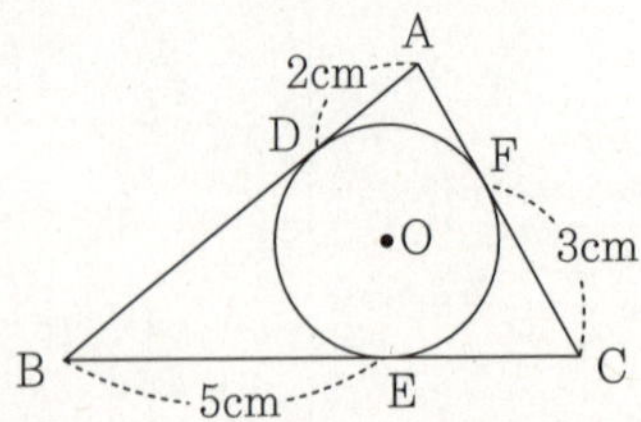

① 14cm
② 16cm
③ 18cm
④ 20cm

07

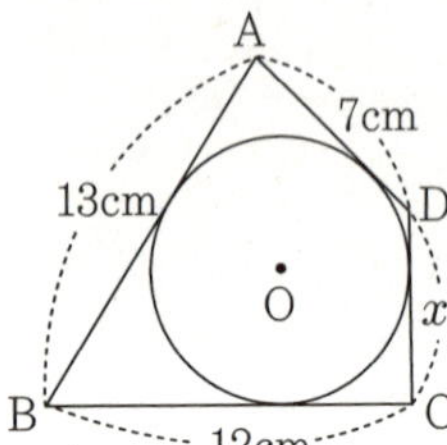

$\overline{AB}=7cm$, $\overline{BC}=8cm$,
$\overline{CA}=5cm$
그러므로 둘레의 길이는
$7+8+5=20(cm)$

08 그림에서 □ABCD가 원 O에 접하고 $\overline{AD}=7cm$, $\overline{AB}=13cm$, $\overline{BC}=12cm$일 때, $\overline{CD}$의 길이 x의 값은?

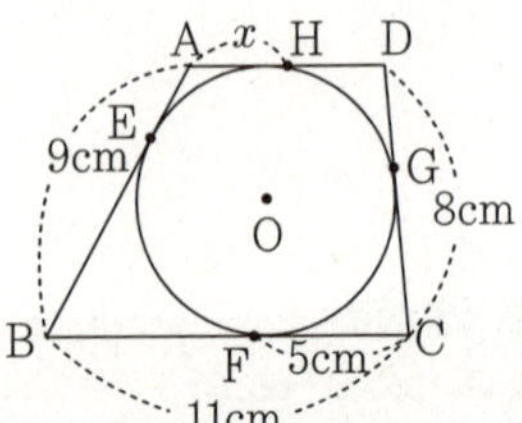

① 4cm
② 5cm
③ 6cm
④ 7cm

08

$7+12=13+x$
$\therefore\ x=6cm$

09 **기출** □ABCD의 각 변과 내접원 O의 접점을 E, F, G, H라 하고, $\overline{AB}=9cm$, $\overline{BC}=11cm$, $\overline{FC}=5cm$, $\overline{CD}=8cm$라 할 때, $\overline{AH}$의 길이 x의 값은?

① 3cm
② 4cm
③ 5cm
④ 6cm

09

$\overline{BF}=\overline{BE}=11-5=6(cm)$
$\overline{AH}=\overline{AE}=9-6=3(cm)$
$\therefore\ x=3cm$

ANSWER
07. ④ 08. ③ 09. ①

10 그림의 원 O에서 ∠APB는 호 AB에 대한 원주각이고, ∠CQD는 호 CD에 대한 원주각이다. $\overarc{AB}=\overarc{CD}=6\,\text{cm}$ 이고 ∠APB $=40°$일 때, ∠CQD의 크기는?

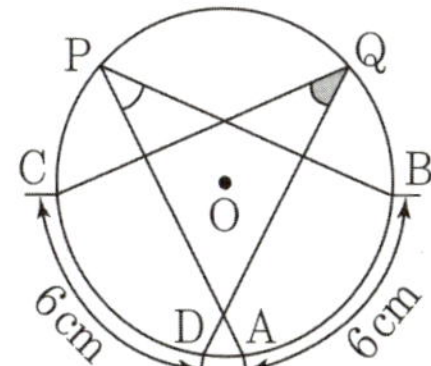

① $25°$

② $30°$

③ $35°$

④ $40°$

10

한 원에서 길이가 같은 호의 길이에 대한 원주각의 크기는 같으므로
∠CQD $=$ ∠APB $=40°$

11 그림과 같이 원 O에서 호 AB에 대한 중심각 ∠AOB 의 크기가 $100°$일 때, 원주각 ∠APB의 크기는?

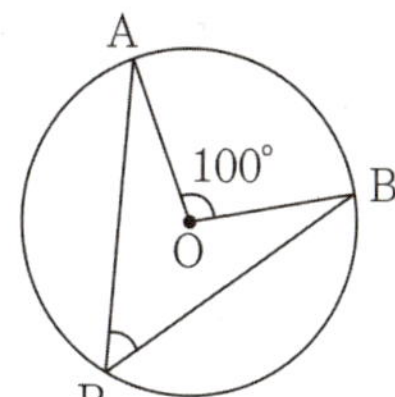

① $50°$

② $60°$

③ $70°$

④ $80°$

11

$$∠APB = \frac{1}{2}∠AOB = \frac{1}{2}×100°$$
$$= 50°$$

12 그림과 같이 ∠APB $=100°$이고, 이 원의 중심을 O라 할 때, ∠x의 크기는? (단, 점 A, P, B는 원 위의 점이다.)

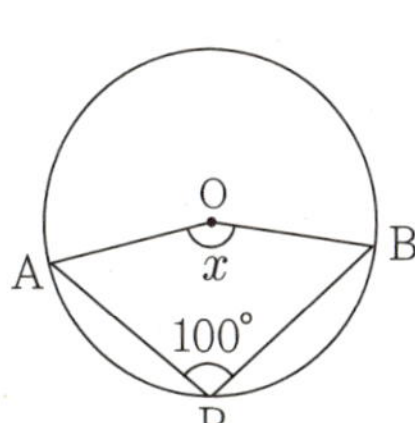

① $130°$

② $140°$

③ $150°$

④ $160°$

12

$$∠x = 360°-(2×100°)$$
$$= 160°$$

13
기출 원 O에서 $\overline{AB}$는 지름이고, $\angle APB = 90°$이다. $\angle AQB$의 크기는? (단, Q는 원 위의 점이다.)

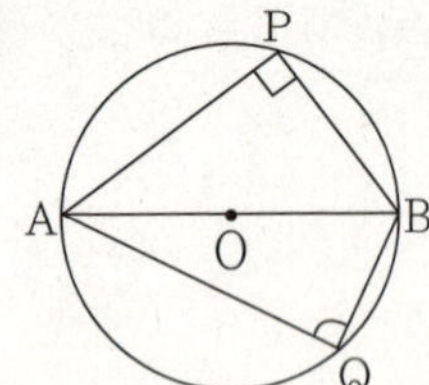

① 60°
② 70°
③ 80°
④ 90°

13
반원에 대한 원주각의 크기는 90°이다.
∴ $\angle AQB = 90°$

14 다음 그림에서 네 점 A, B, C, D가 한 원 위에 있도록 하는 $\angle x$의 크기를 구하면?

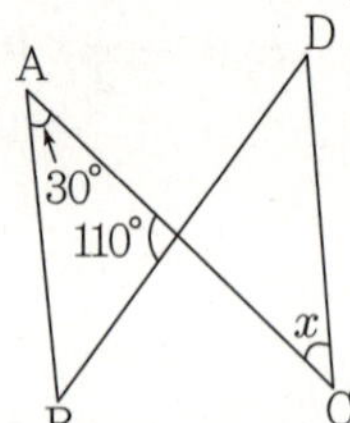

① 30°
② 35°
③ 40°
④ 45°

14
네 점이 한 원 위에 있기 위해서는
$\angle ABD = \angle ACD$이어야 한다.
$\angle ABD = 180° - (30° + 110°)$
$\qquad\quad = 40°$
$\angle ACD = 40°$
∴ $\angle x = 40°$

15 그림과 같이 □ABCD가 원 O에 내접하고, $\angle D = 105°$일 때, $\angle x$의 크기는?

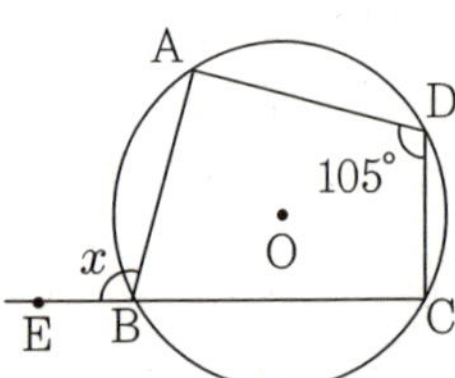

① 95°
② 100°
③ 105°
④ 110°

15
원에 내접하는 사각형의 한 외각의 크기는 그 외각에 이웃한 내각에 대한 대각의 크기와 같으므로
∴ $\angle x = 105°$

01 다음 그림과 같이 $l /\!/ m$일 때, $\angle a + \angle b$의 크기는?

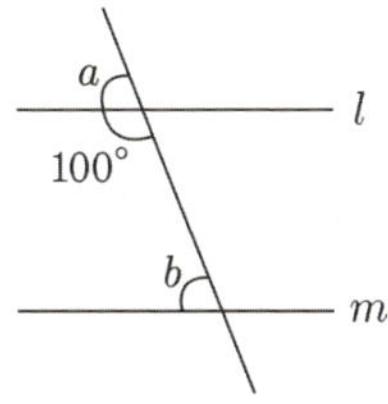

① $100°$ ② $120°$

③ $140°$ ④ $160°$

01

$\angle a + 100° = 180°$이므로 $\angle a = 80°$
이고, $\angle a$와 $\angle b$는 동위각이므로
$\angle a = \angle b = 80°$이다.
$\therefore \ \angle a + \angle b = 80° + 80° = 160°$

02 다음 그림에서 두 직선 l, m이 서로 평행할 때, $\angle x$의 크기는?

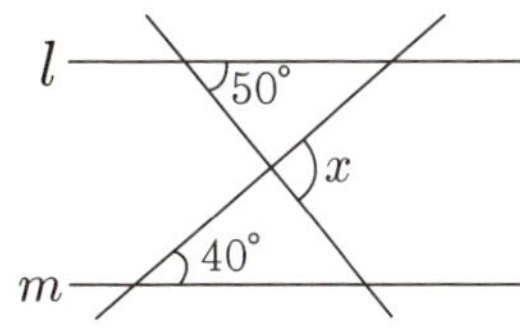

① $75°$

② $80°$

③ $85°$

④ $90°$

02

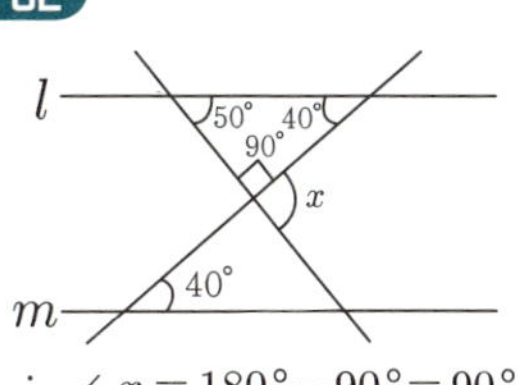

$\therefore \ \angle x = 180° - 90° = 90°$

03 그림과 같은 삼각기둥에서 모서리 EF와 꼬인 위치에 있는 모서리는?

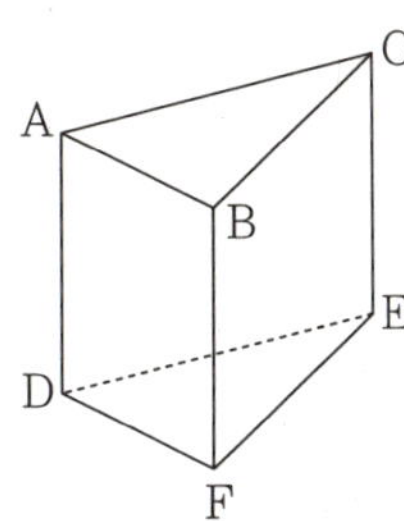

① 1개

② 2개

③ 3개

④ 4개

03

모서리 AB, 모서리 AC, 모서리 AD
$\Rightarrow$ 3개

ANSWER
01. ④   02. ④   03. ③

04 다음 그림과 같은 △ABC에서 ∠x의 크기를 구하면?

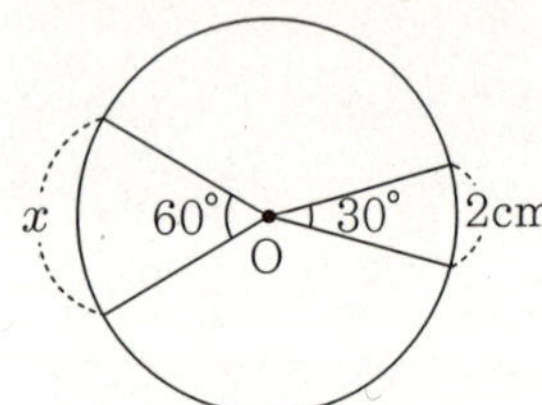

① $60°$

② $65°$

③ $70°$

④ $75°$

05 그림에서 x의 값을 구하면?

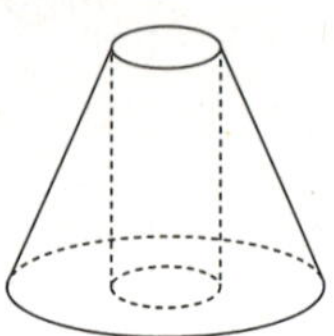

① 4cm

② 6cm

③ 7cm

④ 8cm

06 다음 회전체는 어떤 도형을 회전시켜서 생긴 것인가?

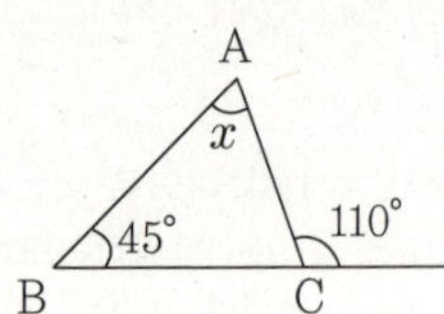

① 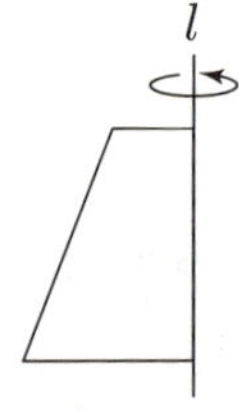

② 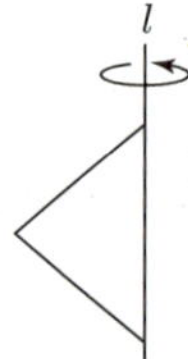

③ 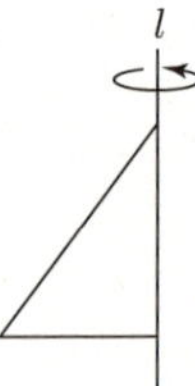

④ 

04

한 외각의 크기는 그와 이웃하지 않는 두 내각의 크기의 합과 같으므로

$\angle x + 45° = 110°$

$\therefore \ \angle x = 65°$

05

$x : 2 = 60 : 30$

$30x = 120$

$\therefore \ x = 4\text{cm}$

07 그림과 같은 다면체에서 꼭짓점의 개수를 v, 면의 개수를 f 라 할 때, $v+f$의 값은?

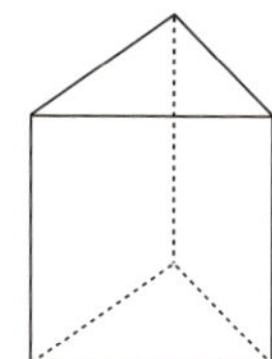

① 5
② 7
③ 9
④ 11

07

꼭짓점의 개수(v) : 6
면의 개수(f) : 5
$\therefore v+f = 6+5 = 11$

08 다음 그림과 같이 $\overline{AB} = \overline{AC}$인 $\triangle ABC$에서 $\angle C = 65°$ 일 때, $\angle x$의 크기는?

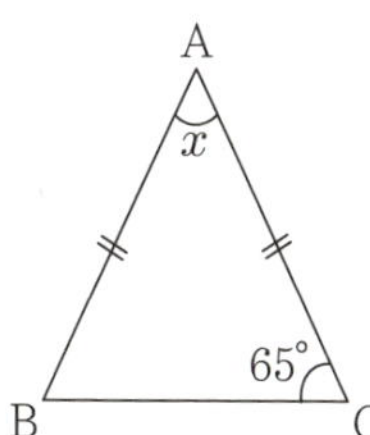

① 50°
② 55°
③ 60°
④ 65°

08

이등변삼각형의 두 밑각의 크기는 같으므로 $\angle B = 65°$이다.
삼각형의 내각의 합은 $180°$이므로
$\angle x + \angle B + 65° = \angle x + 65° + 65°$
$= 180°$
$\therefore \angle x = 50°$

09 그림에서 $\triangle ABC$와 $\triangle DEF$는 닮음비가 $1 : 2$인 닮음도형이다. 이때, $\overline{DE}$의 길이는?

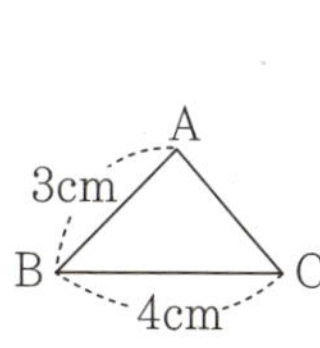
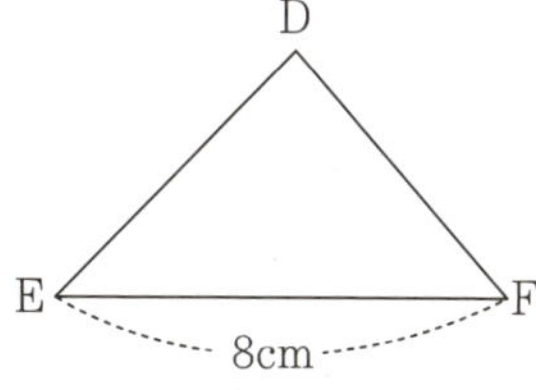

① 4cm
② 5cm
③ 6cm
④ 7cm

09

$\triangle ABC$와 $\triangle DEF$의 닮음비가 $1 : 2$ 이므로
$\overline{AB} : \overline{DE} = 1 : 2$
$3 : \overline{DE} = 1 : 2$
$\therefore \overline{DE} = 6cm$

ANSWER
07. ④ **08.** ① **09.** ③

10 다음 그림에서 점 I가 △ABC의 내심일 때, ∠x의 크기는?

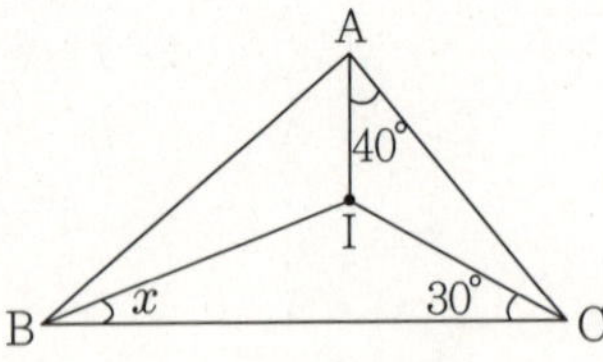

① 20° ② 25°

③ 30° ④ 35°

10

$2(\angle x + 40° + 30°) = 180°$

$\angle x + 40° + 30° = 90°$

$\therefore \ \angle x = 20°$

11 그림의 △ABC에서 $\overline{PQ} /\!/ \overline{BC}$, $\overline{AP} = 5\text{cm}$, $\overline{PB} = 10\text{cm}$, $\overline{BC} = 9\text{cm}$일 때, x의 값은?

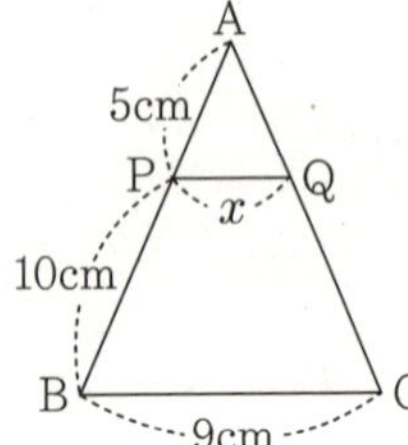

① 3cm

② 4cm

③ 5cm

④ 6cm

11

$\overline{AB} : \overline{AP} = \overline{BC} : \overline{PQ}$ 이므로

$15 : 5 = 9 : x$

$15x = 45$

$\therefore \ x = 3\text{cm}$

12 그림과 같이 평행사변형 ABCD에서 $\overline{AD} = 7\text{cm}$, $\overline{AC} = 6\text{cm}$일 때, x와 y의 값은? (단, 점 O는 두 대각선의 교점이다.)

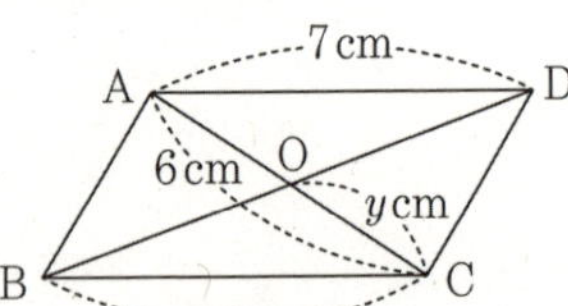

① $x = 7$, $y = 2$

② $x = 7$, $y = 3$

③ $x = 8$, $y = 2$

④ $x = 8$, $y = 3$

12

평행사변형에서 마주 보는 두 쌍의 변의 길이가 같으므로

$x = \overline{AD} = 7(\text{cm})$

또, 평행사변형의 두 대각선은 서로 다른 것을 이등분하므로

$y = \dfrac{1}{2}\overline{AC} = \dfrac{1}{2} \times 6 = 3(\text{cm})$

ANSWER

10. ① **11.** ① **12.** ②

13 그림에서 $l /\!/ m /\!/ n$일 때, x의 값은?

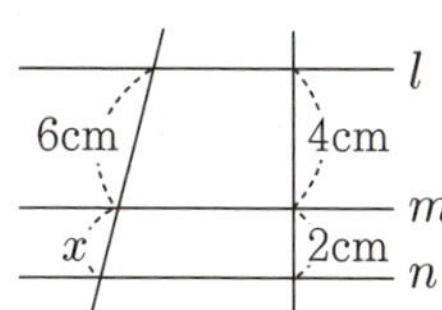

① 2cm
② 3cm
③ 4cm
④ 5cm

13

$6 : x = 4 : 2$

$4x = 12$

$\therefore\ x = 3\,\text{cm}$

14 다음 그림의 사다리꼴 ABCD에서 $\overline{AD} /\!/ \overline{BC}$이고, $\overline{AD} = 6\text{cm}$, $\overline{BC} = 10\text{cm}$이다. 점 M, N이 각각 $\overline{AB}$, $\overline{DC}$의 중점일 때, $\overline{MN}$의 길이는?

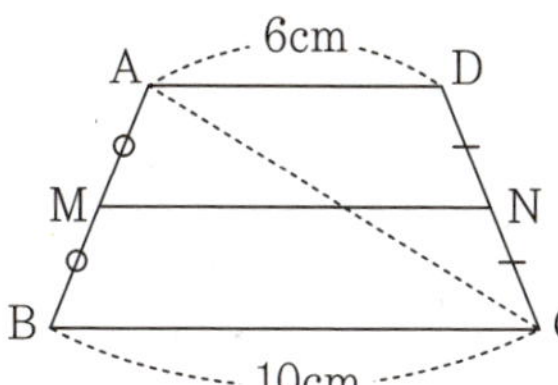

① 7cm
② 8cm
③ 8.5cm
④ 9cm

14

$\overline{MN} = \dfrac{1}{2}(\overline{AD} + \overline{BC}) = \dfrac{1}{2}(6 + 10)$

$\qquad = \dfrac{1}{2} \times 16 = 8\,(\text{cm})$

15 점 G는 $\triangle ABC$의 무게중심이다. $\triangle ABC$의 넓이가 24cm^2일 때, $\triangle GBC$의 넓이는?

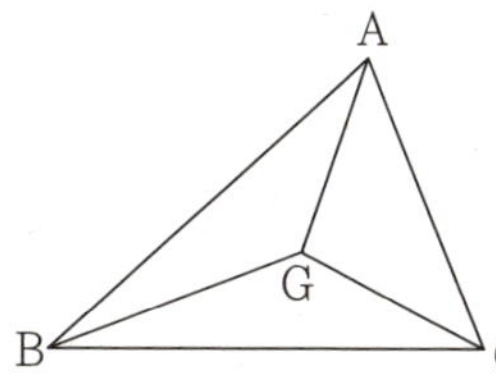

① 6cm^2
② 8cm^2
③ 10cm^2
④ 12cm^2

15

$\triangle GBC = \dfrac{1}{3}\triangle ABC$

$\qquad = \dfrac{1}{3} \times 24 = 8\,(\text{cm}^2)$

ANSWER

13. ② 14. ② 15. ②

16 다음 그림과 같은 직각삼각형 ABC에서 $\angle A = 90°$, $\overline{AB} = \sqrt{5}\,cm$, $\overline{BC} = 3cm$일 때, x의 값은?

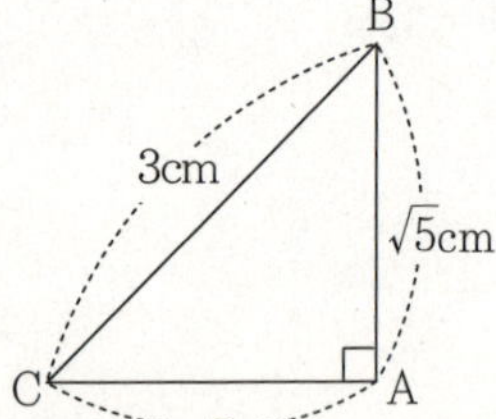

① 1cm

② $\sqrt{2}\,cm$

③ $\sqrt{3}\,cm$

④ 2cm

16

$3^2 = (\sqrt{5})^2 + x^2$

$9 = 5 + x^2$

$x^2 = 4$

$\therefore\ x = 2cm$

---

17 세 변의 길이가 각각 다음과 같은 삼각형 중에서 직각삼각형인 것은?

① 3cm, 4cm, 5cm

② 3cm, 4cm, 6cm

③ 4cm, 5cm, 6cm

④ 4cm, 5cm, 7cm

17

① $3^3 + 4^2 = 5^2$

② $3^2 + 4^2 < 6^2$

③ $4^2 + 5^2 > 6^2$

④ $4^2 + 5^2 < 7^2$

---

18 그림은 $\angle B = 90°$인 직각삼각형 ABC의 세 변을 각각 한 변으로 하는 정사각형을 그린 것이다. □ADEB의 넓이는 9이고 □BFGC의 넓이가 4일 때, □ACHI의 넓이는?

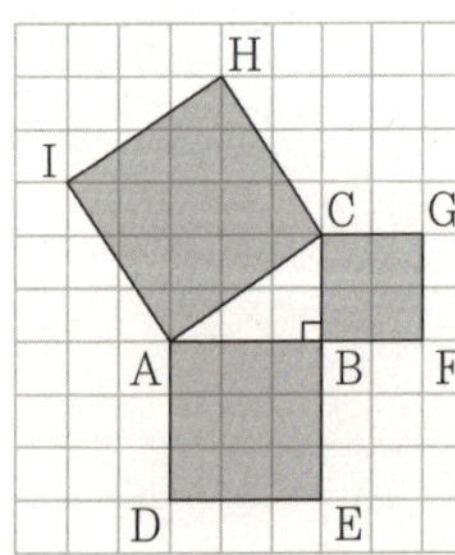

① 13

② 14

③ 15

④ 16

18

피타고라스 정리에 의해
$\overline{AC}^2 = \overline{AB}^2 + \overline{BC}^2$이고,
□ACHI $= \overline{AC}^2$,
□ADEB $= \overline{AB}^2$,
□BFGC $= \overline{BC}^2$이므로
□ACHI = □ADEB + □BFGC
$\qquad = 9 + 4 = 13$

19 다음 △ABC는 이등변삼각형이다. 높이 h를 구하면?

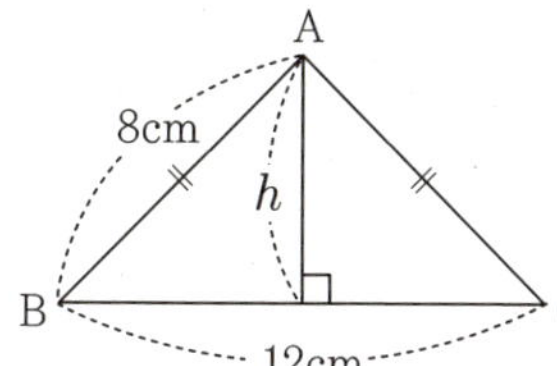

① 5cm

② $2\sqrt{7}$ cm

③ 6cm

④ $3\sqrt{5}$ cm

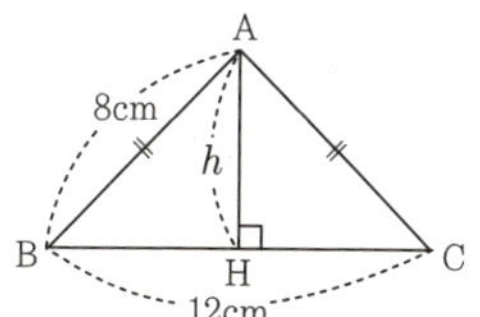

이등변삼각형의 꼭지각의 이등분선은 밑
변을 수직이등분하므로 $\overline{BH}=6\,cm$이다.
피타고라스 정리에 의해
$$6^2+h^2=8^2$$
$$h^2=64-36=28$$
$$\therefore\ h=\sqrt{28}=2\sqrt{7}\ cm$$

20 그림과 같이 사각형 ABCD에서 $\angle B=\angle D=90°$이고,
$\overline{AB}=3cm$, $\overline{BC}=4cm$, $\overline{DA}=2cm$일 때, x의 값은?
(단, $\overline{CD}=x$cm)

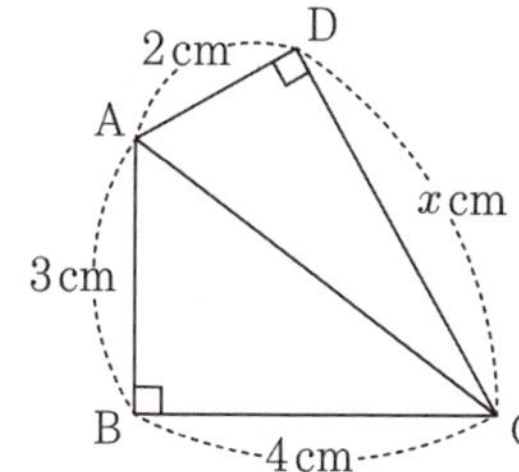

① $\sqrt{19}$

② $\sqrt{21}$

③ $\sqrt{23}$

④ $\sqrt{26}$

피타고라스 정리에 의해 삼각형 ABC
에서
$$\overline{AC}^2=\overline{AB}^2+\overline{BC}^2$$
$$=3^2+4^2=25$$
같은 방법으로 삼각형 ACD에서
$$x=\overline{CD}=\sqrt{\overline{AC}^2-\overline{AD}^2}$$
$$=\sqrt{25-2^2}=\sqrt{21}$$

21 $\angle C=90°$인 직각삼각형 ABC에서 $\sin B$의 값은?

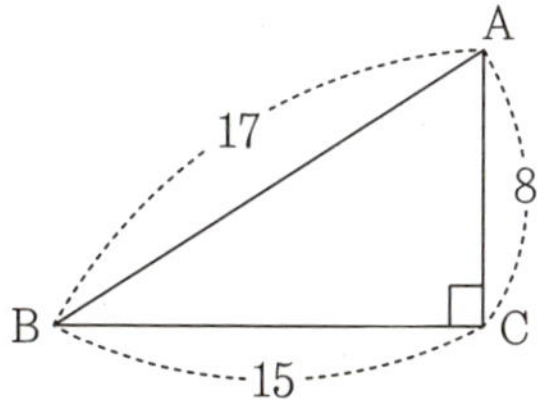

① $\dfrac{15}{8}$

② $\dfrac{8}{15}$

③ $\dfrac{8}{17}$

④ $\dfrac{15}{17}$

$$\sin B=\frac{\overline{AC}}{\overline{AB}}=\frac{8}{17}$$

ANSWER

19. ② 20. ② 21. ③

22 다음 그림과 같이 한 변의 길이가 1인 정사각형에서 대각선을 그으면, 그림과 같이 빗변의 길이가 $\sqrt{2}$인 직각이등변삼각형을 얻는다. $\sin 45°$의 값은?

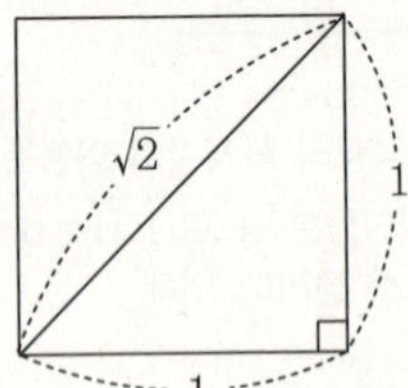

① 1

② $\dfrac{1}{2}$

③ $\dfrac{\sqrt{2}}{2}$

④ $\dfrac{\sqrt{3}}{2}$

23 $\overline{AC}=6\text{cm}$, $\overline{AB}=8\text{cm}$이고, $\angle A=45°$일 때, $\triangle ABC$의 넓이는?

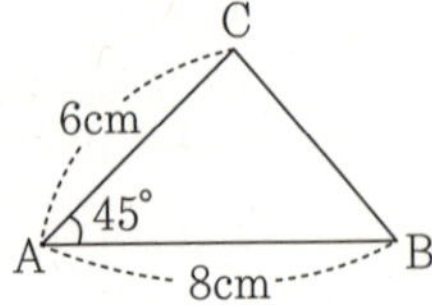

① $12\sqrt{2}\,\text{cm}^2$

② $12\sqrt{3}\,\text{cm}^2$

③ $24\sqrt{2}\,\text{cm}^2$

④ $24\sqrt{3}\,\text{cm}^2$

24 그림과 같이 반지름이 6cm인 원의 현의 길이가 10cm일 때, x의 값은?

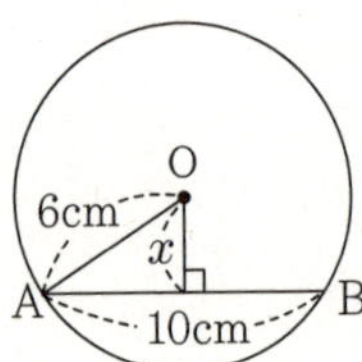

① $\sqrt{11}\,\text{cm}$

② $\sqrt{13}\,\text{cm}$

③ 4cm

④ 5cm

22

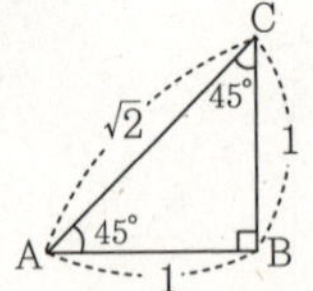

$\triangle ABC$는 이등변삼각형이므로
$\angle A = \angle C = 45°$,

$\sin 45° = \dfrac{1}{\sqrt{2}} = \dfrac{\sqrt{2}}{2}$

23

$$S = \frac{1}{2} \times \overline{AC} \times \overline{AB} \times \sin 45°$$

$$= \frac{1}{2} \times 6 \times 8 \times \frac{1}{\sqrt{2}}$$

$$= \frac{24}{\sqrt{2}} = \frac{24\sqrt{2}}{2} = 12\sqrt{2}\,\text{cm}^2$$

24

$$x = \sqrt{6^2 - 5^2} = \sqrt{11}\,\text{(cm)}$$

ANSWER

22. ③ **23.** ① **24.** ①

25 그림과 같은 원 O에서 x의 값은?

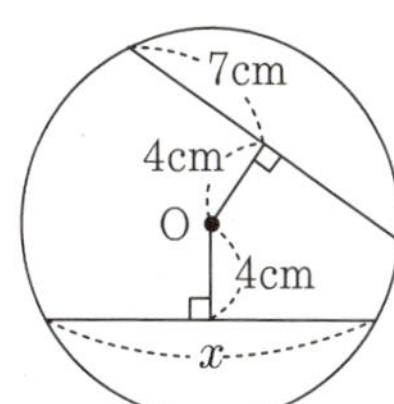

① 12cm
② 14cm
③ 16cm
④ 18cm

25

- 원의 중심에서 현에 내린 수선은 그 현을 수직이등분한다.
- 원의 중심으로부터 같은 거리에 있는 현의 길이는 항상 같다.

$$\therefore\ x = 7 \times 2 = 14(\text{cm})$$

26 그림에서 원 O는 $\triangle ABC$의 내접원이고 점 D, E, F는 각각 내접원과 세 변의 접점이다. $\overline{AB}=8\text{cm}$, $\overline{AC}=6\text{cm}$, $\overline{AD}=3\text{cm}$일 때, 변 $\overline{BC}$의 길이 x를 구하면?

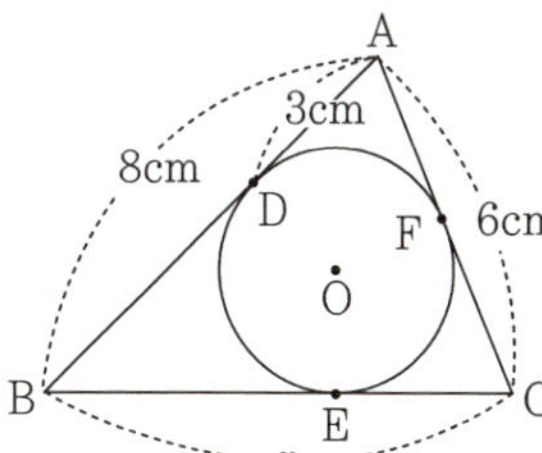

① 7cm
② 8cm
③ 9cm
④ 10cm

26

$$\overline{BE}=\overline{BD}=8-3=5(\text{cm})$$
$$\overline{AD}=\overline{AF}=3(\text{cm})$$
$$\overline{CE}=\overline{CF}=6-3=3(\text{cm})$$
$$\overline{BC}=\overline{BE}+\overline{CE}=5+3=8(\text{cm})$$
$$\therefore\ x=8\text{cm}$$

27 그림과 같이 원 O에서 호 AB에 대한 중심각 $\angle AOB$의 크기가 $120°$일 때, 원주각 $\angle APB$의 크기는?

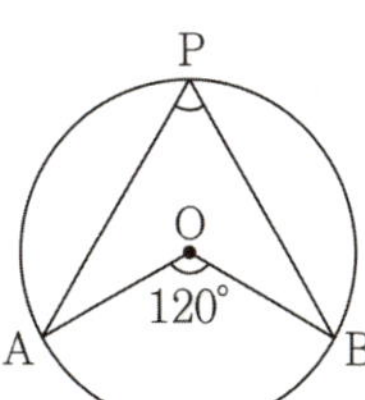

① 40°
② 50°
③ 60°
④ 70°

27

원주각의 크기는 중심각의 크기의 $\dfrac{1}{2}$이므로

$$\angle APB = \frac{1}{2} \times \angle AOB = \frac{1}{2} \times 120°$$
$$= 60°$$

28 원 O에서 $\overline{AB}$는 원의 지름이고, 점 C는 원 위의 점이다. $\angle ABC = 60°$일 때, $\angle CAB$의 크기는?

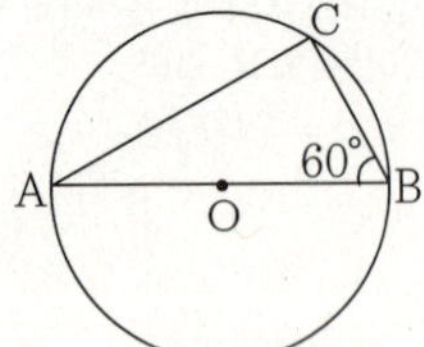

① 30°
② 35°
③ 40°
④ 45°

28

반원에 대한 원주각의 크기는 90°이므로 $\angle ACB = 90°$
삼각형의 내각의 합은 180°이므로
$\angle CAB + 90° + 60° = 180°$
$\therefore \ \angle CAB = 30°$

29 다음 그림의 원 O에서 $\overline{AC}$는 지름, $\angle AOB = 100°$일 때, 호 AB에 대한 원주각 $\angle x$의 크기는?

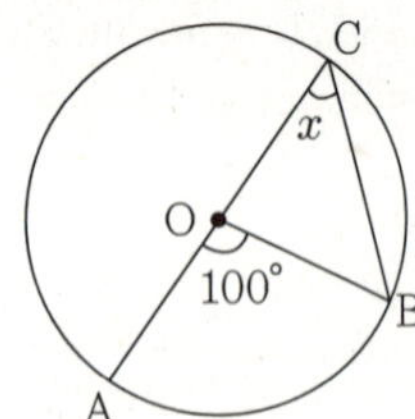

① 40°
② 45°
③ 50°
④ 55°

29

원에서 한 호에 대한 원주각의 크기는 그 호에 대한 중심각의 크기의 $\dfrac{1}{2}$이므로

$\angle x = \dfrac{1}{2} \times \angle AOB = \dfrac{1}{2} \times 100°$
$\quad = 50°$

30 다음 그림과 같이 사각형 ABCD가 원 O에 내접할 때, $\angle x$의 크기는?

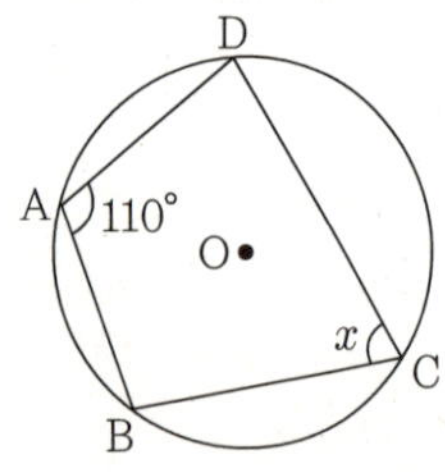

① 50°
② 60°
③ 70°
④ 80°

30

원에 내접하는 사각형에서 한 쌍의 대각의 크기의 합은 180°이므로
$110° + \angle x = 180°$
$\therefore \ \angle x = 70°$

ANSWER
28. ① 29. ③ 30. ③

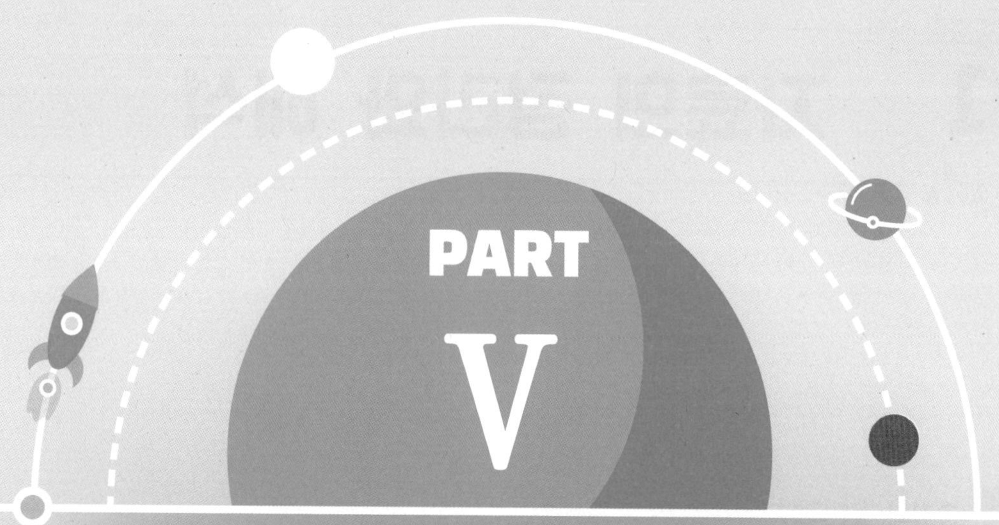

확률과 통계

Chapter 01 자료의 정리와 해석

Chapter 02 확률

Chapter 03 통계

단원 마무리 문제

학습 point⁺

확률과 통계 영역에서는 주어진 상황을 보고 자료가 어떻게 분포되어 있는지, 주어진 자료를 정리하여 요구하는 값을 구할 수 있는지 등을 학습합니다. 특히, 주어진 상황이 일어날 수 있는 경우의 수나 확률 등을 파악하여 여러 가지 상황에서 빠짐없이 구할 수 있어야 합니다.

1 줄기와 잎 그림

(1) **변량** : 자료를 수량으로 나타낸 것

(2) **줄기** : 오른쪽 그림과 같이 세로 선의 왼쪽에 있는 수

(3) **잎** : 오른쪽 그림과 같이 세로 선의 오른쪽에 있는 수

(4) **줄기와 잎 그림** : 오른쪽 그림과 같이 세로선에 의해
줄기와 잎으로 구별하고 이를 이용하여 나타낸 그림
을 줄기와 잎 그림이라고 한다.

〈수학 점수〉

줄 기	잎
5	0 3 7 8
6	1 1 3 7 7
7	0 0 5 5
8	1 2 8
9	8 9

→ 자료가 두 자리의 수일 때, 줄기는 십의 자리의 숫자를, 잎은 일의 자리의 숫자를 나타낸다.

(5) **줄기와 잎 그림을 그리는 순서**

① 자료의 각 변량을 줄기와 잎으로 나눈다.

② 세로선을 긋고, 세로선 왼쪽에 줄기의 숫자를 작은 값부터 차례로 쓴다.

→ 줄기에는 중복되는 수를 한 번씩만 써야 하고, 잎에는 중복되는 수를 모두 써야 한다.

③ 세로선의 오른쪽에 잎의 숫자를 크기 작은 값부터 차례로 쓴다.

④ 줄기 □, 잎 △에 대하여 □ | △를 설명한다.

⑤ 줄기와 잎 그림에 알맞은 제목을 붙인다.

바로 바로 CHECK✓

다음은 어느 반 남학생들의 몸무게를
조사하여 나타낸 줄기와 잎 그림이
다. 물음에 답하여라.

(1) 잎이 가장 적은 줄기를 구하여라.

(2) 줄기가 5인 잎을 모두 써라.

(3 | 0은 30 kg을 나타낸다.)

줄 기	잎
3	0 1 2 2 5 7 9
4	1 1 3 3 5 8
5	0 1 2 2 5

(1) 줄기와 잎 그림에서 잎이
가장 적은 줄기는 5이다.

(2) 0 1 2 2 5

2 도수분포표 중요+

(1) **계급** : 변량을 일정한 간격으로 나눈 구간

    ① 계급의 크기 : 구간의 너비, 계급의 양 끝 값의 차

    ② 계급값 : 계급을 대표하는 값으로 각 계급의 가운데 값

(2) **도수** : 각 계급에 속하는 자료의 개수

(3) **도수분포표** : 각 계급의 도수를 조사하여 나타낸 표

> 계급 a 이상~b 미만에서
> - (계급의 크기) $= b - a$
> - (계급값) $= \dfrac{a+b}{2}$

3 히스토그램과 도수분포다각형

(1) 히스토그램

① 도수분포표를 다음 순서에 따라 그린 그래프를 히스토그램 이라고 한다.

    ㉠ 가로축에는 계급의 양 끝값을 차례로 적는다.

    ㉡ 세로축에는 도수를 적는다.

    ㉢ 각 계급의 크기를 가로, 그 계급의 도수를 세로로 하는 직사각형을 차례로 그린다.

② 히스토그램은 도수분포표에 비하여 자료의 분포 상태를 한눈에 알아보기 쉽다.

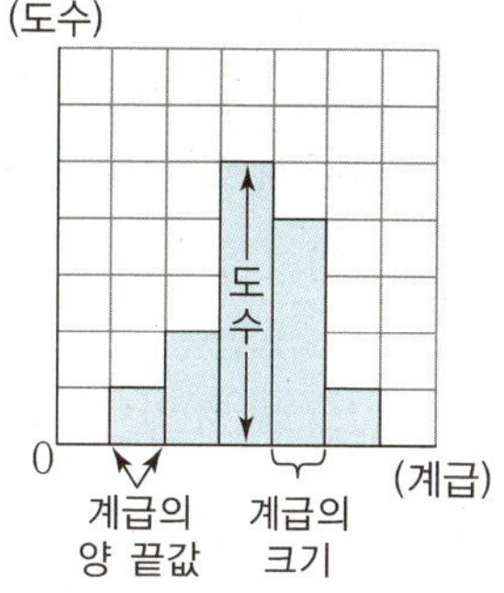

(2) 도수분포다각형

① 도수분포표를 다음 순서에 따라 그린 다각형 모양의 그래프를 도수분포다각형이라고 한다.

    ㉠ 히스토그램에서 각 직사각형의 윗변의 중점을 차례로 선분으로 연결한다.

    ㉡ 양 끝에 도수가 0인 계급을 하나씩 추가하여 그 중점을 연결한다.

② 위 그림에서 A와 B의 넓이는 같다. 즉, 도수분포다각형과 가로축으로 둘러싸인 부분의 넓이와 히스토그램의 직사각형의 넓이의 합은 같다.

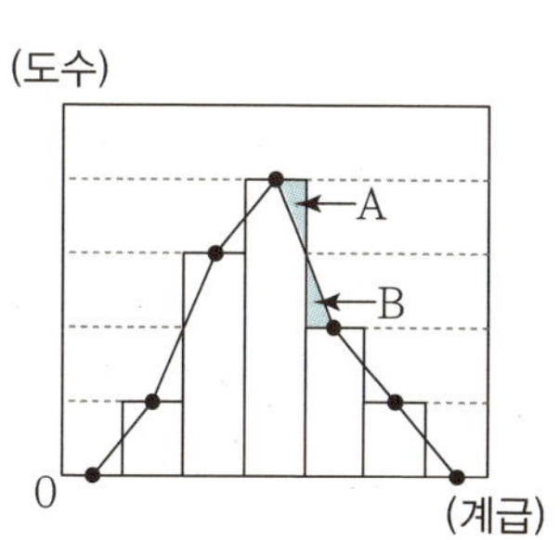

바로 바로 CHECK√

01 오른쪽 그림은 어느 학교 선생님들의 나이를 조사하여 만든 것이다. 다음 물음에 답하여라.

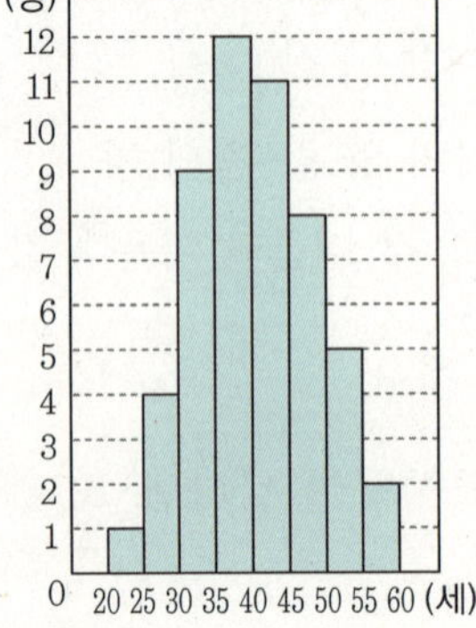

(1) 이 학교의 전체 선생님의 수는?

(2) 계급의 크기는?

(3) 도수가 가장 큰 계급의 계급값은?

02 오른쪽 그림은 어느 학급 학생들의 1일 수면시간을 조사하여 나타낸 도수분포다각형이다. 다음 물음에 답하여라.

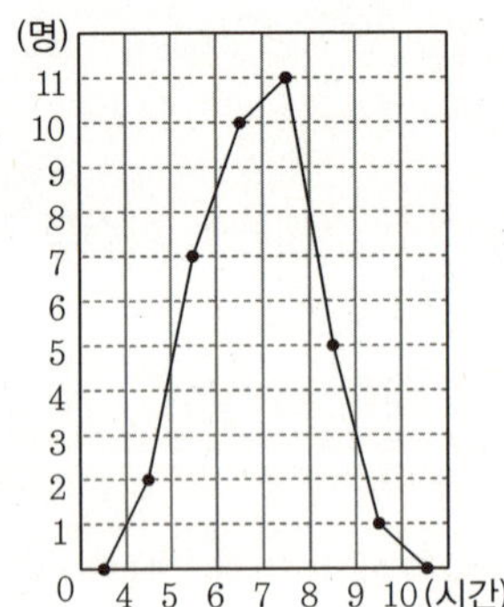

(1) 1일 수면시간이 6시간 미만인 학생은 전체의 몇 %인가?

(2) 도수가 가장 큰 계급은?

(3) 도수가 가장 작은 계급의 계급값은?

01 (1) $1+4+9+12+11$
$+8+5+2=52$(명)

(2) 5세

(3) 도수가 가장 큰 계급은 $35{\sim}40$세이므로 계급값은
$$\frac{35+40}{2}=37.5(세)$$

02 (1) 전체 학생 수 :
$2+7+10+11+5+1=36$(명)
6시간 미만인 학생수 :
$2+7=9$(명)
$$\frac{9}{36}\times100=25(\%)$$

(2) $7{\sim}8$시간

(3) 도수가 가장 작은 계급은 $9{\sim}10$시간
이므로 계급값은 $\dfrac{9+10}{2}=9.5$(시간)

---

4 상대도수

(1) 상대도수

도수분포표에서 전체 도수에 대한 각 계급의 도수의 비율을 그 계급의 상대도수라고 한다.

$$(계급의\ 상대도수)=\frac{(계급의\ 도수)}{(도수의\ 총합)}$$

(2) 상대도수의 특징

① 상대도수의 총합은 항상 1이다.

② 각 계급의 상대도수는 그 계급의 도수에 정비례한다.

③ 도수의 총합이 다른 두 집단을 비교할 때 편리하다.

(3) 상대도수의 분포표

각 계급의 상대도수를 구하여 나타낸 표

(4) 상대도수의 분포표를 그래프로 나타내는 방법

① 가로축에는 계급의 양 끝값을 적는다.

② 세로축에는 상대도수를 적는다.

③ 히스토그램이나 도수분포다각형을 그리는 방법으로
그린다.

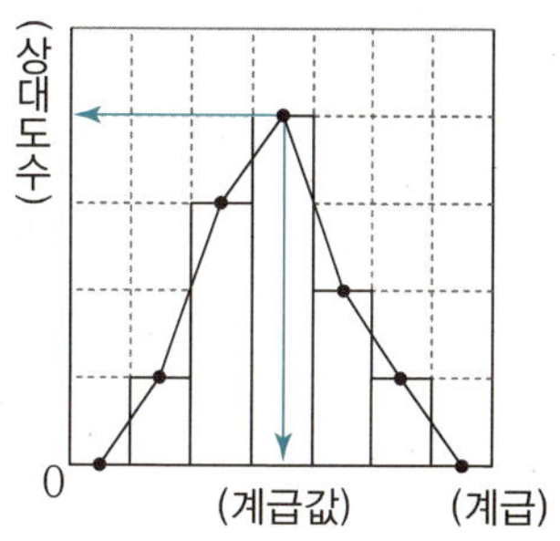

바로 바로 CHECK√

다음 표는 어느 반 학생들의 TV 시청 시간을 조사하여 나타낸 것이다. 물음에 답하여라.

TV 시청 시간(분)	도수(명)	상대도수
$0^{이상} \sim 30^{미만}$	4	0.1
30 ~ 60	8	A
60 ~ 90	B	0.4
90 ~ 120	10	C
120 ~ 150	2	0.05
합 계	40	1

(1) A, B, C의 값을 각각 구하여라.

(2) TV 시청 시간이 90분 미만인 학생은 전체의 몇 % 인가?

(1) A : $\dfrac{8}{40} = 0.2$

B : $\dfrac{B}{40} = 0.4 \Rightarrow B = 16$

C : $\dfrac{10}{40} = 0.25$

(2) TV 시청 시간이 90분 미만인 계급의 상대도수는
0분 이상 ~ 30분 미만 : 0.1
30분 이상 ~ 60분 미만 : 0.2
60분 이상 ~ 90분 미만 : 0.4
이므로 상대도수의 합은 $0.1 + 0.2 + 0.4 = 0.7$
따라서 TV 시청 시간이 90분 미만인 학생은 전체의
$0.7 \times 100 = 70(\%)$이다.

01 기출 다음은 어느 반 학생 13명의 봉사 활동 시간을 조사하여 줄기와 잎 그림으로 나타낸 것이다. 봉사 활동 시간이 25시간 이상인 학생의 수는?

〈봉사 활동 시간〉

(1 | 2는 12시간)

줄 기	잎
1	2 3 8
2	0 3 3 6 7 8
3	1 2 5 6

① 7   ② 8
③ 9   ④ 10

02 다음은 어느 반 학생들의 수학 점수를 조사하여 나타낸 줄기와 잎 그림이다. 수학 점수가 가장 높은 학생의 점수와 가장 낮은 학생의 점수의 차를 구하면?

(6 | 1는 61점을 나타낸다.)

줄 기	잎
6	0 1 2 3 5
7	0 1 1 2 3 4 4 8
8	3 4 5 7 8
9	0 0 1

① 31점   ② 33점
③ 35점   ④ 37점

01

봉사 활동 시간이 25시간 이상인 학생은 26, 27, 28, 31, 32, 35, 36으로 7명이다.

02

가장 높은 점수는 91점,
가장 낮은 점수는 60점이므로
점수의 차는 91 − 60 = 31(점)이다.

A N S W E R
01. ①   02. ①

03 다음 자료를 보고, 잎에 들어갈 수를 옳게 나타낸 것은?

〈줄넘기 횟수〉   (단위 : 회)

35, 40, 64, 51, 47, 67, 59, 68
47, 55, 63, 45, 34, 43, 62, 55

줄 기	잎
3	A
4	B
5	C
6	D

① A : 4 5
② B : 0 3 5 7
③ C : 1 5 5 7 9
④ D : 2 3 4 7 8 9

04 표는 어느 반 학생 20명이 1학기 동안 실시한 봉사 활동 시간을 조사하여 나타낸 도수분포표이다. A의 값은?

봉사활동(시간)	도수(명)
0 이상 ~ 3 미만	3
3 ~ 6	7
6 ~ 9	A
9 ~ 12	5
합 계	20

① 3
② 4
③ 5
④ 6

03

줄 기	잎
3	4 5
4	0 3 5 7 7
5	1 5 5 9
6	2 3 4 7 8

이므로 정답은 ①이다.

02

$3+7+A+5=20$
$\therefore A=5$

05 다음은 학생 30명의 수학 성적에 대한 도수분포표이다. 도수가 가장 큰 계급의 계급값은?

① 55점
② 65점
③ 75점
④ 85점

수학 성적(점)	도수(명)
$50^{이상} \sim 60^{미만}$	3
$60 \sim 70$	5
$70 \sim 80$	12
$80 \sim 90$	6
$90 \sim 100$	4
합 계	30

05

도수가 가장 큰 계급은 70점 이상 ~ 80점 미만이므로 계급값은 $\dfrac{70+80}{2}=75$(점)이다.

06 기출 학생 25명의 국어 성적에 대한 도수분포표이다. 도수가 가장 큰 계급은?

① 50점 이상~60점 미만
② 60점 이상~70점 미만
③ 70점 이상~80점 미만
④ 80점 이상~90점 미만

국어 성적(점)	도수(명)
$50^{이상} \sim 60^{미만}$	1
$60 \sim 70$	5
$70 \sim 80$	9
$80 \sim 90$	6
$90 \sim 100$	4
합 계	25

06

도수가 가장 큰 계급은 도수가 9명인 70점 이상 ~ 80점 미만이다.

07 기출 민지네 반 학생 30명이 1학기 동안 읽은 책 수를 나타낸 도수분포표이다. 책을 6권 이상 읽은 학생 수는?

① 12명
② 14명
③ 16명
④ 18명

읽은 책 수(권)	학생 수(명)
$0^{이상} \sim 2^{미만}$	1
$2 \sim 4$	5
$4 \sim 6$	6
$6 \sim 8$	11
$8 \sim 10$	7
합 계	30

07

6권 이상 8권 미만 : 11명
8권 이상 10권 미만 : 7명
따라서 책을 6권 이상 읽은 학생 수는 $11+7=18$(명)

ANSWER

05. ③ **06.** ③ **07.** ④

08 그림은 20개 도시에서 미세 먼지 농도를 조사하여 나타낸 히스토그램이다. 미세 먼지 농도가 $40\,\mu g/\text{m}^3$ 이상인 도시의 개수는?

① 1
② 3
③ 5
④ 6

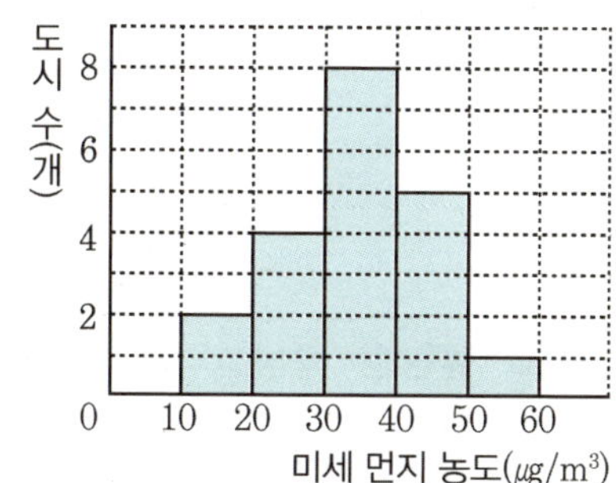

08

$40\,\mu g/\text{m}^3$ 이상 $50\,\mu g/\text{m}^3$ 미만 : 5개

$50\,\mu g/\text{m}^3$ 이상 $60\,\mu g/\text{m}^3$ 미만 : 1개

따라서 미세 먼지 농도가 $40\,\mu g/\text{m}^3$ 이상인 도시의 개수는 $5+1=6$

※ 다음 그림은 민기네 반 학생들을 대상으로 일주일 동안 컴퓨터를 사용한 시간을 조사하여 히스토그램으로 나타낸 것이다. 다음 물음에 답하여라. [9~10]

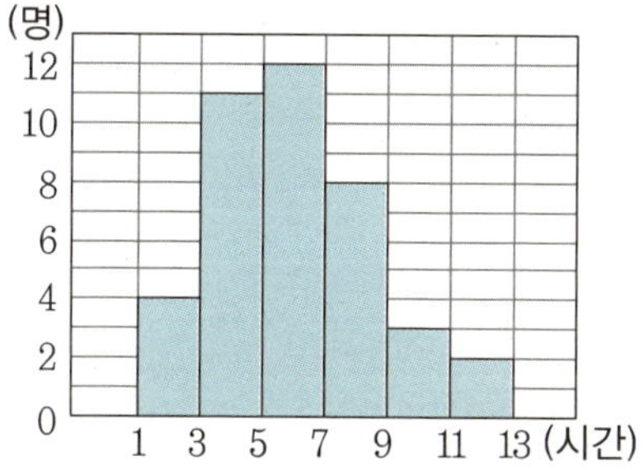

09 도수가 가장 작은 계급의 계급값과 가장 큰 계급의 계급값의 차는 얼마인가?

① 3시간
② 4시간
③ 5시간
④ 6시간

09

도수가 가장 작은 계급은 11시간 이상 13시간 미만이므로 이 계급의 계급값은 $\dfrac{11+13}{2}=12$(시간)이고, 가장 큰 계급은 5시간 이상 7시간 미만이므로 이 계급의 계급값은 $\dfrac{5+7}{2}=6$(시간)이다.

따라서 계급값의 차는 $12-6=6$(시간)이다.

ANSWER

08. ④ 09. ④

10 민기네 반 학생은 모두 몇 명인가?

① 36명 ② 38명

③ 40명 ④ 42명

10

$4+11+12+8+3+2=40$(명)

11 다음 도수분포다각형은 어느 중학교 볼링반 학생들의 볼링 점수를 조사하여 나타낸 것이다. 다음 설명 중 옳은 것은?

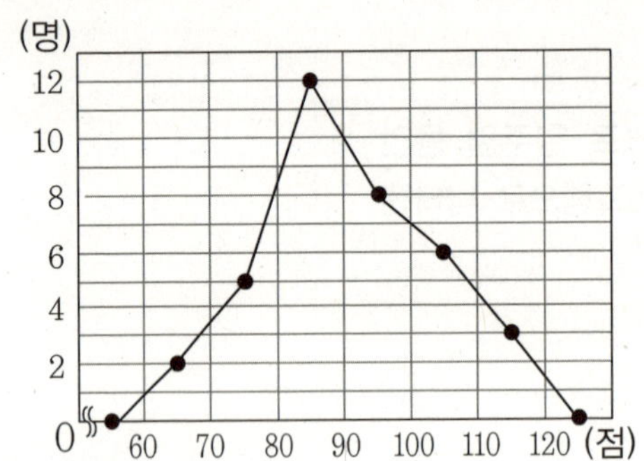

① 계급의 크기는 5점이다.

② 전체 학생의 수는 30명이다.

③ 도수가 가장 큰 계급의 계급값은 85점이다.

④ 볼링 점수가 90점 이상인 학생은 15명이다.

11

③ 도수가 가장 큰 계급은 80점 이상 ~ 90점 미만이므로 이 계급의 계급값은 $\dfrac{80+90}{2}=85$(점)이다.

① 계급의 크기는 $70-60=80-70$ $=\cdots=10$(점)이다.

② 전체 학생의 수는 $2+5+12+8+$ $6+3=36$(명)이다.

④ 볼링 점수가 90점 이상인 학생은 $8+6+3=17$(명)이다.

12 **기출** 다음은 학생 50명의 수학 성적에 대한 상대도수를 나타낸 표이다. 점수가 80점 이상 90점 미만에 속하는 학생 수는?

① 7명

② 8명

③ 9명

④ 10명

계급(점)	상대도수
50이상 ~ 60미만	0.08
60 ~ 70	0.28
70 ~ 80	0.32
80 ~ 90	0.2
90 ~ 100	0.12
합 계	1

12

수학 성적이 80점 이상 90점 미만인 학생 수를 x라 하면, 상대도수는 0.2이므로 $\dfrac{x}{50}=0.2 \Rightarrow x=50\times0.2=10$(명)

ANSWER

10. ③ 11. ③ 12. ④

※ 다음 그림은 어느 음식점의 차림표에 적힌 20가지의 음식 가격을 조사하여 나타낸 상대도수의 그래프이다. 다음 물음에 답하여라. [13~14]

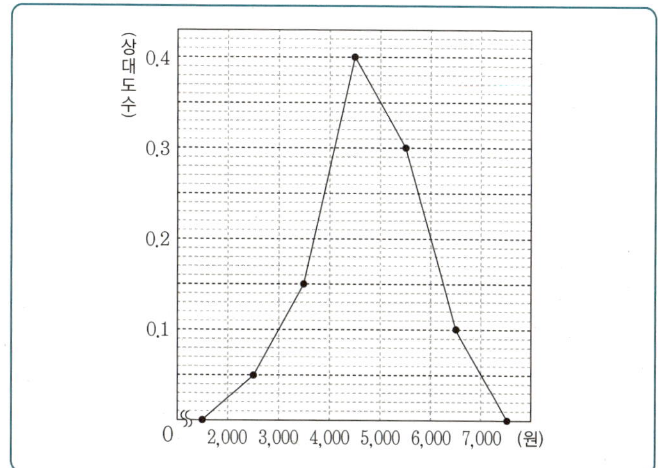

13 가격이 5,000원 이상인 음식은 전체의 몇 %인가?

① 25% ② 30%

③ 35% ④ 40%

14 8번째로 가격이 비싼 음식이 속하는 계급의 계급값은?

① 3,500원 ② 4,500원

③ 5,500원 ④ 6,500원

13

5,000원 이상 6,000원 미만 : 0.3
6,000원 이상 7,000원 미만 : 0.1
따라서 5,000원 이상인 계급의 상대도수는
$0.3 + 0.1 = 0.4$이므로 전체의
$0.4 \times 100 = 40(\%)$이다.

14

6,000원 이상 ~ 7,000원 미만 :
$20 \times 0.1 = 2$(가지)
5,000원 이상 ~ 6,000원 미만 :
$20 \times 0.3 = 6$(가지)
이므로 8번째로 가격이 비싼 음식이 속한 계급은 5,000원 이상 ~ 6,000원 미만이다.
따라서 계급값은
$$\frac{5,000 + 6,000}{2} = 5,500(원)$$이다.

ANSWER

13. ④ 14. ③

02 확 률

---

01 경우의 수

1 경우의 수 중요⁺

(1) 사건과 경우의 수

같은 조건에서 여러 번 반복할 수 있는 실험이나 관찰에 의하여 일어나는 결과를 사건이라 하고, 이때 어떤 사건이 일어날 수 있는 모든 가짓수를 경우의 수라고 한다.

(2) 사건 A 또는 사건 B가 일어나는 경우의 수

두 사건 A, B가 동시에 일어나지 않을 때, 사건 A가 일어나는 경우의 수가 m이고, 사건 B가 일어나는 경우의 수가 n이면, 사건 A 또는 사건 B가 일어나는 경우의 수는 $(m+n)$이다.

바로 바로 CHECK√

01 서로 다른 두 개의 주사위를 던질 때, 다음을 구하여라.

  (1) 눈의 합이 4가 되는 경우의 수

  (2) 눈의 합이 6이 되는 경우의 수

  (3) 눈의 합이 4 또는 6이 되는 경우의 수

01 (1) $(1,\ 3)$, $(2,\ 2)$, $(3,\ 1)$ ⇒ 3가지
    (2) $(1,\ 5)$, $(2,\ 4)$, $(3,\ 3)$, $(4,\ 2)$, $(5,\ 1)$ ⇒ 5가지
    (3) $3+5=8$(가지)

02 사과 3개와 배 7개가 들어 있는 바구니에서 한 개를 임의로 고를 때, 고를 수 있는 모든 경우의 수는?

  ① 3   ② 7

  ③ 10   ④ 21

02 바구니에서 한 개를 임의로 고르는 경우이므로 사과를 고르는 사건과 배를 고르는 사건은 동시에 일어나지 않는다.
따라서 구하는 경우의 수는
$3+7=10$(가지)

답 ③

---

(3) 사건 A와 사건 B가 동시에 일어나는 경우의 수

사건 A가 일어나는 경우의 수가 m, 그 각각에 대하여 다른 사건 B가 일어나는 경우의 수가 n이면, 두 사건 A와 B가 동시에 일어나는 경우의 수는 $(m \times n)$이다.

바로 바로 CHECK√

두 사람이 가위바위보를 할 때, 일어나는 모든 경우의 수는?

① 3　　　　　　② 6

③ 9　　　　　　④ 12

가위 ← 가위/바위/보　바위 ← 가위/바위/보　보 ← 가위/바위/보

따라서 구하는 경우의 수는 $3 \times 3 = 9$(가지)이다.

답 ③

2　여러 가지 경우의 수

(1) 한 줄로 세우는 경우의 수

① n명을 한 줄로 세우는 경우의 수 : $n \times (n-1) \times (n-2) \times \cdots \times 2 \times 1$

② n명 중에서 2명을 뽑아 한 줄로 세우는 경우의 수 : $n \times (n-1)$

③ n명 중에서 3명을 뽑아 한 줄로 세우는 경우의 수 : $n \times (n-1) \times (n-2)$

(2) 이웃하여 서는 경우의 수 구하는 방법

① 이웃하는 것을 하나로 묶어 한 줄로 세우는 경우의 수를 구한다.

② 이웃하는 것끼리 자리를 바꾸는 경우의 수를 구한다.

③ ①과 ②에서 구한 경우의 수를 곱한다.

(3) 자연수의 개수

① 0을 포함하지 않는 경우

0이 아닌 서로 다른 한 자리 숫자가 각각 적힌 n장의 카드 중에서

㉠ 2장을 뽑아 만들 수 있는 두 자리 자연수의 개수 : $n \times (n-1)$

㉡ 3장을 뽑아 만들 수 있는 세 자리 자연수의 개수 : $n \times (n-1) \times (n-2)$

② 0을 포함하는 경우

0을 포함한 서로 다른 한 자리 숫자가 각각 적힌 n장의 카드 중에서

㉠ 2장을 뽑아 만들 수 있는 두 자리 자연수의 개수 : $(n-1) \times (n-1)$

㉡ 3장을 뽑아 만들 수 있는 세 자리 자연수의 개수 : $(n-1) \times (n-1) \times (n-2)$

(4) 대표를 뽑는 경우의 수

① 자격이 다른 대표를 뽑는 경우

㉠ n명 중에서 자격이 다른 대표 2명을 뽑는 경우의 수 : $n \times (n-1)$

㉡ n명 중에서 자격이 다른 대표 3명을 뽑는 경우의 수 : $n \times (n-1) \times (n-2)$

② 자격이 같은 대표를 뽑는 경우

㉠ n명 중에서 자격이 같은 대표 2명을 뽑는 경우의 수 : $\dfrac{n \times (n-1)}{2}$

㉡ n명 중에서 자격이 같은 대표 3명을 뽑는 경우의 수 : $\dfrac{n \times (n-1) \times (n-2)}{3 \times 2 \times 1}$

02 확 률

1 확률의 뜻 중요⁺

(1) **확률** : 같은 조건에서 실험이나 관찰을 여러 번 반복할 때, 어떤 사건이 일어나는 상대도수가 일정한 값에 가까워지면 이 일정한 값을 그 사건이 일어날 확률이라고 한다.

(2) 모든 경우의 수가 n, 사건 A가 일어날 경우의 수가 a일 때, 사건 A가 일어날 확률 p는

$$p = \frac{(\text{사건 } A \text{가 일어날 경우의 수})}{(\text{모든 경우의 수})} = \frac{a}{n}$$

바로 바로 CHECK√

다음을 구하여라.

(1) 1에서 15까지 적힌 카드가 15장 있다. 이 중 1장을
뽑았을 때, 3의 배수가 나올 확률

(2) 주사위 2개를 던져 나온 눈의 합이 8이 될 확률

(1) 모든 카드의 수는 15장이고 3의 배수가 적힌
카드는 3, 6, 9, 12, 15의 5가지이므로 구

하는 확률은 $\dfrac{5}{15} = \dfrac{1}{3}$ 이다.

(2) 모든 경우의 수는 $6 \times 6 = 36$(가지)이고, 두
눈의 합이 8이 될 경우는 $(2, 6)$, $(3, 5)$,
$(4, 4)$, $(5, 3)$, $(6, 2)$의 5가지이므로 구

하는 확률은 $\dfrac{5}{36}$ 이다.

---

2 확률의 성질

(1) 확률의 성질

① 어떤 사건이 일어날 확률을 p라고 하면 $0 \leq p \leq 1$이다.

② 반드시 일어나는 사건의 확률은 1이다.

③ 절대로 일어나지 않는 사건의 확률은 0이다.

바로 바로 CHECK√

상자 안에 10개의 제비가 들어 있다. 이 중에 당첨 제비가 다음
과 같이 들어 있다면 한 개의 제비를 뽑을 때, 당첨 확률을 구하
여라.

(1) 당첨 제비가 5개일 때

(2) 당첨 제비가 하나도 없을 때

(3) 10개 모두 당첨 제비일 때

(당첨 확률) $= \dfrac{(당첨\ 제비의\ 개수)}{(전체\ 제비의\ 개수)}$

(1) $\dfrac{5}{10} = \dfrac{1}{2}$

(2) $\dfrac{0}{10} = 0$

(3) $\dfrac{10}{10} = 1$

(2) 어떤 사건이 일어나지 않을 확률

사건 A가 일어날 확률이 p일 때,

$$(\text{사건 } A\text{가 일어나지 않을 확률}) = 1 - p$$

> 잠깐! 사건 A에 대하여 (A가 일어날 확률) + (A가 일어나지 않을 확률) = 1

(3) 적어도 하나는 ~일 확률

'적어도 하나는 ~'일 확률은 어떤 사건이 일어나지 않을 확률을 이용한다. 즉,

$$(\text{적어도 하나는 ~일 확률}) = 1 - (\text{모두 ~가 아닐 확률})$$

바로 바로 CHECK√

서로 다른 두 개의 동전을 던질 때, 두 개 모두 앞면이 나오지 않을 확률은?

① $\dfrac{1}{4}$　　　　② $\dfrac{1}{2}$

③ $\dfrac{3}{4}$　　　　④ 1

일어날 수 있는 모든 경우는 (앞, 앞), (앞, 뒤), (뒤, 앞), (뒤, 뒤)의 4가지이다. 따라서 두 개 모두 앞면이 나올 확률은 $\dfrac{1}{4}$이므로

(두 개 모두 앞면이 나오지 않을 확률)
$= 1 - $ (두 개 모두 앞면이 나올 확률)
$= 1 - \dfrac{1}{4} = \dfrac{3}{4}$

답 ③

---

3 확률의 계산

(1) 사건 A 또는 사건 B가 일어날 확률

사건 A, B가 동시에 일어나지 않을 때, 사건 A가 일어날 확률은 p, 사건 B가 일어날 확률을 q라고 하면

$$(\text{사건 } A \text{ 또는 사건 } B\text{가 일어날 확률}) = p + q$$

 **CHECK√**

서로 다른 두 개의 주사위를 던질 때, 두 눈의 합이 5 또는 8이 될 확률은?

① $\dfrac{1}{5}$ ② $\dfrac{1}{4}$

③ $\dfrac{1}{3}$ ④ $\dfrac{1}{2}$

눈의 합이 5인 경우는 $(1, 4)$, $(2, 3)$, $(3, 2)$, $(4, 1)$의 4가지이므로 확률은 $\dfrac{4}{36}$이고, 눈의 합이 8인 경우는 $(2, 6)$, $(3, 5)$, $(4, 4)$, $(5, 3)$, $(6, 2)$의 5가지이므로 확률은 $\dfrac{5}{36}$이다.

이 두 사건은 동시에 일어나지 않으므로 구하는 확률은 $\dfrac{4}{36} + \dfrac{5}{36} = \dfrac{9}{36} = \dfrac{1}{4}$이다.

답 ②

(2) 사건 A와 사건 B가 동시에 일어날 확률

사건 A, B가 서로 영향을 미치지 않을 때, 사건 A가 일어날 확률을 p, 사건 B가 일어날 확률을 q라고 하면

$$(\text{사건 } A \text{와 사건 } B \text{가 동시에 일어날 확률}) = p \times q$$

CHECK√

동전 한 개와 주사위 한 개를 동시에 던질 때, 동전의 앞면과 주사위의 짝수의 눈이 나올 확률은?

① $\dfrac{1}{8}$ ② $\dfrac{1}{6}$

③ $\dfrac{1}{4}$ ④ $\dfrac{1}{2}$

동전의 앞면이 나올 확률은 $\dfrac{1}{2}$이고, 주사위의 짝수의 눈이 나올 확률은 $\dfrac{3}{6} = \dfrac{1}{2}$이다.

따라서 구하는 확률은 $\dfrac{1}{2} \times \dfrac{1}{2} = \dfrac{1}{4}$이다.

답 ③

(3) 연속하여 뽑는 경우의 확률

① 꺼낸 것을 다시 넣는 경우

처음에 뽑은 것을 다시 뽑을 수 있으므로 전체 경우의 수는 변하지 않는다. 즉, 처음 사건이 나중의 사건에 영향을 주지 않으므로 처음과 나중의 조건이 같다.

② 꺼낸 것을 다시 넣지 않는 경우

처음에 뽑은 것은 다시 뽑을 수 없으므로 전체 경우의 수는 처음에 뽑은 것만큼 줄어든다. 즉, 처음 사건이 나중 사건에 영향을 미치므로 처음과 나중의 조건이 다르다.

(4) 도형에서의 확률

도형을 이용한 확률은 모든 경우의 수는 도형의 전체 넓이로 생각하고, 어떤 사건이 일어나는 경우의 수는 도형에서 해당하는 부분의 넓이로 생각한다. 즉,

$$(\text{도형에서의 확률}) = \frac{(\text{사건에 해당하는 부분의 넓이})}{(\text{도형의 전체 넓이})}$$

01 기출 어느 제과점에서는 간식으로 먹을 수 있는 서로 다른 4개의 빵과 서로 다른 2개의 쿠키를 판매하고 있다. 이 제과점에서 간식 한 개를 사는 모든 경우의 수는?

① 3 　　　　② 4
③ 5 　　　　④ 6

02 기출 남자 3명, 여자 4명으로 구성된 모임에서 대표 한 명을 뽑는 경우의 수는?

① 3 　　　　② 4
③ 7 　　　　④ 12

03 기출 A에서 B를 거쳐 C로 가는 모든 방법의 수는?

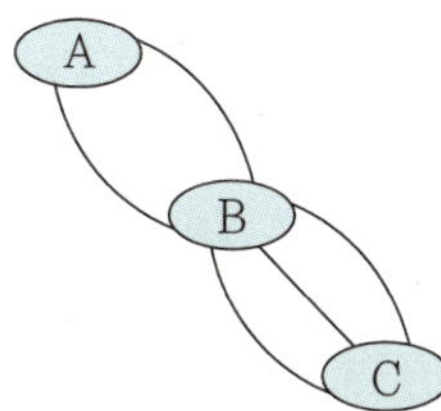

① 5
② 6
③ 7
④ 8

04 동전 한 개와 주사위 한 개를 동시에 던질 때, 일어날 수 있는 모든 경우의 수는?

① 2 　　　　② 6
③ 8 　　　　④ 12

01

빵을 사는 경우의 수는 4, 쿠키를 사는 경우의 수는 2이므로 구하는 경우의 수는 $4+2=6$

02

남자 중에서 뽑는 경우의 수 : 3가지
여자 중에서 뽑는 경우의 수 : 4가지
따라서 구하는 경우의 수는
$3+4=7$(가지)이다.

03

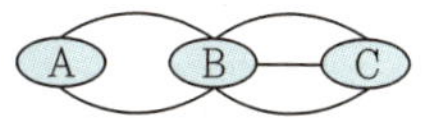

$A \rightarrow B$: 2가지
$B \rightarrow C$: 3가지
따라서 구하는 경우의 수는
$2 \times 3 = 6$(가지)이다.

04

동전 한 개를 던질 때 나오는 경우의 수 : 2가지
주사위 한 개를 던질 때 나오는 경우의 수 : 6가지
따라서 구하는 경우의 수는
$2 \times 6 = 12$(가지)이다.

ANSWER
01. ④　02. ③　03. ②　04. ④

05 **기출** 4개의 자음 ㄴ, ㄹ, ㅁ, ㅇ과 2개의 모음 ㅏ, ㅜ 중에서 자음 한 개와 모음 한 개를 짝 지어 글자를 만들려고 한다. 만들 수 있는 글자는 모두 몇 가지인가?

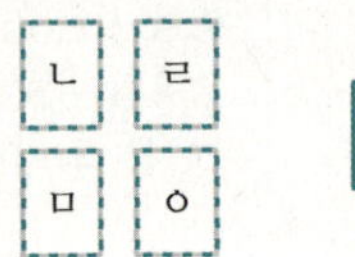 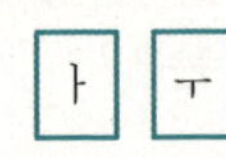

① 6가지   ② 8가지

③ 10가지   ④ 12가지

06 그림과 같이 주머니 안에 1에서 5까지의 자연수가 각각 적힌 5개의 크기가 같은 구슬이 들어 있다. 주머니에서 임의로 한 개의 구슬을 꺼낼 때, 홀수가 적힌 구슬이 나올 확률은?

① $\dfrac{1}{5}$ ② $\dfrac{2}{5}$

③ $\dfrac{3}{5}$ ④ $\dfrac{4}{5}$

07 대준이와 희선이가 가위바위보를 할 때, 대준이가 이길 확률은?

① $\dfrac{1}{9}$ ② $\dfrac{1}{6}$

③ $\dfrac{1}{3}$ ④ $\dfrac{1}{2}$

05

자음은 4개, 모음은 2개이므로 만들 수 있는 글자는 $4 \times 2 = 8$(가지)

06

전체 경우의 수는 5이고, 홀수가 적힌 구슬을 꺼내는 경우의 수는 3이므로 구하는 확률은 $\dfrac{3}{5}$

07

모든 경우의 수 : 9가지
대준이가 이기는 경우의 수 : 3가지
따라서 구하는 확률은 $\dfrac{3}{9} = \dfrac{1}{3}$ 이다.

ANSWER
05. ②   06. ③   07. ③

08 **기출** 남자 2명, 여자 3명으로 이루어진 모임이 있다. 이 모임에서 대표 한 명을 정할 때, 남자가 뽑힐 확률은?

① $\dfrac{2}{5}$　　　　② $\dfrac{3}{5}$

③ $\dfrac{4}{5}$　　　　④ 1

09 중학교 어느 반 학생 35명 중에서 안경을 쓰는 학생은 15명이라고 한다. 이 반 학생 중에서 한 명을 임의로 뽑을 때, 그 학생이 안경을 쓰지 <u>않은</u> 학생일 확률은?

① $\dfrac{2}{7}$　　　　② $\dfrac{3}{7}$

③ $\dfrac{4}{7}$　　　　④ $\dfrac{5}{7}$

10 다음 표는 학생 20명의 혈액형을 조사하여 나타낸 것이다.

혈액형	A	B	AB	O	합 계
학생 수(명)	7	6	3	4	20

이 중에서 한 학생을 임의로 택했을 때, 그 학생의 혈액형이 A형이 <u>아닐</u> 확률은?

① $\dfrac{7}{20}$　　　　② $\dfrac{1}{2}$

③ $\dfrac{13}{20}$　　　　④ $\dfrac{17}{20}$

08

모든 경우의 수 : $2+3=5$(가지)
남자가 뽑히는 경우의 수 : 2가지
따라서 구하는 확률은 $\dfrac{2}{5}$이다.

09

안경을 쓰는 학생이 뽑힐 확률은
$\dfrac{15}{35}=\dfrac{3}{7}$이므로
(안경을 쓰지 않은 학생이 뽑힐 확률)
$=1-$(안경을 쓰는 학생이 뽑힐 확률)
$=1-\dfrac{3}{7}=\dfrac{4}{7}$

10

A형일 확률은 $\dfrac{7}{20}$이므로
(A형이 아닐 확률)$=1-$(A형일 확률)
$=1-\dfrac{7}{20}=\dfrac{13}{20}$이다.

ANSWER
08. ①　**09.** ③　**10.** ③

11 주머니에 1에서 10까지의 숫자가 하나씩 적힌 10장의 카드가 들어 있다. 주머니에서 카드를 한 장 꺼낼 때, 3의 배수 또는 5의 배수가 적힌 카드가 나올 확률은?

① $\dfrac{2}{5}$　　　② $\dfrac{1}{2}$

③ $\dfrac{3}{5}$　　　④ 1

11

뽑힌 카드의 숫자가 3의 배수인 경우는 3, 6, 9의 3가지이므로 3의 배수일 확률은 $\dfrac{3}{10}$이고, 5의 배수인 경우는 5, 10의 2가지이므로 5의 배수일 확률은 $\dfrac{2}{10}$이다. 이 두 사건은 동시에 일어나지 않으므로 구하는 확률은 $\dfrac{3}{10}+\dfrac{2}{10}=\dfrac{5}{10}=\dfrac{1}{2}$이다.

12 서로 다른 셔츠 3개와 바지 5개가 있다. 이 중 셔츠 2개와 바지 3개는 모두 검은색이다. 셔츠와 바지를 임의로 고를 때, 2개 모두 검은색이 나올 확률은?

① $\dfrac{2}{5}$　　　② $\dfrac{7}{15}$

③ $\dfrac{8}{15}$　　　④ $\dfrac{3}{5}$

12

서로 다른 셔츠 3개 중에서 검은색 셔츠가 2개 있으므로 검은색 셔츠를 고를 확률은 $\dfrac{2}{3}$이고, 서로 다른 바지 5개 중에서 검은색 바지가 3개 있으므로 검은색 바지를 고를 확률은 $\dfrac{3}{5}$이다.
따라서 구하는 확률은 $\dfrac{2}{3}\times\dfrac{3}{5}=\dfrac{2}{5}$이다.

13 A, B 두 학생이 시험에 합격할 확률이 각각 $\dfrac{3}{5}$, $\dfrac{2}{3}$일 때, 둘 중 한 명만 시험에 합격할 확률은?

① $\dfrac{6}{15}$　　　② $\dfrac{7}{15}$

③ $\dfrac{8}{15}$　　　④ $\dfrac{3}{5}$

13

A만 합격할 확률 : $\dfrac{3}{5}\times\dfrac{1}{3}=\dfrac{1}{5}$

B만 합격할 확률 : $\dfrac{2}{5}\times\dfrac{2}{3}=\dfrac{4}{15}$

따라서 둘 중 한 명만 시험에 합격할 확률은 $\dfrac{1}{5}+\dfrac{4}{15}=\dfrac{7}{15}$

ANSWER
11. ②　12. ①　13. ②

03 통 계

01 대푯값과 산포도

1 대푯값

(1) 대푯값

자료 전체의 중심 경향이나 특징을 하나의 수로 나타내어 전체 자료를 대표하는 값을 그 자료의 대푯값이라 한다.

> **잠깐!** 대푯값에는 평균, 중앙값, 최빈값 등이 있지만 그중 평균이 많이 쓰인다.

(2) 평 균

변량의 총합을 변량의 개수로 나눈 값

$$(평균) = \frac{(변량)의\ 총합}{(변량)의\ 개수}$$

(3) 중앙값

자료의 변량을 작은 값에서부터 크기 순으로 나열할 때 중앙에 놓이는 값

① 자료의 개수가 홀수인 경우 : 가운데 위치한 자료

② 자료의 개수가 짝수인 경우 : 가운데 위치한 두 자료의 평균

(4) 최빈값

자료의 값 중에서 가장 많이 나타나는 값

바로 바로 CHECK✓

다음은 인수의 줄넘기 연습 기록을 나타낸 것이다. 인수의 줄넘기 연습 기록의 중앙값과 최빈값을 각각 구하여라.

| 50 | 54 | 52 | 46 | 55 | 54 | 47 | 52 | 49 | 54 |

주어진 자료를 크기 순으로 나열하면 46, 47, 49, 50, 52, 52, 54, 54, 54, 55
중앙값은 5번째, 6번째 자료의 평균이므로
$\dfrac{52+52}{2}=52$, 최빈값은 3회 나타난 54이다.

---

2 산포도와 표준편차

(1) **산포도** : 변량들이 대푯값을 중심으로 흩어져 있는 정도를 하나의 수로 나타낸 값

(2) **편 차**

① 편차 : 어떤 자료의 각 변량에서 평균을 뺀 값

② 편차의 성질

㉠ 편차의 합은 항상 0이다.

㉡ 평균보다 큰 변량의 편차는 양수이고, 평균보다 작은 변량의 편차는 음수이다.

㉢ 편차의 절댓값이 클수록 변량은 평균에서 멀리 떨어져 있고, 편차의 절댓값이 작을수록 변량은 평균에 가까이 있다.

(3) **분산과 표준편차**

① 분산 : 편차의 제곱의 평균

$$(\text{분산}) = \frac{(\text{편차})^2 \text{의 총합}}{(\text{변량})\text{의 개수}}$$

② 표준편차 : 분산의 양의 제곱근

$$(\text{표준편차}) = \sqrt{(\text{분산})}$$

> **참고!** 표준편차가 클수록 평균을 중심으로 변량들이 넓게 흩어져 있고, 작을수록 평균을 중심으로 변량들이 모여 있다.

바로 바로 CHECK√

민지의 5회에 걸친 수학 성적은 다음과 같다.
평균, 분산, 표준편차를 각각 구하여라.

> 84　85　86　87　88

- (평균) $= \dfrac{84+85+86+87+88}{5}$

  $= \dfrac{430}{5} = 86$(점)

- (분산)

  $= \dfrac{(84-86)^2+(85-86)^2+(86-86)^2}{5}$

  $\dfrac{+(87-86)^2+(88-86)^2}{5} = \dfrac{10}{5} = 2$

- (표준편차) $= \sqrt{2}$

02 상관관계

1 산점도와 상관관계

(1) 산점도

두 변량 x, y의 순서쌍 $(x,\ y)$를 좌표로 하는 점을 좌표평면 위에 나타낸 그래프를 x와 y의 산점도라 한다.

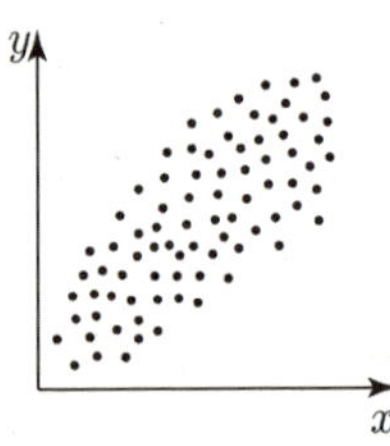

(2) 상관관계

① 두 변량 x, y 사이에 x의 값이 증가함에 따라 y의 값이 증가하거나 감소하는 경향이 있을 때, 두 변량 x, y 사이에 상관관계가 있다고 한다.

② 여러 가지 상관관계

   ㉠ 양의 상관관계 : 두 변량 x, y에 대하여 x의 값이 증가함에 따라 y의 값도 대체로 증가하는 경향이 있을 때, 두 변량 사이에는 양의 상관관계가 있다고 한다.

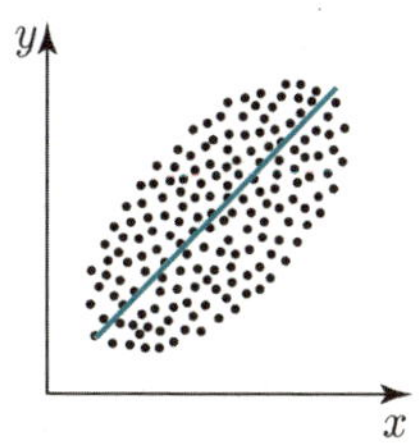

   ㉡ 음의 상관관계 : 두 변량 x, y에 대하여 x의 값이 증가함에 따라 y의 값이 대체로 감소하는 경향이 있을 때, 두 변량 사이에는 음의 상관관계가 있다고 한다.

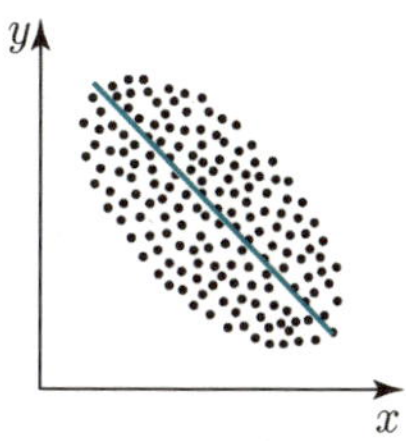

   ㉢ 두 변량 x, y에 대하여 x의 값이 증가함에 따라 y의 값이 증가하는 경향이 있는지 감소하는 경향이 있는지 분명하지 않은 경우 두 변량 사이에는 상관관계가 없다고 한다.

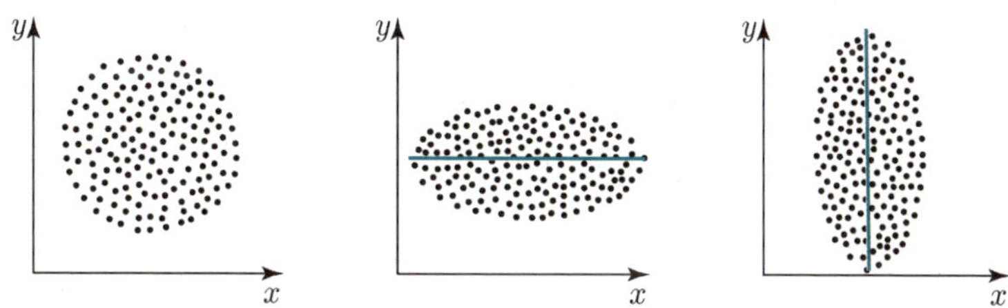

바로 바로 CHECK√

다음 산점도를 보고 물음에 답하여라.

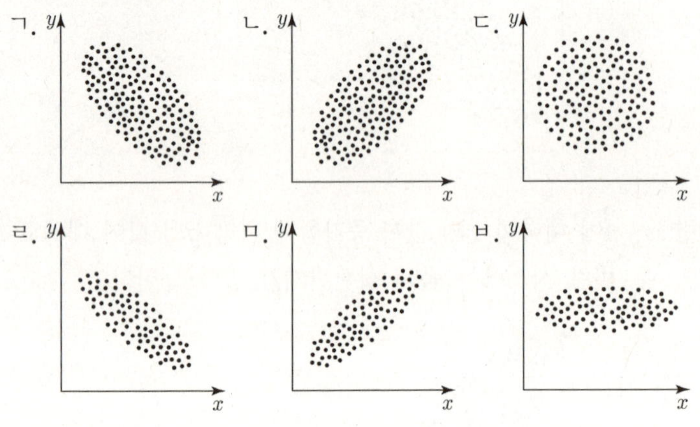

(1) 양의 상관관계가 있는 산점도를 모두 찾아라.

(2) 음의 상관관계가 있는 산점도를 모두 찾아라.

(3) 상관관계가 없는 산점도를 모두 찾아라.

(1) x의 값이 증가함에 따라 y의 값이 대체로 증가하는 경향이 있는 산점도는 ㄴ, ㅁ이다.

(2) x의 값이 증가함에 따라 y의 값이 대체로 감소하는 경향이 있는 산점도는 ㄱ, ㄹ이다.

(3) x의 값이 증가함에 따라 y의 값이 증가 또는 감소하는 경향이 분명하지 않은 산점도는 ㄷ, ㅂ이다.

01

다음은 학생 5명의 몸무게를 크기순으로 나타낸 것이다. 중앙값은?

48　50　52　55　60

① 48　　　　　　② 52
③ 53　　　　　　④ 60

02 기출

다음 자료는 어느 반 학생 12명의 태어난 달을 조사하여 나타낸 것이다. 자료의 최빈값은?

2월　5월　5월　10월　5월　10월 5월　10월　2월　5월　7월　5월

① 2월　　　　　　② 5월
③ 7월　　　　　　④ 10

03 기출

다음 자료의 중앙값과 최빈값의 합은?

5,　3,　4,　4,　17,　1,　4

① 7　　　　　　② 8
③ 9　　　　　　④ 10

04 다음 표는 5회에 걸쳐서 실시한 A학생의 수학 성적이다. 5월의 점수 x를 구하면?

월 별	3월	4월	5월	6월	7월	평 균
점수(점)	75	85	x	70	80	80

① 75 ② 80

③ 85 ④ 90

05 다음 표는 남학생 5명의 턱걸이의 횟수를 나타낸 것이다. 분산을 구하면?

학 생	A	B	C	D	E
횟수(회)	8	7	6	9	10

① 2 ② 4

③ 6 ④ 8

06 다음은 5회에 걸쳐 평가한 진호의 수학 성적의 편차를 나타낸 표이다. x의 값은?

회	1	2	3	4	5
편 차	3	-2	4	-3	x

① -2 ② -1

③ 0 ④ 1

07 A학생의 5회에 걸친 수학 성적이 다음과 같다. 표준편차를 구하면?

50 70 60 40 80

① 9 ② 10

③ $4\sqrt{10}$ ④ $10\sqrt{2}$

04

$$(\text{평균}) = \frac{75+85+x+70+80}{5}$$
$$= 80$$
$$310 + x = 400$$
$$\therefore x = 90(\text{점})$$

05

$$(\text{평균}) = \frac{8+7+6+9+10}{5}$$
$$= \frac{40}{5} = 8(\text{회})$$
$$(\text{분산}) = \frac{(8-8)^2+(7-8)^2+(6-8)^2}{5}$$
$$\frac{+(9-8)^2+(10-8)^2}{5}$$
$$= \frac{10}{5} = 2$$

06

편차의 합은 0이므로
$$3+(-2)+4+(-3)+x = 0$$
$$\therefore x = -2$$

07

$$(\text{평균}) = \frac{50+70+60+40+80}{5}$$
$$= \frac{300}{5} = 60(\text{점})$$
$$(\text{분산})$$
$$= \frac{(50-60)^2+(70-60)^2+(60-60)^2}{5}$$
$$\frac{+(40-60)^2+(80-60)^2}{5}$$
$$= \frac{1000}{5} = 200$$
$$(\text{표준편차}) = \sqrt{200} = 10\sqrt{2}$$

ANSWER
04. ④ 05. ① 06. ① 07. ④

01 다음은 정훈이네 반 여학생들의 한 달 동안 봉사활동 시간을 조사하여 나타낸 줄기와 잎 그림이다. 물음에 답하여라.

(1|0은 10시간을 나타낸다.)

줄 기	잎
1	0 1 1 2 5 6 6 8
2	2 2 3 4 7 7 9
3	1 3 7
4	2

(1) 정훈이네 반 여학생은 모두 몇 명인지 구하여라.

(2) 봉사시간이 가장 많은 학생과 가장 낮은 학생의 시간 차를 구하여라.

(3) 봉사활동 시간이 25시간 이상 36시간 이하는 모두 몇 명인지 구하여라.

02 다음은 어느 학급 25명 학생의 수학 성적에 대한 도수분포표이다. A에 알맞은 수는?

수학 성적(점)	도수(명)
50^{이상} ~ 60^{미만}	3
60 ~ 70	6
70 ~ 80	5
80 ~ 90	A
90 ~ 100	4
합 계	25

① 5
② 6
③ 7
④ 8

03 다음은 어느 학급 40명 학생의 수학 성적을 나타낸 도수분포표이다. 점수가 60점 이상 70점 미만인 학생들의 상대도수는?

수학 성적(점)	도수(명)
40 이상 ~ 50 미만	5
50 ~ 60	9
60 ~ 70	4
70 ~ 80	11
80 ~ 90	8
90 ~ 100	3
합 계	40

① 0.1

② 0.2

③ 0.3

④ 0.4

03

$$\frac{60\sim70\ \text{계급의 도수}}{\text{도수의 총합}} = \frac{4}{40} = 0.1$$

※ 다음은 어느 회사 직원들의 통근 시간을 조사하여 나타낸 히스토그램이다. 다음 물음에 답하여라. (4~5)

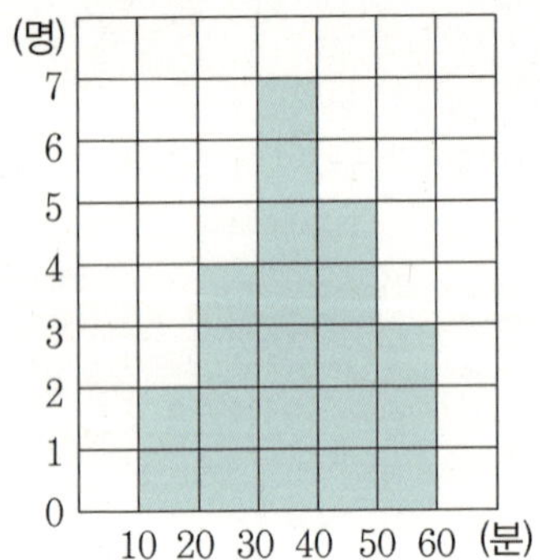

04 통근 시간이 40분 이상 걸리는 직원 수는?

① 15명　　　② 10명

③ 8명　　　④ 3명

04

40분 이상 50분 미만 : 5명
50분 이상 60분 미만 : 3명
따라서 통근 시간이 40분 이상인 직원은 8명이다.

05 도수가 가장 작은 계급의 계급값은?

① 10분　　　② 15분

③ 20분　　　④ 25분

05

도수가 가장 작은 계급은 10분 이상 20분 미만이다. 이 계급의 계급값은 15분이다.

ANSWER

03. ①　04. ③　05. ②

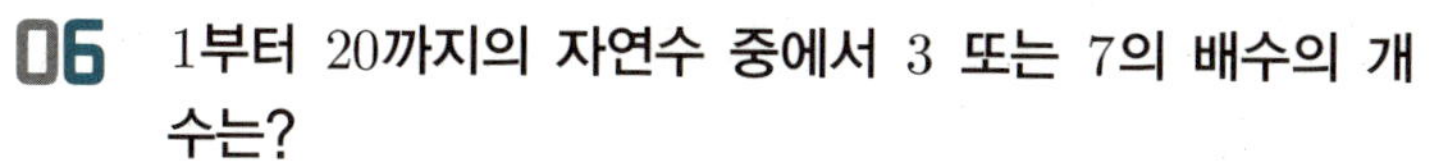

06 1부터 20까지의 자연수 중에서 3 또는 7의 배수의 개수는?

① 6   ② 7
③ 8   ④ 9

06

3의 배수의 개수 : 3, 6, 9, 12, 15, 18 ⇒ 6개
7의 배수의 개수 : 7, 14 ⇒ 2개
따라서 구하는 경우의 수는
$6+2=8$(개)이다.

07 일간지가 6종류, 주간지가 3종류가 있다. 일간지에서 하나, 주간지에서 하나를 택하여 두 가지를 구독하려 할 때, 구독하는 방법의 수는?

① 12   ② 15
③ 18   ④ 21

07

$6 \times 3 = 18$(가지)

08 한 개의 주사위를 한 번 던질 때, 소수가 나올 확률은?

① $\dfrac{1}{6}$ ② $\dfrac{2}{3}$
③ $\dfrac{1}{3}$ ④ $\dfrac{1}{2}$

08

모든 경우의 수 : 6가지
소수가 나오는 경우의 수 : 2, 3, 5 ⇒ 3가지
따라서 구하는 확률은 $\dfrac{3}{6} = \dfrac{1}{2}$ 이다.

09 100원짜리 동전 2개와 500원짜리 동전 5개가 들어 있는 돼지 저금통에서 임의로 동전 한 개를 꺼낼 때, 100원짜리 동전을 꺼낼 확률은?

① $\dfrac{1}{7}$ ② $\dfrac{2}{7}$
③ $\dfrac{3}{7}$ ④ $\dfrac{4}{7}$

09

총 동전의 개수 : $2+5=7$(개)
100원짜리 동전의 개수 : 2개
따라서 구하는 확률은 $\dfrac{2}{7}$ 이다.

ANSWER

06. ③   07. ③   08. ④   09. ②

10 주사위 두 개를 던져서 나온 눈의 곱이 홀수일 확률은?

① $\dfrac{1}{6}$ ② $\dfrac{1}{3}$

③ $\dfrac{1}{4}$ ④ $\dfrac{1}{2}$

10

곱이 홀수가 되는 경우는 (홀, 홀)이므로 구하는 확률은 $\dfrac{1}{2} \times \dfrac{1}{2} = \dfrac{1}{4}$ 이다.

11 1에서 20까지의 수가 적힌 구슬 20개가 있다. 이 중 하나를 집었을 때, 3의 배수가 아닌 수가 나올 확률은?

① $\dfrac{1}{10}$ ② $\dfrac{3}{10}$

③ $\dfrac{5}{10}$ ④ $\dfrac{7}{10}$

11

1에서 20까지의 자연수 중에서 3의 배수는 3, 6, 9, 12, 15, 18의 6가지이므로 3의 배수가 나올 확률은 $\dfrac{6}{20} = \dfrac{3}{10}$ 이다. 따라서

(3의 배수가 아닌 수가 나올 확률)
$= 1 - $ (3의 배수가 나올 확률)
$= 1 - \dfrac{3}{10} = \dfrac{7}{10}$

12 다음 자료의 중앙값은?

> 4, 16, 25, 81, 49, 1, 9, 64, 36

① 16   ② 18
③ 25   ④ 49

12

자료의 변량을 작은 값에서 크기 순으로 나열하면 1, 4, 9, 16, 25, 36, 49, 64, 81이다. 변량이 9개이므로 중앙에 위치한 자료는 5번째인 25이다.

13 다음 표는 어떤 자료의 편차와 도수를 나타낸 것이다. 분산을 구하면?

편 차	-2	-1	0	1	2	3
도 수	3	5	5	4	2	1

① $\dfrac{3}{2}$ ② $\dfrac{17}{10}$

③ $\dfrac{19}{10}$ ④ $\dfrac{21}{10}$

13

(분산)
$$= \frac{(-2)^2 \times 3 + (-1)^2 \times 5 + 0^2 \times 5 +}{20}$$
$$\frac{1^2 \times 4 + 2^2 \times 2 + 3^2 \times 1}{20} = \frac{38}{20} = \frac{19}{10}$$

ANSWER
10. ③   **11.** ④   **12.** ③   **13.** ③

중졸 검정고시
수학

2025년 1월 10일 개정판 발행
2012년 1월 19일   초판 발행
편 저 자 검정고시 학원연합회
발 행 인 전 순 석
발 행 처 정 훈 사
주   소 서울특별시 중구 마른내로72 421호
등   록 2-3884
전   화 737-1212
팩   스 737-4326